Ästhetik des Asozialen
Leerstellen der Gegenwartskunst
Steffen Zillig

Herausgegeben vom
Institut für moderne Kunst

starfruit

Impressum

Herausgeber: Institut für moderne Kunst, Nürnberg
Lektorat: Katrin Köhler
Korrektorat: Esther Kiener, Petra Weigle, Marian Wild
Bildredaktion: Sophia Rösch
Gestaltung: JMMP – Julian Mader, Max Prediger
Schrift: Times New Roman, Arial
Papier: Olin Regular Ultimate White 60 g/m²,
Fedrigoni Constellation Snow 280 g/m² (Umschlag)
Druck: Memminger MedienCentrum

Mit freundlicher Unterstützung der

Hans **Böckler**
Stiftung

© Fürth 2023, starfruit publications und Steffen Zillig
www.starfruit-publications.de

All rights reserved.
Printed in Germany.
ISBN 978-3-922895-60-2

Inhalt

Die Gegenwartskunst hat ein Problem mit der Unterschicht. Das wäre nicht weiter bemerkenswert – jeder interessanten künstlerischen Auseinandersetzung gehen Probleme voraus. Das Problem mit der Unterschicht ist ein anderes: ihre Abwesenheit. Selbst in Ausstellungen, die sich einen dezidiert gesellschaftspolitischen Anstrich geben. Bei den wenigen Ausnahmen wird rhetorisch entschärft oder relativiert, noch bevor die Kunst selbst etwas anderes behaupten könnte. Die Ausstellung *Klasse Gesellschaft* in der Hamburger Kunsthalle wäre ein Beispiel dafür. Neben niederländischer Genremalerei des 17. Jahrhunderts und Malereien des Gegenwartskünstlers Stefan Marx, dessen Œuvre überwiegend aus besseren Kalendersprüchen auf Leinwand besteht, hatte man mit Lars Eidinger einen prominenten Schauspieler eingeladen. Hier wurde er nun als Fotograf vorgestellt, dessen Alltagsbeobachtungen „uns dazu [bringen], genau hinzuschauen und uns und unser Handeln in Frage zu stellen."[1] Zu diesem Zweck hatte er eine Auswahl seines Instagram-Accounts ausgedruckt: Handyfotos, die er auf den Straßen von Berlin, Frankfurt oder Paris aufgenommen hatte. Eines – Ohne Titel, Paris (2018) – zeigt zwei Passanten, die neugierig die Schaufensterauslage eines Schmuckgeschäfts inspizieren. Unmittelbar neben ihnen hat sich ein Obdachloser schlafen gelegt – die schmutzigen Hände und das ergraute, filzige Barthaar fallen ins Auge. Sein Kopf ruht auf einer vollen Einkaufstüte und man darf sich vorstellen, dass seine Träume nichts mit teurem Schmuck zu tun haben. Die Extreme gesellschaftlicher Verhältnisse, die in der Szene zum Ausdruck kommen, sind künstlerische Stolperfallen. Sie verleiten, wie in diesem Fall, zum Kitsch.

Aufgrund dieser Gefahr wird einem an den Kunsthochschulen in der Regel von entsprechenden Sujets abgeraten. Aber wäre gerade das, mal ganz abgesehen von der zugrundeliegenden sozialen Dringlichkeit, nicht Anreiz genug, die Unterschicht in Ausstellungen zum Thema zu machen? Es war offensichtlich nicht die Art von Herausforderung, die man in der Hamburger Kunsthalle suchte. Dort rechnete eine öffentliche Institution völlig ironiefrei ihren künstlerischen Anspruch zugunsten durchsichtiger Aufmerksamkeitsökonomie klein, während sich die Begleittexte in Bezug auf die ausgestellte Gegenwartskunst mit der Aneinanderreihung von Banalitäten zufriedengaben: „spannender Dialog", „neue Sichtweisen", „überraschende Parallelen" usw.[2] Die Aktualität von Klassenunterschieden geriet so zum harmlosen Lehrstück einer kunsthistorischen Sonntagspredigt. Für diese Ausstellung war Kitsch keine Herausforderung, sondern ein günstig zu habender Konsenskleber zur Verleimung jener Widersprüche, die wie von Zauberhand „unser Handeln in Frage stellen" sollen, ohne dabei nur einen Hauch ästhetischer Aufregung zu erzeugen.

Ein anderes Beispiel: Im Berliner Haus der Kulturen der Welt – in den vergangenen Jahren institutioneller Taktgeber des deutschen Kunstdiskurses – holte die Gruppenausstellung *Illiberal Arts* im Herbst 2021 zum diskursiven Rundumschlag aus. Schließlich verfüge, glaubt man den Erklärungen der Kuratoren, die gesamte Moderne über einen „illiberalen Kern", weil sie es sei, die gleichsam als Ursünde der Menschheit „die gewaltsame Unfreiheit der Besitzlosen ebenso wie die Gewaltbereitschaft der

Besitzenden“ begründet. Auch gegen die Kunst fuhr man schweres rhetorisches Geschütz auf: Kunst sei nämlich „Austragungsort dieser Gewalten“, ihre Sonderstellung, ihre relative Autonomie, nichts weniger als die „ästhetische Säule der modernen Kosmologie unausgesetzter Kapitalisierung“. Entlarvt als Dienstleister der dunklen Seite der Macht, schien die Kunst einmal mehr dem Tod geweiht, ihr „fortschreitender Formverlust“ nur folgerichtig. In einem ganz anderen Licht standen dagegen Künstler und Kuratoren, zumindest die besagter Ausstellung, zielten deren Praktiken doch auf „gemeinschaftliche Horizonte“, „kollektive Wahrnehmungsformen“ und „politische Spontanität“ – oder, um im Duktus zu bleiben, auf eine Kosmologie der galaktischen Rebellion. „Künstlerische Lebensformen“ wurden im Einführungstext der Ausstellung kurzerhand identisch mit der Widerstandspraxis aller „erniedrigte[n] und entwertete[n] Lebensformen“, die der Kapitalismus hervorbringt.[3]

Eine dieser „Lebensformen“ begegnete den Ausstellungsbesuchern kauernd in einer Ecke des Raumes. Dort hatte der Künstler Stephan Dillemuth eine Schaufensterpuppe auf ein teppichgroßes Stück Karton gesetzt, so wie man es von Obdachlosen kennt, die sich gegen Bodenkälte wappnen. Die Puppe lehnte an zwei blauen Müllsäcken, trug zerrupfte Kleidung, eine schwarze Stoffmütze und eine Brille, deren linker oberer Rand mit einem Pflasterstreifen provisorisch geflickt worden war. Auf ihrem Schoß lag aufgeklappt ein beigefarbener Steinzeit-Laptop der ersten Generation. *Wifi-hobo* (2004), der Titel der Installation, zu der noch ein kleiner Aufkleber des Wifi-Logos gehört, bezeichnet umgangssprachlich Obdachlose, die ihre Aufenthaltsorte nach der Möglichkeit von kostenlosem Internetzugang wählen. Wie der Steinzeit-Laptop wollten aber auch die glatten Gesichtszüge der Puppe nicht Recht zur Wirklichkeit von Obdachlosen passen, wie man ihr ein paar hundert Meter weiter am Berliner Hauptbahnhof begegnen kann. Die Unterschiede erschienen aber derart marginal, dass schwammig blieb, ob sie etwas, und wenn ja, was sie intendierten. Im Zusammenhang mit dem Einführungstext der Kuratoren verstärkte sich jedoch der Eindruck, dass man sich hier tatsächlich auf eine Weise mit den Ärmsten der Welt identifizierte, die den Komfort der eigenen bürgerlichen Lebenswelt völlig außer Acht ließ. Ich spreche sowohl vom Bildungskapital als auch von den finanziellen Privilegien, die man zum Beispiel als Hochschulprofessor genießt. Denn das sind in diesem Fall sowohl der Künstler als auch die beiden Kuratoren, wenn sie nicht gerade den Ruin der institutionalisierten Kunst im professionellen Modus ebendieser institutionalisierten Kunst verkünden. Offenkundig waren aber nicht nur die Beiträge der teilnehmenden Künstler, sondern sämtliche Parameter der Ausstellung, wie die dazugehörigen Publikationen oder das von Anne Imhof entworfene Ausstellungsdisplay, mit größtem Formbewusstsein gestaltet worden. Sie erschienen alles andere als ruiniert. Mit ihrer moralischen Distanzierung von den Profiten einer bürgerlichen Lebenswelt, die sie im selben Zuge einstreichen, stehen die Ausstellungsmacher stellvertretend für ein progressives Selbstverständnis, das sich derzeit wie ein diskursiver Wohlfühlfilter über die Selfies der Kunstwelt legt. Direkt kleinbürgerlich wirkt demgegenüber die lehrerhafte Rhetorik, mit der *Klasse Gesellschaft* in Hamburg die sozialen Widersprüche lediglich kritisch „in Frage stellen“ mochte. Neben dem Bundeskanzleramt, im Haus der Kulturen der Welt, wähnte man sich längst an der Speerspitze einer globalen Widerstandspraxis.

Nun bin ich selbst Künstler und finde beide Formen dieses Selbstbetrugs auch bei mir. Wie oft male ich mir die eigene Bedeutungslosigkeit schön, indem ich mich glauben lasse, mein künstlerisches Tun würde irgendwas „in Frage stellen", indem es das politische Bewusstsein seiner Betrachter provoziert? Wer will nicht mal Revolution spielen, ohne dabei die Sicherheiten seiner sozialen Existenz zu gefährden? Ein nicht geringer Teil der künstlerischen Entwicklungsgeschichte geht schließlich auf ähnliche, bürgerlich eingehegte Hybris zurück. Auch wo es darum geht, randständige Lebenswirklichkeiten künstlerisch ins Spiel zu bringen, bin ich selbst nicht davor gefeit, kitschige Momente zu produzieren. Auch mir passiert es, dass mich das Drama meiner eigenen Beschädigungen dazu verleitet, mich mit den Ärmsten der Gesellschaft zu identifizieren. Bloß stehen hinter solch identifikatorischen Kurzschlüssen in der Regel eher eigennützige Motive. Es ist also nicht mein Anliegen, Künstler wie Stephan Dillemuth und meinetwegen auch Lars Eidinger moralisch anzuklagen. Vielmehr erscheint mir die kuratorische Einbettung ihrer Ausstellungsbeiträge beispielhaft dafür, unter welchem enormen Rechtfertigungsdruck jene Kunst gerät, die den äußersten Rand der Gesellschaft zum Thema macht: Hier wird rhetorisch in Watte gepackt und dort mit Ideologie gepanzert, was sonst gar nicht zu ertragen wäre.

Die Ausgangsfrage dieses Buches ist, ob sich nicht Ansätze in der Gegenwartskunst finden lassen, die das soziale Skandalon des Asozialen ästhetisch in Erscheinung treten lassen – ohne sie sogleich in gängige Muster zu verpacken oder diskursiv transportsicher zu machen. Das Asoziale hier im Wortsinn verstanden als das Nicht- oder Außer-Soziale, als jene Verhältnisse, die außerhalb der gesellschaftlichen Funktionszusammenhänge liegen.[4] Nicht gemeint ist das bewusste Auflehnen gegen eine hegemoniale Gesellschaftsordnung oder so etwas wie antisoziales Verhalten; es geht um Lebensverhältnisse, für die Betroffene sich offensichtlich nicht freiwillig entschieden haben. Denn es gibt sie: gesellschaftliche Abgründe, die man intuitiv als unzumutbar und desintegriert empfindet. Man muss nicht mal nach ihnen suchen. Es reicht ein Spaziergang durch die kalte Winternacht in einer beliebigen europäischen Großstadt. Allein der kurze Moment, wenn man den kaputten Schlafsack, der sich aus einem Hauseingang bis auf den Gehweg hervor wölbt, nicht gleich als solchen erkennt. Wenn man also unvermittelt in diesen Hauseingang starrt und reflexartig einen kleinen Bogen schlägt. Es reicht schon, sich dann zu fragen, ob dieser Bogen wirklich eine Sache der Höflichkeit war – man will schließlich niemandem zu nahe treten – oder ob der Abgrund, der da etwas zu dicht an einen heranrückte, nicht mehr Anteil daran hatte. Es reicht, zu bemerken, wie froh man ist, dem Gedanken nicht nachhängen zu müssen, weil man bereits zehn Schritte weiter ist.

Ich habe eine ausgeprägte Höhenangst, deshalb erscheint mir das Bild vom Abgrund so einleuchtend. Jede Kante, hinter der mehr als ein paar Meter Tiefe lauern, umgehe ich mit weitläufigem Abstand. Aber was ist das für ein Abgrund, den man umgeht, während man den Höhenunterschied bemerkt zwischen der eigenen sozialen Situation und den Lebensumständen, die Andere so weit ins gesellschaftliche Abseits drängen? Ich spreche von Menschen, für die unsere Sprache kaum brauchbare Bezeichnungen hat und in deren Leben Armut, Drogensucht, Alkoholismus, Obdachlosigkeit, Psychosen oder Kindheitstraumata oft Hand in Hand gehen. Man sieht sie nicht nur in den Schlaflagern, die allabendlich vor den Eingängen großer Geschäfte und Bürohäuser aufgeschlagen werden. In der Hamburger Zentralbibliothek gibt es einen Arbeitsplatz, von dem aus man direkte Sicht auf den begrünten Vorplatz des nebenstehenden Gebäudes hat. In dessen Erdgeschoss befindet sich der sogenannte Drop-Inn, in dem Süchtige sich mit sauberem Spritzbesteck versorgt den nächsten Schuss setzen können. Einen Teil ihrer übrigen Zeit verbringen sie auf dem kleinen Vorplatz. Bei 100 gibt man den Versuch auf, sie zu zählen. Es gibt in Deutschland vermutlich keinen anderen Ort, an dem einem das Ausmaß harter Drogensucht derart geballt begegnet, nicht mal im Frankfurter Bahnhofsviertel. Eine Weile hatte ich es mir zur Angewohnheit gemacht, den Arbeitsplatz am Fenster zum Drop-Inn zu besetzen. Vielleicht, weil ich dort genügend Abstand hatte, um unbehelligt in den Abgrund zu starren.

Woher rührt dieses eigentümlich distanzierende Gefühl, mit dem ich aus den Fenstern der beheizten Zentralbibliothek über den Graben mit Bahngleisen hinweg auf ein Wimmelbild aus Abgehängten schaue? Ist es Scham, die sich in meine Neugier mischt? Oder ist es dem Unheimlichen näher – dem „Heimlichen-Heimischen" – das Sigmund Freud als etwas beschrieb, „das eine Verdrängung erfahren hat und aus ihr wiedergekehrt ist"?[5] Tatsächlich denke ich, dass das vorherrschende Verhältnis zum Asozialen von Verdrängung geprägt ist. Diese Verdrängung besitzt mindestens zwei Dimensionen; eine davon ist persönlich. Nun habe ich einen Großteil dieses Buches in Ich-Form geschrieben, weil es darin um Kunst geht – und deren eigentümliches Paradox besteht nun einmal darin, dass sie ausgesprochen subjektive Erfahrungen als allgemeine vorstellt.[6] Es ist aber nicht mein Ansatz, hier meine biografische Perspektive auszubreiten. Deshalb nur kurz: Die meiste Zeit meiner Kindheit bin ich auf einem Bauernhof im niedersächsischen Niemandsland aufgewachsen. Obdachlose gab es dort nicht, ich kannte nur die, an die mein Stiefvater seine Zigaretten verteilte, wenn wir zum Großeinkauf nach Bremen fuhren. Drogen gab es zwar, aber keine Drogenszene, und die beiden Schulfreunde, die ich an die Sucht verloren habe, starben erst später daran, als sie in Städten lebten. Als ich nach Hamburg kam, ging es mir wie den meisten, die vom Land zuziehen: Ich war schockiert über das Ausmaß an öffentlichem Elend und zugleich war mir genau das peinlich, weil Großstädter sich offenbar dadurch auszeichnen, diesem Leid mit souveräner Gleichgültigkeit zu begegnen. „Asozial" war ein Begriff, den ich bis dahin nur von meinem leiblichen Vater kannte. Er benutzte ihn relativ unspezifisch in Schimpftiraden gegen waghalsige Autofahrer oder bildungsferne Umweltsünder. Meinen Vater sah ich nur in den Schulferien, weil er am anderen Ende von Deutschland lebte und ihm der Besuch unseres Bauernhofs untersagt war. Dass vieles von dem, wie ich lebte, selbst in seine etwas undurchsichtige, kulturelle Vorstellung von „asozial" passte, spürte ich, ohne es näher benennen zu können. Mein Herkunftsmilieu ist Flickwerk, verbunden allein durch eine angenehm ambitionslose Beziehung zu Geld, das man entweder verloren hat oder nie besessen hatte. Von Verhältnissen, die ich in diesem Buch als asozial beschreibe, war es trotzdem weit entfernt. Und weil ich schon mit 16 Jahren von zu Hause auszog, habe ich mir früh angewöhnt, das eigene Flickwerk vom Angestammten zu unterscheiden. Doch ja, das verunsichernde Gefühl, das besagte Abgründe auslösen, hat in meinem Fall sicher auch mit einer mehr oder weniger verdrängten Unklarheit über die eigene Zugehörigkeit oder mangelndem Zutrauen in die eigene soziale Stabilität zu tun.

Ausschlaggebend für die folgende Auseinandersetzung ist jedoch die zweite, die gesellschaftliche Dimension der angesprochenen Verdrängung. Sie ist entscheidend, wenn man verstehen will, warum in den bürgerlichen Zusammenhängen der Gegenwartskunst diese auffällige Verkrampftheit vorherrscht, wo es um die untersten Gesellschaftsschichten geht. Man muss ergänzen: Wenn dies überhaupt einmal der Fall ist. Schon für sich genommen sind Klassenunterschiede nichts, mit dem man im Kunstdiskurs gerade punktet. Allenfalls noch Gegenstand aufflackernder Feuilleton-Debatten, sind sie weit entfernt davon, wie bis in die Mitte des 20. Jahrhunderts hinein, eine zentrale Kategorie der politischen Auseinandersetzung zu bilden. Sicher, der Kapitalismus wird in Kunstinstitutionen rauf und runter kritisiert, aber in der Regel eher stellvertretend für die Amoralität jener toxischen Schurken, von denen man sich hier nobel abzugrenzen versteht – während die Kunst beim „Überwinden", „Heilen" oder „Verlernen" aller damit verbundenen Abscheulichkeiten helfen soll. Ja, die Gegenwartskunst will politisch sein. Aber nein, ein ausgeprägtes Interesse für Klassenunterschiede und die Lebensumstände der untersten Gesellschaftsschichten wird dabei nicht erkennbar. Die von mir in Augenschein genommenen Beiträge sind Ausnahmen, angefangen bei denen von Dillemuth und Eidinger. Sie ergeben nicht einmal in ihrer Summe eine aktuelle Tendenz.

Schon die Politisierung künstlerischer Diskurse in den 1990er-Jahren schloss eher an feministische, antirassistische und identitätspolitische Fragestellungen an. Neue Spielarten der Institutionskritik reflektierten Abhängigkeiten und Machtstrukturen im unmittelbaren Umfeld, also *innerhalb* der bürgerlichen Kunstwelt.[7] Und auch wenn theoretische Referenzen, Buzzwords und Diskursmuster sich seither verändert haben, der Fokus ist geblieben. In den 2010er-Jahren brachte der Erfolg von *Rückkehr nach Reims*, der autobiografischen Spurensuche des französischen Soziologen Didier Eribon, die Klassenfrage einen Moment lang zurück ins Gespräch. Ihre Verdrängung beschreibt Eribon darin als Umkehrung der Situation in den 1960er-Jahren, als die Bedeutung sozialer Ungleichheiten in Bezug auf Geschlecht, sexuelle Orientierung oder Hautfarbe oftmals gegenüber dem vermeintlich primären Kampf der Arbeiterklasse relativiert und belächelt wurde: „Muss man annehmen, dass die vom Marxismus ausgehende Zensur, die eine Menge Fragen, zum Beispiel jene nach Gender und Sexualität, aus dem politischen und theoretischen Wahrnehmungsrahmen drängte, nur umgangen werden konnte, indem man wiederum zensierte oder verdrängte, was als einzige Unterdrückungsform aufzufassen der Marxismus uns gelehrt hatte?"[8] Die Gegenbewegung zur vorangegangenen Ignoranz von anderen Formen sozialer Ungleichheit war überfällig, soviel ist sicher. Heute kippt sie jedoch dort ins Regressive, wo sich das mit ihr verbundene individualistische Fortschrittsverständnis – mein Auto, mein Lifestyle, meine Identität – im Status quo erstarrter Klassenstrukturen einzurichten beginnt.[9] Selbst Unternehmen, die offensiv bestehende Sozial- und Arbeitsstandards unterhöhlen, die ganze Wirtschaftszweige monopolisieren oder mit den demagogischen Erregungsspiralen digitaler Halböffentlichkeiten Milliarden einsammeln, ist es möglich, sich mit dem Apostrophieren von Gendervielfalt und ethnischer Diversität (der sogenannten DEI Policy) ein progressives Image zu geben. Natürlich ändert das nichts an der Legitimität entsprechender Wertvorstellungen, aber es begünstigt offenbar jene Verdrängungsleistung, mit der es sich selbst die vermeintlich kritischen Milieus der Gegenwartskunst in diesen Verhältnissen bequem machen. Die exzessive Nutzung von Coffee-to-go, von Uber, Ryanair oder Spotify gilt hier genauso als Ausdruck der eigenen Fortschrittsfähigkeit wie im Rest der bürgerlichen Mittelschicht. Und Prekarität hin oder her, es gilt die Regel: Du bist kein Künstler ohne Apple-Laptop! Mittlerweile gibt es keine Kunstinstitution mehr, kein Museum, keine Kunsthochschule, keinen Kunstverein, ohne einen eigenen Instagram-Account – und nur noch wenige ohne Diversitätspräambel. Richtig, beides hat nur bedingt miteinander zu tun. Doch es gibt Gründe, warum uns das eine als eine unhintergehbare Notwendigkeit erscheint, und nur das andere als Ausweis politischer Handlungsfähigkeit und moralischer Haltung.

Mit der fortschreitenden Marginalisierung des materialistischen Kritikansatzes seit den 1990er-Jahren verlor die Ungleichheit zwischen den Klassen innerhalb des Bürgertums an moralischem Gewicht. Erfolgreich etablieren konnten sich dagegen die erwähnten Ansätze kultureller Anerkennungspolitik, von religiöser, ethnischer und sexueller Diversität. Sie wurden Teil eines liberalen bürgerlichen Habitus, entsprechendes Bewusstsein zu demonstrieren gehört zur Konvention. Deshalb werden die klassischen Merkmale der Zugehörigkeit zu einer sozialen Schicht – Beruf, Einkommen und Bildungsgrad – allenfalls noch Gegenstand kritischer Auseinandersetzung, wenn es darum geht, sie statistisch ausgewogen auf vorab definierte Bevölkerungsgruppen zu verteilen. Auch das mag ein Grund für jene Betretenheit sein, die künstlerische Darstellungen der untersten Gesellschaftsschichten auslösen. Nach wie vor rufen sie einen zentralen, klassenbezogenen Widerspruch der gesellschaftlichen Ordnung auf, der allen bürgerlichen Gleichheitsappellen zuwiderläuft – dessen Auflösung jedoch kein politisches Projekt noch glaubhaft in Aussicht stellt. Entsprechend spärlich erscheinen die Möglichkeiten innerhalb des Bürgertums, sich von diesem Widerspruch symbolisch zu distanzieren. Immerhin: In der Folge von *Rückkehr nach Reims* erschienen eine ganze Reihe autobiografisch inspirierter Erzählungen und Romane, die zumindest die Situation der Arbeiterklasse zum Thema machten.[10] Auch im Bereich der Gegenwartskunst gab und gibt es vereinzelt Ausstellungen, die den Begriff der Klasse zurück ins Gespräch bringen. Beispiele wären die Gruppenschau *Not Working* im Kunstverein München, *Klassenverhältnisse* im Hamburger Kunstverein oder *Klassensprachen* im Kunstverein für die Rheinlande und Westfalen.[11] Offensichtlich aber bleibt der Mangel eines diskursiven Rahmens, der biografisch erzählte Schicksale und künstlerische Schlaglichter in eine verbindende Emanzipationserzählung einfügt, deren Fluchtpunkt nicht die Herkunft und soziale Identität ihrer Akteure, sondern eine gemeinsam zu erstreitende Zukunft bildet. Da sich ein solcher Rahmen aber weder in politischen Debatten noch in künstlerischen Zusammenhängen abzeichnet, wird auch das, was man dort unter dem Begriff der Klasse diskutiert, in den dominanten identitätspolitischen Diskursbahnen verhandelt.[12]

Das mag im politischen Aktivismus manch produktive Allianz ermöglichen, erlaubt jedoch zugleich, die Dimensionen ökonomisch begründeter Ungleichheit im Vokabular der Anerkennung zu verschleiern.

Ganz in diesem Sinne warb zum Beispiel der amtierende sozialdemokratische Bundeskanzler, Olaf Scholz, in seiner Wahlkampagne mit der schlichten Formel „Respekt". Sie klingt nicht grundlos so, als wäre es für den sozialen Fortschritt schon ausreichend, wenn der Reinigungskraft vor einer Restaurant-Toilette künftig mit mehr Respekt begegnet, ihr also ganz besonders anerkennend zugenickt und ein paar Cents Trinkgeld mehr zugestanden würde.[13] Selbst wenn man wohlmeinend davon ausgeht, dass es nicht die primäre Intention der Respekt-Formel war, die Abgründe hiesiger Klassenverhältnisse zu überdecken, beruht die darinliegende Verquickung von Fragen der Anerkennung mit Fragen der Klasse auf einem weit verbreiteten Missverständnis. Wo es um Beschämung oder Benachteiligung aufgrund von Hautfarbe, Geschlecht oder sexueller Orientierung gehe, führe Antidiskriminierung – im Sinne sozialer Anerkennung – zu mehr sozialer Gerechtigkeit, erklärt der Literaturwissenschaftler Walter Benn Michaels, in Fragen der Klasse beschränke sich ihr Effekt jedoch aufs liberale Bürgertum. So würde die Beseitigung der Homophobie einen Sieg für *jeden* Homosexuellen bedeuten. Die Beseitigung von Vorbehalten gegenüber armen Menschen wäre jedoch ein Sieg nur für diejenigen, die dadurch tatsächlich der Armut entkämen – und ein Sieg für die Klassenverhältnisse, die dadurch intakt blieben.[14] „Wer seine Scham, schwul zu sein, überwindet, akzeptiert seine Sexualität; wer hingegen seine Scham, arm zu sein, überwindet, akzeptiert noch keineswegs seine Armut. Es ist eine Sache," schreibt Michaels, „sich seines Armseins nicht länger zu schämen; eine ganz andere aber, seine Armut bereitwillig anzunehmen."[15] Man verfehlt also das Problem, wenn man proklamiert, Menschen aus der Unterschicht mangele es an gesellschaftlichem Respekt für ihre Klasse. Die Klasse selbst ist das Problem.

Offensichtlich ist die Welt der Gegenwartskunst, auch dort wo sie sich betont politisch gibt, mit diesem Umstand überfordert. In der eingangs erwähnten Ausstellung *Illiberal Arts* wurde die Not eines Lebens in asozialen Verhältnissen mit der Not all jener parallelisiert, die anders sind als die Norm – als ginge es in beiden Fällen um soziale Anerkennung. Zugleich wurde suggeriert, die angeprangerte Gewalt der kapitalistischen Gesellschaftsordnung treffe irgendwie alle Unterdrückten gleichermaßen: schlecht bezahlte Künstler, kritische Professoren, queere Menschen, Obdachlose. Die Hamburger Ausstellung *Klasse Gesellschaft* wiederum machte aus dem Problem einen Kampf um Aufmerksamkeit, die Lars Eidinger seinen verelendeten Bildprotagonisten verschaffen würde, um einem privilegierten Publikum selbstkritische Gedanken zu entlocken. Im politisierten Diskurs der Gegenwartskunst rennt man mit dem Kampf um Anerkennung und Aufmerksamkeit offene Türen ein. Nur sollte man sich nicht einbilden, dieser hätte irgendetwas mit dem Abgrund von Klassenunterschieden zu tun, weil man die einstweilen dabei „mitdenke". Es gibt zu wenige, die wie Schriftstellerin Nele Pollatschek weiter auf die Sinnhaftigkeit beharren, zu differenzieren – ja, auch beim heroischen Engagement von hiesigen Kulturschaffenden gegen die Ungerechtigkeiten dieser Welt: „Es gibt einen Unterschied zwischen dem Leid, nicht genug Aufmerksamkeit oder Liebe oder Sex oder Anerkennung zu bekommen (auch wenn dieser Mangel so schmerzt, dass er Menschen zum plastischen Chirurgen, sogar zum Suizid treiben kann) und dem Leid, nichts zu essen zu bekommen, nicht heizen zu können, kein Dach über dem Kopf zu haben […].“[16] Vielleicht sind die letztgenannten Punkte schlicht zu materiell für das Gerechtigkeitsempfinden des liberalen Bürgertums, anders gesagt: zu wenig kulturell.

Jedenfalls stellte mich die Fragestellung dieses Buches, neben der angesprochenen Zeitgeistmixtur aus Desinteresse, Differenzierungsunlust und Verdrängung in Bezug auf die Lebensrealität der untersten Klassen, vor eine Reihe inhaltlicher Herausforderungen. Deshalb entschloss ich mich zu kleinen theoretischen Exkursen, die jene eher mäandernden Überlegungen, die ich anhand meiner Begegnungen mit einzelnen künstlerischen Beiträgen anstelle, unterbrechen und vertiefen. Ich bin weder Soziologe noch studierter Philosoph, bin kein ausgebildeter Kulturwissenschaftler und auch kein Kunsthistoriker. Als Künstler bin ich es vielmehr gewohnt, in den unterschiedlichen Disziplinen zu „wildern“. Noch mehr als meine Abneigung gegen jenen eingeschliffenen Jargon, der das Ende jedes Gedankens immer schon vorwegzunehmen scheint, hat mich der Gegenstand selbst dazu angehalten, dabei so gründlich, differenziert und folgerichtig vorzugehen, wie es mir als „Wilderer“ eben möglich ist. Ich hatte also, um ein entsprechendes Verständnis für das Verhältnis zwischen Gegenwartskunst und Unterschicht zu entwickeln, zuerst das zwischen Kunst und sozialer Wirklichkeit im Allgemeinen zu klären. Dabei habe ich mich vor allem an solchen Normen und Prinzipien orientiert, „die sich in der institutionellen Ordnung der entsprechenden Gesellschaft schon in irgendeiner Weise niedergeschlagen haben.“[17] Wenn ich von einer relativen Autonomie der Kunst ausgehe, muss ich fragen: Wo kommt er eigentlich her, dieser über die Jahre unterschiedlich stark in Frage gestellte, jedoch nie ganz aufgegebene Anspruch auf künstlerische Freiheit? Worin äußert er sich heute? Denn selbst wenn verschiedene Autoren bereits die „postautonome“ Epoche ausgerufen haben und Ausstellungen wie eben *Illiberal Arts* sich zumindest rhetorisch von der Autonomie verabschiedet haben, bleibt sie das zentrale Argument, sobald es den Institutionen darum geht, sich und die Kunst gegen Vereinnahmungen von außen zu schützen.[18] Und mal ehrlich: Wer würde ernsthaft auf eine Kunst verzichten wollen, deren paradoxes Erfahrungsangebot sich gerade aus der Spannung zwischen Autonomie und sozialer Realität ergibt? Das ist doch ihr Witz: Da will etwas für sich stehen und weist doch über sich hinaus.

Man könnte annehmen, die proklamierte ästhetische Freiheit würde die Kunst gegen jeden ethischen Einwand immunisieren. Die Autonomiebehauptung steht aber nicht nur quer zu jener Abhängigkeit der Kunst, die sie mit entsprechenden Institutionen und Milieus verkettet, sondern auch zu den ästhetisch von ihr aufgegriffenen sozialen Wirklichkeiten. Obwohl Gegenstand zahlreicher kunstphilosophischer Überlegungen, bleibt dieser grundlegende Widerspruch in der alltäglichen Diskurspraxis der Gegenwartskunst oft unberücksichtigt – mit der Konsequenz, dass meist intuitiv und je nach Anliegen zwischen ethischer und ästhetischer Argumentation gewechselt wird, ohne das zugrundeliegende Kunstverständnis offenzulegen. Das war, zugegeben, auch für mich eine Herausforderung, zumal die Fragestellung dieses Buches ja keine beliebigen, sondern zwei völlig konträre Wirklichkeiten ins Visier nimmt. Nämlich die am äußersten Rand der gesellschaftlichen Spielräume, sowie die Wirklichkeit jenes Milieus, das primär von den künstlerischen Spielräumen der Gegenwartskunst Gebrauch macht: das bürgerliche. Letzteres aber lediglich auf seine historischen und aktuellen Verfehlungen zu reduzieren, griffe zu kurz. Schließlich verdanken sich die besagten künstlerischen Spielräume in ihrem Ursprung der historischen, bürgerlichen Emanzipationsbewegung, und deren Entwurf von einer Kunst als Teil des „guten Lebens". Das Hinwirken auf künstlerische Autonomie „zehrte von der Idee der Humanität."[19] Die Institutionalisierung dieser Autonomie konnte also nur in der Rahmung aufklärerischer Wertideen gelingen, die sie aber zugleich und bis auf Weiteres mit ihnen verschaltet. Anders gesagt: Die Ethik war von Beginn an mit im Spiel.

In der Welt der Gegenwartskunst mag das Bewusstsein für die Kontinuität ihrer eigenen bürgerlichen Prägung schwinden, auch wenn sie nicht zuletzt in jener gesellschaftspolitischen Rhetorik zum Ausdruck kommt, die sich darin laufend gegen „Hierarchien", „Kapitalismus" und „Machtstrukturen" in Stellung bringt. Umso wichtiger war es für meine Überlegungen, sowohl die historischen Ursprünge als auch die durchgehende Verschränkung der künstlerischen Institutionen mit einem sich verändernden Bürgertum in den Blick zu bekommen. Denn allen voran ist es ja dieses Bürgertum, das die Früchte der kulturellen Moderne erntet, zu denen die Gegenwartskunst gehört. Trotzdem bleiben seine Wertideen auf Universalität hin ausgerichtet, weisen also in ihrem Anspruch stets über das eigene Milieu und die eigene Klasse hinaus. Angefangen bei Immanuel Kants utopischer Konzeption einer bürgerlichen Weltgesellschaft, deren Ansinnen die Inklusion aller unter das allgemein verwaltete Recht ist, bis zu den schon angesprochenen, aktuellen institutionellen Bemühungen um Inklusion und Diversität.[20] Erst aus dieser Gleichzeitigkeit von universalistischem Gleichheitsanspruch und privilegierter Soziallage wird das spezifische Unbehagen verständlich, das soziale Abgründe in den Hervorbringungen der Gegenwartskunst bereiten und es auf je eigene Weise akzentuieren.

Weil ich im Grundsatz vom emanzipatorischen Potenzial eines universalistischen Ansatzes überzeugt bin, möchte ich ihn gleich einleitend von einem falschen Verständnis abgrenzen, nämlich dem „des Totalisierens oder der Vollständigkeit".[21] Universalismus ist keine Einladung, den je eigenen, beschränkten Bildungskanon zum Maß aller Dinge zu erklären. Er ist auch kein exklusiv europäisches oder westliches Prinzip. Wer das behauptet, unterschlägt nicht zuletzt den universalistischen, auf „Weltgestaltung" zielenden Idealismus der frühen antikolonialen Bewegungen.[22] Freilich läuft jedes universalistische Ansinnen, jeder humanistische Fortschritt Gefahr, von ökonomischen oder kulturellen Besitzansprüchen eingehegt zu werden – auch da gilt: Siehe Geschichte und Gegenwart des europäischen Bürgertums. Die darin wirkende Dialektik zwischen Emanzipation und Exklusion, die ich im ersten Exkurs beschreibe, reicht bis ins ideologische Koordinatensystem der Gegenwartskunst hinein. Allerdings gäbe es ohne den universalistischen Gleichheitsanspruch zur Exklusion gar keinen Gegenspieler, der die Widersprüche bestehender Verhältnisse auch als

Widersprüche geltend macht – und eben nicht als das unvermeidliche und in alle Ewigkeit projizierte Ringen einzelner Bevölkerungsgruppen um Hegemonie. Universalismus kippt immer dort ins Autoritäre, verfehlt also den eigenen emanzipatorischen Anspruch, wo er zwischen diesem Anspruch und den verschiedenen Ansätzen zu seiner Verwirklichung keine Unterscheidung mehr zulässt. Auf nichts anderes aber läuft es hinaus, wenn man unterstellt, dass zwischen den progressiven Ideen der bürgerlichen Moderne und ihrer ambivalenten Geschichte gar nicht unterschieden werden könne, ohne einer eurozentrischen oder imperialistischen Weltsicht das Wort zu reden – eine weithin beliebte Behauptung jenes Radical Chic, mit dem man sich innerhalb bürgerlich privilegierter Kulturinstitutionen seines eigenen antibürgerlichen Mindsets versichert.

Nun wird das Bürgerliche im allgemeinen Sprachgebrauch mehr mit einer an Traditionen ausgerichteten Besitzstandswahrung als mit emanzipatorischen Wertideen assoziiert. Das geht nicht zuletzt auf den historischen Einfluss marxistischer Kritik zurück, die das Bürgertum als ausgemachten Klassenfeind gleichwohl an dessen eigenen Wertideen bemaß, wenn sie ihm sein gesellschaftliches Versagen vorrechnete. Einmal mehr scheint es das Ergebnis einer kulturellen Verdrängungsleistung zu sein, wenn man sich in der Kunstwelt heute weder als bürgerlich bezeichnen noch erkennen will. Zumal sich, wie ich im zweiten Exkurs ausführe, Statusarbeit und bürgerliche Besitzstandwahrung derzeit viel effektiver mit kultureller Flexibilität und der Repräsentation progressiver Wertideen organisieren lässt. Den einen oder anderen wird es verwundern, dass ich mich – trotz alledem – auf die emanzipatorischen Restbestände von bürgerlichen Institutionen berufe, statt in ihren diskursiven Abgesang mit einzustimmen. Aber bilden nicht Kunsthallen, Universitäten, Labore, Gerichte, Parlamente und die in ihnen eingeschriebenen bürgerlichen Wertideen wie Neugier, Bildung, Fortschritt, Gleichheit und Teilhabe immer noch einen ideellen Fluchtpunkt für jene, die ihr Leben aus der Enge und Gewalt ihrer Herkunftsmilieus, aus ökonomischer Abhängigkeit oder kulturellem Korsett zu befreien suchen? Nein, ich rede nicht von jenem modischen „Ort der Zuflucht", als den Kulturtheoretiker wie Stefano Harney und Fred Moten die Institution der Universität bezeichnen, während sie in konspirativer Rhetorik dazu aufrufen, darin zu „stehlen, was geht".[23] Dass die beiden Professoren dabei die gesamte Aufklärung als heimtückisches Projekt zur kolonialen Zersetzung von Minderheiten verstehen, erlaubt ihnen relativ problemlos, sich in ein „kriminelles" Verhältnis zu ihrem eigenen bürgerlichen Umfeld zu imaginieren.[24] Es klingt verlockend, zugegeben. Ich frage mich aber, ob nicht auch solche – bürgerlich privilegierte – Arroganz, mit dazu beitrug, dass die neoliberale Verschiebung der primären sozialen Zielsetzung von einer „Verbesserung der *Gesellschaft*" hin zu einer „Verbesserung der eigenen *Stellung*" so reibungslos vonstatten ging.[25] Einfach deswegen, weil man sich damit mühelos einreden kann, die Verbesserung der eigenen Stellung sei ja selbst irgendwie eine Art von kultureller Widerstandspraxis. Andererseits entkomme auch ich dem falschen Pathos nicht, wenn ich das universalistische Versprechen der Aufklärung beim Wort nehme, und emanzipatorisches Potenzial für in der Realität weitgehend dysfunktionale Institutionen reklamiere. Trotzdem: „Ich erfand mir meine eigene Bildung – und eine Person und Persönlichkeit gleich mit.", schreibt

Eribon über seinen Weg aus proletarischen in freiere, bürgerliche Verhältnisse hinein.[26] So selten sich dieses Versprechen in der Wirklichkeit auch einlöst, so wenig ändert sich doch an dessen ideellem Gehalt.

Ich schaue in diesem Buch nicht von der Theorie aus auf die Kunst, vielmehr besuche ich ausgehend von der Gegenwartskunst zuweilen soziologische, kulturhistorische und ästhetische Theoriegebäude. Weil sich mein Begriff von Bürgertum also an der Kunst und ihren Akteuren orientiert, zielt er in erster Linie auf ein kulturelles Milieu, auf die Gegenwartsversion des Bildungsbürgertums, wenn man so will. Ökonomisch ist er entsprechend weit gefasst, schließt also die vermögende Firmenerbin im Förderkreis des Kunstvereins ebenso ein wie den prekär lebenden Künstler, der sich mit Gelegenheitsjobs über Wasser hält – richtig, konsequenterweise auch mich selbst. Dabei bleibt meine Perspektive zwangsläufig provinziell: Die Geschichte, die ich befrage, die Literatur, die ich heranziehe und auch die besprochene Gegenwartskunst stammen überwiegend aus Europa, noch dazu mit deutlichem Schwerpunkt auf den deutschsprachigen Raum. Mir fehlen Kompetenz und Kapazität, um die globale Situation auch nur annähernd und in angemessener Weise darzustellen. Allerdings kenne ich die Geschichte und das Kunstleben einiger anderer Weltregionen gut genug, um zu wissen, dass es ebenso anmaßend wäre, das Clustern vereinzelter Positionen aus verschiedenen Kulturräumen oder eine mehrheitlich englischsprachige Literaturauswahl mit einer „globalen Perspektive“ zu verwechseln, wie umgekehrt, europäische Verhältnisse auf den Rest der Welt zu projizieren. Wenn ich gleichwohl noch universalistische Prinzipien mit den ergrauten Institutionen des europäischen Bürgertums in Verbindung bringe, formulieren sie keinen Alleingeltungsanspruch, sondern fordern Geltung *für alle* im Sinne ihrer jeweiligen Anerkennung als Individuum, das frei ist, sich selbst zu entwerfen.

Während das Bürgertum hier einem relativ fest umrissenen Milieu zugeordnet wird, lässt sich, was die von mir ausgewählte Kunst an sozialer Wirklichkeit ins Spiel bringt, keinem konkreten Milieu zuordnen. Es sind je verschiedene Milieus, die erst mal nur gemein haben, dass sie in Ermangelung von kulturellem und ökonomischem Kapital keinerlei Möglichkeit besitzen, sich in der bürgerlichen Gesellschaft auch nur einigermaßen frei zu entfalten. Wo ich den etwas abgegriffenen soziologischen Begriff der Unterschicht gebrauche, ist kein spezifisches Milieu, sondern eine spezifische Soziallage gemeint. Auch die Bezeichnung „Unterschicht“ verschwindet zunehmend aus dem Alltagsgebrauch; im Gegensatz zu der des „Bürgertums“ gibt es dafür sogar gute Gründe. Nur irrt, wer glaubt, es habe damit zu tun, dass es der Unterschicht mittlerweile an gesellschaftlichen Entsprechungen mangelt. Ich erinnere nur an die Aussage des damaligen Arbeitsministers Franz Müntefering, der 2005 behauptete, es gäbe gar keine Schichten mehr in Deutschland, nur noch „Menschen, die es schwer haben, die schwächer sind.“[27] Dass es sich auch hier um eine höflich ummantelte Verdrängungsleistung handelt, bestätigt der Soziologe Rolf Lindner: Schließlich müsse, wer von Unterschicht spricht, „auch von Oberschicht sprechen und damit von Herrschaft, Macht und struktureller Ungleichheit.“[28] Selbst in einem gesellschaftsanalytisch eher unpräzisen Begriff wie „Unterschicht“ klinge, so Lindner, noch die diskursiv ad acta gelegte Klassengesellschaft an. Und noch etwas anderes lässt der Begriff meiner Meinung nach anklingen, nämlich den fortlaufenden „Prozess der kulturellen Aufwertung und Distinktion bestimmter (‚bürgerlicher') Lebensformen einerseits [und] der moralischen Abwertung und Stigmatisierung davon abweichender (‚subproletarischer') Lebensweisen andererseits."[29] Dieser kulturelle „Klassenkampf von oben" ist das Ergebnis bürgerlicher Konsolidierungsarbeit: Das vermeintlich Inklusive schließt sich zu einem „gemeinsamen Inneren" zusammen und wird exklusiv.[30] Als das Äußere wird die Unterschicht in diesem Prozess dann fälschlich zur Gemeinschaft erklärt – als Gegenbild zur eigenen nobilitierten, bürgerlichen Lebensform.

„Seit der Aufklärung galt es als allgemein anerkannte Wahrheit, dass die menschliche Emanzipation, die Freisetzung echten menschlichen Potenzials es erforderte, die Grenzen der Gemeinschaften zu sprengen und die Individuen aus den Umständen ihrer Geburt zu befreien." Doch zuletzt, notierte Zygmunt Bauman bereits 1996, sei die Idee der kulturellen Gemeinschaft aus dem Kühlhaus zurückgeholt worden, in das sie die Moderne einst verbannt hatte.[31] Tatsächlich war sie nie ganz verschwunden, sondern die stets unterschiedlich stark beanspruchte Rechtfertigung von sich verfestigenden Soziallagen und „Etablierten-Außenseiter-Figurationen" (Norbert Elias).[32] Deshalb meint Unterschicht im Rahmen meiner theoretischen Überlegungen gerade keine fest umrissene, kulturelle Gemeinschaft, sondern, als relativer Gegenbegriff zum Bürgertum, dessen gesellschaftlichen Abgrund. Sie ist, was als Vorgeschichte der bürgerlichen Gesellschaft noch widersprüchlich in sie hineinragt, was in deren emanzipatorische Selbstbeschreibung nicht zu integrieren ist – und ihrer Zukunft abhandenkommt.

Auch für das „Asoziale" möchte ich schon an dieser Stelle klarstellen, dass es in diesem Buch Verhältnisse bezeichnet und niemals Menschen. Der Mensch bleibt soziales Wesen, selbst in unsozialen, entmenschlichenden Verhältnissen. Die problematische Geschichte der beiden Begriffe und deren Verwendung diskutiere ich im ersten Exkurs. Im Zusammenhang mit meiner Fragestellung zielen sie allerdings auf Lebensumstände, die sich aus je konkreten gesellschaftlichen Zumutungen heraus konstituieren, das heißt als solche nicht frei gewählt wurden, und für die Betroffenen jeden Ansatz emanzipatorischer Selbstbestimmung zunichtemachen. Ist dann aber nicht bereits der Titel meiner Unternehmung ein Widerspruch in sich? Kann es tatsächlich etwas wie eine „Ästhetik des Asozialen" geben? Will man künstlerische Darstellungen entwürdigender Verhältnisse wirklich in ästhetischen Kategorien bemessen, sie als mehr oder weniger interessant qualifizieren? Und lässt sich das Asoziale überhaupt darstellen, ohne selbst, und sei es durch die Kälte sprachlicher oder eben künstlerischer Distanzierung, Abwertung zu reproduzieren? Kann die Kunst sich diesem Abgrund nähern, ohne zynisch zu werden – und ohne ihren Gegenstand zu verharmlosen oder zu verkitschen? Die Fragen ließen sich jedenfalls nicht aus der Bibliothek heraus beantworten. Nicht, wenn erkennbar bleiben sollte, als was ich die Kunst im Folgenden verteidigen möchte: als dieses außerordentlich unwahrscheinliche Spin-Off eines unverwirklichten Gesellschaftsprojekts. Sollte darin tatsächlich Platz sein für eine Ästhetik des Asozialen, er wäre in der konkreten Kunsterfahrung zu finden, in der dampfenden Ambivalenz darin einströmender Wirklichkeiten.

Ich treffe Terence Koh auf einem kleinen Grünstreifen am Rand der Magdeburger Brücke in Hamburg. Hier hat er für vier Wochen Quartier bezogen. Es ist der letzte Tag seines Aufenthalts in der Hafencity, dem 157 Hektar umfassenden, nach wie vor größten Stadtentwicklungsgebiet Europas. Im Rahmen eines Programms zur kulturellen Belebung des hochpreisigen Immobilienensembles war der kanadische Künstler eingeladen worden, seine *Bee Chapel* (2015) im öffentlichen Raum zu präsentieren. Bei der „Kapelle" handelt es sich um ein kleines, in Wachs gefasstes Bienenhaus, in dem neben einem Bienenvolk auch ein menschlicher Besucher Platz findet. Koh hatte sich entschlossen, die Skulptur um eine Installation zu erweitern und in dieser einen Monat lang zu leben. Im Schatten der Trauerweide, vor die er die Skulptur platziert hatte, wurde eine kleine Kochnische gezimmert, ein kleiner Tisch in eine trockengelegte Jolle gestellt, eine Reihe von Topfpflanzen drumherum, und aus gestapelten alten Koffern und Kisten entstand ein Bett – ein Sommermonat als Vagabund unter freiem Himmel.

Ausgerechnet Koh. Der Künstler, der in den 2000er-Jahren mit „grellen und aggressiven Anwandlungen"[33], mit exzentrischen Auftritten und sexuell aufgeladenen Performances die New Yorker Kunstwelt aufgemischt hatte – der personifizierte Hype dieser aufgeputschten Jahre aus dem feierwütigen Umfeld von Dash Snow und Ryan McGinley. Auf der Art Basel 2007 soll Koh eine Installation aus mit Gold überzogenen Exkrementen verkauft haben, nach Angaben seines Händlers zum Preis von 500.000 US-Dollar. Für Künstler wie ihn holte man das Label „Enfant terrible" nochmal aus der Schublade. Was künstlerisch unter seinem Namen verhandelt wurde, ließ sich indes rasch als Aufguss ästhetischer Ansätze aus den 1960er-Jahren identifizieren: Stark auf die Künstlerperson ausgerichtete Performances, irgendwo zwischen partytauglicher Ausschweifung und spirituellem Happening, meist in monochromen Farbräumen, ausstaffiert mit symbolischen Ökomaterialien – sie waren eigentlich nicht weiter diskutierenswert. Übriggeblieben sind Partypics, von denen Google eine ganze Reihe erhalten hat: Koh mit Lady Gaga, Koh mit Michael Stipe, Koh mit Klaus Biesenbach usw. usf. Folgt man dem dualistischen Blick des Kunstkritikers Wolfgang Ullrich, für den sich „Marktkunst" und „Kuratorenkunst" immer stärker auseinander bewegen, stand Koh eindeutig für die Welt des Marktes.[34] In der Regel werden solche Positionen von der „Kuratorenkunst", also jener „gesellschaftsbewussten" Fraktion der Kunstwelt, die das Programm von Biennalen und Kunstvereinen dominiert, weitgehend ignoriert, während man auf der Gegenseite die Aufmerksamkeit umarmt und sich neben den Künstler auf den roten Teppich quetscht – wie im Fall von Koh.

Das fehlende Zwischennarrativ geht so: 2014 zog sich der Künstler erschöpft aus dem New Yorker Großstadtmoloch aufs Land zurück, wo er täglich in einem Tipi meditierte, sich in alternative Landwirtschaft einarbeitete und in einem alten Schiffscontainer Zeichnungen anfertigte.[35] Zwei Jahre später feierte er sein Comeback in einer Galerie in Manhatten, wo er die *Bee Chapel* erstmals außerhalb seines neuen Landsitzes in Upstate New York präsentierte. Weihevoll kündete der Pressetext von einem „lebendigen Garten Eden". Einen „atmosphärischen Raum" habe Koh in der Galerie erschaffen, der zugleich „friedvoll, theatralisch und politisch" sei.[36] Wie in Hamburg hatte er sich vor Ort ein Bett eingerichtet und verlegte seinen Alltag für einige Wochen in den Galerieraum. Es gab rustikale Holzregale mit Büchern, Teetassen, einen Apfelbaum sowie Collagen aus gefundenen und organischen Materialien in flachen Glaskästen – auch sie riefen Ästhetiken der 1960er-Jahre auf, ließen an Vitrinen von Joseph Beuys denken, an Fett und Filz. Das Bienenhaus stand auf einem Erdhügel im Kellergeschoss. Über eine kleine Röhre hatten die Bienen Zugang nach draußen.

In Hamburg steht die gelbe *Bee Chapel* auf einem kleinen Gerüst aus Birkenholz. Sie hat eine konische, sich nach oben verjüngende Form, die mit Wachs überzogen ist, und eine Höhe von rund 1,50 Metern. Sie bietet gerade Platz für eine einzelne sitzende Person, die durch eine Tür hineinkriechen kann. Ein Netz trennt den Raum von der rund 30 Zentimeter hohen Spitze, in der ein Bienenvolk eifrig Waben produziert und seinen Nachwuchs versorgt. Man kann es dabei beobachten oder man schließt die Augen und lauscht dem anhaltenden Surren. Koh erzählt mir, dass er sich jeden Morgen in die kleine Hütte setze, die Tür hinter sich schließe und meditiere.[37] Dann „spricht" er mit den Bienen, sagt er, während er mich hinter die „Gardinen" der Trauerweide bittet, die seinen Wohnbereich an der Brücke von dem schmalen öffentlichen Grünstreifen am Störtebekerufer trennen. Koh redet angenehm leise, angstfrei und ohne viel zu überlegen. Natürlich könne ich seine Worte aufzeichnen, ich könne sie auch veröffentlichen, irgendwo ins Netz stellen, das störe ihn alles nicht. Er legt ein Stück Vollkornbrot in eine erhitzte Pfanne und erzählt, dass er ursprünglich für die Wochen in Hamburg pausieren wollte mit dem ganzen „internet stuff", dem Gebrauch von Smartphone und sozialen Medien. Aber dann hatte er unerwartet WLAN-Empfang in seiner Ecke am Ufer und nun habe er sogar erstmals die Story-Funktion von Instagram genutzt. Doch eigentlich sei ihm hier an etwas ganz anderem gelegen: an einer Kommunikation „jenseits von Bildern, Videos, Sprache und Konzepten." Es gehe darum, „eine Ahnung von einer unsichtbaren Energie zu bekommen." Während Koh sich für die spezielle Kommunikation der Bienen begeistert, die sich tanzend und „ohne zu denken" verständigen, erinnere ich mich an Carolyn Christov-Bakargiev, die Leiterin der 13. Documenta, die im Vorfeld der Großausstellung laut über ein Wahlrecht von Hunden und Erdbeeren nachdachte und damit für mediales Aufsehen sorgte.[38] Die Kuratorin ist eine ausgewiesene Expertin für die italienische Arte Povera, was ihre Affinität zu nicht-menschlichen Subjektkonstitutionen und zu einer Kunst, die ein spirituell anmutendes Verhältnis zu bestimmten Naturvorstellungen anmahnt, in eine durchaus schlüssige historische Beziehung setzt. In den 1960er-Jahren wurde in Italien das Ideal eines Künstlers formuliert, dessen Ästhetik die Prinzipien der Ökologie nachempfinden sollte: „[…] er gibt kein Urteil darüber ab, er sucht nicht nach einem moralischen oder sozialen Wert, er manipuliert es nicht: Er lässt es offen und augenfällig, er schöpft aus der Substanz der Naturereignisse, aus dem Wachstum einer Pflanze, der chemischen Reaktion eines Minerals, der Verhaltensweise eines Flusses, […] er wird eins mit ihnen, um die wunderbare Gestaltung der lebenden Dinge nachzuempfinden."[39] So forderte es Germano Celant, Kunstkritiker und Stichwortgeber der Arte Povera.

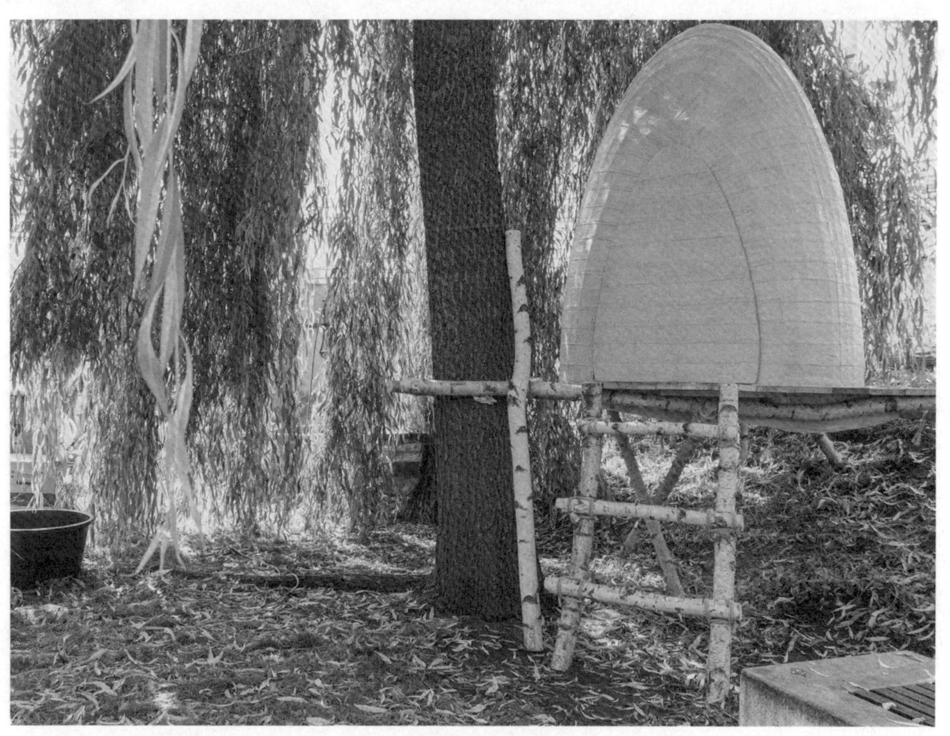

Kleine Kapelle für den urbanen Naturfreund: die *Bee Chapel* von Terence Koh

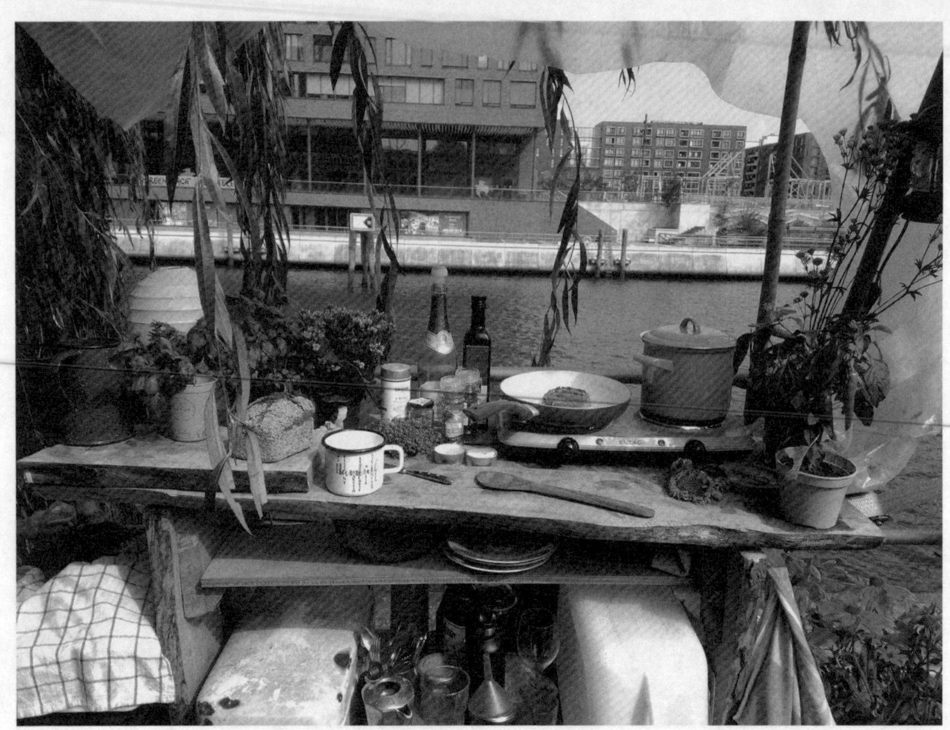

Kohs Kochnische gegenüber der Hamburger Greenpeace-Zentrale in der HafenCity

Wenn man so will, belebt Koh genau diesen Ansatz, auch wenn er Wert darauf legt, nicht sonderlich an historischen Bezügen oder theoretischen Diskursen interessiert zu sein. Der Name Christov-Bakargiev sage ihm nichts, erklärt er auf Nachfrage. Die *Bee Chapel* ziele auf Grundsätzlicheres: Im Kontakt mit den Bienen könnten die Menschen all die schlechten Dinge hinter sich lassen, „die Konflikte, die Gewalt, Kriege, Kunstausstellungen, Fragen wie ‚Wer ist besser als wer?' oder ‚Bin ich zur Documenta eingeladen oder ist es jemand anderes?' – all diese Ego-Dinge, die uns die Energie rauben." Im Bienenhaus übten wir uns stattdessen in einem Modus, der „über das Bewerten und Konkurrieren hinaus geht."[40] An einem Sonnentag wie diesem, der selbst trübem Hafenwasser ein wohliges Schimmern abtrotzt, ist man geneigt, sich den Ausführungen anzuschließen. Zumal Koh sehr einnehmend ist in der Rolle des Aussteigers, der ein paar wichtige Lektionen im Leben gelernt hat. Aber er hat auch etwas von einer Urlaubsaffäre, der man glauben möchte, wenn sie vom Leben in der Sonne schwärmt, obwohl man um die schäbige Wirklichkeit fernab der Strände weiß.

Überraschenderweise sei er bisher nicht mit Obdachlosen in Kontakt gekommen, berichtet Koh, vielleicht liege es an der doch sehr reichen und unbelebten Umgebung. Das erscheint mir schlüssig, aber vielleicht sehen jene, die auf der Straße leben, auch schon von Weitem, dass dieser beschauliche und blumenumtopfte Flecken im Schatten der Trauerweide zu einer anderen Welt gehört. Als ich Koh verlasse und die Stufen zur Straße hinaufgehe, muss ich achtgeben, nicht zu glotzen, als ein Mann, um die 50 Jahre alt, an mir vorbei geht, mit nichts weiter bekleidet als einer kurzen Hose. Seine Haut glänzt in der Sonne, ist in ungesunder, übermäßiger Weise gebräunt; sein ganzer Körper erscheint mir eigentlich nicht in einer Verfassung, in der man ihn bereitwillig zur Schau tragen würde. Vielleicht ist auch diesem Menschen vieles egal geworden, nur anders – anders als Koh. Über seiner Schulter hängt eine dieser extra-großen, stabilen Supermarkttüten und verrät den Pfandflaschensammler. Ich versuche meine Zuschreibungen zu bremsen: Könnte es sich nicht ebenso um einen Exzentriker handeln, der aus freien Stücken auf Sonnencreme und Körperideale pfeift? Vielleicht ist es ja mein Problem, mein formatierender Blick, der hier zwischen dem „legitimen" Exzentriker Koh und dem „illegitimen" in kurzer Hose unterscheidet? Woher nehme ich den Eindruck, dass jemand hier mehr erschöpft erscheint als befreit? Wegen ein paar Pfandflaschen in einer extra-großen Plastiktüte? Auf der anderen Seite: Ist es nicht eine besonders ausgefeilte Form der Ignoranz, diesen offensichtlichen Eindruck mit äußerst unwahrscheinlichen Gedankenspielen beiseite zu schieben? Etwas ratlos bleibe ich stehen, bis der Mann auf die Magdeburger Brücke biegt. Tatsächlich würdigt er das romantische Sommerlager des Künstlers keines Blickes. Es scheint unsichtbar für seine Augen.

Auf dem Weg zum Bahnhof, auf der Verkehrsinsel zwischen Kunstverein und Deichtorhallen, begegne ich einem Obdachlosen. Er sitzt auf einem leeren Getränkekasten neben einem Einkaufswagen, aus dem vollgepackte Taschen und Tüten herausragen. Der Mann trägt einen weißen Vollbart, ein etwas zu großes Jackett und einen etwas zu kleinen Hut. Seit Wochen heizt der Spätsommer die Straßen auf und Obdachlose tragen entweder zu wenig oder zu viel, daran sind sie gerade gut zu erkennen. Auch die Haut dieses Mannes ist braungegerbt, so dass er ein bisschen aussieht wie der Ganove in einem Italo-Western. Aus seiner kleinen elfenbeinfarbenen Blockflöte pfeift eine mutmaßlich improvisierte, leicht hüpfende Melodie. Durch die wuchernde Bambusbepflanzung im Hintergrund kann man sich die Szene ähnlich entrückt ausmalen wie Kohs „utopischen Garten“ einige Straßen weiter.[41] Spontan beschließe ich, ihm ebenfalls ein paar Fragen zu stellen. Als ich mich zu ihm hocke, muss ich etwas überfordert erkennen, dass es ziemlich lang her ist, seit ich einen Bettler auf der Straße angesprochen habe.

Ich erkläre ihm meine Situation, erzähle von Koh, der nur ein paar hundert Meter weiter unter freiem Himmel lebe, und erkundige mich danach, wo er Flötespielen gelernt habe. Der Mann schaut etwas verlegen zurück, offenbar versteht er mich nicht. Trotzdem hört er jetzt nicht mehr auf zu reden – allerdings in einer Sprache, die ich noch nicht einmal zuordnen kann. Mein Verständnis simulierendes Nicken reagiert dankbar auf jede Ahnung, zu der einzelne Wortfetzen Anlass geben. Er ist vermutlich „Roma“ oder spricht „Romani“ oder kommt einfach aus „România“, so ganz bekomme ich es nicht entschlüsselt. Es wirkt, als erzähle er seine ganze Lebensgeschichte, wohl wissend, dass ich nicht ein einziges Wort verstehe – und als wolle er sich rechtfertigen: Warum sitzt jemand hier in der urbanen Ödnis und spielt Flöte? Ich schaue nur betreten und klopfe etwas hilflos auf seine Schultern als ich erkenne, dass seine Augen tränen. Sein Blick geht fragend in den Himmel, und ich fühle mich unaufrichtig, überfordert von der plötzlichen Intimität. Er öffnet sich, aber ich verstehe nichts. Auch diese Kommunikation erscheint zurückgeworfen darauf „jenseits von Bildern, Videos, Sprache und Konzepten“ zu agieren. Aber es sind nicht die von Koh in Aussicht gestellten Möglichkeiten des Lebens, die sich hier offenbaren, es sind Unmöglichkeiten.

Als ich im Zug nach Frankfurt sitze, versuche ich meine Eindrücke zu sortieren: Als Koh noch auch auf den Titelblättern populärer Kunstmagazine glänzte, gehörte ich zu jenen, die sich vom Hype um seine Person eher belästigt fühlten. Nicht weil er die Posen von Popstars imitierte oder werbewirksam mit großen Automarken kooperierte, ich störte mich vor allem an der Kunst. Zum Anlass seiner ersten großen institutionellen Einzelausstellung hatte er die Kunsthalle Zürich 2006 mit allerlei Vitrinen vollgestellt, die je ein Objekt beherbergten. Eine Sammlung „von Flohmärkten, aus teuren Porzellanläden, Kunstobjekte, Kitschgegenstände, Gothik-Kultsachen, Marketingzeugs aus der Film- und Musikindustrie, Ritualgegenstände und Touristentand“[42] – alles pathetisch mit weißer Farbe mumifiziert. In einem leeren Raum, dessen Boden ebenfalls mit weißem Pulver überzogen war, ließ er zwei weiße Vöglein herumfliegen. Mir war das zu wenig. Aber symbolisch aufgeladene und raumgreifende Wucherungen passten durchaus in die Zeit – auch in Deutschland bestimmten in den 2000er-Jahren Künstler wie Jonathan Meese oder Tobias Rehberger mit lauten Großinstallationen das Kunstgeschehen.

Meine Hamburger Begegnung mit Koh war also nicht ohne Vorbehalte, auch wenn Freunde mich gewarnt hatten: „Er ist total nett, du wirst ihn mögen!“ Mir war klar, dass sie recht behalten würden, und mir war auch klar, dass Koh nicht einen Monat neben einer Brücke haust, weil er sich in die Lebensweise von Obdachlosen einfühlen will – auch wenn mich genau diese Analogie interessierte. Ich weiß, dass sein Narrativ ein anderes ist, eben das des Aussteigers, der nicht nur der Großstadt, sondern auch der Kunstwelt entkommen ist. Und doch habe ich Skrupel in Bezug auf die ach so bescheidene Botschaft, die Koh mit seinem Auftritt am Störtebekerufer verbindet; sie bleiben auch nach dem angenehmen Gespräch im Schatten der Trauerweide. Selbst wenn seine Erzählung die sozialen Voraussetzungen ihrer romantischen Exegese nicht aktiv leugnet, fehlt ihr doch jeder Sinn für die Verhältnisse.

Selbstverständlich macht es einen Unterschied, ob jemand freiwillig aussteigt oder herausfällt aus bestimmten ökonomischen und sozialen Zusammenhängen. Koh wird das nicht bestreiten und es folgt auch kein moralischer Einspruch: Jeder kann sich freiwillig für etwas entscheiden, wozu andere durch Umstände gezwungen werden – in der Kunst erst recht. Doch wenn Koh im Gespräch wie beiläufig die Schlechtigkeiten der Welt aufreiht, Kriege und Kunstwelt-Egos dabei kurzerhand zur Folge einer mangelnden inneren Haltung erklärt, stellt er seine *Bee Chapel* selbst unter die Vorzeichen einer fragwürdigen Trennung: hier die menschliche Zivilisation, von Gier und Habsucht getrieben – dort die Natur, die nicht urteilt, die Maß hält und die sich im gedankenlosen So-Sein entfaltet. Wir lernen Demut von den schweigsamen Bienen. Das Andere der Kunst, also ihr Versprechen, eine weitgehende Freiheit von sozialen Zwängen auszuspielen, wird assoziiert mit dem vermeintlich Anderen der Natur.[43] Die Natur gleichsam freigesprochen von jeglichem inneren Widerstreit. Unzählige Ideologien haben sich diese Vorstellung zu eigen gemacht: Die Verfehlungen des Menschen entspringen seiner Entfremdung von einem quasi-paradiesischen Naturgefüge, in dem noch alles seine Richtigkeit hatte. Gegenüber der imaginierten Anmut harmonischer Urzustände erscheinen Menschen zwangsläufig wie böswillige Agenten zivilisatorischer Kakophonie.

Um welche Natur könnte es Koh gehen, wenn Zivilisation ihr toxisches Gegenstück ist? Selbstverständlich sind Menschen auch das, was man „böse" nennt, sie sind gewalttätig, rachsüchtig, egoistisch und ignorant. Wer hinschaut, findet all diese Eigenschaften aber auch in der Natur – selbst da, wo man ihr Surren nicht versteht. „Natur an sich ist weder gut, wie die alte, noch edel wie die neue Romantik es will", heißt es in der *Dialektik der Aufklärung*. Erst als „erkannte", also als mitsamt ihren Widersprüchen reflektierte, würde sie zum „Drang des Daseins nach Frieden"[44]. Anders gesagt: Als utopisches Primat führt die Natur in die Irre, wird die Kritik nicht mitbestellt. Gleiches gilt umgekehrt für den pathetisch aufgeladenen Bezug auf eine „menschliche Zivilisation", für den ich persönlich empfänglicher wäre. Doch auch da verhindert aller gute Wille nicht, dass man den Bauschutt zerschlagener Gewalt- und Unrechtsstrukturen alsbald zu neuen verbaut. Für die Zivilisation wie für die Natur gilt: Niemals sind sie Problem oder Lösung allein.

Könnten nicht auch die Bienen von uns Menschen lernen, hatte ich Koh gefragt. Er stutzte: „Die Frage habe ich mir noch nie gestellt." Womöglich könnten sie tatsächlich etwas von uns lernen, sagte er nach kurzem Überlegen. Im Gegensatz zu den Bienen seien wir nämlich unperfekte Kreaturen und darin liege auch eine Schönheit. Aber brauchen wir wirklich das Gegenbild einer vollkommenen Natur, um unsere eigene Unzulänglichkeit zu würdigen? Ich fürchte, dass derartige Alternativen, die die Natur zum Fluchtpunkt wahren Welterkennens stilisieren, eher ein philosophisches Äquivalent zum entpolitisierenden Rückzug ins Private formulieren. Aus Beidem spricht eine folgenreiche Ignoranz gegenüber denjenigen, die aus Notwendigkeit heraus auf den Schutz genau dieser Zivilisation hoffen. Auch die Natur kann eine solche Notwendigkeit sein, wenn man ihr nämlich ausgeliefert ist, statt sich zur Erholung in ihr einzurichten.

Die Einladung, andere Möglichkeiten des Lebens künstlerisch in Betracht zu ziehen, wie sie Koh für den Aufenthalt in seinem Bienenhaus ausspricht, ist an Voraussetzungen gebunden. Das beginnt schon bei dem durchsichtigen Netz, das Bienenvolk und Betrachter voneinander trennt. Die Natur ist nur zu ästhetisieren, wenn wir ihre Bedrohungen auf Abstand halten. Kant benutzt in der *Kritik der Urteilskraft* das Beispiel am Himmel sich auftürmender Donnerwolken, schreibt von Orkanen und grenzenlosen Ozeanen, die „unser Vermögen zu widerstehen, in Vergleichung mit ihrer Macht, zur unbedeutenden Kleinigkeit" machten. Ihr Anblick sei umso anziehender, je furchtbarer er sei – „wenn wir uns nur in Sicherheit befinden".[45] Das Dynamisch-Erhabene der Natur überwältigt uns in Sicherheit und es ist ein Ähnliches mit der Kunst und dem von ihr initiierten Sinnieren über andere Möglichkeiten.

Ich wische durch meine Aufnahmen von der kleinen Idylle am Störtebekerufer und lande bei einem kurzen Video, das ich von dem Obdachlosen machte, der auf der Verkehrsinsel Flöte spielte. Als Musiker hatte ich ihn gar nicht wahrgenommen, also nicht als Künstler so wie Koh. Sein improvisiert anmutendes, einfaches Spiel – ich hatte es kaum beachtet. Warum? War es die Notlage, in der sich der Mann offensichtlich befand, die mich veranlasste, die Art seines Spiels nicht als Folge bewusster künstlerischer Entscheidungen anzunehmen, sondern einem „Geschmack der Notwendigkeit" abgerungen, wie Pierre Bourdieu den Habitus der unteren „Volksklasse" bezeichnete? Ein solcher Geschmack enstehe aus der Not heraus, ist also das Ergebnis einer Anpassung an den Mangel, „ein Sich-in-das-Notwendige-fügen, ein Resignieren vorm Unausweichlichen."[46] Doch Bourdieu schrieb auch, dass man sich aus der Distanz kaum eine Vorstellung von der Gesellschaftsauffassung einer solchen Klasse machen könne, selbst wenn man, wie er selbst, in einfachen Verhältnissen aufgewachsen sei.

Auch ich konnte nur mutmaßen über die Umstände des alten Mannes, auf dessen mir unverständlichen Ausführungen ich keine Antwort fand, abgesehen von verlegenen Gesten und dem Euro, den ich schließlich in seinen Becher warf, um mich aus der Situation zu kaufen. Ich bin in Sicherheit, denke ich hier im Zug, während Niedersachsen vorbeizieht und mir eine entfernte Erinnerung ins Bewusstsein kriecht: Als Kind hatte ich mit meinem Onkel ein Fotoalbum durchgeblättert und mich über diesen eigenartigen Mann neben meinem Großvater gewundert. Das sei ein Obdachloser, erzählte mein Onkel. Den hatte die Familie damals in die Wohnung gelassen, um

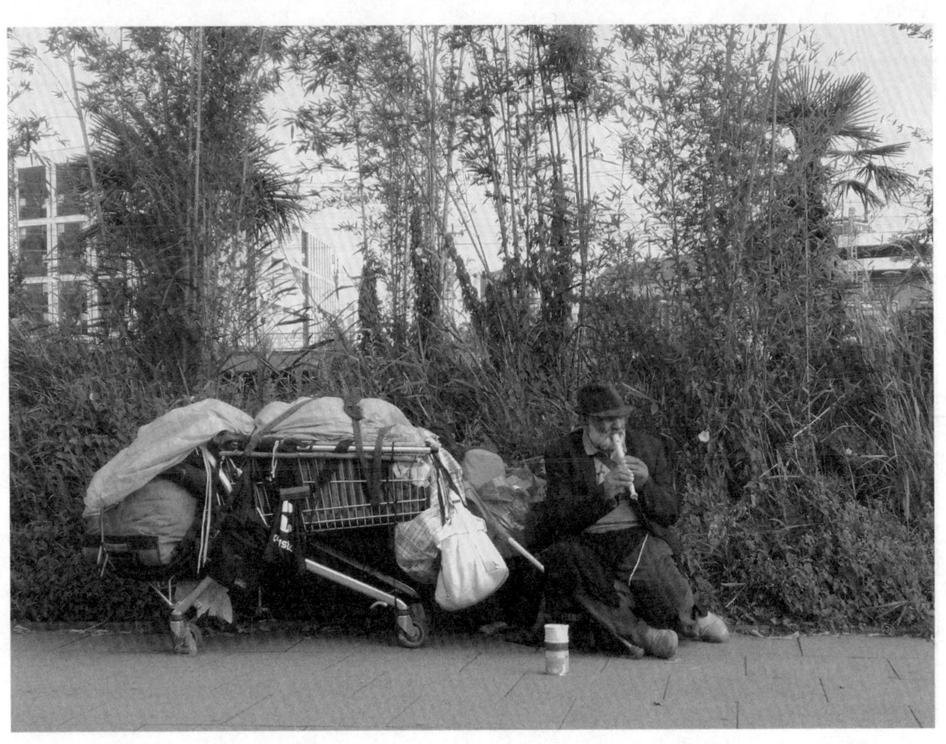

Straßenmusiker auf einer Verkehrsinsel in Hamburg

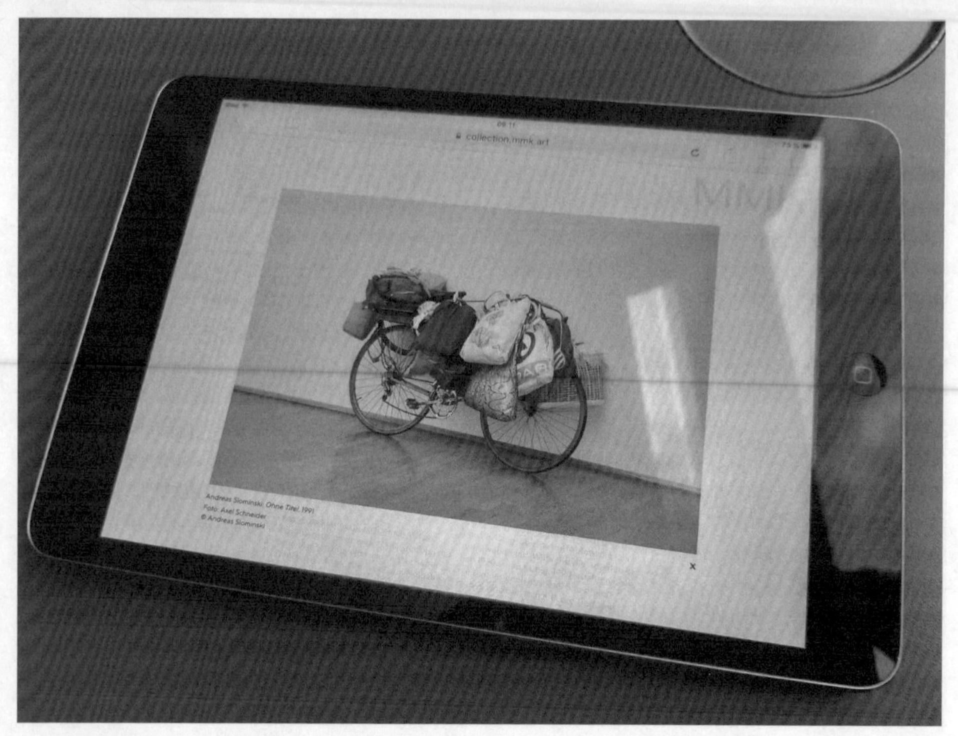

Isolationshaft des weißen Raumes: Fahrradskulptur von Andreas Slominski

ihm ein warmes Bad und frische Kleidung zu geben. Danach hätten die Erwachsenen noch einen Schnaps getrunken und dieses gemeinsame Foto gemacht. Es wird gar nicht so ungewöhnlich gewesen sein – in den 1960er-Jahren auf einem Dorf im katholischen Südhessen. Mein Großvater war religiös, Arbeiter in einer Fabrik für Straßenbaumaschinen und der Krieg lag noch nicht lange zurück. Es war eine Phase des Übergangs, der neue Wohlfahrtsstaat noch im Entstehen. Erst die staatliche Fürsorge machte Armut und Elend primär zur Angelegenheit einer übergeordneten Instanz.[47] Deshalb fällt es heute umso leichter, das sichtbare Elend in den Städten gedanklich an die Vertreter der politischen Ordnung zu delegieren. „Hier müsste sich der Staat kümmern!", denkt man viel eher als sich unmittelbar verantwortlich zu fühlen. Ich käme jedenfalls nicht so schnell auf die Idee, einen Bettler in meine Wohnung zu bitten, damit er sich duschen kann. In gewisser Weise distanziert uns der soziale Fortschritt zweifach vom Elend, nämlich materiell von unserem eigenen und strukturell von dem der Anderen. Ist es nicht das Gleiche mit der Kunst? Sie distanziert uns von uns selbst *und* von ihrem Gegenstand.[48]

In einem berühmt gewordenen Essay denkt Susan Sontag darüber nach, was es bedeutet, sich Fotografien des Elends aus Kriegsgebieten anzusehen, so wie wir es beinahe täglich tun, wenn wir die Nachrichten verfolgen. Nüchtern stellt sie fest, dass derjenige, der sich davon noch überraschen ließe, dass es Verderbtheit gäbe in der Welt, psychologisch schlichtweg nicht erwachsen geworden sei.[49] Wir begehen keine moralische Fehlleistung, „wenn wir nicht *genug* leiden, während wir diese Bilder sehen."[50] Es sei nämlich gar nicht deren Aufgabe, unsere Unwissenheit zu beheben oder Empörung hervorzurufen. Bilder seien nicht mehr als Aufforderungen zur Aufmerksamkeit, Aufforderungen zum Denken. Und dafür ist Distanz die notwendige Voraussetzung. Kunst zielt auf solche Distanzierung. Aber zur Dialektik dieser Distanzierung gehört eben auch, dass ihre Praxis dabei hilft, uns das Elend der Anderen vom Leib zu halten. So wie ich mich bemühe, die Tränen des Bettlers zu intellektualisieren, während ich im Großraumwagen eines über 250 Stundenkilometer schnellen Privilegs sitze, das mich gerade rasend auf Abstand bringt.

Distanzierung ist eine Grundbedingung bürgerlicher Emanzipation, ohne sie wäre keine Kunst, keine Wissenschaft, kein Rechtsstaat zu haben und kein klarer Gedanke zu fassen. Aber sie kann umschlagen in das, was Adorno die „bürgerliche Kälte" nennt, also das relativierende Kleinrechnen des eigenen, unmittelbaren und existenziellen Bezugs. Die Fähigkeit „sich im Zuschauen zu distanzieren und zu erheben" versteigt sich dann in eine falsche Humanität, die nicht mehr wirklich Anteil nimmt.[51] Deshalb können im Namen der Wissenschaft oder des Rechtsstaats auch grausamste Verbrechen oder Verhältnisse legitimiert werden, ohne dass ihre Verursacher sich dem Ausmaß ihrer Unmenschlichkeit tatsächlich gewahr werden. Die Zivilisation wird zur bloßen Formel einer Bürokratie des Abstandshaltens. Gilt das auch im Fall der ästhetischen Distanzierung? Es ist doch gerade die Idee der Autonomie, der Unabhängigkeitserklärung der Kunst, dass diese Distanz es ihr erlaubt, uns für Momente aus dem ethischen Gehäuse der Wirklichkeit zu entführen; die es ihr erlaubt, den Einzelnen aus sich herauszuführen – „ebenso hinter sich zurück wie über sich hinaus", wie es der Philosoph Christoph Menke lakonisch formuliert.[52] Der Bettler auf der Verkehrsinsel konnte mir nicht sagen, ob ich sein Flötenspiel, vielleicht sogar den völlig überbeladenen Einkaufswagen neben ihm, als Kunst begreifen soll. Und mir wäre es in der unformatierten Wildnis der Notwendigkeit wie ein zynischer Ausdruck ebenjener „bürgerlichen Kälte" erschienen, in einen ästhetischen Modus zu wechseln. Wohlgemerkt, es war der Kontext, der mich davon abhielt. Die Ästhetik selbst, sogar die Fülle vollgestopfter Taschen und Tüten, gefüllt mit dem letzten Hab und Gut, zusammengehalten von Schnallen und Gurten, hat längst im Museum reüssiert. Anfang der 1990er-Jahre präparierte Andreas Slominski ein Fahrrad derart, dass es sich in nichts von einem unterschied, wie es viele Obdachlose benutzen: als eine Art Lastentier für die letzten Dinge. Ohne weitere Angaben oder Kommentare ließ Slominski es im Ausstellungsraum platzieren (Ohne Titel, 1991).

Stillgelegt und wie erdrückt wirkt es unter dem Gewicht prekärer Vermögensreste. Lenkrad, Sattel und Gepäckträger sind kaum mehr auszumachen unter dem Wust an Plastiktüten, Säcken, Körben, Eimern, Sporttaschen, Aktenkoffern und ausrangierten Fahrradreifen. Slominski hat eine ganze Serie dieser Fahrräder erstellt. Dem Museum für Moderne Kunst in Frankfurt gehört eines von ihnen (Abb. 1). 2006, in einer Einzelausstellung des Künstlers, stellte es mich vor ein ästhetisches Dilemma.[53] Einerseits machte dieses Objekt den Eindruck als würde es auf die Distanzierung durch den künstlerischen Raum geradezu insistieren und sagen: „Fass mich nicht an! Halte Abstand! Ich bin Kunst!" Es schien wie ein Bekenntnis zur relativen „Freiheit vom Sozialen", hergestellt durch die Isolationshaft des weißen Raumes.[54] Andererseits machte dieses Fahrrad als vermeintliches Readymade keinerlei Anstalten, seinen sozialen Gehalt zu verbergen oder diesen auch nur irgendwie zu abstrahieren. Als ginge es ihm im Gegenteil nur darum, ein Stück sozialer – oder vielmehr asozialer – Wirklichkeit zu exponieren. Doch so einsam und freigestellt vor der leeren Museumswand wirkte das Fahrrad dieser Wirklichkeit bereits entkommen.

„Alles sträubt sich in uns", schrieb Kurator Jean-Christophe Ammann, „dieses Pennerfahrrad als schön zu bezeichnen, denn wir wollen uns ja nicht des Vorwurfs einer ‚Ästhetisierung des Elends' schuldig machen. Und dennoch ist diese Skulptur unsäglich schön."[55] Wie mit einem Skalpell sei sie dem Gesellschaftskörper entnommen worden und trete nun wie ein beschädigtes Organ in Erscheinung: „Weder anklagend, noch exhibitionistisch und auch nicht exotisch. Vielmehr hat das Auge des Künstlers einen Gegenstand erfasst, diesen Gegenstand isoliert, sich den Gegenstand zu eigen gemacht und diesen Gegenstand aus der Neugier des Verletzlichen und des Betroffenen neu hervorgebracht."[56] In der Tat weist nichts darauf hin, dass Slominski an irgendeinem kritischen Impetus gelegen wäre. Auch über das Fahrrad hinaus: Sein Œuvre versammelt skurrile Fallen oder seltsame Werkzeuge, deren Absurdität darin besteht, dass sie Probleme durch das Aufwerfen einer Reihe unsinniger Folgeprobleme lösen. So zum Beispiel den *Rollstuhl zum Queren der Treppe in Odessa* (2000). Er hat höhenversetzte Räder, damit er entlang einer einzelnen Treppenstufe – im Titel ist es die aus der berühmten Szene des Eisenstein-Films *Panzerkreuzer Potemkin* – seitlich rollen kann, ohne jede Ausweichmöglichkeit nach oben oder unten. Buchstäblicher kann man eigentlich nicht auf den sozialen Widersinn von Kunst verweisen. Slominski schafft hintergründige Konstellationen, manchmal bloße Kalauer, aber stets offenbaren sie eine diebische Freude an Alltagsmaterialen: bunte Putzlappen, mobile Toilettenhäuschen, Garagentore … Sie sind weit entfernt davon, der Kunst politische Botschaften abzuringen.

Wenn die Fahrrad-Skulptur von Slominski gleichwohl Anregung zum Denken ist, wie es Sontag für die Schreckensbilder des Krieges in Anspruch nimmt – wohin führt mich dieses Denken? Es führt zunächst in eine relative Freiheit vom Sozialen, weil es mich auf Abstand bringt zu den Verhältnissen, zur Schwere von Ethik und Vernunft; in eine geliehene Freiheit allerdings, deren unverwirklichten Voraussetzungen – eine Gesellschaft freier und gleichberechtigter Bürger – sie immer wieder zurückschnellen lassen in „bürgerliche Kälte". Das „Pennerfahrrad" im Museum birgt die Falschheit dieser Voraussetzungen als ästhetischen Abgrund: Wer seiner Schönheit gewahr wird, bezahlt sie mit dem Preis von Ignoranz und Kälte. Was brutal klingt, ist der gewöhnliche Preis für ein relativ freies, bürgerliches Leben, umrandet von jenen asozialen Verhältnissen, die ignorieren muss, wer es genießen will. Im Museum vor dem Fahrrad schien ich zu einer eigentümlichen Gleichzeitigkeit gezwungen: Nämlich einer ästhetischen „Freiheit vom Sozialen" und dem Drang, dem eigenen, alltäglichen Zynismus nachzuspüren. Es stimmt, dieser aufgeblähte Haufen Plastikhausrat um ein metallenes Fahrradskelett erscheint derart ausgeleuchtet und entrückt, tatsächlich schön auf eine Art, die sich begrifflich so schwer erfassen lässt wie die Faszination für tanzende Bienen. Für Augenblicke gerät man in einen spekulativen Modus, der in dieser Schönheit die eigene Freiheit aufblitzen lässt. Dann spiegelt sich in der Autonomie der Kunst die emanzipatorische Fähigkeit zur Selbstgesetzgebung – während man im selben Moment vor einem Beweisstück für den anhaltenden gesellschaftlichen Verrat an ebendieser Freiheit steht. Weil sich in dem vollbeladenen Fahrrad asoziale Lebensumstände skulptural verkörpern, repräsentiert es eben auch eine manifeste soziale Unfreiheit, die selbst der verzückteste Museumsbesucher nicht zur Schönheit abstrahieren kann: Nämlich die der Unterschicht aufgebürdete, chronifizierte Exklusion von der Möglichkeit zur Selbstermächtigung.

Obwohl mich der Modus bürgerlicher Kunsterfahrung distanziert, erzwingt Slominskis Fahrrad in all seinen Details eine gedankliche Verbundenheit mit dieser Wirklichkeit. Es zwingt mich nämlich zum Sehen, und trotz musealen Sicherheitsabstands auch räumlich in eine Nähe, die mir die eigentümliche Ferne einer sozialen Welt vor Augen führt, die auch in Europa großstädtischer Alltag ist. Okwui Enwezor schrieb vor fast zwanzig Jahren im Rahmen der von ihm geleiteten 11. Documenta von einer „erschreckenden Nähe der Ferne" und meinte damit eine postkoloniale Ordnung, die verdrängte Wirklichkeiten und hergebrachte territoriale Abgrenzungsmodi aufbricht: „Der postkoloniale Raum ist jener Ort, wo experimentelle Kulturen Modalitäten artikulieren, die die neuen sinn- und erinnerungsstiftenden Systeme der Spätmoderne definieren."[57] Die optimistische Hoffnung dahinter besagt, dass gerade die Kunst repräsentative Formate bereithält, in denen das Nebeneinander unterschiedlicher Lebensweisen und Perspektiven neue Arten des Zusammenlebens evoziert statt lediglich die existierenden Beziehungen und Machtverhältnisse abzubilden. Mehr denn je wird dieser vermeintliche Effekt heute in den Begleittexten zu politisierten Gruppenausstellungen herbeigesehnt, auch wenn die Asymmetrien der globalen Ökonomie offenbar hartnäckiger in die kulturelle Ordnung hineinwirken als von Enwezor angenommen. Romuald Hazoumè ist einer der Künstler, die eine ganze Reihe von Beispielen für die „erschreckende Nähe der Ferne“ in europäische Ausstellungsräume gebracht haben. Einiges davon ließ mich unweigerlich an Slominskis Fahrrad denken. Zum Beispiel die Installation mit dem Titel *Roulette Béninoise* (2005), in dessen Mitte ein Mofa steht, das völlig mit leeren Kanistern überladen ist (Abb. 2). Die Anspielung des Titels auf ein potenziell todbringendes Glücksspiel mit einem Revolver – „russisches Roulette“ – ist eine Analogie zum sozialen Hintergrund des beladenen Mofas. Im Unterschied zu Slominskis Fahrrad, ist dieser in europäischen Ausstellungsräumen allerdings erläuterungsbedürftig. Wohl deshalb belässt es Hazoumè nicht beim Mofa-Readymade – in anderen Installationen sind es auch beladene Fahrräder oder zu Türmen gestapelte Kanister – und stellt ihnen Fotografien und kurze dokumentarische Videos zur Seite.[58] Erst durch sie kommen auch uninformierte europäische Betrachter dem sozialen Gehalt auf die Schliche: In Porto-Novo, der Hauptstadt Benins, wo Hazoumè lebt, ist das Mofa ein verbreitetes Transportmittel, um nachts Benzin über die Grenze von Nigeria ins Land zu schmuggeln. Dabei braucht es nur eine kleine Unachtsamkeit und die vollbepackten Mofas gehen mitsamt Fahrer in Flammen auf. Das Mofa ist in Benin selbst kein Anzeichen einer sozialen Randlage, wie es bei Slominskis vollbeladenem Fahrrad in Frankfurt unweigerlich der Fall ist. Die „relative“ Armut, die es in Europa repräsentiert, wo sich die fahrende Mehrheit ihr Benzin an der Tankstelle zapft, ist in Benin mutmaßlich eine „integrierte“, weil sie einen Großteil der Bevölkerung betrifft.[59]

Hazoumè sorgt dafür, dass den Europäern eine ferne Wirklichkeit näher rückt, ihnen vielleicht tatsächlich nahe geht, und damit auch soziale Verhältnisse, die oft genug in direkten ökonomischen Zusammenhängen mit den hiesigen stehen. So werden die Plastikkanister, die im Alltag in Benin omnipräsent zu sein scheinen, unter anderem aus Deutschland importiert.[60] Im Fall von Slominskis Fahrrad verkehrt sich Hazoumès „Nähe der Ferne“, weil es die hiesigen Rezipienten mit einer „Ferne des Nahen“ herausfordert. Plötzlich dürfen sie das „Pennerfahrrad“ nicht mal mehr anfassen, über das sie sich im Alltag beeilen hinweg zu sehen. Künstlerische Aura und sozialer Abgrund geraten in ein spielerisches Verhältnis und die Rezipienten im sicheren Museumsraum genießen das fragwürdige Privileg, der eigentümlichen Ambivalenz dieses Spiels in Ruhe nachzusinnen.

Wenig später, auf dem Weg vom Frankfurter Hauptbahnhof zum Eisernen Steg, habe ich eine weitere Begegnung, die mir das Privileg des Museumsraums abermals vor Augen führt. Gegenüber dem blau erleuchteten, überdimensionalen Euro-Symbol, das vor der ehemaligen Europäischen Zentralbank an die Bedeutung des Geldes gemahnt, sitzt eine ältere Frau. Unter einem beleuchteten Vorsprung des modernistischen Gebäudes von Oper und Städtischen Bühnen hat sie ihre Bilder auf einer samtartigen, roten Decke ausgebreitet. Wie der Obdachlose auf der Verkehrsinsel hat auch sie eine provisorische Sitzgelegenheit aus allerlei Taschen zusammengeschoben. Ein Schild

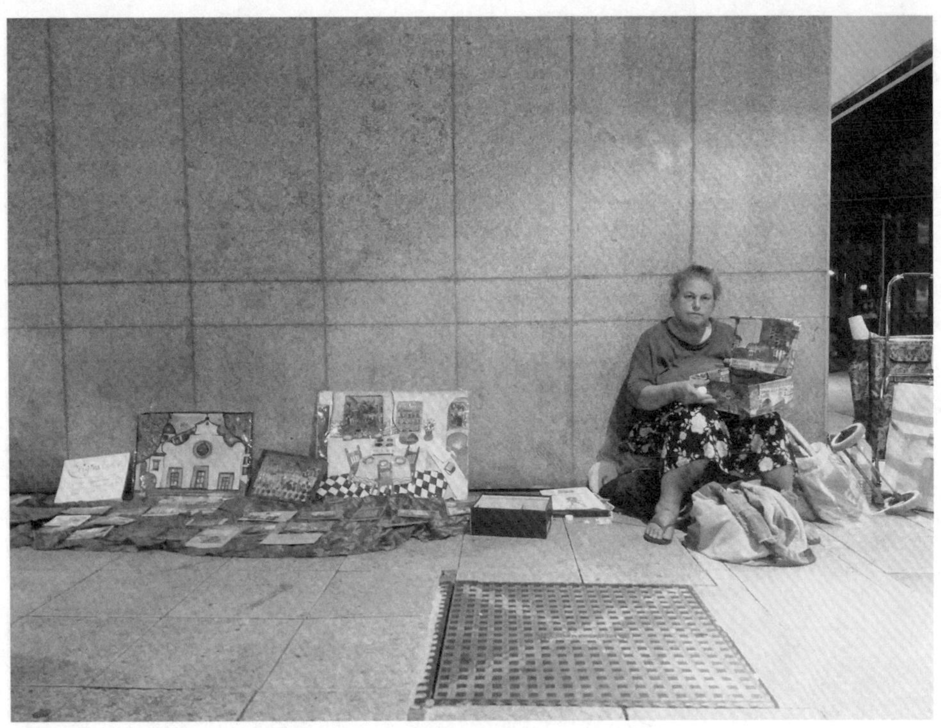

Improvisierter Verkaufsstand gegenüber der alten Zentralbank in Frankfurt

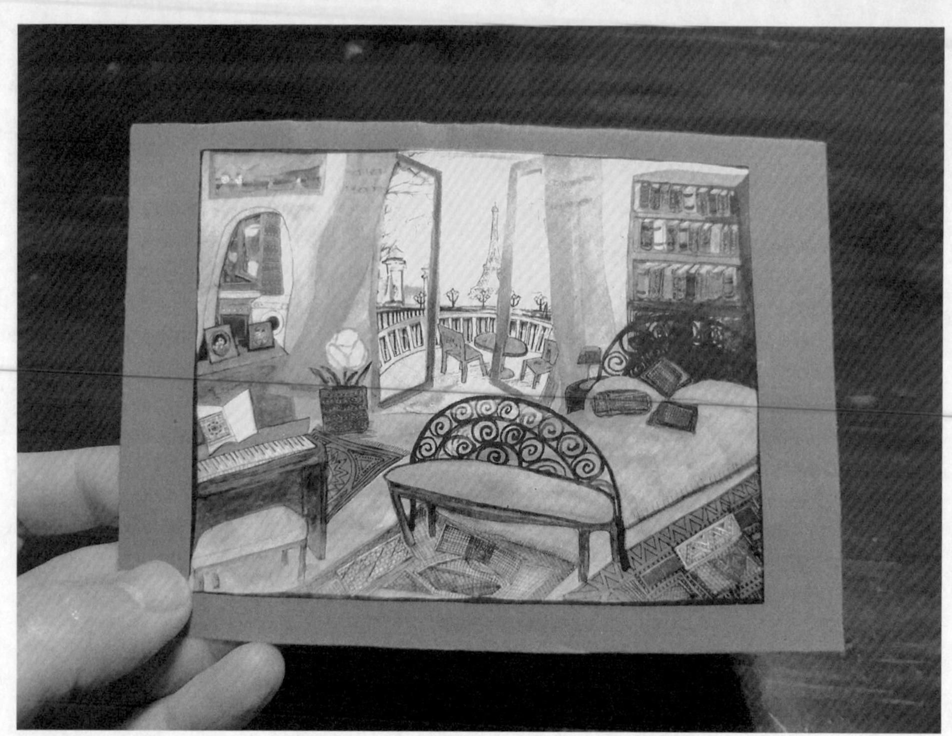

Interieurs ohne Bewohner: Ansichtskarte von Nilofar Mehrin

mit der Aufschrift „Original Art" informiert über die Preise: Postkarten 2,50 Euro, Kleinformate 5 Euro. Ich beuge mich über das Angebot. Stadtansichten wechseln sich ab mit Interieurs. Sie informiert mich, dass alle Motive aus Paris stammen, die letzte Malerei vom Frankfurter Mainufer habe sie leider schon verkauft. Wir kommen ins Gespräch und in einem gleichermaßen beeindruckenden wie chaotischen Potpourri aus Deutsch, Französisch und Italienisch erzählt mir Nilofar Mehrin einen Teil ihrer Lebensgeschichte.

Sie komme ursprünglich aus dem Iran, habe dann eine ganze Weile in Italien gelebt, wo sie auch ein Atelier zum Arbeiten hatte. Doch dann sei sie zurück in den Iran, um ihre kranke Mutter zu pflegen. Ich verpasse in ihren Ausführungen den Moment, an dem ihr Leben aus den Fugen gerät, immer wieder wechselt sie die Sprache, so dass ich Mühe habe, alles zu verstehen. In Frankreich, in das es sie nach dem Tod ihrer Mutter zieht, erhält sie offenbar Sozialhilfe. Aber derzeit sei es schwieriger, überall wachse die Stimmung gegen Ausländer. Doch es sei „für alle" schwieriger geworden, sagt sie beinahe nachsichtig.[61] Mehrin hat kurzes, schütteres Haar, trägt ein blaues T-Shirt, Rock und Flipflops. Zwei Einkauftrolleys und ein paar gefüllte Plastiktüten türmen sich rechts von ihr. Ich entdecke eine Papierrolle, Luftpolsterfolie und andere Gegenstände, die typischerweise in Künstlerateliers herumliegen. Mit einigen der Karten, die gedruckte Kopien ihrer Malereien und Collagen sind, hat sie einen Schuhkarton beklebt, der entfernt an Duchamps Miniaturausstellungen erinnert (*Die Schachtel im Koffer*, 1938–1941). Man könnte meinen, dass auch Mehrin auf ihrer Decke eine mobile Ausstellung aufgefaltet hat, aber sie scheint eher in Bildern oder in Serien von Bildern zu denken. Die Situation auf der Straße ist offensichtlich keine, die sie aus künstlerischen Beweggründen initiiert hat. Die Situation ist keine selbstbewusste Erweiterung einer künstlerischen Praxis wie bei Koh in Hamburg, sondern augenscheinlich Folge äußerer Umstände.

Als eine Gruppe Teenager den Theaterplatz überquert und beiläufig auf ihre Bilder schaut, unterbricht Mehrin unser Gespräch und fährt für einen Augenblick aus ihrer Haut: „That's all mine!", knurrt sie ihnen mit strengem Blick entgegen. Am Nachmittag bei Koh fühlte ich mich sofort wohl zwischen all den Topfpflanzen und summenden Gedankenspielen. Mehrin weckt, ohne dass sie es will, Abstiegsängste in mir: Wie lange werde ich mir mein Atelier noch leisten können? Werde ich meine Bilder und Videos weiter in bürgerlich abgesicherten Räumen präsentieren können, ohne wirklich Geld mit ihnen zu verdienen? Zu welchen Zugeständnissen werde ich einmal gezwungen sein? Wer Angst davor hat, abzurutschen, hat meist eine Vorstellung vom Wohin. Konfrontationen mit der Unterschicht erscheinen mir oft wie Brechungen meiner eignen Unsicherheit. Aber gehört Mehrin überhaupt dazu? Materiell wirkt sie ausgezehrt. Ihre Kunst, die vielen Sprachen, die Reflexivität, die sie vermittelt, sprechen als emanzipatorisches Vermögen dagegen. Doch selbst diese verbliebenen Ressourcen sind spürbar prekarisiert – ihre Sprache steht fragmentiert zwischen allen Stühlen, sie „lebt und arbeitet" außerhalb der institutionellen Koordinaten der Kunstwelt. „Die Straße" stünde in ihrem Lebenslauf dort, wo bei anderen Künstlern klangvolle Großstädte firmieren.

Koh wird in seinem Haus in Upstate New York gesessen haben, als er den kühnen Plan entwarf, vier Wochen auf der Straße zu verbringen, um in Hamburg mit jenen ins Gespräch zu kommen, die seinen Bienenstock besuchen. Er würde das Ganze nicht mal als Kunst deklarieren, hat er mir vorhin noch erklärt, so als sei ihm der Status seiner Resultate egal. Mehrin lebt seit Jahren ohne festes Zuhause und schreibt trotzig „Original Art" über die Preisliste ihrer Bilder. Mit ihren Stadtansichten kommt sie womöglich einem kleinbürgerlichen Geschmack entgegen. Aber was hat es mit den menschenleeren Wohnzimmern auf sich, die viele ihrer Bilder zeigen? Häufig variiert sie ein Motiv, dessen Grundordnung aus einem breiten Doppelbett in der rechten unteren Bildhälfte gegenüber einem Klavier auf der linken Seite besteht. Hinter ihnen befindet sich ein Fenster oder in anderen Versionen auch eine Glastür hinaus auf einen stattlichen Balkon. Geöffnete Fenster ziehen sich durch sämtliche Darstellungen, wodurch in allen Zimmern ein leichter Luftzug zu wehen scheint. Nicht nur dieses offensichtliche Faible für Fenster ins Freie lässt an jenen Henri Matisse denken, der seine Innenräume mit dem dekorativen Flächenprinzip abstrahierte. Ein bekanntes Beispiel dafür wäre *Harmonie in Rot* (1908). Nun platziert Mehrin im Vordergrund ausgerechnet jenes Mobiliar, das seit dem 19. Jahrhundert das Grundgerüst bürgerlicher Wohnkultur verkörpert: ein Klavier, eine Hausbibliothek, eine Wohnzimmerpflanze, das Familienporträt, ein ordentlich gedeckter Esstisch, eine Nachtkommode mit Buch und auf dem Boden liegen bunt gemusterte Perserteppiche. Die Bilder vermitteln eine Lust am heimeligen Gewusel der Dinge. Jeder Gegenstand beansprucht eine leicht abweichende Perspektive, was ihre Eigenbedeutung akzentuiert und den Bildraum im Ganzen dynamischer erscheinen lässt. Und man kommt hier draußen in der beginnenden Nacht nur schwer umhin, sich eine Sehnsucht in diese nur vermeintlich klischeehaft dekorierten Horte des alten Bürgertums zu denken. „Ich träume von einer Kunst des Gleichgewichts, der Reinheit, der Ruhe, ohne beunruhigende und sich aufdrängende Gegenstände", notierte Matisse 1908, als er kongruente Raumkonstruktionen zugunsten flächiger und dekorativer Bildelemente aufgab, „von einer Kunst, die für jeden Geistesarbeiter, für jeden Geschäftsmann so gut wie für den Literaten ein Beruhigungsmittel ist, [...] so etwas wie ein guter Lehnstuhl, in dem man sich von physischen Anstrengungen erholen kann."[62]

Sie male schon immer Wohnungen, erzählt Mehrin als ich sie darauf anspreche. Jahrelang lebte sie selbst in einer solchen Wohnung, so verstehe ich es zumindest, und auch, wenn sie jetzt kein eigenes Zimmer mehr bewohne: Sie liebe die Wohnungen der Bourgeoisie. Ich überlege, eine ihrer Karten zu kaufen und merke beim weiteren Sichten, wie offensichtlich sich hier die Parameter von Kohs Situation verkehren: Das von ihm gepriesene So-Sein der Natur spiegelt sich hier in leuchtenden Interieurs, die keine Bewohner mehr brauchen, weil eine Art zivilisatorisches So-Sein in jedem Klavier und jedem Bücherregal lebendig wird.

In Bezug auf seine temporäre Obdachlosigkeit habe er vor allem eine Sache unterschätzt, hatte Koh erzählt, nämlich die Zumutungen fehlender Privatheit. Wenn ihn morgens von der Brücke herab die Blicke von Passanten träfen, während er gerade aufgewacht und ungeduscht in seinem Lager steht, fühle sich jeder dieser Blicke an wie eine Verurteilung. Er schäme sich regelrecht, wenn jemand herunterschaut, weshalb er, wenn er sich zum Beispiel etwas zu essen zubereiten will, immer erst warte, bis die Person vorüber gegangen sei. „Es hat mich darüber nachdenken lassen, dass die Menschen bislang die meiste Zeit in ihrer Geschichte durchgehend auf ihre Umgebung achten mussten, weil von überall her Gefahren lauerten. Erst heute haben wir den Raum, die Zeit und die Sicherheit, über die eigene Existenz nachzudenken."[63] Während Koh es in der Hamburger Hafencity verpasst, diese Sicherheit ästhetisch einzupreisen, hat Mehrin genau diese zivilisatorische Voraussetzung ins Bild gesetzt – den „Lehnstuhl" einer bürgerlichen Existenz.

Es bleibt offen, ob ihre Bilder in einem bürgerlich konstituierten Museum eine solche Lesart zuließen: das Wohnzimmer als das utopisch Andere der Straße. Möglicherweise erschienen sie dort vielmehr als kitschige Verdopplung bourgeoiser Heimeligkeit. In gewisser Weise verkehrt Mehrin hier draußen nämlich auch die konzeptionelle Operation von Slominski: Im Schutzraum des weißen Würfels distanziert mich dessen Fahrrad von der Wildnis der Notwendigkeit, während Mehrins Bilder mich in dieser Wildnis auf Abstand bringen zur Selbstverständlichkeit meiner bürgerlichen Privilegien. Sie komponiert das Wohnzimmer einem Kunstmuseum gleich als behütetes Zuhause für sonderbare Dinge, und durch das geöffnete Fenster flattert die Außenwelt hinein als laues Lüftchen.

(Fortsetzung auf Seite 63)

Erster Exkurs

Terence Koh hatte es nicht mal darauf angelegt, seinen einmonatigen Aufenthalt am Rande einer Brücke mit der Lebenswirklichkeit von Obdachlosen in Verbindung zu bringen. Explizit darauf bezugnehmende Kunst, wie das Fahrrad von Andreas Slominski, bleibt die Ausnahme. Woher rührt diese Zurückhaltung? Müsste sie nicht gerade in der Gegenwart, wo sich so viele Künstler für marginalisierte Bevölkerungsgruppen stark machen, zum selbstverständlichen Themenspektrum gehören? Was hat es mit dem Unbehagen aller Beteiligten auf sich, sobald erkennbar asoziale Verhältnisse Gegenstand künstlerischer Auseinandersetzung werden? Vielleicht ist es die Scham über die eigenen Privilegien, die das bürgerliche Milieu gegenüber dem Elend vor der eigenen Tür empfindet. Aber wie komme ich dazu, dieses Milieu als ein bürgerliches zu bezeichnen? Und wie verhält es sich mit einer weiteren Mutmaßung von mir, nämlich der, dass die künstlerische Freiheit eben doch eine progressive, im Grunde emanzipatorische Angelegenheit ist – oder sein sollte? Kann Kunst tatsächlich beides sein: privilegiert und progressiv? Das ist zumindest erklärungsbedürftig. Neben den eher essayistisch formulierten Gedanken entlang exemplarischer Beobachtungen, möchte ich in gesonderten Exkursen vertiefen, was die Erfahrung an Fragen und Hintergründen offenlässt. Der erste dieser Exkurse beschreibt zunächst die historische Verschränkung von bürgerlicher Emanzipation, künstlerischer Autonomie und sozialer Exklusion, die bis in die Gegenwart hineinwirkt. Sinnvoll erscheint mir, den Abgrund, den das Asoziale in der Gegenwartskunst aufbricht, erst im Anschluss an diesen kunsttheoretischen Vorlauf eingehender zu diskutieren. Schließlich will noch eine Frage schlüssig beantwortet werden: Was meine ich überhaupt, wenn ich von „Unterschicht" oder „asozialen Verhältnissen" spreche?

Emanzipation und Exklusion

Über Jahrhunderte hinweg stand die europäische Kunst in direkter Abhängigkeit zu Adel und Klerus, sowohl ökonomisch als auch in Fragen ihrer Inhalte und Darstellungsweisen. Der Ausbruch daraus gelang ihr im Kontext der politischen und wirtschaftlichen Emanzipation des städtischen Bürgertums. Das ist soweit ein historischer Gemeinplatz, unabhängig davon, ob man diesen Prozess im 15. Jahrhundert beginnen lässt oder seine entscheidenden Schritte im späten 18. Jahrhundert ansiedelt, ins Umfeld von Aufklärung und beginnender Demokratisierung. Diese bürgerliche Prägung und ihr Einfluss auf die künstlerische Moderne wird durchaus unterschiedlich gewichtet, zuweilen idealisiert – oder mit guten Gründen relativiert.[64] Doch begründete sie nicht allein die relative Autonomie, die man der Kunst bis heute zuschreibt, sondern auch den sozialen Ort dieser Kunst, der nach wie vor von bürgerlichen Lebensweisen durchdrungen und von ihnen stabilisiert wird. Das gilt nicht zuletzt für jene programmatischen Einschreibungen, die im Laufe der Moderne zu einer nachhaltigen Verschiebung sozialer Wertmaßstäbe beitrugen, nämlich „von Hierarchie auf Gleichheit, von Exklusivität auf Inklusion."[65] Bevor ich auf die Parameter dieser Einschreibungen – das bürgerliche Dispositiv der Kunst – zu sprechen komme, werde ich eine grundlegende Dialektik dieser Emanzipationsbewegung vorstellen, die sie von Beginn an mit gegenläufigen Formen der Exklusion kurzschließt.

Zum besseren Verständnis der historischen Verschränkung von Emanzipation und Exklusion wäre zunächst an einen grundlegenden Paradigmenwechsel innerhalb der europäischen Kultur des späten 18. Jahrhunderts zu erinnern: Im Zuge der wachsenden Unabhängigkeit von ihren einstigen Auftraggebern wurde die Kunst zur Angelegenheit eines ständeübergreifenden Publikums, ihre Museen mithin zum „Inbegriff der bürgerlichen Öffentlichkeit."[66] Während sich im historischen Kontext der französischen Revolution das Ideal sozialer Gleichheit verbreitete, öffnete sich ein erneuertes Ausstellungswesen für das allgemeine Publikum. Einst fürstliche Galerien und Kunstakademien wurden verstaatlicht und in den Bürgerstädten wie Hamburg oder Frankfurt am Main entstanden von Sammlern und Stiftern finanzierte öffentliche Kunstinstitutionen. Innerhalb einer Lebenswelt, in der man Bürgerlichkeit als „kulturelles System" erlernte, entwickelte sich die Kunst zum unwidersprochenen Gegenstand von Erziehung und Allgemeinbildung und wurde zum festen Bestandteil eines bürgerlichen Selbstverständnisses.[67] Damit weitete sich der Raum des Kunstdiskurses, also der Orte, an denen Kunst rezipiert und diskutiert wurde, von der Adelsgesellschaft über eher exklusive, zirkelhaft organisierte Salons und Tischgesellschaften hin zu Institutionen der Öffentlichkeit. Auch Menschen aus kleinbürgerlichen Schichten wurde es prinzipiell möglich, sich im Museum ihrer Stadt ein eigenes Urteil über Geschichte und Gegenwart der Kunst zu bilden. Gegenüber der eingebildeten Überlegenheit des Adels sollte der gesellschaftliche Rang des Bürgertums als Folge eigener Anstrengung, nämlich der je eigenen geistigen Ausbildung, erscheinen. „In ihrer Abgrenzung zur Aristokratie besann sich die bürgerliche Gesellschaft auf das neuzeitliche Menschenbild des ‚uomo universale', das autonome, universal gebildete Individuum."[68] Dieses universale Selbstverständnis erzwang eine Art des gesellschaftlichen Umgangs, „der nicht etwa die Gleichheit des Status voraussetzt, sondern von diesem überhaupt absieht. Gegenüber dem Zeremoniell der Ränge setzt sich tendenziell der Takt der Ebenbürtigkeit durch."[69] Entsprechende Umgangsformen – eine „gegen höfische Konvention ausgespielte Moral"[70] – etablierten sich und waren nur noch dem Namen nach „höflich". So riet der deutsche Aufklärer Adolph Knigge den Wohlhabenden unter seinen Lesern, sich nicht zu laut ihrer glücklichen Lage zu rühmen: „Krame nicht zu glänzend deine Pracht, deinen Reichtum, deine Talente aus!"[71] Er mahnte auf der anderen Seite aber auch, „nie ohne Not und Beruf unsere ökonomischen, physikalischen, moralischen und intellektuellen Schwächen aufzudecken."[72] Kurz: Prahle nicht, wenn du reich bist, aber nötige Andere auch nicht zum Bedauern darüber, dass du arm bist. Jürgen Habermas erläutert in seiner berühmt gewordenen Dissertation *Strukturwandel der Öffentlichkeit*, wie dieser Takt der Ebenbürtigkeit auch jene Allgemeingültigkeit hervorbrachte, den die meisten Institutionen der Kunst bis in die Gegenwart für sich reklamieren. Die diskutablen Fragen wurden „*allgemein* nicht nur im Sinne ihrer Bedeutsamkeit, sondern auch der Zugänglichkeit: alle müssen dazugehören *können*."[73] Wenn heute etwa die Hamburger Kunsthalle die Feierlichkeiten zum 150-jährige Bestehen ihres Hauptgebäudes unter das Motto „Für uns alle" stellt, spricht daraus die Kontinuität ebendieses Anspruchs (Abb. 6).

Sowie die Museen im 19. Jahrhundert zu öffentlichen Einrichtungen wurden, fanden die darin ausgestellten Werke ihr neues Gegenüber in der Allgemeinheit, behaupteten also vermehrt für diese ästhetisch und thematisch relevant zu sein. Weil damals wie heute gleichwohl nur ein geringer Anteil der Bevölkerung regelmäßig den Weg ins

Museum fand, griff – analog zur repräsentativen Demokratie – auch in der Kultur ein stellvertretendes Verständnis dieser Allgemeinheit: „Wo sich ein Publikum institutionell als feste Gruppe von Gesprächspartnern etabliert, setzt es sich nicht mit *dem* Publikum gleich, sondern beansprucht allenfalls, als sein Sprecher, vielleicht gar als sein Erzieher, in seinem Namen aufzutreten, es zu vertreten – die neue Gestalt der bürgerlichen Repräsentation."[74] Diese Gestalt war grundlegend für einen demokratischen Diskurs, in dem die Allgemeinheit mehr als transzendentales Prinzip, denn als konkretes Handlungssubjekt verstanden wurde.[75] Gleiches galt für die Kunst und die sie umgebenden Diskursformate: die Kunstkritik, das räsonierende Gespräch und die damals entstehende philosophische Ästhetik. Man dachte und diskutierte ums Ganze und stellvertretend für das Ganze – so wie es die Kunst vorgab. Und auch hier gibt es eine Kontinuität bis in die Gegenwart, denkt man etwa an die verbreitete Metapher von der Kunst als repräsentativem „Seismographen", der die soziokulturellen Erschütterungen einer Gesellschaft ausliest und in ästhetische Denkanstöße übersetzt. Variationen dieser Vorstellung finden sich heute in nahezu allen Programmheften bekannter Biennalen und Großausstellungen. Es war die aufklärerische Grundidee einer autonomen Subjektivität, die jedem Menschen innewohnt, die jedem gemein ist und doch für jeden anders, die das Fundament legte, auf dem ein repräsentativer und gleichwohl alle umfassender Gemeinsinn denkbar wurde.[76] Bis in die Gegenwart gehört sie zum Selbstverständnis jeder liberalen Demokratie, also jener Demokratieform, die, im Gegensatz zur bloßen Herrschaft der Mehrheit, ihre Bevölkerung zwar politisch ermächtigt, dabei aber auch Minderheiten und nicht zuletzt das Individuum in seiner jeweiligen Freiheit zu schützen sucht.[77] Neben Organisationsprinzipien wie dem der Gewaltenteilung, verlangt das eine nachhaltige Verteidigung sogenannter bürgerlicher Freiheiten wie der Meinungsfreiheit, der Redefreiheit, der Versammlungsfreiheit – und eben auch die einer autonomen Kunst.

Die Historie bürgerlicher Emanzipation und politischer Inklusion, die die Kunst und ihre Institutionen so nachhaltig prägen sollte, folgte einer Logik des Als-ob. Indem sie den sozialen Status im Umgang miteinander weitgehend ausklammerten, handelten die Akteure der bürgerlichen Öffentlichkeit gleichsam *als ob* eine Gleichheit im Status bereits hergestellt sei. Faktisch war sie es nicht. Das Ölbild *Kant und seine Tischgenossen* von Emil Doerstling ist keine zeitgenössische Selbstinszenierung, sondern eine Hommage an den Philosophen fast 100 Jahre nach dessen Tod (Abb. 3). Es imaginiert seine berühmte Tischgesellschaft als großbürgerliche Runde, unter anderem mit dem Bankier Johann Conrad Jacobi links neben Immanuel Kant, der selbst aus einem Brief vorliest. Auch wenn die Gäste ehrfürchtig an seinen Lippen hängen, gibt es keine symbolische Kenntlichmachung von ihrem jeweiligen, durchaus unterschiedlichen Status. Und so soll man sich wohl auch die Art der Gesprächsführung vorstellen: als ob die einzelnen Argumente und Wortbeiträge allein an ihrem Gehalt gemessen würden, nicht an der sozialen Autorität derjenigen, die sie vorbringen. Das Bild gibt jedoch in zweifacher Hinsicht ein gutes Beispiel. Dass nämlich das Hauspersonal, wie der Bedienstete am linken Bildrand, offenbar darstellungsrelevant für den Wohlstand des Hausherrn, doch wie selbstverständlich nicht Teil der Tischgesellschaft selbst war, ist ein erster Hinweis auf Ungleichheiten, die man im selben Zug hinzunehmen bereit war. Noch augenscheinlicher ist die völlige Abwesenheit von weiblichen Teilnehmern, die es zwar gab, denen an dieser Stelle aber offenkundig wenig repräsentative Bedeutung beigemessen wurde. Zur Zeit Kants wie zu der des Malers Doerstling wurden Frauen von der politischen Öffentlichkeit noch weitestgehend ausgeschlossen, während sie, ebenso wie Dienstboten oder Lehrlinge, an der kulturellen Öffentlichkeit oft mehr Anteil hatten als die privilegierten männlichen Vermögenseigner.[78] Es waren aber vor allem letztere, die die politische Öffentlichkeit dominierten und sich mit der Vorstellung einer durch sie repräsentierten Allgemeinheit moralisch aufwerten konnten. „Die Identifikation des Publikums der ‚Eigentümer' mit dem der ‚Menschen' lässt sich umso eher vollziehen, als der soziale Status der bürgerlichen Privatleute in der Regel ohnehin die Merkmale von Besitz und Bildung verknüpft."[79] Darin besteht nun die Tücke der bürgerlichen Als-ob-Logik: Zwar artikuliert sich durch sie überhaupt erst der Anspruch auf Gleichheit als Voraussetzung eines öffentlichen Diskurses, doch wo er sich in den sozialen Gewohnheiten von Umgang und Repräsentation niederschlägt, ist er leicht mit der Wirklichkeit zu verwechseln, kann also nicht nur die bestehenden Ungleichheiten verdecken, sondern diese legitimieren.

Nun haben sich viele Umgangsformen gegenüber dem 18. und 19. Jahrhundert überlebt und nicht zuletzt die politischen und kulturellen Erfolge der bürgerlichen Frauenbewegung lassen Doerstlings Imagination von Kants Tischgesellschaft alt aussehen. Dass heute wiederum das Hauspersonal bei vergleichbaren Darstellungen von Diskussionsrunden nicht mehr stolz ins Bild gesetzt wird, heißt nicht, dass es gering bezahlte Dienstleistungsberufe in privaten Haushalten und bürgerlichen Institutionen nicht mehr gäbe. Wirft man einen Blick auf repräsentative Fotografien von Gesprächen über Gegenwartskunst, betont die Inszenierung zwar deren zwanglosen und improvisierten Charakter und unterscheidet sich damit bewusst von tradierten Formalien, die bei *Kant und seine Tischgenossen* etwa in der Raumgestaltung und der Kleidung der Anwesenden noch zum Ausdruck kommen (Abb. 3 und Abb. 4). Doch auch diese Abgrenzung ist in gewisser Weise nur die Fortsetzung der damaligen Als-ob-Logik, also dem bürgerlichen Schauspiel einer angenommenen Gleichheit: als wären die Beteiligten von einem natürlichen Interesse getrieben und hätten ganz unabhängig von ihrem sozialen Status zusammengefunden, um sich gleichberechtigt auszutauschen. Dass sie sich ausschließlich aus dem Kreis eines privilegierten, akademisch geprägten Milieus rekrutieren, bleibt gegenüber früheren Darstellungen unverändert.

Nachhaltig implementierte sich die Logik des Als-ob in das liberale Selbstverständnis der bürgerlichen Gesellschaft und findet sich, unter anderen Vorzeichen, auch in der einflussreichsten ästhetischen Reflexion des späten 18. Jahrhunderts: der *Kritik der Urteilskraft*. Kant zufolge ist das Geschmacksurteil kein Erkenntnisurteil und deshalb weder logisch noch neutral. Es ist ästhetisch, „worunter man dasjenige versteht, dessen Bestimmungsgrund nicht anders als subjektiv sein kann."[80] Obwohl subjektiv, ist das Wohlgefallen am Schönen aber etwas, das sich darstellt, *als ob* „es einen Grund des Wohlgefallens für jedermann enthalten müsse."[81] Obwohl kein Erkenntnisurteil, erhebt es wie ein solches Anspruch darauf, für jeden zu gelten. Deshalb ist es für Kant durchaus befremdlich, dass es „ein Gefühl der Lust (folglich gar kein Begriff) ist, welches doch durch das Geschmacksurteil, gleich *als ob* es ein mit dem Erkenntnisse des Objekts verbundenes Prädikat wäre, jedermann zugemutet und mit der Vorstellung desselben verknüpft werden soll."[82] Wenn man etwas als schön empfindet, scheint es, als wäre dieser Eindruck notwendig an den Gegenstand gebunden und müsste noch dazu für jeden ersichtlich sein, so als könnte man diese Schönheit prinzipiell mit allen teilen. Vor diesem Hintergrund leuchtet auch ein, dass das Interesse am Schönen bei Kant zu einer allgemeinen Humanität gehört: weil es Teil hat am allgemeinen „Trieb zur Gesellschaft"[83]. Die Erfahrung des Schönen und das damit verbundene Gefühl der Lust wird einmal mehr an die Vorstellung eines alle inkludierenden Gemeinsinns gebunden. Gleich einem Erkenntnisurteil stellt dieser Gemeinsinn sich als Gewissheit dar und ist doch eigentlich nur Potenzial, ein allgemeines Als-ob innerhalb einer subjektiven Erfahrung. Noch grundlegender ist es für Kant mit dem Erhabenen, das nicht ungebrochen, sondern erst „durch seinen Widerstand gegen das Interesse der Sinne [...] gefällt."[84] Die Erfahrung von ihn übersteigernder Größe oder Unendlichkeit werfe den Menschen nämlich auf seine menschliche Vernunft zurück, und zwar derart, dass sie den Gemeinsinn, die moralische Verbundenheit mit allen anderen Menschen erfahrbar macht. Schließlich hat das Gefühl des Erhabenen seinen Grund in der „menschlichen Natur, und zwar demjenigen, was man mit dem gesunden Verstande zugleich jedermann ansinnen und von ihm fordern kann, nämlich in der Anlage zum Gefühl für (praktische) Ideen, d. i. *zu dem* moralischen."[85] Was in dieser Herleitung des *sensus communis* in der Abstraktion einer subjektiven Erfahrung anklingt, ist die angesprochene emanzipatorische Idee, die ein am Gemeinsinn orientiertes Sozialverhalten als Folge einer Praxis von Entscheidungen durch freie Bürger erklärt.

Analog zu diesem Modell ästhetischen Empfindens lässt sich jedenfalls ein räsonierendes, bürgerliches Publikum begreifen, das sich selbst als Repräsentant einer alle inkludierenden Allgemeinheit wähnt, aber faktisch zugleich und immer spezifisch ist. Es ist zusammengesetzt aus konkreten Personen mit einem ganz bestimmten sozialen Hintergrund – und das heißt auch: eingedenk darin eingeschriebener Ausschlüsse. Diese Exklusion verkehrt den formulierten emanzipatorischen Anspruch. So war die Verbreitung der modernen Kunst innerhalb der bürgerlichen Lebenswelt von Anbeginn auch Ausdruck eines wachsenden Distinktionswillens und einer spezifischen kulturellen Hierarchiebildung. Die Beschäftigung mit und der Besitz von Kunst wurde zum Statuszeichen sozialen Aufstiegs, und das quer durch die damalige Gesellschaft. „Das Bild in der Wohnung", schreibt der Historiker Thomas Nipperdey über das ausgehende 18. Jahrhundert, „wird zur Norm der Bildungsbürger und dringt langsam ins gesamte Bürgertum vor und schließlich, freilich oft in der Entartung von Imitation und Kitsch, bis weit ins Kleinbürgertum und Bauerntum hinein, ja in die respektable Arbeiterschaft."[86] Dabei ist die Befähigung der Kunst zum Werkzeug sozialer Distinktion nicht nur auf ihre vormalige repräsentative Funktion für Adel und Kirche zurückzuführen, sondern auch und gerade auf jene ihr zugeschriebenen Eigenschaften, die sie nun zum Bestand einer bürgerlich-emanzipatorischen Weltdurchdringung, ja zur „Entfaltung der menschlichen Freiheit und des gemeinsamen Ethos"[87] werden ließen. Denn, argumentiert der Soziologe Pierre Bourdieu, gerade die scheinbare Voraussetzungslosigkeit dieser Freiheit – als ob die Kunst für jeden gelte – sei es, die „den Privilegierten die ‚unbestreitbare' Rechtfertigung ihres kulturellen Privilegs"[88] verschaffe. Sie macht vergessen, dass die

Wahrnehmung und der Genuss von Kunst notwendig Bildung voraussetzen und der Erwerb von Bildung wiederum notwendig bestimmten sozialen und ökonomischen Bedingungen unterliegt. Auch hier widerspricht der soziale Tatbestand der gedachten Ebenbürtigkeit des Publikums: Das ideale Moment der Inklusion verdeckt in seiner Realisierung Praktiken sozialer Exklusion.

Dieses Verdeckspiel bildet die unmittelbare Antithese zu einer inklusiv gedachten Öffentlichkeit. Die vorgeblich zweckfreie Kunst wird zum Zwecke sozialen Statusgewinns und geschmacklicher Distinktion gegenüber anderen, vermeintlich weniger feingeistigen Milieus vernutzt. Beispielhaft für das dialektische Zusammenspiel von Emanzipation und Exklusion erscheint vor diesem Hintergrund eine weitere historische Entwicklung: die Entstehung des Kunstmarkts. Bourdieu zeichnet in dieser Hinsicht ein aus Künstlersicht beklemmendes Bild wirtschaftlicher Verflechtungen: „Solange das Verhältnis zwischen Auftraggeber und Maler sich als schlicht ökonomische Beziehung geben kann, bei der der eine dem anderen aufträgt, was er in welcher Frist mit welchen Farben zu malen hat, kann der eigentliche ästhetische Wert der Werke nicht wirklich als solcher, das heißt unabhängig vom ökonomischen Wert, gedacht werden."[89] Allerdings war der aufkommende Anspruch auf eine solche Unabhängigkeit, also eine relative Selbstbestimmtheit künstlerischer Produktion, ohne den Zugang zu bürgerlich dominierten Märkten gar nicht zu haben. Erst die vermehrte, durchaus im Zeichen sozialer Distinktion stehende Nachfrage von Kunst innerhalb größer werdender Gesellschaftsschichten, ermöglichte es Künstlern, weniger als reine Auftragnehmer denn als Marktakteure in eigener Sache aufzutreten. Auch das angesprochene Interesse aus Bauerntum und Arbeiterschaft und der damit einhergehende Bedarf an dekorativen Bildern sicherte immer mehr Künstlern ihren Lebensunterhalt; er befeuerte allerdings zugleich die soziale Separation der künstlerischen Moderne, deren Rezeption für ein ungeübtes Publikum kaum zu leisten geschweige denn sinnstiftend war. Umso mehr eignete sich die Moderne wiederum zum Werkzeug der Distinktion, sofern sich die Kenner ihres spezifischen Diskurses als besonders gebildet ausweisen konnten. So gingen die Emanzipation von adeligen Auftraggebern und das Ende des hierarchischen Akademiesystems der Salonkunst im 19. Jahrhundert einher mit einer Spaltung in einen kleinbürgerlich dominierten Massenmarkt populärer Ästhetik auf der einen Seite und einem modernistischen Diskurs auf der anderen Seite. Die ökonomische und kulturelle Wertbildung dieses Diskurses wurde bald in einem eigenen elitären Feld von Galerien, Kunstvereinen und einer zunehmend hermetisch argumentierenden Kunstkritik betrieben.[90]

Durch ökonomische Zugangsbarrieren etablierte der Markt auf der einen Seite eine neue, kapitalbasierte Hierarchie, auf der anderen Seite war mit ihm überhaupt erst an die allgemeine Zugänglichkeit von Kunst zu denken. Schließlich war der Handel mit Kunst ein wesentlicher Hebel zu ihrer Profanisierung. „In dem Maße [...], in dem die philosophischen und die literarischen Werke, Kunstwerke überhaupt, für den Markt hergestellt und durch ihn vermittelt werden, ähneln sich diese Kulturgüter jener Art Informationen an: als Ware werden sie im Prinzip allgemein zugänglich."[91] Im Gegensatz zur vormaligen Auftragskunst von Adel und Kirche wurden Bilder und Skulpturen diskutierbar, vergleichbar – und käuflich. Diese prinzipielle Befähigung zur Zirkulation wirkte herausfordernd auf das bürgerliche Kunstverständnis, weil es, so erklärt es Habermas, sich seiner Exklusivität nie völlig sicher sein konnte. „So exklusiv jeweils das Publikum sein mochte, es konnte sich niemals ganz abriegeln und zur Clique verfestigen; denn stets schon verstand und befand es sich inmitten eines größeren Publikums all der Privatleute, die als Leser, Hörer und Zuschauer, Besitz und Bildung vorausgesetzt, über den Markt der Diskussionsgegenstände sich bemächtigen konnten.“[92] Diese relative Unabgeschlossenheit des Publikums stand und steht jedoch im Gegensatz zur relativen, ökonomischen und kulturellen Abgeschlossenheit des Bürgertums. Insofern erweiterte sich die ausgerufene Zugänglichkeit tatsächlich nur in dem Maße, wie das Bürgertum selbst in seiner Breite wuchs. Darüber hinaus beschränkte der Markt bald auch die Freiheit der Produzenten, deren relative Autonomie er zuerst begründete: „Sanktionen und Einschränkungen für die Künstler erfolgten nicht mehr durch die Anerkennung beziehungsweise Ablehnung eines erlesenen Kreises von Lesern oder Zuschauern aus den oberen Klassen, sondern schlicht über den ökonomischen Zugang von Angebot und Nachfrage.“[93]

Ökonomisierung und Instrumentalisierung der Kunst setzen ihrer viel beschworenen Freiheit zu. Ihre Autonomie ist relativ. Gleichwohl sind Gleichheit und Selbstbestimmung als „ideelle Ressourcen“[94] in das bürgerliche Kunstverständnis eingelassen – und markieren jede soziale Exklusion als inadäquat. Mit der institutionellen Würdigung ihrer Autonomie festigte die Kunst „ihren Charakter als bürgerliche Errungenschaft unter Einschluss des Anspruchs auf universelle Gültigkeit“[95], der nichts anderes ist, als die Forderung, ihren Klassencharakter zu transzendieren. Deshalb gilt damals wie heute: Wer „freie Kunst“ sagt, der meint die Gleichheit mit. Und so besehen wäre die Emanzipation der Kunst nicht nur ein vorgeschobenes Narrativ bürgerlicher Aneignung und Selbstaufwertung, sondern implementierte Verpflichtung zur Kritik am Status quo. Man könnte den normativen Überhang einer solchen Verpflichtung dann mit jenen noblen Erklärungen allgemeiner Menschen- oder Bürgerrechte vergleichen, mit denen sich eine Gesellschaft auf Gleichheit und Selbstbestimmung ihrer Mitglieder verpflichtet, obwohl die Empirie der Ungleichheit sie permanent des Scheiterns überführt. Aber ist ein derart universell formuliertes Verständnis des Bürgers, ist sein normativer Überhang nicht bestenfalls das Einfallstor, „durch das die egalitäre und kosmopolitische, sozial, sexuell und kulturell inklusive Demokratie in die geschlossene, weiße, männliche und bürgerliche Gesellschaft eindringen kann [...]“?[96]

Der Doppelcharakter aus emanzipatorischem Potenzial auf der einen Seite und der Exklusion durch kulturelle und ökonomische Konsolidierung auf der anderen Seite steckt im Deutschen bereits im Begriff des „Bürgers“ selbst, bezeichnet er doch zum einen die erwähnte allgemeine Integration in ein politisches Gemeinwesen und zugleich die Zugehörigkeit zu einer spezifischen Klasse. Zutreffend kritisierte Karl Marx, dass die freiheitlichen Bürgerrechte und damit verbundene Partizipationschancen im liberalen Staat nicht zufällig auf die Lebenswelt genau dieser Klasse zugeschnitten wurden. Man denke an Ideale wie das der ökonomischen Selbstständigkeit, der Allgemeinbildung, der freien Berufswahl oder an die Trennung von privater und öffentlicher Sphäre.[97] Selbst heute, wo die Prekarisierung immer weiterer Teile des Bildungsbürgertums zu beklagen wäre, begünstigt dieser Zuschnitt noch den bürgerlichen Zugriff auf kulturelles Kapital. Allerdings verweist der Soziologe Tilman Reitz auch in diesem Zusammenhang auf einen Doppelcharakter. Einerseits sei politische Begünstigung der bürgerlichen Klasse unbestreitbar, schließlich „können in kapitalistischen Produktionsverhältnissen nie *alle* den Besitz, die Bildung und die privaten Rückzugsräume erwerben.“[98] Auf der anderen Seite stehe die Tatsache, dass über eine geraume Zeit die politische Theorie des Bürgertums die universelle Durchsetzung genau dieser bürgerlichen Lebensmuster *für alle* anvisierte.[99] Nur wo ebendieser Anspruch nicht erlischt, ließe Kunst sich auch als spielerischer Vorgriff auf eine alle umfassende Gesellschaft emanzipierter und freier Individuen verstehen.

Das bürgerliche Dispositiv der Kunst

Funktionsweisen von Emanzipation und Exklusion haben sich eingeschrieben in Orte und Formate bürgerlicher Kunstdiskurse – und wirken dort bis in die Gegenwart. Nun bestehen diese Einschreibungen nicht nur in der dargestellten Logik des Als-ob, vielmehr lässt sich der Geschichte ein ganzer Katalog von Anforderungen entnehmen, der die Diskurse um die Kunst bis heute formatiert. Einige dieser Anforderungen möchte ich an dieser Stelle herausgreifen und erklären, wie sie als Dispositiv zusammenwirken. Was ist ein Dispositiv? Es bezeichnet ein gewachsenes Geflecht aus „Wissen, Macht und Subjektivität“, dessen Eigenschaften Bedingung dafür sind, wie in bestimmten sozialen Räumen agiert werden kann, wie zentrale Begriffe verstanden werden und Diskurse zirkulieren können.[100] Im Fall der Gegenwartskunst besteht das Dispositiv im Zusammenspiel der Architektur ihrer Institutionen, ihren Subjektivierungsangeboten (also demjenigen, was im Selbstverständnis von Künstlern, Rezipienten usw. sozial glaubwürdig und funktionsfähig ist), den administrativen und ökonomischen Bedingungen, aber auch ideellen Zuschreibungen und Erwartungen insbesondere an die Kunst selbst. Hier sind es Werte wie Autonomie, Ernsthaftigkeit, Originalität, kritischer Eigensinn und ein auf Fortschritt ausgerichtetes Gegenwartsbewusstsein, die aus meiner Sicht bis heute ein gemeinsames Gepräge bilden. Im Ganzen stellt das Dispositiv also die vermeintlich objektiven Bedingungen der Möglichkeit, die vermeintliche Universalität dessen, wie Kunst produziert, ausgestellt, verklärt, verhandelt und gehandelt wird.

Um zu verdeutlichen, dass sich auch diese Konstellation ganz überwiegend auf eine Kontinuität bürgerlicher Wirkmächte zurückführen lässt, kehre ich noch einmal zurück ins Europa des „langen 19. Jahrhunderts“.[101] Damals rückten Museen, Theater und Konzertsäle ins Zentrum der städtischen Öffentlichkeit. Kunst und Kultur wurden den Bürgern Ausweis des eigenen zivilisatorischen Status, ihre Orte entsprechend aufgeladene Repräsentanzen, „Wahrnehmungsmilieus mit imperativischen Botschaften“[102], die auf das beschriebene neue Verständnis von Allgemeinheit verwiesen: „Nähert sich das Individuum dem Museum über das Vorfeld, das sich ihm als Bühnenraum präsentiert, so schlüpft es unwillkürlich in die Position eines theatralischen Akteurs, der mit seinem eigenen Gesehenwerden zu rechnen hat. [...] Seines eigenen Gesehenwerdens gewiss, nimmt es die Perspektive der Anderen – der ihn zum Gegenstand machenden Zuschauer – in seine Selbstwahrnehmung hinein.“[103] Von einem „imaginären

Kollektiv", das der Museumsbesucher unbewusst mitdenkt, spricht hier der Kunstwissenschaftler Hans Zitko. Es sei vergleichbar mit der Figur des „generalisierten Anderen" bei George Herbert Mead. „Dieser generalisierte Andere bildet die in die Innenwelt des Individuums aufgenommene Perspektive des Sozialkörpers, die diesen Einzelnen veranlasst, sich selbst aus der Perspektive der Anderen zu betrachten."[104] Der Sozialkörper war im konkreten Fall der des neuen Bürgertums, das vorgestellte Als-ob einer anwesenden Allgemeinheit, demnach nichts anderes als das eigene Milieu. Derart fand die Dialektik von Emanzipation und Exklusion auch Einzug in den Baustil dieser Zeit. Die symbolische Aufladung des Historismus etwa, das „Sprechende" seiner Architektur, verweist explizit auf bürgerliche Vorstellungen von Humanität.[105] Die darin zum Ausdruck kommende Sehnsucht nach universeller Einheit antwortete nicht zuletzt auf Verunsicherungen, die der gesellschaftliche Umbruch in den Städten mit sich brachte. Sprunghaft stiegen dort infolge der Industrialisierung die Einwohnerzahlen, bildete sich ein einkommensabhängiges Klassensystem, dessen Konkurrenzdruck ein ausgeprägtes Abgrenzungsbedürfnis mit entsprechenden psychosozialen Konflikten nach sich zog.[106] Dem gegenüber stand der stabilisierende Impetus, der sich mit den üppig ausgestatteten „Tempeln der Kunst" (Bénédicte Savoy), mit Kunsthallen, -kabinetten und -sammlungen verband (Abb. 5). Ihr geschichtliches Narrativ und die architektonisch inszenierte Universalität der Kunst wurden zu Horten bürgerlicher Sinnstiftung. „Öffentliche Galerien zählen wohl zu den überzeugendsten Beweisen einer hochentwickelten Kultur", heißt es im Brief eines Gelehrten von 1806, „einer Zeit dauerhaften Friedens und Wohlstands, einer klugen Verwendung von öffentlichen Geldern und einer aufgeklärten, milden und fürsorglichen Regierung!"[107]

Zugleich ästhetisierte der Historismus ein teleologisches Verständnis von Geschichte, das den Kern des neuen, auf Fortschritt angelegten Gegenwartsbewusstseins bildete. Das Wissen um vergangene Epochen und Stile wurde Grundlage der ästhetischen Bildung von Laien wie von Künstlern.[108] Im Privathaushalt wurde die heimische Bibliothek „Normaltatbestand des bürgerlichen Lebens, die Anfänge des Bucherwerbs eine jugendliche Bildungsgewohnheit, die Klassiker ein Konfirmationsgeschenk."[109] Klassiker, die nun überhaupt erst als solche bestimmt wurden. Denn durch die Historisierung der Kultur selektierte und kanonisierte das Bürgertum sein kulturelles Wissen, es etablierte normative Erzählungen, die es zum kulturgeschichtlichen Maßstab mit Allgemeingeltungsanspruch erhob.[110] Anstelle eines „eher statischen In-der-Welt-Seins in tradierter Gewissheit periodischer Wiederkehr"[111] trat die Vorstellung historischer Gerichtetheit – begleitet und beflügelt durch eine neue, wissenschaftlich arbeitende Geschichtsschreibung und entsprechende Ansätze innerhalb der Philosophie des deutschen Idealismus. Damit verbunden war ein emanzipatorisch durchaus herausfordernder Anspruch an die Gegenwart. Der Historiker Franz Bauer macht sein Einwirken auf das individuelle Moralempfinden verständlich: „Jeder einzelne Akt (wie im Übrigen auch seine Unterlassung), eingegliedert in die kausale Verkettung, bedingt und verantwortet nunmehr die ganze Zukunft. Das erlegt den Subjekten der Geschichte nicht nur die Pflicht zu handeln, sondern gut zu handeln, nämlich das Richtige zu tun, damit aus dem Fortschreiten, d. h. dem bloßen Vorwärtsschreiten der Geschichte auf der Zeitachse, ein Fortschritt werde".[112] Wo also die Kanonisierung der Kultur ein geschichtliches

Bewusstsein beförderte, entstand ein gesteigertes Empfinden für eine Notwendigkeit, die Gegenwart nicht nur zu verwalten, sondern auf eine bessere Zukunft hin zu *gestalten*, eine Verpflichtung zum Fortschritt.

In der Kunst war es deshalb kaum noch möglich, einen längerfristig gültigen Stil zu etablieren. Stattdessen stieg, der veränderten Erfahrung des Individuums folgend, „das Prinzip des Neuen selbst zum kulturellen Leitmuster auf."[113] Die wachsende Differenzierung historischer Stile und Epochen beförderte eine ästhetische Pluralisierung der zeitgenössischen Kunstproduktion, die allerdings, im Unterschied zum postmodernen „anything goes", auf einer teleologischen Vorstellung der Geschichte gründete. Darum wurde die Auseinandersetzung mit dieser Geschichte innerhalb der Künste obligatorisch, begleitet von entsprechender Reibungsenergie – die Laien hatten bald ihre Schwierigkeiten mit der Moderne, die Künstler mit der Tradition.[114] Der Lebensstil der Boheme und das daraus erwachsende Selbstverständnis moderner Künstler richtete sich sowohl gegen den geordneten Kanon der offiziellen Künste als auch gegen eingefahrene Routinen bürgerlichen Lebens.[115] Auch die Forderung nach künstlerischer Originalität hing insofern mit dem Geschichtsbewusstsein zusammen: Vor dem Hintergrund eines reichen Kanons stieg die Angst, nur Epigone zu sein. Die Kunst alterte, ihre Themen und Formen verbrauchten sich und das bloße Fortführen bewährter Traditionen geriet rasch unter Trivialitätsverdacht.[116] Sogar der Stil der jeweiligen Zeit, also die künstlerische Orientierung an modischen Konventionen, galt unter avancierten Künstlern als verpönt. Für sie war die Frage nach der Gegenwart eine nach Fortschritt und Entwicklung: Wie führe ich den Stil der Zeit über das Jetzt hinaus? Bereits im 19. Jahrhundert war damit die Dynamik einer Avantgarde angelegt, also die Vorstellung der Kunst als einer ästhetischen Vorhut. Sie ging nicht nur von den Künstlern aus, sondern war gleichermaßen getrieben von gesellschaftlichen Erwartungen an diese. Individuell und unabhängig sollten sie sein, eigenverantwortlich gegenüber ihrer Praxis beziehungsweise den damit verbundenen inhaltlichen und ästhetischen Setzungen. Künstler wurden zu stilisierten Stellvertretern subjektiver Freiheit. „Das Leitbild der Autonomie des Subjekts fand als bürgerliche Projektion in der Autonomie der künstlerischen Arbeit seine Repräsentation", so erklärt es der Kulturhistoriker Wolfgang Ruppert.[117]

Noch bevor sich im 20. Jahrhundert die historischen Avantgarden daran machten, klassische Prinzipien der Kunst wie Gattung und Werkeinheit zu unterlaufen, formte, neben der nach Fortschritt, Unabhängigkeit und Originalität, eine weitere Forderung das bürgerliche Dispositiv – die nach Ernsthaftigkeit. Tatsächlich begleitete ein geradezu „heiliger Ernst" das emphatische Kunstverständnis des 19. Jahrhunderts. Erkennbar wurde er nicht zuletzt in der Tendenz, „Momente von Unterhaltung und Vergnügen, Schau- und Hörlust aus der Kunst auszuscheiden."[118] Umso stärker begriffen sich Künstler als Beauftragte eines emanzipatorischen Ideals, nämlich im Auftrag eines höheren Ansinnens tiefere Wahrheiten zu ergründen. Die Künstler der Moderne, schreibt Soziologin Nicole Tessa Zahner, „traten wie Propheten auf und verbildlichten Vorstellungen von einer anderen, einer besseren Welt, von einem höheren Sein."[119] Damit vermittelte der Ernst auch zwischen ästhetischer Erfahrung und nicht-ästhetischen Diskursen, denn bald wurde die Kunst mit derselben Inbrunst diskutiert wie politische oder moralische

Fragen. Diese bildungsbürgerliche Emphase stemmte sich gegen die kompensatorischen Effekte, wie Kunst sie nach Ansicht Arnold Gehlens den Individuen moderner Gesellschaften offerieren sollte.[120] Auch darin ähnelt die damalige, bürgerliche Rahmung von Vermittlung und Rezeption der heutigen: Kunst ist mehr als eine bloße Entspannungsübung. Als während der Corona-Pandemie viele kulturelle Einrichtungen in Deutschland vorübergehend schließen mussten, las man die Empörung darüber, in dieselbe Kategorie wie Fitnessstudios, Spielhallen und andere Freizeiteinrichtungen zu fallen, aus vielen Äußerungen prominenter Akteure der Gegenwartskunst heraus. Altbekannt wirkten dabei die Argumente für die gesellschaftliche Sonderstellung der Kunst, altbekannt auch der bürgerliche Ernst, mit der ihre Bedeutung für eine demokratische Öffentlichkeit beansprucht wurde. Die Museen müssten geöffnet bleiben, erklärte unter anderem die Düsseldorfer Museumsdirektorin Susanne Gaensheimer, denn die Kunst sei „ein Gegenüber, das die Ereignisse spiegelt und zum Nachdenken anregt. Das trägt man dann weiter, man spricht darüber mit der Familie, mit Freunden und Kollegen, es bilden sich unterschiedliche Haltungen heraus. Das Museum ist eben wichtig für die Meinungsbildung in einer Demokratie."[121] Schon im 19. Jahrhundert galt die Kunst als Bühne, auf der Sinnfragen und Wertkonflikte in einer Weise artikuliert wurden, die es ermöglichte, fundamentale Probleme zu „verhandeln".[122] Dass ihre architektonischen Repräsentanzen denen der staatlichen Herrschaft in Pracht und Anmutung in Nichts nachstanden, ist ein untrügliches Zeichen für die öffentliche Bedeutung, die ihr zugesprochen wurde und die sich bewusst gegen die Auffassung vom bloß entlastenden Privatvergnügen richtete. In diesem pathosbeladenen Umfeld erhielten die „kulturellen Tätigkeiten und Gegenstände ihre hoch über den Alltag emporgesteigerte Würde", ihre Rezeption wurde „zu einem Akt der Feierstunde und der Erhebung."[123]

Allerdings führte der immense normative Überhang, den man der Kunst damit zumutete, geradewegs in eine Glaubwürdigkeitslücke zwischen emanzipatorischem Anspruch und sozialer Wirklichkeit. Vor dem Hintergrund dieser spezifischen Konstellation aus Emphase und Widerspruch ergab sich für Künstler die eigentümlich moderne Notwendigkeit, von den Konventionen und den auf Entlastung zielenden Erwartungen des bürgerlichen Publikums abzusehen, sich diesen sogar bewusst zu widersetzen.[124] So wurde ihr kritisch verstandener Eigensinn zum festen Bestandteil der Erzählung des modernen Künstlers. Er gehörte neben den im 19. Jahrhundert geschaffenen Ausstellungshäusern und damit verbundenen Rezeptionspraktiken zu einer Form der Vergesellschaftung, die den Prozess einer permanenten Evaluierung bürgerlicher Wertideen institutionalisierte. Je nach Perspektive schuf sich das Bürgertum hier Refugien kritischer Selbstreflexion – oder kulturelle „Endlager" für politischen Veränderungswillen. Der Soziologe Mario Rainer Lepsius beschrieb die Implementierung von kulturellen Instrumenten zur Reflexion des Status quo einmal als die „Selbstfinanzierung der bürgerlichen Selbstkritik".[125] So oder so bleibt es ein verbreitetes Missverständnis, dass die Verbürgerlichung der Kunst und ihre wachsende Autonomie in historischer Opposition zueinander gediehen.[126] Vielmehr ergab sich Letztere notwendig aus den erwähnten Anforderungen, die die bürgerliche Gesellschaft des 19. Jahrhunderts selbst an die Kunst herantrug. Dass sich diese im Laufe der Moderne immer wieder gegen die drohende Saturiertheit und Trivialisierung auflehnte, und dadurch die bekannten

„antibürgerlichen" Narrative und Ästhetiken gerierte, resultiert also gerade aus dem historisch in ihre Praxis implementierten bürgerlichen Dispositiv. Zwar beziehe ich dieses Dispositiv hier speziell auf den Bereich der Kunst, aber es gehört, wie schon erwähnt, in den größeren historischen Zusammenhang der Durchsetzung bürgerlicher Lebensformen. Nach Lepsius stützten sich diese auf vier zentrale Entwicklungen: „Die Emanzipation des Bürgertums zu einer eigenständigen Vergesellschaftung heterogener materieller Interessenlagen durch ein gemeinsames ideelles Interesse an der Reform von Staat, Gesellschaft und Wirtschaft erfolgt über vier große strategische Prozesse: Kapitalismus, Demokratie, Professionalisierung und Bürokratisierung."[127] Diese Effekte finden sich auch in dem von mir beschriebenen Dispositiv der Kunst: der Kapitalismus in den Mechanismen des entstehenden Kunstmarkts, die Demokratie im bürgerlichen Gleichheitspostulat, Professionalisierung und Bürokratisierung in der Institutionalisierung des künstlerischen Feldes.

Eine Besonderheit dieses Dispositivs ist allerdings seine dialektische Anlage, sein Doppelcharakter, sofern es nämlich die Vernunft als Motiv ebenso einbindet wie deren Gegenteil. Wenn man mit Foucault vom Dispositiv als einem Verbund den Diskurs einhegender und ordnender Kräfte ausgeht, die er beschreibt als eine „stumme Angst vor jenen Ereignissen, vor jener Masse von gesagten Dingen, vor dem Auftauchen all jener Aussagen, vor allem, was es da Gewalttätiges, Plötzliches, Kämpferisches, Ordnungsloses und Gefährliches gibt, vor jenem großen unaufhörlichen und ordnungslosen Rauschen des Diskurses"[128], findet man all diese Kräfte auch im bürgerlichen Dispositiv der Kunst. Man erkennt sie in der kulturellen Ordnung der Institutionen, in den engführenden Marktlogiken des Kunsthandels oder in der ostentativen Vernutzung von Kunst im Rahmen von bürgerlicher Distinktion und Statussicherung „auf Kosten von geborgten geistigen Mitteln."[129] Allerdings: Man findet ebenso die immanente Anrufung und Provokation des Gegenteils, nämlich des Ordnungslosen, Grenzüberschreitenden, Gefährlichen, des schlechthin Anderen, in den oben aufgezählten, gleichermaßen widersprüchlichen wie maßlosen Erwartungen an die Kunst. Diese sich selbst überfordernde Disposition korreliert nicht zufällig mit dem emanzipatorischen Streben, das Fremde und Andersartige integrierend zu denken, welches so viele Philosophien und Weltanschauungen bürgerlicher Prägung durchzieht – angefangen bei Kant, über die Romantik bis hin zu Sigmund Freuds beunruhigender Verlagerung des Anderen ins je eigene, subjektive Unterbewusstsein.[130] Eben darin besteht ihre dialektische Anlage: im unversöhnlichen und andauernden Widerstreit von Macht und Ermächtigung, von Restauration und emanzipatorischem Aufbruch.

Dieser Widerstreit entzündet sich jedoch nicht von selbst, nicht durch eine unsichtbare Macht, nicht durch ein Nachwirken der Geschichte allein. Nur wo der kritische Anspruch aktiviert wird und sich ein lebendiges, ein integres Denken etwa an den Widersprüchen der behaupteten Autonomie zu reiben beginnt, erhalten die konsolidierenden Kräfte des bürgerlichen Dispositivs jene dialektische Gegenspannung, die den Fortschritt in Bewegung setzt. Es waren keine bürgerlichen Sonntagsreden, die die Kunst veranlassten, sich gegen ihr eigenes Publikum aufzulehnen, ja schließlich sogar gegen das, „was ihren eigenen Begriff ausmacht."[131] Es war ein historisch angelegter, aber immer nur punktuell aktivierter Idealismus, mit dem sie ihre strukturelle Ausdifferenzierung über das 20. Jahrhundert hinweg vorantrieb und immer wieder auch gegen ihre eigene Verfassung opponierte: gegen Werkeinheit und Marktfähigkeit, gegen Originalität, Fortschritt und feierlichen Ernst. Mit liberaler Emphase laborierte die Kunst an den Widersprüchen des durch sie wirkenden bürgerlichen Selbstverständnisses und setzte sich wiederholt in spannungsgeladene Distanz zum eigenen sozialen Umfeld. Von solchen Momenten zehrt ihre Glaubwürdigkeit bis heute. „Ihre Autonomie, Verselbstständigung der Gesellschaft gegenüber, war Funktion des einerseits wieder mit der Sozialstruktur zusammengewachsenen bürgerlichen Freiheitsbewusstseins. Ehe es sich bildete, war Kunst zwar an sich in Widerspruch zur gesellschaftlichen Herrschaft [...] nicht aber für sich."[132] Doch im Zuge der Moderne konnte Kunst nicht mehr nur schön, sie konnte auch hässlich, sie konnte nicht nur ernst, sondern auch ironisch sein; sie konnte affirmativ und oppositionell, käuflich und unverkäuflich, ästhetisch und banal sein. Die Frage „Was ist Kunst?" formulierte und beantwortete sie von da an selbst. Zumindest dem Anspruch nach, der bald als ihr eigener, autonomer Anspruch galt.

Den Zugewinn ästhetischer Autonomie und ihre daraus hervorgehende strukturelle Ausdifferenzierung bezahlte die Kunst mit einer wachsenden Distanz nicht nur zum konservativen Teil des bürgerlichen Publikums, dessen *juste milieu* den modernistischen Diskurs als unverständlich denunzierte.[133] Das sich etablierende künstlerische Feld, in dem die Diskurse von Moderne und Postmoderne seither zirkulieren, fand auch immer weniger Anschluss zu proletarischen Bevölkerungsschichten, die man weitgehend dem überließ, was später von Adorno und Horkheimer treffend mit dem Begriff der „Kulturindustrie" bezeichnet wurde. Bourdieu skizziert die daraus hervorgehende Situation: „Der Gegensatz zwischen den Gattungen verliert seine strukturierende Kraft zugunsten eines Gegensatzes zwischen den beiden Polen innerhalb eines Subfelds: dem Pol der reinen Produktion, bei dem die Produzenten tendenziell nur die weiteren Produzenten (die zugleich Konkurrenten sind) als Abnehmer haben [...] auf der einen Seite; der Pol der den Erwartungen des breiten Publikums unterworfenen Massenproduktion auf der anderen Seite."[134] Das Selbstbewusstsein, mit dem der avancierte Teil der Kunst sich im 20. Jahrhundert vom Zugriff bürgerlicher Erwartungen freizumachen suchte, um eine im Sinne des Modernismus radikalisierte Autonomie zu formulieren, steuerte sie in eine neue Abhängigkeit. Sie war nun angewiesen auf jene spezialisierte, weitgehend professionalisierte soziale Formation, die als „loser Verbund von Personen" bis heute ein funktionales Ganzes bildet: die Kunstwelt.[135] Und diese Kunstwelt befindet sich wiederum in direkter Abhängigkeit zu jenem Bürgertum, das ihr bis heute ihren privilegierten kulturellen Status einräumt. Das künstlerische Feld bleibt selbst dort, wo es ökonomisch längst prekarisiert und ausgezehrt erscheint, durch und durch bürgerlich. Die Autonomie der Kunst ist stets gefährdet, denn die „Möglichkeit des Rückschlags in Heteronomie"[136] gehört zur dialektischen Verfasstheit des sie ermöglichenden bürgerlichen Dispositivs.

Abhängigkeit drohte also auch dort, wo sich die avancierte Kunst bis ins späte 20. Jahrhundert immer weniger als Repräsentant eines inkludierenden Allgemeinen, sondern vermehrt als ein der Gesellschaft und ihren Abgründen entgegengesetztes autonomes Anderes verstand, das sich seiner eigenen sozialen Bedingtheit weitgehend entzieht. Obwohl viele avantgardistische Strömungen, selbst jene mit stark abstrahierenden Formprogrammen, auf konkrete soziale Effekte abzielten, setzte sich zumindest in Westeuropa eine Lesart durch, nach der sich die Kunst vom Anspruch die Gesellschaft seismographisch zu reflektieren freigemacht hätte.[137] Insbesondere in der Nachkriegsmoderne, erschüttert vom Zivilisationsbruch des Holocaust, dessen Ausmaß das emanzipatorische Fortschreiten der bürgerlichen Gesellschaftsidee wie kein anderes historisches Ereignis in Frage stellte, wurde Kunst bald synonym für das Nichtbegriffliche, das Nichtidentische, den Vorschein einer Freiheit im Anderen – immer noch eingerichtet im Modus des Als-ob, jedoch nicht länger als habe sie Geltung *für alle*, sondern als gälte sie *für sich*. Doch leichthin lässt sich auch dieses modernistisch zugespitzte Kunstverständnis auf Kant und dessen *Kritik der Urteilskraft* zurückführen, auf die „Zweckmäßigkeit ohne Zweck"[138], die sie für die Schönheit reklamiert. Mit der strukturellen Ausdifferenzierung der Kunst im 20. Jahrhundert und neueren philosophischen Zugriffen wie Adornos *Ästhetischer Theorie* nahm dieser Diskurs aber soweit an Fahrt auf, dass er sein soziales Setting tatsächlich hinter sich zu lassen schien. Abstraktionsbemühungen, Fragen nach Form und Medium rückten in den Vordergrund künstlerischer Auseinandersetzung. Freilich war sie damit dem beschriebenen bürgerlichen Kunstverständnis nicht entflohen, sondern bereits in diesem angelegt und aus ihm hervorgehend. Denn eine autonome Kunst, die sich von sozialen Einflüssen lossagt, lässt sich gleichwohl als emanzipatorische Errungenschaft, nämlich in gewisser Weise als Verwirklichung jenes selbstständigen Geistes verstehen, wie ihn der bürgerliche Humanismus forcierte. Tatsächlich stand und steht die Kunst gemeinhin an der Spitze unterschiedlicher Transformationsprozesse bürgerlicher Wertideen. So blieb das bürgerliche Dispositiv der Kunst auch im späten 20. Jahrhundert und darüber hinaus erkennbar, etwa in der gängigen Exegese, die die Ironie von postmoderner Kunst als ernstes Anliegen begreift, die künstlerische Fortschrittsverweigerung als Fortschritt versteht, die Originalität in bewusst kopierenden Bildern erkennt oder gedankliche Tiefe in solchen, die plakativ oder oberflächlich operieren. Man findet die Kontinuität seines emanzipatorischen Anspruchs unbedingt auch in Adornos einflussreicher Interpretation der ästhetischen Erfahrung als „Instanz einer erfahrend vollzogenen Vernunftkritik"[139] – denn was ist Vernunftkritik hier anderes als emanzipatorische, nämlich selbstreflexive Vernunft? „Selbstreflexion der Aufklärung ist nicht deren Widerruf", ergänzt er in der *Negativen Dialektik*.[140]

Freiheit vom Sozialen im Sozialen

Wie lässt sich die Kunst nun als autonomes Anderes, als etwas der Gesellschaft Entgegengesetztes begreifen, ohne ihre soziale Eingebundenheit zu unterschlagen? Und umgekehrt: Wie kann man die Kunst auf diskursive Effekte befragen oder gesellschaftliche Dependenzen problematisieren, ohne ihr Potenzial als ästhetische Antithese leichtfertig preiszugeben? Die einseitige, auf ihre soziale Abhängigkeit zielende Behandlung der Kunst durch die Soziologie, insbesondere der Bourdieus, wird seit einigen Jahren und von unterschiedlicher Seite kritisch hinterfragt.[141] Jaques Rancière unterstellt ihr, sie würde noch ihren eigenen Gegenstand zum Verschwinden zu bringen. Das Ideal ästhetischer Gleichheit gelte in der Theorie Bourdieus allein als Schleier, der die Realität der Unterschiede verdecke. Seine misstrauische Perspektive verkenne jedoch die Tatsache, dass es eine Politik der Ästhetik gebe – „und zwar nicht als Einbildung unbedarfter Philosophen, sondern als eine zwei Jahrhunderte alte Wirklichkeit, die von den Institutionen der Kunst, das heißt von den materiellen Bedingungen ihrer Sichtbarkeit, verkörpert wird, angefangen von Blicken und Urteilen, durch die wir Kunst von anderen Objekten unterscheiden, bis hin zu den wissenschaftlichen und politischen Theorien, die vorgeben, uns die Wahrheit über die ästhetische Illusion zu sagen."[142] Auch Bruno Latour attestiert Bourdieu, noch „jede Skulptur, jedes Gemälde, [...] bis zur Nichtigkeit durch die sozialen Faktoren"[143] zu erklären. Um einer solchen Einebnung des Ästhetischen vorzubeugen, werde ich nun weder auf Latours soziologische Modelle des Umgangs mit „Dingen" rekurrieren, noch, trotz einiger Parallelen im Verhältnis zwischen „ästhetischem Regime" und der Sphäre politisch-emanzipatorischen Handelns, auf Überlegungen Rancières. Stattdessen möchte ich ein an Adorno angelehntes dialektisches Verständnis vorschlagen, um das Verhältnis von Kunst und Gesellschaft in seinen zahlreichen Antinomien zu würdigen.

Dieses Verständnis beruht zunächst auf einer einfachen Feststellung: Gerade in ihrer Entgegensetzung zur Gesellschaft bleibt die Kunst mit dieser verbunden.[144] Sie ist nicht durch sich selbst autonom, durch eigenes Vermögen, sondern erst durch ihre Entgegensetzung zur sozialen Sphäre. Kunst ist demnach so etwas wie die „Freiheit vom Sozialen im Sozialen."[145] Sie ist autonom nur durch die Wirksamkeit eines bestimmten, historisch gewachsenen Dispositivs, eines bestimmten, institutionell abgesicherten Diskurses, der sie dem Sozialen aber prinzipiell entgegenstellt. Nur so konnte sich die Kunst als das Andere der Gesellschaft, als deren „Antithesis"[146] etablieren – *gegen* die Gesellschaft, aber *in* der Gesellschaft. „In seiner Differenz vom Seienden konstituiert sich das Kunstwerk notwendig relativ auf das, was es als Kunstwerk nicht ist und was es erst zum Kunstwerk macht."[147], schreibt Adorno. Insofern ist die Gesellschaft auch als das Andere innerhalb der Kunst wirksam: Sie ist ihr Abgrund. Dieser negativ-dialektische Ansatz insistiert also auf einen unabschließbaren Widerspruch, der verhindert, eine Dimension vollständig in der jeweils anderen aufzulösen. Denn lässt die Kunst in ihrer Autonomie nach, „so verschreibt sie sich dem Betrieb der bestehenden Gesellschaft", betrachtet man sie aber strikt für sich, „so lässt sie als harmlose Sparte unter anderen nicht minder gut sich integrieren."[148] Wenn ich den Widerspruch zwischen Autonomie und sozialer Eingebundenheit negativ-dialektisch begreife, gelingt es bestenfalls, der sozialen Umgebung der Gegenwartskunst nachzugehen, ohne diese auf dortige Indienstnahmen zu reduzieren, und im Rahmen der ästhetischen Erfahrung gleichwohl nicht deren sozialen Kontext aus dem Auge zu verlieren. Stets scheint nämlich im Abgrund des einen die Realität des jeweils anderen auf – die je eigene Unvollkommenheit: hier das Unverwirklichte einer emanzipierten Allgemeinheit, dort das Unverwirklichte künstlerischer Autonomie.

Selbst dort, wo Kunst durch maximale Abstraktion ihrer sozialen Einbettung entkommen will, bleibt immer ein Schatten dessen, wovon sie abstrahiert. Sie ist „als Produkt gesellschaftlicher Arbeit des Geistes stets fait social"[149], also selbst sozialer Tatbestand. In der Gegenwartskunst offenbart sich dieser Umstand umso mehr, als sie es immer häufiger selbst darauf anlegt, den Autonomieanspruch aufzuweichen. Sie tut dies einerseits formal, etwa dort, wo sie räumlich durch ausgedehnte Installationen oder durch die Kombination unterschiedlicher Medien ausfranst. Sie lässt sich dadurch immer weniger als abgeschlossenes Ganzes erfahren, sondern mehr als etwas, von dem man als Rezipient nicht sicher sein kann, alle Facetten in den Blick zu bekommen. Philosophin Juliane Rebentisch argumentiert, dass dies gleichwohl nicht als „Zurückweisung der Autonomie der ästhetischen Erfahrung per se“ zu verstehen sei, vielmehr als „Zurückweisung eines ebenso falschen wie ideologischen Verständnisses derselben [...], eines Verständnisses, das die ästhetische Erfahrung von gesellschaftlichen Gehalten im Namen der vermeintlichen Reinheit einer solchen Erfahrung steril zu halten sucht.“[150] Andererseits werden die von Rebentisch erwähnten „gesellschaftlichen Gehalte“ heute nicht nur als Ausgangspunkt künstlerischer Auseinandersetzung sondern immer mehr als deren wesentliche Qualität verstanden. Kunst gewinnt derzeit an Wertschätzung, wo sie relevante Fragestellungen aus gesellschaftspolitischen Diskursen aufgreift. Der Philosoph Harry Lehmann beschreibt diese Tendenz als eine seit den 1990er-Jahren sich vollziehende Wende von der Materialästhetik der Moderne, wie sie Adorno noch vor Augen hatte, hin zu einer nun dominierenden Gehaltsästhetik: „In gehaltsästhetischen Werken wird das ästhetische Moment weder wie in der Konzeptkunst einfach annulliert, minimiert oder restlos funktionalisiert, noch ist es die primäre Funktion des Kunstwerks, eine besondere ästhetische Erfahrung freizusetzen, wie dies [...] in der ästhetischen Kunst der Klassischen Moderne der Fall war. Vielmehr wird die Ästhetik des Kunstwerks jetzt selbst zu einer Funktion seines Gehalts.“[151] Dieser Gehalt ordnet sich also nicht mehr der Autorität eines bestimmten künstlerischen Verfahrens unter, sondern umgekehrt variiert die Ästhetik abhängig von den je aufgegriffenen Inhalten. Ob ein Künstler einen Film dreht oder eine Serie von Drucken anfertigt, wird abhängig von der gesellschaftspolitischen Thematik, die er darin zur Diskussion stellen möchte. Die Wahl dieser Thematik, so könnte man es zuspitzen, geriert sich zum eigentlichen künstlerischen Akt, zur wiedererkennbaren Handschrift eines Künstlers. Doch sollte man es auch im Rahmen dieser Entwicklung nicht darauf anlegen, die Kunst in sozialer Mimesis aufgehen zu lassen und den Autonomieanspruch gänzlich fallen zu lassen. Adorno war sogar der Ansicht, dass die Kunst umso mehr zum Als-ob verblasst, je mehr sie versuche, Gesellschaft tatsächlich abzubilden.[152] Ein Als-ob, das seiner eigenen Fiktionalität auf den Leim geht. So muss sich auch die Gegenwartskunst eine ästhetische Immanenz bewahren, derart, dass die Gesellschaft „verdunkelt wie in Träumen in sie eingelassen wird, denen man die Kunstwerke von je verglich.“[153] Schließlich ist in ihrem Dispositiv bereits jene Dynamik angelegt, durch die sich Kunst fortlaufend ihrer Andersartigkeit, ihrer Autonomie vergewissert – und gerade dadurch wieder neuartige oder ungewöhnliche ästhetische Durchbrüche zur gesellschaftlichen Wirklichkeit provoziert, die ihre Autonomie dann erneut relativieren oder problematisieren. Dieses dialektische Wechselspiel im Verhältnis zwischen der Kunst und ihrem Abgrund – der Gesellschaft – bleibt aber nur so lange unauflöslich, wie ersterer eine unabhängige und weitgehend eigenständige Bedeutungsproduktion zuerkannt wird.

Sicher lässt sich argumentieren, dass das Privileg der Autonomie grundsätzlich problematisch bleibt, „wie noch keine Gesellschaft den ästhetischen Schein praktisch eingeholt hat.“[154] Als elitäres Projekt wäre die Kunst unweigerlich dazu verdammt, die bestehenden Verhältnisse glänzen zu lassen, ganz gleich, ob sie die herrschenden Klassen so unverhohlen überhöht wie einst Könige und Kirche, oder ihren Mitgliedern im Zeichen gesellschaftskritischer Bewusstseinsbildung moralische Entlastung offeriert. Für beide Varianten liefert die Gegenwartskunst genügend Anhaltspunkte.[155] Will man dagegen festhalten am emanzipatorischen Potenzial künstlerischer Autonomie, bliebe sie als utopischer Vorgriff ernst zu nehmen, eben als die beschriebene Freiheit vom Sozialen im Sozialen. Nur so verstanden wäre ihre ästhetische Eigenständigkeit und Andersartigkeit ein Angebot, die soziale Wirklichkeit als eine Möglichkeit von vielen zu erfahren – unfertig und unvollendet. Tatsächlich sind im Gegensatz zur unauflöslichen Dialektik zwischen Kunst und Gesellschaft, die sozialen Widersprüche, um die es mir in diesem Buch geht, ja allesamt solche, die prinzipiell auflösbar wären. Es sind Verhältnisse, Zustände und Abgründe, die Resultat eines mehr oder weniger vermeidbaren Versagens sind, nämlich des Versagens einer Gesellschaft, die sich in ihrem bürgerlichen Selbstverständnis zugleich auf Gleichheit und individuelle Selbstbestimmung ausgerichtet wähnt.

Abgrund des Asozialen

Emanzipatorisch ist die Kunst zunächst mal für den Einzelnen, dem es gelingt, sie als eine andere Möglichkeit von Welt zu erfahren. Das ist die Freiheit vom Sozialen. Zwar wird diese Freiheit erst durch die Gesellschaft gewährt und ermöglicht, doch im Zusammenhang mit der Kunst – ob als ihr Gegenstand oder ihre Bedingung – formt Gesellschaft einen Abgrund, sofern sie den ästhetischen Möglichkeitsraum begrenzt und seine Autonomie relativiert. Will ich den Besonderheiten einer Ästhetik des Asozialen nachgehen, stellt sich die Frage, inwieweit es dabei einen Unterschied macht, wenn Kunst auf extrem abgehängte Soziallagen Bezug nimmt. Ergibt sich daraus eine spezifische Vertiefung in besagtem Abgrund des Sozialen, ein Abgrund des Asozialen?

Vorab wäre zu klären, was genau ich meine, wenn ich von entsprechenden Soziallagen, vom „Asozialen" oder von „Unterschicht" spreche. Das Wort „asozial" besitzt zwei grundlegende Bedeutungen. Die eine charakterisiert missbilligend ein Verhalten, das der Gesellschaft schadet, meint „asozial" im Sinne von antisozialem Verhalten. In diesem Fall ist seine Verwendung unabhängig vom Sozialstatus der Bezeichneten, etwa, wenn in Medienberichten egoistische Praktiken von Investmentbänkern oder das Verhalten von Impfgegnern als „asozial" gebrandmarkt wird. Nach meiner Beobachtung zielt seine Verwendung im deutschsprachigen Alltagsgebrauch aber häufiger auf seine zweite Bedeutung, die auch die Zugehörigkeit zu den untersten sozialen Schichten impliziert, und das in stigmatisierender Weise. „Du siehst ja aus wie ein Asozialer!" meint eben nicht, dass jemand aussieht wie der Mitarbeiter einer Investmentbank, sondern dass er einem Angehörigen der untersten Gesellschaftsschichten ähnelt: einem Obdachlosen, einem Suchtkranken, einem Pfandflaschensammler. Die Aussage rechnet mit dem unausgesprochenen Konsens, dass niemand als ein solcher gesehen werden möchte.

Die stigmatisierenden Implikationen des Begriffs stützen sich im Deutschen auch auf seine frühere Verankerung in Recht und Gesetz. In der DDR stand die „Gefährdung der öffentlichen Ordnung durch asoziales Verhalten" unter Strafe – gemeint waren Prostitution, Arbeitsverweigerung oder Bettelei. Die Formulierung schloss fast wörtlich an entsprechende Gesetze der Nationalsozialisten an. Im Rahmen ihrer Rassenideologie lieferte die erste Bedeutungsebene, also die Bezeichnung von vermeintlich „gesellschaftswidrigem Verhalten", nur den Vorwand zur Verfolgung und Deportierung verarmter und prekarisierter Bevölkerungsgruppen, die als „Schädlinge" der „deutschen Volksgemeinschaft" galten.[156] Auf zwischen 60.000 und 80.000 schätzt man die Zahl der als „Asoziale" eingestuften Häftlinge in deutschen Konzentrationslagern.[157] Bis 1988 wurden die Überlebenden unter ihnen weder in der DDR noch in der Bundesrepublik als Opfer anerkannt oder entschädigt. Daraus spricht die Kontinuität einer Denkweise, die gesellschaftliche Probleme in die Verantwortung des Einzelnen delegiert, mehr noch: in die Verantwortung der Schwächsten, deren Stigmatisierung man oft zur Entlastung und Erhebung des eigenen Selbstwerts bereitwillig in Kauf nimmt. Dass „asozial" von Autoren im wissenschaftlichen oder philosophischen Kontext – von Emil Durkheim bis Sigmund Freud – stets auch mit seiner wörtlichen Bedeutung, eben als *nicht-sozial*, Gebrauch fand, rückt dabei schnell in den Hintergrund.[158] Deshalb möchte ich an dieser Stelle noch einmal betonen, dass der Begriff des Asozialen, dort wo ich ihn nicht in Anführungszeichen setze, innerhalb meiner Überlegungen keine irgendwie geartete Nutzlosigkeit oder Destruktivität von Menschen gegenüber der Gesellschaft bezeichnet. Es ist auch keine Wertung von bestimmten Eigenschaften oder Verhaltensweisen damit verbunden. Für die vorliegende Auseinandersetzung wären solche auch einzig und allein als Ausdruck einer tiefgreifenden Unfreiheit von Interesse. Als asozial beschreibe ich die *Situation* von Menschen, die infolge ihrer Soziallage bald jeder Möglichkeit beraubt sind, über ihr Leben selbst zu bestimmen. Anders gesagt: Nicht der Mensch ist asozial, sondern die Verhältnisse, in denen er lebt. Zwangsläufig wird sein Leben allerdings von diesen Verhältnissen durchdrungen – und gezeichnet. Ganz gewiss trägt dazu auch die tief verankerte kulturelle Abwertung bei, die im stigmatisierenden Gebrauch des Begriffs „asozial" zum Ausdruck kommt. Deshalb ist dies kein Plädoyer für seine gedankenlose Verwendung im Alltag oder ein Versuch ihn von seiner Geschichte zu entlasten. Im Gegenteil: Geschichte, Kontinuität und Härte gesellschaftlicher Ausgrenzung sollen in meinen Überlegungen auch dort hörbar bleiben, wo sie sich um Neutralität bemühen. Ich möchte mich gerade nicht auf ein sprachlich abgesichertes und vermeintlich moralisch integres Terrain zurückziehen – es würde doch nur die eigene Einbindung in die monierten Verhältnisse verharmlosen.

Nichts anderes ist es mit dem Wort „Unterschicht". Auch wenn es seinen Ursprung in der Soziologie hat und historisch weniger belastet ist, geht auch sein Gebrauch in der Sprache der Allgemeinheit häufig mit Stigmatisierung einher. Ich habe auf die unterschiedlichen Bedeutungsebenen hingewiesen, die im Deutschen mit dem Begriff „Bürger" verbunden sind. Besonders in Ableitungen wie „Bürgertum" oder „bürgerlich" zielt er auf die Zugehörigkeit zu einer konkreten sozialen Klasse. Er kann aber auch die davon unabhängige, allgemeine Integration einer Person in ein politisches Gemeinwesen bezeichnen. „Unterschicht" verstehe ich im Rahmen dieser Überlegungen als einen Gegenbegriff, und zwar in beiderlei Hinsicht: Gemeint ist ebenfalls eine je konkrete Soziallage, darüber hinaus aber auch die allgemeine Desintegration beziehungsweise der umfassende Ausschluss der Betroffenen aus dem politischen und kulturellen Gemeinwesen. Dieser Ausschluss ist eben nicht partiell, sondern a-sozial sofern er das komplette Herausfallen aus dem bürgerlichen Ganzen bedeutet. Wo Begriffe wie „Bürger" oder „Bürgertum" hier stets auch eine emanzipatorische Möglichkeit bedeuten (im Sinne des oben beschriebenen Als-ob), die als solche gar nicht zwingend verwirklicht sein muss, verweist „Unterschicht" auf deren Gegenteil, nämlich die konkrete (nicht prinzipielle) Unmöglichkeit zur Emanzipation. Der aus diesem Missverhältnis sich abzeichnende Abgrund des Asozialen beschneidet das integrative Potenzial bürgerlicher Repräsentation.

Ich werde in einem weiteren Exkurs noch auf sie zu sprechen kommen, gehe bei meinen grundsätzlichen Überlegungen aber bewusst nicht von Begriffen wie „Exklusion" oder „Prekariat" aus, die in Bezug auf die gegenwärtige Theoriebildung sicher anschlussfähiger wären. Sie bekommen aber jeweils nur einen Teil dessen zu fassen, was die Besonderheit der hier anvisierten Konstellation ausmacht, nämlich die unterschiedlichen Bezugnahmen auf extrem abgehängte Soziallagen in den Hervorbringungen einer bürgerlich durchwirkten Gegenwartskunst. Das gilt auch für die Bezeichnung „Subalterne", zumal sie einen ganz bestimmten Diskursrahmen impliziert. Jedoch wäre die darin aufgerufene und auf Antonio Gramsci zurückgehende Hegemonietheorie für die hier verhandelten Fragestellungen nur bedingt produktiv, weil ihre heutigen Vertreter davon ausgehen, dass alle Gesellschaften, eben auch die künftigen, zwangsläufig von einer bestimmten sozialen Formation hegemonial dominiert werden. Das Prinzip der Hegemonie wird aus dieser Perspektive alternativlos und die Organisation von Gegenhegemonie zur einzig gültigen emanzipatorischen Praxis. So gerinnt der Konflikt zwischen wechselnden, klar umrissenen sozialen Formationen zum obligatorischen Dauerzustand.[159] Das mag für sich genommen einleuchten, es widerspricht aber der emanzipatorisch vorausgesetzten Gleichheit aller Menschen, dem auf diese sich berufenden bürgerlichen Modus des Als-ob und einem daraus abgeleiteten Ansporn, die Mündigkeit und Selbstbestimmung jedes Einzelnen zu verwirklichen. Wie beschrieben war und ist all dies jedoch grundlegend für den Entwurf einer autonomen Kunst, die sich prinzipiell allen zuwendet.

Ausmachen lässt sich eine im obigen Sinn verstandene Unterschicht nun weder unter den Künstlern noch unter den Rezipienten. Dieser Umstand ist entscheidend, weil so jede künstlerische Bezugnahme im bürgerlichen Selbstgespräch versandet. Dadurch entgleitet das Asoziale der eingangs geschilderten Konzeption bürgerlicher Öffentlichkeit, ihrem Als-ob einer angenommenen Statusgleichheit und der von Zitko am Beispiel des Museums ins Feld geführten Erfahrung eines „generalisierten Anderen". Das Asoziale ist gerade nicht generalisierbar, vielmehr ein Beleg dafür, dass der Scheck, mit dem das Bürgertum diese Generalisierung bezahlt, ungedeckt bleibt. Der Modus der Repräsentation erweist sich als Anmaßung. Unabhängig vom jeweiligen künstlerischen Ansatz liegt allein darin eine desintegrierende Unversöhnlichkeit, bedeutet es doch nichts anderes als das: Noch jeder bürgerliche Vorgriff auf das gute Leben ist falschen Verhältnissen abgerungen.[160] Der Abgrund des Sozialen markiert: Die Autonomie der Kunst ist unerreichbar – sie ist es notwendigerweise und eingespannt in die negative

Dialektik bürgerlicher Ästhetik. Der Abgrund des Asozialen vertieft diesen Widerspruch in besonderer Weise. Denn auch der zugrunde liegende Gesellschaftsentwurf bleibt unverwirklicht, wo das Prinzip der Repräsentation umschlägt in ein Gespräch über Dritte, denen jedes partizipative Potenzial genommen ist.

Literaturwissenschaftlerin Gayatri Chakravorty Spivak adressiert eine analoge Situation, wenn sie ernüchtert feststellt: „Das Subalterne kann nicht sprechen."[161] In einem berühmt gewordenen Aufsatz schildert sie die Problematik am Beispiel eines öffentlichen Gesprächs zwischen Michel Foucault und Gilles Deleuze. Es sei die grundlegende Aufgabe von Intellektuellen, behaupten die beiden Philosophen darin, den Diskurs der oder des „Anderen" einer Gesellschaft zu enthüllen.[162] Wirklichkeit ist für Deleuze deshalb insbesondere an Orten der Unterdrückung zu finden, in der Fabrik etwa, in der Kaserne oder dem Gefängnis. Spivak zeigt, wie diese Perspektive einen uneingestandenen Widerspruch überspielt. Dadurch nämlich, dass die Erfahrung der Unterdrückten ideell aufgewertet, während im gleichen Zug die eigene historische Bedeutung als Intellektuelle verunklart wird; sind es doch die beiden Philosophen, die die „Anderen" hier vermeintlich „für sich selbst" sprechen lassen. Sie spielen „eine Art Bauchredner für unterprivilegierte Gruppen", fasst die Künstlerin Hito Steyerl die Kritik von Spivak zusammen, „wobei sie gleichzeitig so tun, als seien sie selbst gar nicht da."[163] Vergleichbar mit der Universalität beanspruchenden Perspektive der beiden Intellektuellen, die blind für die eigene Sprecherposition zu sein scheinen, ist eine Gegenwartskunst, die Bezug nimmt auf die Lebenswelt der Unterschicht. Sie scheitert, wo sie versucht, die „andere" Welt in einen bürgerlichen Kontext zu verpflanzen und dort für sich selbst sprechen zu lassen. Paradoxerweise tut sie dies gerade, weil sie in jene universalistische Logik demokratischer Öffentlichkeit eingebunden ist, die potenziell jeden einzubeziehen beansprucht.

Man könnte einwenden, dass ein Großteil jener Kunst, der ein politisches Bewusstsein vorausgeht und die von Bourdieu als „soziale" oder „gesellschaftsbewusste" und von Rebentisch schlicht als „interessierte" Kunst bezeichnet wird, sich mittlerweile sowohl vom Anspruch der Autonomie gegenüber der sozialen Wirklichkeit als auch vom Anspruch einer in ihr aufgehobenen utopischen Universalität zunehmend lossagt.[164] Rebentisch macht dieses Argument insbesondere für die installative Kunst stark. Deren ausfransende Formensprache beanspruche nicht mehr, die Gesellschaft als Ganze anzusprechen, sie adressiere in aller Regel nurmehr „verschiedene Teilöffentlichkeiten" oder thematisiere deren Vorhandensein.[165] Entgegen dem universalistischen Ethos einer bürgerlichen Ästhetik kantischer oder adornitischer Prägung, wäre also die Aufspaltung des Publikums in einzelne, sich allenfalls da und dort überschneidende soziale Formationen bereits intendiert. Diese Perspektive würde beispielsweise davon ausgehen, dass die künstlerische Produktion einer Frau von einem Mann nicht in gleicher Weise wahrgenommen werden kann, wie von einer Frau; nimmt ein Video oder eine Malerei Bezug auf die Lebenswelt eines hellhäutigen Menschen, könnten sich dunkelhäutige Rezipienten nicht in derselben Weise einfühlen, wie es hellhäutige können. Gleiches wäre dann für Klassenunterschiede anzunehmen, auch wenn sie im Rahmen identitätspolitischer Erklärungsmodelle nur selten thematisiert werden. Da diese im Diskurs der Gegenwartskunst aber längst als hegemonial gelten dürften, werden solche als unüberwindbar angenommenen Grenzen im gegenseitigen menschlichen Verständnis vom Großteil der „interessierten" Kunst tatsächlich eingepreist. Damit wächst auch die Bedeutung entsprechender Begleittexte, die das Ausstellungspublikum heute eingehend über die wie auch immer gearteten biografischen Identitätsmerkmale eines ausstellenden Künstlers in Kenntnis setzen. Dass sich die Kunsterfahrung für die in „verschiedenen Teilöffentlichkeiten" getrennten Rezipienten dennoch nicht zum entlastenden Privatvergnügen herunterdimme, dafür sorgt, laut Rebentisch, ein durchaus beibehaltener Bezug auf den Gemeinsinn. Selbst Kunst, die vermeintlich oder dezidiert – also ohne das verbindende Als-ob – nur bestimmte soziale Formationen adressieren, blieben nämlich an das kunstkritische Urteil und damit an den öffentlichen Diskurs gebunden. „Der Anspruch installativer Kunst auf Öffentlichkeit ist zugleich ein Anspruch an eine demokratische Öffentlichkeit, in der die Idee, Kunst sei für alle, nicht mehr als bürgerliche Selbstverständlichkeitsfloskel stillgelegt wäre. […] Kunst wirkt, wenn überhaupt, nicht deshalb in die Gesellschaft zurück, weil in ihrer Erfahrung sich ‚etwas wie ein Gesamtsubjekt' konstituierte, sondern deshalb, weil sie die Subjekte potentiell mit der gesellschaftlichen Schicht an sich konfrontiert."[166] Diese Konfrontation führt die in ihrer sozialen Identität unterschiedlich situierten Subjekte zwar zu entsprechend unterschiedlichen Kunsterfahrungen, doch lernen sie durch den nachgelagerten, gemeinsamen Diskursraum gegenseitig von der Unterschiedlichkeit ihrer jeweiligen Existenzbedingungen. Das Andere der Kunst wird weitgehend äquivalent zur Idee des „Anderen" innerhalb der Gesellschaft und das kunstkritische Urteil zu einer demokratischen Vermittlungsinstanz zwischen entsprechenden Identitätsclustern. Das von Spivak aufgerufene Problem, dass das Subalterne – oder im vorliegenden Fall die Unterschicht – selbst nicht sprechen kann, wäre dahingehend relativiert, dass Repräsentation ohnehin nur durch Vertreter der eigenen sozialen Formation gelingen würde. Foucault und Deleuze könnten – vereinfacht gesagt – allenfalls noch über die Wirklichkeit von gut bezahlten, hellhäutigen, französischsprachigen Philosophen verallgemeinerbare Aussagen treffen. Allerdings ändert auch dieser Ansatz nichts an dem Umstand, dass es einer Unterschicht im hier verstandenen Sinne grundsätzlich nicht möglich ist, innerhalb der Kunst eigenständig in Erscheinung zu treten, weil kein Künstler oder Rezipient sie adäquat repräsentieren kann.

Kunstwissenschaftlerin Angelika Bartl problematisiert in einer Studie zur dokumentarischen Medienkunst eine grundlegende Ambivalenz im „Dreiecksverhältnis" zwischen Künstlern, Rezipienten und in der Kunst repräsentierten „Anderen", die bei ihr aber nicht allein die Unterschicht, sondern sämtliche soziale Formationen betreffen, die unter Künstlern und Rezipienten nicht ausreichend vertreten oder anerkannt sind.[167] Diese „Anderen", sprachlos im Sinne von Spivak, werden insbesondere in dokumentarischer Kunst der Gefahr ausgesetzt, dass ihre sozial abgewertete Situation vermeintlich objektiviert und dadurch abermals festgeschrieben wird – während die Kunst den unsichtbaren Bauchredner mimt. Mit Bezug auf Rancière spricht Bartl jedoch auch von einem Potenzial, das jenen Momenten innewohnt, in denen der Subjektstatus der „Anderen" durch die Repräsentation grundlegend verfehlt werde: „Gerade weil die Repräsentierten im prekären Status als *Anteillose* in der Kunst wahrgenommen werden, haben sie Anteil am umstrittenen Diskursraum der Kunst."[168] Auch sie setzt vor allem bei der Rezeptionspraxis an, um dieses Potenzial freizulegen. Ähnlich wie Rebentisch empfiehlt sie dafür ein Zusammenführen heterogener Perspektiven, folgt in ihrer Konzeption von Öffentlichkeit jedoch eher der Hegemonietheorie, konkret dem antagonistischen Modell „radikaler Demokratie“ von Ernesto Laclau und Chantal Mouffe. „Politische Rezeption“, schreibt sie, „kann aus dieser Perspektive nicht mehr bedeuten, auf pastorale Weise eine scheinbar objektive *Otherness* festzustellen, sondern sich in Relation zu den repräsentierten ‚Anderen‘ der eigenen Verantwortung bei der Herstellung von Differenz und politischer Gemeinschaft zu stellen.“[169]

Strategischer Universalismus

Gegenüber denen von Bartl und Rebentisch unterscheidet sich mein Ansatz in zwei wesentlichen Punkten. Zum einen halte ich es für wenig ratsam, das Prinzip der angenommenen Gleichheit im Universalismus mit Verweis auf seine Verfehlung als „pastorale“ Anmaßung oder müde „Selbstverständlichkeitsfloskel“ fallen zu lassen. Und das nicht, weil es – siehe oben – nicht tatsächlich Anmaßung wäre oder es die von Floskeln überspielte Aushöhlung emanzipatorischer Prinzipien gar nicht gäbe. Das sie ersetzende Insistieren auf Differenz, also das, was Spivak „strategischen Essentialismus“ nennt, bleibt ohne diesen universalistischen Horizont jedoch dazu verdammt, sich immerfort in neuen Kategorisierungen zu verfangen und deren Verfestigung mindestens in Kauf zu nehmen.[170] Selbst wenn man versuchte – und so verstehe ich die vorgeschlagene Zusammenführung „heterogener Perspektiven“ – den Unzulänglichkeiten der Repräsentation durch ausgleichende Parität beizukommen, wie differenziert deren Kategorien auch sein mögen, bliebe darin eine gegenaufklärerische Identifizierung von Denken und Sein angelegt, also die nämlich die fatale altbekannte Hybris, der Wirklichkeit tatsächlich mit Begriffen und Kategorien Herr zu werden. Freilich *ist* man aber weder „Mann“ noch „Frau“, weder „schwarz“ noch „weiß“, „grün“ oder „blau“, ja nicht einmal ein „Mensch“. Allenfalls stellen Begriffe und Kategorien mehr oder weniger brauchbare Hilfsmittel dar, die gleichwohl die Wirklichkeit in all ihren Möglichkeiten zwangsläufig verfehlen. Weil auch sie demnach selbst nichts anderes sind als bloße Anmaßung, bleibt nurmehr die Frage, in welcher Weise wir uns mit ihnen überfordern.

Die Vorstellung einer autonomen Kunst würde ich in diesem Sinn als eine emanzipatorische Selbstüberforderung verstehen, ebenso die Vorstellung von prinzipiell gleichgestellten, autonomen Individuen, die über ihr Leben, über ihre Begriffe und Kategorien frei verfügen. Sie laufen kaum weniger Gefahr, die eigenen Prämissen und Kategorien mit der Wirklichkeit zu identifizieren. Gegenüber einem solchen, im bürgerlichen Repräsentationsprinzip angelegten „strategischen Universalismus“ hat der Ansatz des „strategischen Essentialismus“ aber einen entscheidenden Programmfehler.[171] Zwar ist auch dieser eine bloße Als-ob-Konstruktion, fordert er doch zu handeln, *als ob* die Menschen essentiell verschieden wären. Weil seine vorgelagerte Antizipation von Ungleichheit aber die Gleichheit als utopischer Horizont annulliert, fehlt ihm gleichsam ein Wohin, auf das sich ein offener Gemeinsinn, über die Parität zwischen fest definierten Identitäten und sozialen Formationen hinaus, noch ausrichten könnte. Als immer schon vorausgesetzt erscheint Ungleichheit essentiell – Gleichheit zu formulieren, zu denken oder zu fühlen demgegenüber suspekt. Umgekehrt entspringt die inhärente Aufforderung zur Selbstkritik im Universalismus gerade aus seiner utopischen Provokation: Er beansprucht Freiheit für alle und entfacht genau dadurch Protest gegen das Ungenügen der Wirklichkeit.

Man braucht die beiden Ansätze auch gar nicht gegeneinander ausspielen, ließe sich doch durchaus pragmatisch begründen, warum jeweils an der einen Stelle das strategische Insistieren auf Differenz und an anderer strategisch ins Feld geführte universale Prinzipien der Gleichheit näherbringen. Für die Unabhängigkeit der Kunst ist das universalistisch vorangestellte Als-ob allerdings ein irreduzibler Faktor. Wird ihr nämlich das Vorrecht weitgehender Autonomie eingeräumt, wäre dies nur dann emanzipatorisch zu verstehen, wenn die Subjektivität der mit ihr verbundenen Erfahrung sich dem Rezipienten derart offenbart, als würde sie alle *gleichermaßen* angehen. Nur so wird noch das scheinbar unbedeutendste ästhetische Detail mit Bedeutung aufgeladen und zwar dezidiert als Behauptung, als Möglichkeit eines Gemeinsamen – allen bereits angesprochenen Widrigkeiten zum Trotz, die mit dieser überfordernden Vorstellung einhergehen. Zwar beharrt auch Rebentisch grundsätzlich auf diesem emanzipatorischen Potenzial, aber sie bestreitet, durchaus exemplarisch für eine verbreitete Haltung im künstlerischen Feld seit den 1990er-Jahren, dass ein Gemeinsinn in der Gegenwartskunst noch ästhetisch zu erfahren sei, vielmehr müsse er im Anschluss an die ästhetische Erfahrung diskursiv vermittelt und hergestellt werden.[172] Wäre dem tatsächlich so, könnte sich der Rezipient durch die Kunst hindurch gar nicht selbst fremd werden, in ihrem Licht selbst „anders" erscheinen, sondern nurmehr die eigene, fest umrandete Identität zu einem ästhetisch aufgerufenen sozialen „Anderen" ins Verhältnis setzen. Seine eigene Fantasie und ästhetische Einfühlung wird degradiert zu einer naiven und im Zweifel übergriffigen Praxis, der sich allenfalls in der anschließenden diskursiven und erzieherischen Aufarbeitung ein emanzipatorischer Sinn entlocken lässt. So verbreitet dieses Verständnis heute ist, mit einem auf Freiheit zielenden Kunstverständnis lässt es sich nicht in Einklang bringen.

Der zweite wichtige Unterschied zu den Überlegungen von Bartl und Rebentisch besteht im Status der „Anderen", auf die die Gegenwartskunst jeweils Bezug nimmt. Die Unterschicht, verstanden als der oben erwähnte Gegenbegriff zum Bürgertum, zeichnet sich unter anderem dadurch aus, dass die ihr Zugerechneten nicht nur keinen Zugang zu Kunsterfahrungen haben, sondern ebenso wenig zu jener spezifischen Bildung, die diese Erfahrungen ermöglicht. Die daraus folgende Konstellation eines „Gesprächs über Dritte" untergräbt den von Rebentisch anvisierten Bezug auf einen öffentlichen Diskurs, sofern die Unterschicht an diesem nicht beteiligt ist, und als solche auch nicht beteiligt sein kann. Denn ausgeschlossen ist sie im kategorischen Unterschied zu anderen marginalisierten oder diskriminierten Bevölkerungsgruppen nicht im Sinne einer unverhältnismäßigen Repräsentation unter den Akteuren im Feld oder im Sinne einer mangelnden Integration als eigenständige kulturelle Stimme. In ihrer zweifachen Bedeutung als unfreiwillige, je konkrete soziale Formation und als Manifestation einer fundamentalen Unmöglichkeit von Selbstbestimmung, ist die Unterschicht grundsätzlich nicht mit einer emanzipatorischen Gesellschaft in Einklang zu bringen. Kurz gesagt: Politische Emanzipation, die nicht auf ihre Auflösung drängt, ist keine. Gemeint ist die

Auflösung jener asozialen Verhältnisse, die ihre je konkrete Soziallage konstituieren, sowie die Umgestaltung ihr vorbehaltener Privilegien zu wirklichem, nicht nur angenommenem Allgemeingut.

Weil die Unterschicht in diesem Rahmen relativ zu emanzipatorischen Möglichkeiten, eben nicht identitär und erst recht nicht essentialistisch verstanden wird, müssen Betroffene sich ihr nicht zwingend zugehörig fühlen oder dauerhaft aufeinander bezogen sein. Jean-Paul Sartre hat einmal zwischen einer „sozialen Serie" und einer „fusionierenden Gruppe" unterschieden, deren Mitglieder sich bewusst als Einheit zusammenfinden.[173] Die serielle Ansammlung, das serielle Sein wäre hingegen das in einem mehr oder minder zufälligen Kollektiv, das sich ohne Zutun aus den Parametern einer Gesellschaft ergibt. Eines der Beispiele von Sartre betrifft Menschen, die an einer Haltestelle auf einen Bus warten. Ihre jeweilige Geschichte oder Identität mag völlig unterschiedlich sein – innerhalb der seriellen Situation aber sind sie im Warten aufeinander bezogen und von außen als Einheit identifizierbar. Ähnlich verstehe ich hier den Status der Unterschicht als eine konkrete soziale Formation. Deshalb geht es mir auch weniger um das Potenzial eines ungeborgenen kulturellen Wissens, wie es Spivak für die von ihr in Augenschein genommenen Subalternen reklamiert.[174] Es kann auch weniger die Frage sein, in welcher Form der Unterschicht künstlerisch „angemessen" zu begegnen wäre, denn unangemessen ist sowohl die Existenz der Unterschicht wie das demgegenüber eingeräumte Privileg der künstlerischen Freiheit. Welchen Umgang einzelne Beiträge der Gegenwartskunst mit einem derart vertieften Abgrund wählen, ist gerade keine Frage von Angemessenheit, sondern von mehr oder weniger eindrücklich ins Spiel gebrachter Ambivalenz. Darin unterscheidet sie sich zu den von Bartl, Rebentisch und auch Spivak adressierten Diskursen und emanzipatorischen Kämpfen um kulturelle Anerkennung und eine paritätisch angemessene Repräsentation marginalisierter Identitäten und Lebensweisen.

Aber natürlich habe auch ich zu berücksichtigen, dass Formen von sozialem Ausschluss, von Ungleichheit und Diskriminierung weder in konkreten Situationen und den in ihnen zum Ausdruck kommenden Verhältnissen, noch in den jeweiligen sozialen Gehalten und künstlerischen Bezugnahmen isoliert auftreten. Dass man also jene Phänomene, die ich hier mit Begriffen wie „asozial" oder „Unterschicht" zusammenfasse, in Reinform antrifft, ist genauso unwahrscheinlich, wie eine Rezeptionssituation, die vollständig den oben beschriebenen bürgerlichen Konstitutionen unterliegt. Stattdessen überlagern sich durchgehend Effekte unterschiedlicher sozialer Strukturen und kultureller Einflusssphären. Der interdisziplinäre Ansatz der Intersektionalität versucht vor diesem Hintergrund die unterschiedlichen Ausprägungen sozialer Ungleichheit in ihren Überlagerungen und Wechselwirkungen zu analysieren und dafür zwischen verschiedenen „Ebenen" und „Kategorien" zu unterscheiden. Ebenen können demnach strukturell sein (zum Beispiel im Fall von Gesetzen, Institutionen usw.), symbolisch (Diskurse, Ideologien etc.) oder über die Normativität bestimmter Verhaltensweisen unmittelbar im Bereich der Subjekte wirksam werden. Kategorien benennen demgegenüber die Narrative, entlang derer Menschen und Gruppen abgewertet, ausgegrenzt oder andersherum ideologisch überhöht werden.[175] Neben Narrativen mit Bezug auf Geschlecht oder Ethnie gibt es in der Theorie der Intersektionalität auch solche, die auf Klassen abzielen. Zweifellos geistern die zur Unterschicht unter wandelnden Vorzeichen und Begrifflichkeiten durch die politischen und kulturellen Diskurse der letzten Jahrhunderte; ich werde im dritten Exkurs näher darauf eingehen. Für meine Überlegungen wäre es jedoch zu kurz gegriffen, die Unterschicht als bloßes Narrativ zu begreifen, um die damit einhergehenden Stigmatisierungen und Diskriminierungserfahrungen zu dekonstruieren, wie es etwa das mit der Intersektionalität assoziierte Begriffskonzept des „Klassismus" impliziert.[176] Nicht weniger einseitig wäre es, die Unterschicht lediglich unter dem Aspekt ökonomischer Teilhabe zu betrachten, wie es in marxistisch geprägten Klassendiskursen häufig der Fall ist. Für den Sozialphilosophen Axel Honneth überlagern sich Prozesse sozialer Anerkennung stets mit denen ökonomischer Teilhabe: „[O]hne die Rückbindung an generalisierte Normen, an etablierte Handlungsgewohnheiten und an soziale Netzwerke wäre es gar nicht möglich, das Maß an Kooperationen, Sicherheit und Innovationen zu gewährleisten, das für eine effektive Allokation von ökonomischen Mitteln notwendig ist."[177] Generalisierte Normen bilden also die Voraussetzung für die kapitalistische Ordnung der Gegenwart, im Hinblick auf die gegenseitige Anerkennung aber auch die für den bürgerlichen Gleichheitsgrundsatz. Dieser besagt, dass alle Gesellschaftsmitglieder „in gleichem Maße in das Netzwerk von Anerkennungsbeziehungen einbezogen werden [sollen], durch das die Gesellschaft im ganzen sozial integriert wird."[178] Er ist seither Ausgangspunkt jeder Auflehnung gegen Ungleichheit im Rahmen bürgerlicher Selbstkritik.

Nun macht es beim kritischen Insistieren auf Gleichheit, Emanzipation und Anerkennung einen gravierenden Unterschied, ob es um die soziale Integration einer Gruppe als Gruppe geht, bzw. um die kulturelle oder rechtliche Anerkennung diese Gruppe auszeichnender Eigenschaften, man denke an die Emanzipation der Homosexuellen in zurückliegenden Jahrzehnten. Oder ob es, wie im Fall der Unterschicht, um die Beseitigung genau derjenigen Eigenschaften geht, die diese Gruppe erst zu einer solchen formieren. Der Begriff der Unterschicht wurde von mir so gefasst, dass die Konstellation eines „Gesprächs über Dritte" für die Gegenwartskunst unhintergehbar ist, weil eine Gesprächsbeteiligung durch entsprechend ermächtigte Akteure und ihre damit verbundene Ausstattung, etwa mit kulturellem Kapital, gleichbedeutend wäre mit ihrem Herausfallen aus dem Kreis der Bezeichneten. Ein anerkannter Künstler, der sich auf seine Herkunft aus der Unterschicht beriefe, wäre entsprechend seiner Ausstattung mit kulturellem und symbolischem Kapital sowie dem damit einhergehenden sozialen Status, den spezifischen Bedingungen der Unterschicht bereits entkommen. Das würde ihn lange nicht zum Gleichen unter Gleichen machen, aber bereits von jenem dichten Komplex konstitutiver Ausschlüsse unterscheiden, den ich für die Unterschicht reklamiere.

Es ist seine exponierte Fähigkeit zur symbolischen Inklusion, die das Feld der Kunst heute zum präferierten Ort weitreichender Kulturkämpfe macht.[179] Einem populären Verständnis zufolge ist es geradezu die politische Aufgabe der Gegenwartskunst, immer weitere Gesellschaftskreise und ästhetische Praktiken kulturell zu integrieren.[180] Reduziert auf Symbolpolitik wären Museen und Ausstellungshäuser nurmehr Handelsplätze kultureller Wertanlagen, in der Großanleger mal auf traditionelle Werte setzen und mal in Start-ups mit neuen oder disruptiven Konzepten investieren. Bestimmte Wertanlagen verlören, während andere Diskurse und Praktiken bei entsprechender

Aufwertung und Anerkennung kulturelle Rendite versprächen. Das geht an den Gegebenheiten der Kunstwelt nicht völlig vorbei. Boris Groys sieht in der vermeintlich neutralen und unspezifischen Organisation von Museen den Hauptgrund ihrer diesbezüglichen Sonderstellung. Ihre wachsende „Produktion des Anderen und Alternativen macht diese Institutionen [...] zunehmend neutraler und mächtiger."[181] In ihnen spiegelt sich also in gewisser Weise das beständige Aufbrechen, Neujustieren oder Erweitern einer sozialen – das heißt hier bürgerlichen – „Anerkennungsordnung" (Honneth) und eben darum auch die Dimension versteckter Klassenkämpfe.[182] Nun würde das dargelegte Verständnis der Unterschicht aber jeden Versuch ihrer symbolischen Inklusion ad absurdum führen. Sie eignet sich nicht dazu, sie im Rahmen künstlerischer Symbolpolitik zu integrieren. Selbstverständlich ist es unabdingbar und ohnehin Motivation der allermeisten Kunst mit entsprechenden Bezugnahmen, die Existenz von Armut, kulturellem Ausschluss, Bildungsferne und sozialer Prekarität, die die Randlage der Unterschicht als solche auszeichnet, „anzuerkennen". Sie jedoch in einem Sinne anzuerkennen, der sie als selbstbestimmte Lebenspraktik ausweist, wäre ein zynisches Missverständnis der Integrationskraft symbolischer Repräsentation – und Hohn gegenüber jenen von Bartl und Rebentisch adressierten emanzipatorischen Kämpfen, die tatsächlich auf die notwendige Erweiterung und Diversifizierung der sozialen Anerkennungsordnung drängen.

Dass die Unterscheidung, was konkret Ausdruck selbstbestimmter Identität und was Folge gewaltförmiger Fremdbestimmung ist, Mutmaßungen einschließt, kompliziert die Sache. Ziel meiner Überlegungen zu entsprechenden künstlerischen Verweisen kann es sicher nicht sein, die Zugehörigkeit bestimmter Lebensweisen oder einzelner dargestellter Akteure zur Unterschicht zu klären. Und nochmal: Sie sollte keinesfalls als eine Art kultureller Identität missverstanden werden, wiewohl es spezifische Subjektivierungsformen gibt, die sich in asozialen Verhältnissen etablieren. Ich aber möchte wissen, wie die Beiträge der Kunst jeweils mit der Unausweichlichkeit des vertieften Abgrunds umgehen, mit der sie die Wirklichkeit der Unterschicht konfrontiert. Ihre ethische Einordnung steht dabei zugunsten ihrer offenen Analyse und essayistischen Ausdeutung zurück, nämlich derart, wie es die Künstlerin Andrea Fraser empfiehlt: Wie ein geduldiger Psychoanalytiker solle man über Kunst sinnieren, die mit gesellschaftlichen Gehalten aufwartet – ohne vorschnelle moralische Verurteilungen. Ein Analytiker sei bekanntlich „weit davon entfernt, die Verneinung und die aus ihr möglicherweise entspringenden Widersprüche als Heuchelei, Schwindel oder Böswilligkeit zu interpretieren."[183] Eine ästhetische Negation derjenigen sozialen Gehalte, welche sich die Kunst zum Gegenstand macht, könne schließlich beides sein: eine distanzierende Selbsttäuschung, in der sich die Kunstwelt damit entlastet, den thematisierten Widerspruch moralisch von sich zu weisen, aber eben auch eine Form der Auseinandersetzung, die es über die von Bourdieu sogenannten „entrealisierenden Realitätseffekte" gestattet, sogar die eigene Verstrickung in den Widerspruch in produktiven Abstand zu sich zu bringen. Im Akt des Aufdeckens zugleich Anderes zu verdecken ermögliche es, so Fraser weiter, das Wiedererkennen des „verdrängten Vertrauten" anzunehmen und Strukturen zu erkennen, die uns selbst beträfen[184] – uns als Teil einer bürgerlichen Gleichheitserzählung, würde ich ergänzen. „Deshalb bewirken die kunstvoll, selbstbewusst und theoretisch gerahmten Ausarbeitungen, Objektivierungen und Aufführungen nicht etwa, wie es viele Traditionen künstlerischer Kritik sehen wollten, einen Verfremdungs- und Distanzierungseffekt, sondern stellen gerade soviel Abstand, soviel Nicht-Ich, soviel Sinn für Handlungsfähigkeit her, dass die Beschämung, derart bloßgestellt zu werden hinzunehmen ist, dass die Verlustangst und der Verlustschmerz samt dem Trauma der Hilflosigkeit und Unterwerfung zu ertragen sind, und dass wir dazu fähig werden, unsere unmittelbaren, intimen und materiellen Investitionen wiederzuerkennen und wiedereinzugliedern, die wir leisten und die uns dazu bringen, Strukturen und Beziehungen zu reproduzieren, von denen wir zur selben Zeit behaupten, wir seien gegen sie."[185] Anders gesagt: Kunst ermöglicht seinen Rezipienten immer neue Wege einer teilweisen Annäherung durch teilweise Distanzierung.

Der autonome Status der Kunst gründet auf ihrer Entgegensetzung zum Sozialen, die sie selbst unterschiedlich akzentuieren, kontrastieren oder verdichten kann. Weil ich für die Kunst ein negativ-dialektisches Verständnis reklamiere, habe ich zunächst keine Veranlassung, ihre Widersprüche aufzulösen oder die Universalität ihrer „entrealisierenden Realitätseffekte" unter Verdacht zu stellen, in denen sich doch ihr eigentliches Potenzial entfaltet. Das spezifische Befremden, den das Asoziale in der Gegenwartskunst hervorruft, ist aber nicht allein Folge einer ästhetischen Entgegensetzung zum Sozialen. Der abgrundtiefe Widerspruch zum Gleichheitsgrundsatz, den die Unterschicht verkörpert, sabotiert in gewisser Weise selbst die negative Dialektik künstlerischer Autonomie – weil dieser auf Versöhnung drängt. Auf *diese* Versöhnung muss allerdings insistiert werden, bleibt sie doch Horizont jedes emanzipatorischen Gesellschaftsentwurfs. Die reale Trennung des Asozialen entfremdet uns von uns selbst als Subjekte einer vermeintlich freien Zivilisation. Die Unterschicht ist hierbei gerade kein „Anderes", das einem entfremdeten Bürgertum Zugang zu einer wahrhaftigeren Wirklichkeit verspricht, so wie es das von Spivak beschriebene Gespräch zwischen Deleuze und Foucault nahelegen könnte. Von der privilegierten Warte der Kunst aus wäre sie als „Anderes" auch gar nicht zu greifen, sondern allenfalls Anzeige der eigenen Fremdheit.

In ihrer Reflexion über das Fremde greift Julia Kristeva auf Kants Entwurf einer Weltgemeinschaft zurück. Seinem fantastischen Grundriss eines rechtsstaatlich vereinten Völkerbundes liege „die weltbürgerliche Konzeption einer Menschheit zugrunde, die in ihrer vollen Verwirklichung keinen Fremden kennt, aber das Recht auf Verschiedenartigkeit respektiert."[186] Die Versöhnung in Verschiedenartigkeit bildet den notwendigen emanzipatorischen Kern der Universalität. Die Unterschicht ist kein anzuerkennendes „Anderes" im kulturellen Sinn, aber eines, das hier und heute die Möglichkeit in Frage stellt, das „richtige", bürgerliche Leben zu leben. In ihrem Zusammenhang wird die Kunst zu einem beunruhigenden Vexierbild zwischen Emanzipation und Exklusion. Die Fremden, weiß Kristeva, das sind wir selbst. Nicht weniger als das ist Kern jeder Kunsterfahrung, die es verdient als solche bezeichnet zu werden. Gleichwohl durchbricht die Unterschicht als sozialer Tatbestand eine hartnäckige Verdrängungsleistung des Bürgertums, die ihr das Privileg dieser Erfahrung allzu leicht macht. Ja, auch ein strategischer Universalismus bleibt vorerst nichts als Anmaßung, denn eine Gesellschaft selbstbestimmter Bürger ohne den Preis von Gewalt und Ausbeutung hat noch gar nicht existiert.

Ein schwarzhaariger Mann umschlingt einen anderen mit Halbglatze. Er hält ihn oder reißt ihn zu Boden, vielleicht fallen sie auch beide. Die Gesichter der beiden erscheinen, jedes für sich, entrückt. Blutrot schimmert die Netzhaut des Schwarzhaarigen im Blitzlicht der Kamera. Man sieht ihm direkt in den aufgerissenen Mund, wo Zähne faulen, so sie nicht fehlen. Seine Mimik ist verzerrt, wirkt gequält. Schreit er? Weint er? Oder wirft er nur im Suff seinen Kumpanen nieder? Der klemmt in seinem Arm und starrt teilnahmslos nach oben – vielleicht ist er bewusstlos, vielleicht betrunken. Schon das Umschlagfoto beschönigt nichts von dem, was es ankündigt: Die ganze Tragödie, die fleischfarbene Realität, den Abgrund und wie all das im Buchinneren zusammenfindet.

Ein zweites Foto auf der Rückseite des Buchumschlags zeigt die rostigen Reste eines verfallenen Sowjetbetriebes und gibt einen ersten Hinweis auf Ort und Zeit dieser „Krankengeschichte" – *Case History* lautet denn auch der Titel des 1999 erschienen Künstlerbuchs. Die enthaltenen Fotografien nahm Boris Mikhailov in den zwei vorangegangenen Jahren im ostukrainischen Charkiw auf, unmittelbar nach dem Zusammenbruch der Sowjetunion und der Ausrufung einer unabhängigen, demokratisch-kapitalistisch organisierten Ukraine. Das Buch umfasst insgesamt 413 Bilder. In Ausstellungen Mikhailovs werden in der Regel nur Auszüge präsentiert und zuweilen findet man darin auch Fotografien, die im Buch gar nicht enthalten sind. *Case History* wird also immer wieder neu kombiniert und inszeniert. Meist sind es wenige großformatige Bilder, die in Gruppenausstellungen gerahmt oder ungerahmt gezeigt werden. Ich ging deshalb von einem Glücksfall aus, als 2019 das Fotohaus C/O Berlin den 80. Geburtstag des Künstlers zum Anlass für eine Retrospektive nahm und mit 250 Bildern der Serie in einem eigenen Raum aufwartete.[187] 243 davon (je 18 × 27 cm) bildeten drei große Blöcke aus je drei Reihen. Hinzu kamen sieben großformatige Fotografien (je 196 × 127 cm), von denen wiederum fünf, beinahe wie ein Altar in der Flucht des Ausstellungsraumes hingen, die anderen beiden an der gegenüberliegenden Wand.

Ich besitze ein Exemplar des Buches und kenne es mittlerweile recht gut. So gut zumindest, dass ich offenbar einen ganz bestimmten Rhythmus und eine bestimmte lineare Erzählform damit verbinde, die ich im Ausstellungsraum so nicht wiederfand. Man führt sich die spezielle Intimität eines Künstlerbuchs selten vor Augen, doch der Kontrast zur Ausstellung in Berlin hätte kaum größer sein können. In der hell und nüchtern ausgeleuchteten Inszenierung mit einer großformatigen, pathetischen Figurengruppe am Raumende geriet die stringente Narration der buchbasierten Krankengeschichte ins Flirren, weil mit jedem Einzelbild immer gleich vier oder fünf andere im Blickfeld erschienen. Es wirkte auf mich als würde die Geschichte von einem unkonzentrierten Erzähler vorgetragen, während ich den eindringlichen Vortrag meiner Buchlektüre erwartete. Der Erzähler der Ausstellung aber wählte andere Akzente, er war lauter und gleichzeitig leiser, er setzte immer wieder neu an und ließ sich von anderen Besuchern unterbrechen.

Susan Sontag hat völlig Recht, wenn sie schreibt, dass Fotografien an den Wänden öffentlicher Kunstinstitutionen zu bloßen Stationen eines Spaziergangs werden. „Ein Museums- oder Galeriebesuch ist eine von vielfältigen Zerstreuungen durchsetzte soziale Veranstaltung, bei der Kunst betrachtet und über Kunst gesprochen wird. In mancher Hinsicht sind Bedeutung und Ernst solcher Fotos in einem Buch, das man, über den Bildern innehaltend, allein und ohne zu reden betrachtet, besser aufgehoben."[188] *Case History* gibt ein gutes Beispiel ihrer These. Ein paar Monate später jedenfalls erscheint mir die Serie wieder ganz bei sich zu sein – oder ich bei mir. Denn wo eine Ausstellung sich „erstreckt und verstreut", ja meist sogar „intensiver im Echo [existiert], das es hervorruft, als in der Präsenz",[189] fühle ich mich vom komfortablen Tischplatz eines Großraumabteils zu einem längeren Zwiegespräch eingeladen, während zu meiner Rechten eine karge Winterlandschaft vorbeizieht. Ich bin unterwegs nach Baden-Baden, wo Mikhailov in der Kunsthalle eine weitere Retrospektive gewidmet ist.[190] Der Zug fährt direkt von Hamburg, es sind also gut sechs Stunden Fahrt. Die Plätze bleiben größtenteils unbesetzt, weil sich die meisten so kurz nach Weihnachten zu Hause verkrochen haben. Ich greife dennoch zu einem Paar Ohrenstöpseln, um mich noch ein bisschen mehr zu isolieren.

Die ersten 21 Fotografien im Buch bilden einen in sich geschlossenen Auftakt. Sie sind allesamt hochformatig und lassen etwas mehr Weißraum zum Blattrand, als die in den nachfolgenden Kapiteln. Ein Einzelbild auf der rechten Seite macht den Anfang: Vor hochgewachsenen und teilweise verdorrten Nutzpflanzen steht ein schlanker, nackter Mann im seitlichen Profil. Sein Alter ist schwer zu schätzen, um die 40 vielleicht. Er sieht ziemlich verbraucht aus, wie die meisten Menschen dieser Geschichte. Der untere Anschnitt des Bildes liegt knapp über seinen Knien, sein Gesicht ist der Kamera zugewendet. Er trägt einen Vollbart und kurze, schwarze Haare. Die platte, leicht zur Seite gebogene Nase lässt einen unbehandelten Bruch erahnen und auch die Augen scheinen lädiert zu sein. Er trägt nichts außer einer dünnen Kette mit einem Kreuz und hält sich eine Jacke vor den Schritt. Nächste Seite: Derselbe Mann, nun ohne Anschnitt. Seine heruntergelassene Hose hängt gestaucht über den Füßen. Die ins Feld geworfene Jacke liegt links neben ihm. Sein braun gebrannter Unterarm verrät das Leben unter freiem Himmel – in der Ukraine ist Sommer.

Auf dem gegenüberliegenden Foto hockt eine Frau, womöglich im gleichen, halb niedergetrampelten Feld (Abb. 7). Sie trägt Strumpfhose und Büstenhalter, hält eine Zigarette und schaut nachdenklich nach rechts, als würde sie zu dem Mann hinüberschauen. An ihrem Oberschenkel lehnt der Kopf einer weiteren Frau, die am Boden liegt. Auf ihrer Schulter ruht die Hand der anderen, wie zum Trost, Halt versprechend. Doch die Geste wirkt verzagt, die Finger sind leicht gekrümmt und ohne Spannung. Obwohl sie in der prallen Sonne liegt, trägt die vordere Frau ihre volle Montur. Es hat den Anschein als wäre sie zu dick angezogen, während die hintere vielleicht schon wieder friert. Beide tragen Kopftücher. Auf der nächsten Seite stehen sie nebeneinander und schauen ins Weite, im Bild rechts daneben als Halbfiguren direkt in die Kamera. Es folgen noch sechs Bilder, in denen die beiden Frauen unterschiedliche Posen einnehmen. Schon auf den ersten Seiten wird deutlich wie Mikhailov ganz

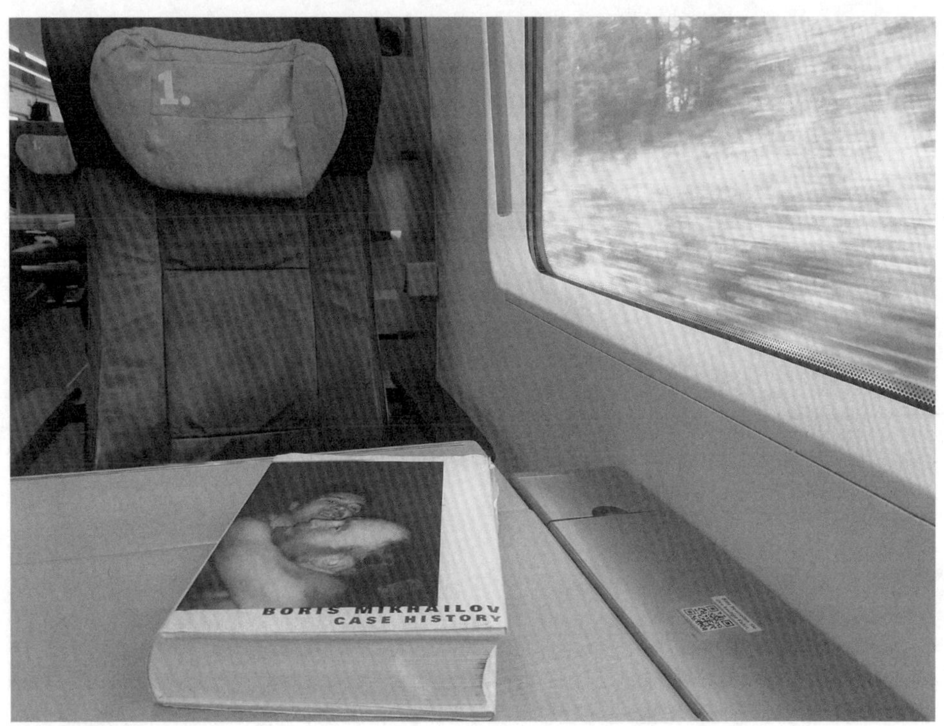

Schweres Handgepäck: *Case History* von Boris Mikhailov

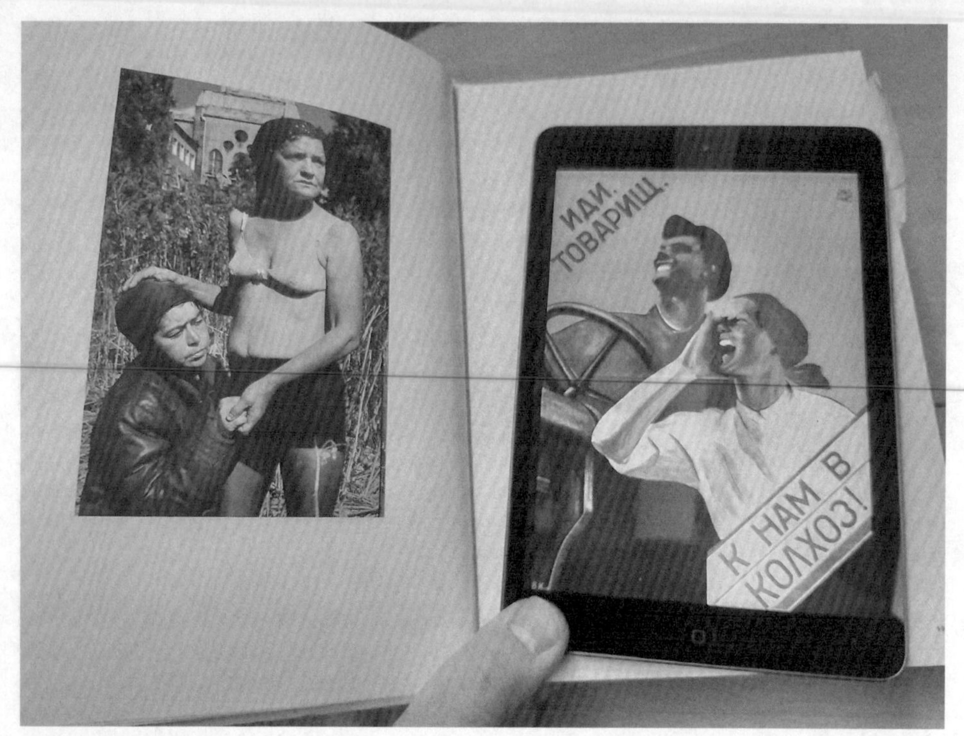

Gefallene Helden: Motiv aus *Case History* neben Plakat von Vera Korableva

bestimmte Konstellationen durchprobiert und dabei unterschiedliche Referenzen aufruft. Wenn die winterlich bekleidete Frau vor jener mit Büstenhalter kniet und diese wiederum wie zum Segen ihre Hand auf deren Kopf legt, erinnert das an christliche Madonnendarstellungen. An anderer Stelle, wo ihre Blicke in die Ferne gehen und geschwisterliche Gesten Solidarität bekunden, scheint die Haltung dem Sozialistischen Realismus der Sowjetzeit entlehnt. Die Agrarlandschaft im Hintergrund und die traditionelle Kopfbedeckung unterstützen diesen Eindruck. Nur ist das Feld eben verdorrt, die Körper schlaff, die Blicke leer und ohne jedes Zukunftsversprechen. Es sind Kontrapunkte zu Darstellungen der „Neuen Menschen" des kommunistischen Experiments, die hier aufgeführt werden. Die Helden von Mikhailov sind gefallene.

Im Rahmen dieser Sowjetreferenzen gelten Kopftücher weniger als Symbole weiblicher Häuslichkeit, wie man vermuten könnte. In der Sowjetunion der 1930er-Jahre, auf dessen Propagandaplakate die Posen anspielen, wurde die Bäuerin als gleichberechtigte Arbeiterin der neuen Kollektivbetriebe vorgestellt. Sie tauchte auf den meisten Postern zu landwirtschaftlichen Themen auf und nahm nicht selten eine zentrale Stellung ein (Abb. 8).[191] Das Internet spielt mir eine kleine Auswahl aufs Tablet. Die Kolhoznitsa, also die Bäuerin einer Kolchose, wirkt aufgeklärt, sie liest Bücher und widersteht demonstrativ den reaktionären Einflüssen von Kirche und Großbauern. Oft hat sie kurze Haare, steuert Traktoren und trägt ihr Kopftuch, wie auf den Fotografien Mikhailovs, im Stil von Arbeiterinnen, nämlich am Hinterkopf zusammengebunden. Nur selten zeigen diese Plakate Frauen mit Kindern. Auch ihre kräftige Physiognomie stellt sie mehr als Arbeiterinnen und weniger als Mütter vor.[192] Mit dem starken Arbeitsethos, dem Bildungsideal, mit Gemeinsinn und Selbstständigkeit wurden hier im Grunde auch bürgerliche Werte propagiert, jedoch mit den identitätspolitischen Insignien des damaligen Proletariats, zu denen eben auch das Kopftuch gehörte.

Auch Avantgardisten wie Kasimir Malewitsch, der in seinem Spätwerk wieder mit Figürlichkeit experimentierte und seine suprematistische Programmatik auf die Farbgestaltung und Ornamentik verlagerte, nahmen solche Insignien auf. Ich finde eine Aufnahme seiner *Arbeiterin* (1933) in hoher Auflösung (Abb. 10). Auch sie trägt das typische Kopftuch, hier in unvermischtem Blau zur rot leuchtenden Weste. Die auffällige, etwas gestelzt erscheinende Gestik ihrer linken Hand verweist auf religiös-überhöhte und repräsentative Darstellungen der Renaissance, ruft das bekannte Selbstporträt von Albrecht Dürer in Erinnerung (*Selbstbildnis im Pelzrock*, 1500).[193] Ihre rechte Hand scheint aktiv zu argumentieren, steht demgegenüber für Handlungsfähigkeit, Gestaltungslust und utopischen Aufbruch. Dazu passt, dass Malewitsch zur selben Zeit auch Uniformen für Arbeiterinnen gestaltete, sich und seine Kunst also durchaus in den Dienst der kommunistischen Umgestaltung stellte.[194]

Was die beiden bäuerlichen Frauen in Mikhailovs „Krankengeschichte" kleidet, besteht allenfalls aus Resten. Man erkennt das billige Material an vielen Stellen: die Schuhe haben Löcher und dort wo Knopf und Reißverschluss sein sollten, hält eine Schnur die Hose notdürftig zusammen. Das Defekte, Ungepflegte, Nichtgestaltete,

Notdürftige ist die Uniform dieser neuen Klasse. Die halbherzigen Gesten, die unmotiviert wirkende Nachstellung heroischer und solidarischer Posen, all das wirkt wie übriggeblieben, wie etwas, das Sinn verloren hat. Später im Buch tauchen an zwei Stellen tatsächlich sowjetische Uniformen auf, aber lediglich als clowneske Verweise auf das gescheiterte Gesellschaftsprojekt.

Ich blättere weiter im Buch. Es folgen Aufnahmen einer weiteren Frau, sie ist nackt (Abb. 9). Die Sonne blendet ihr gegerbtes Gesicht und verschattet dessen linke Hälfte. Ihr Körper ist auffallend deformiert: Offenbar durch ein inneres Geschwür ist die linke Seite ihres Bauches ausgebeult. Wie beim Mann auf den ersten Bildern sieht man sie zuerst von vorne im Anschnitt bis knapp unterhalb der Knie, dann im Bild daneben im Profil. Die Doppelseite kommt ohne symbolisch aufgeladene Posen aus, sie erinnert eher an nüchterne Mugshots, Fotografien von Tatverdächtigen, die erkennungsdienstlich erfasst werden. Sie lässt mich auch an jene fotografischen Vermessungen denken, mit denen pseudowissenschaftliche „Rassekundler" im faschistischen und präfaschistischen Deutschland eine vermeintliche Hierarchie der von ihnen definierten Bevölkerungsgruppen illustrierten. Zwei solcher „Machwerke" habe ich vor Jahren erworben, interessiert am Porträt im Allgemeinen und damit verbundenen identitätspolitischen Abgründen im Speziellen. Sie explizieren ein Schema, das Norbert Elias als charakteristisch für die Stigmatisierungen schwächerer Gruppen durch mächtigere beschrieben hat. Dabei orientiert sich das Selbstbild der mächtigen Gruppe stets an den Eigenschaften der Besten unter ihnen, an den Klügsten, Schönsten, Stärksten usw. Das Bild der schwächeren Gruppe wiederum wird an den defizitären Eigenschaften ihrer „schlechtesten" Gruppenmitglieder gemessen.[195] Was nun gut und was schlecht ist, steht natürlich dahin, aber im Fall der „Rassenkundler" bestand das propagierte Ideal der „nordischen Rasse" offensichtlich im aufrechten männlichen Adonis-Typus und seinem weiblichen Pendant mit feingliedrigen Gesichtszügen und athletischer Figur. Die von Mikhailov fotografierte Frau stellt das maximale Gegenteil eines makellosen Idealkörpers zu Schau. Ihrem gesenkten Blick nach scheint sie die Aufnahmen auch eher zu ertragen, statt sich aktiv zu präsentieren. Wenige Seiten danach sieht man ihren ganzen Körper, wieder mit heruntergelassener Hose. Es sind solche kleinen Sequenzen, in denen auch Aspekte der Bildwerdung und eine dahinterliegende Systematik offengelegt werden. Auf der nächsten Doppelseite sind zwei Männer mittleren Alters zu sehen. Nebeneinanderstehend halten sie ihre jeweilige Oberbekleidung in den Händen. Die beiden Oberkörper sind nackt – und nun ahnt man bereits, dass die Hosen heruntergezogen sind, auch wenn der Bildausschnitt sie noch im Verborgenen lässt. Die Mauer im Hintergrund und leichte Anschnitte des jeweils anderen am Bildrand lassen darauf schließen, dass der Fotograf für das nächste Einzelporträt nur einen Schritt zur Seite gehen musste. Mikhailov fordert bestimmte Posen, wiederholt Ausschnitte und Konstellationen. Der Aufnahmeprozess erfordert keinen großen inszenatorischen Aufwand, auch das wird gleich in den ersten Bildern miterzählt. Dann sieht man noch einmal die Frau mit dem Geschwür, wie sie sich am Rücken kratzt, der von Ekzemen übersät ist. Auf der nebenstehenden Fotografie reißt sie eine Pflanze aus dem Boden, wohl, um Platz zu schaffen für das Porträt wenige Seiten davor, auf dem sie vor einer unverputzten Mauer posiert. Mikhailov improvisiert offensichtlich bei der Herrichtung der Kulisse. Nach einer leeren Einzelseite erscheint rechts eine Aufnahme, in der man eine weitere Frau mittleren Alters auf einer Mauer im Freien sitzend betrachtet. Sie taucht später noch in Bildern auf, die darauf schließen lassen, dass es die Frau des Künstlers ist: Vita Mikhailov. Auf ihrem Schoß sitzt ein älterer Mann, wie sie nur im Unterhemd. Sein Körper sieht weniger verbraucht aus als die der anderen Modelle, keine Ekzeme, Abschürfungen oder Schwellungen. Und trotz der ungewöhnlichen Haltung wirkt Vitas entspannte Gestik ihm gegenüber – sie hat ihren Arm liebevoll um seinen Rücken gelegt – keineswegs verkrampft. Ist es ihr Vater? Vielleicht ein Freund?

„Requiem" steht auf der nächsten Seite über sechs kurzen Sätzen. Mit einer weiteren Ausnahme ist es der einzige Text, der die Bildfolgen unterbricht. Er schließt den Auftakt der ersten 21 Fotografien ab und weist ihn als Totengedenken aus: „Drei derjenigen, deren Fotos am Anfang dieses Buches stehen, starben innerhalb von zwei Monaten. Und als ich ihre Fotos aufnahm, hatte ich das Gefühl, dass es beinahe unmöglich war, ihnen allen zu helfen, dass es dazu verdammt war, so zu passieren… / *Das Requiem* ist die Form der Präsentation, in der es mir möglich ist, sie zu zeigen. / Oder war es ein Zeichen des Respekts gegenüber der Frau mit dem verletzten Auge, das mich vor Arglosigkeit schützte? / Oder ist es vielleicht ein Blick in das Gesicht jener Tragödie, die sich in verschiedenen Teilen der Welt und zu unterschiedlichen Zeiten ereignet? Der Ausdruck der Hoffnungslosigkeit jener, die zu fortwährender Irrfahrt gezwungen sind."[196] Mikhailov spricht hier als Autor in der Ich-Form und legt konkrete Überlegungen offen. Die Leser erhalten ein paar knappe Informationen zu den Personen, denen sie mit den Fotografien folgen. Zugleich interpretiert Mikhailov hier sein eigenes Tun – fragend, probierend, so als sollten die Betrachtenden in einen entsprechenden Modus eingestimmt werden. Wohl auch, um voreiligen Reaktionsmustern entgegenzuarbeiten, die Fotografien von Armut häufig mit sich bringen. Wenn der Künstler selbst als mitfühlender und zweifelnder Akteur erscheint, so könnte ein strategischer Gedanke hinter den eingestreuten Fragezeichen lauten, erscheinen auch dessen mitunter befremdliche ästhetische Operationen im Geist von Mitgefühl und Zweifel.

Nach diesem Einschub schlage ich zwei größere, hochformatige Bilder auf, die auf einer Doppelseite in der Mitte direkt aneinanderliegen, so dass ich sie im ersten Augenblick als einziges Bild lese. Links posiert ein etwa 13 Jahre alter Junge in Trainingsjacke und Jeanshose auf dem Ast eines umgestürzten Baumes mit Bierflasche und Zigarette im Mund. Der Bereich um ihn herum ist komplett von Brennnesseln und anderer Ruderalvegetation umwuchert. Gleiches im rechten Foto, auf dem ein weiterer blonder Junge im Wildwuchs steht und verschmitzt die Kamera fixiert. Er trägt ein zu großes Hemd und eine Trainingshose. Unscharf im Hintergrund erkennt man einen entblößten Hintern – mutmaßlich von einer Frau, die ihre Unterhose heruntergezogen hat. Nur ihre nackten Beine und ihr Po sind zu sehen, weil sie sich um die Ecke des Zugangs zu einem verfallenen Gebäude dreht. Auf den beiden Folgeseiten sind beide Jungen wieder zu sehen, als stünden sie einander zugewendet, nur in umgekehrter Anordnung. Wieder ist der Hintergrund dicht bewachsen. Der

Junge mit der Trainingsjacke steht lächelnd auf einem Haufen heller Backsteine und pinkelt ins Grün (Abb. 11). Auch die Haltung des blonden Jungen wirkt, als wolle er sich gerade die Trainingshose herunterziehen, um zu pinkeln.

Spätestens an dieser Stelle beginnen für mich erkennbare Analogien zu den Bildern eines anderen Fotografen, der zur gleichen Zeit in Berlin und London vergleichbare Posen einfing (Abb. 12). Als Wolfgang Tillmans damals für Modezeitschriften wie *I-D* die „hedonistische Geschwindigkeit und ambivalente Ambition“[197] der Rave- und Schwulenszene porträtierte, versammelte er ganz ähnliche Motive: entblößte Geschlechtsteile in der freien Natur, Urinieren an ungewöhnlichen Orten, ineinander verschlungene Körper, Motive von Rausch, Überschreitung und Entgrenzung. Sogar die Sportbekleidung in Form proletarisch anmutender Trainingshosen oder -jacken gehörte als modischer Bestandteil der damaligen Club-Szene in sein Repertoire. Ich suche im Internet nach Fotografien dieser Zeit.

Natürlich liegen die sozialen Vorzeichen von Tillmans Bildern völlig konträr zum ukrainischen Foto-Personal von Mikhailov – und werden auch völlig anders gelesen. Euphorisch schwärmt zum Beispiel ein Artikel aus dem *New Yorker* im Zusammenhang mit den nackten Menschen von einer „verschwitzten Offenheit und Aufrichtigkeit“.[198] Auch der Künstler selbst hebt in Interviews immer wieder den Optimismus hervor, den er mit seinen Fotografien aus dieser Dekade verbindet und berichtet von „einer Realität, in der Menschen glücklich zusammen Ecstasy nahmen oder im Park feierten, [Menschen,] die solidarisch waren, ernsthafte Individuen, die nackt in Bäumen saßen oder Schwänze lutschten in einer dunklen Ecke der Toilette […]“.[199] Ich erinnere mich vor allem an eine Fotografie von Tillmans, die zwei seiner Freunde zeigt: die Künstlerin Alexandra Bircken und den Modedesigner Lutz Hülle (Abb. 14). Tillmans inszenierte sie im Wald, entspannt und halbnackt im Baum hockend: *Lutz and Alex sitting in the trees* (1992). Mir war das Bild schon in den 1990er-Jahren begegnet als ich von Gegenwartskunst noch keinen Schimmer hatte. Vielleicht hatte ich es in einer Musikzeitschrift gesehen. Es prägte sich offenbar nicht nur mir ein und gilt heute als popkulturelle Ikone. Als „Adam und Eva der Ecstasy Generation“ werden die Bildprotagonisten in einem Artikel des *Guardian* bezeichnet.[200]

Auch für dieses Motiv findet sich ein Pendant in *Case History*, etwa in der Mitte des Buches. Ab Seite 187 fotografiert Mikhailov seine Begegnung mit zwei Personen in einem Park (Abb. 13). Sie sind vermutlich zwischen 45 und 55 Jahre alt, ein Mann und eine Frau. Das erste Bild der Sequenz zeigt die beiden noch bekleidet. Locker hat der Mann seinen Arm um die Schulter der Frau gelegt, seine Hand winkt, während beide in die Kamera schauen – man könnte noch denken, es sei der Schnappschuss eines verliebten Paares. Das nächste zeigt den Mann als Halbfigur im Profil, etwas ratlos geht sein Blick jetzt ins Leere. Verschwommen im Hintergrund sieht man die Frau, umhüllt von einem beigen Mantel und einem blauen Kopftuch. Auf dem Bild rechts daneben sind Oberkörper und Intimbereich bereits entblößt. Den Mantel trägt sie trotzdem, auch das Kopftuch, das sich beim näheren Hinsehen als Jacke entpuppt, die sie sich um den Kopf gewickelt hat. Sie steht frontal, schaut aber seitlich über den

Betrachter hinweg in die Ferne. Ihr Kopf wird von zwei Birkenstämmen gerahmt, was die heroische Anmutung verstärkt, die wie bei den beiden Frauen im Feld aufgerufen und zugleich verfehlt wird. Die rechte Hand der Frau hält einen Apfel und man ahnt, welches Motiv hier vorbereitet wird. Wie bei Tillmans ist die Nähe zu historischen Darstellungen der biblischen Adam-und-Eva-Erzählung intendiert. Von Albrecht Dürer bis zu Peter Paul Rubens – die Liste berühmter Interpreten ist lang. Und bei den meisten steht das nackte Paar ebenfalls vor einem Baum, nämlich dem der Erkenntnis von Gut und Böse, von dessen Früchten Eva am Ende kosten wird, dem göttlichen Verbot zum Trotz. Auf dem nächsten Bild steht die Frau unverändert zwischen den Baumstämmen, während sich nun der Mann neben ihr die Hose herunterzieht. Auch er behält dabei den Mantel an, nimmt nur seine Schiebermütze vorläufig vom Kopf. Schließlich zeigt die nächste Doppelseite beide mit freiem Oberkörper und nacktem Intimbereich als Kniestück. Wenn ich dieses Bild dem von Tillmans gegenüberstelle, fallen ihre Gemeinsamkeiten ins Auge. Nicht nur die langen Mäntel der Protagonisten, ihre nackten Körper, auch kompositorisch: Beide werden von zwei Baumstämmen umfangen, wobei der jeweils rechte leicht zur Seite ragt. Auf beiden Aufnahmen fixiert eine Person die Kamera, die andere senkt seitlich ihren Blick.

Aber natürlich gibt es bei aller Ähnlichkeit auch ein paar Unterschiede, die immerhin eine völlig entgegengesetzte Interpretation provozieren: In *Lutz and Alex sitting in the trees* wirken die Mäntel neuwertig, der rote Regenmantel von Hülle glänzt regelrecht und zieht die ersten Blicke auf sich. Der Hintergrund strahlt in saftigem Grün und die Körperhaltung der beiden wirkt souverän, raumgreifend und stabil. Die ganze Komposition ist ausgewogen: Hülle und Bircken balancieren sich als Bildobjekte diagonal aus. Ihre Körper sind jung und makellos – typisch für die Fotografie aus einem Modemagazin. Hülle wirkt verträumt, der Blick von Bircken wach und selbstbewusst. Ebendiese Kombination aus wach und verträumt erzeugt den Eindruck einer Haltung, die im *Guardian* als „naiv, aber wissend“[201] beschrieben wird, und die Tillmans romantisierenden Schilderungen von feiernden Menschen im Park entspricht. Die beiden Akteure stehen nicht vor dem Baum der Erkenntnis, sie haben ihn sogar bestiegen und sich trotzdem nicht aus dem Paradies vertreiben lassen.

In der Fotografie von Mikhailov lehnen die Bildprotagonisten dagegen mit dem Rücken am seitlich gekippten Stamm. Die leichte Schräge dynamisiert, doch insbesondere die Körperhaltung des Mannes scheint dadurch eher verunsichert. Ein leicht eingeknicktes Knie, offener Mund und ängstlich gekrümmte Augenbrauen unterstützen die Befürchtung: Jeden Moment könnte er in das herbstliche Blätterlaub im Hintergrund stürzen. Die Schiebermütze hält er mit der Unterseite zur Kamera, so als wollte er zeigen, dass nichts darin ist. Zu untrüglichen Zeichen der Obdachlosigkeit werden vor allem die unsauberen, rötlich-geschwollenen Hände des Paares. Die rechte Schulter des Mannes ziert die grob gearbeitete Tätowierung eines weiblichen Gesichts. Und noch ein Detail sticht heraus: Auf der Vorhaut seines Penis hat sich eine Eiterblase gebildet, die schon beim Hinschauen wehtut. Diese Körper passen in kein Modemagazin. Ihre Nacktheit wirkt nicht losgelöst, sondern wie das traurige Ende einer Kostümierung, die gerade auseinanderfällt. Noch immer hält die Frau den Apfel in der Hand, ihr Blick zur Seite wirkt unbeteiligt. In Mikhailovs Fotografie verkehrt sich die Charakterisierung der Tillman'schen Ikone: Statt „naiv, aber wissend" müsste es in diesem Fall „argwöhnisch, aber ahnungslos" heißen. Mikhailovs Adam und Eva wirken überhaupt nicht naiv – sie kennen die Härten des Lebens; aus dem Paradies hat man sie längst vertrieben. Ihre Körper werden dirigiert, hingestellt, das weiß der Betrachter durch die vorangehende Bildfolge. Doch auch ungeachtet dessen wirken sie nicht wie wissende oder selbstständig handelnde Akteure. Sowohl Mikhailov als auch Tillmans positionieren die Abgebildeten jenseits der Norm: unverhüllt oder entblößt in der freien Natur. Aber warum kippt, was dort Zeichen von Freiheit ist, hier sogleich in nacktes Unbehagen? Beide variieren dieselbe biblische Referenz, aber mit dem Personal aus zwei verschiedenen, auseinanderstrebenden Klassen.

Ein kurzer Gedankensprung: Ab den 1960er-Jahren rehabilitierte Michel Foucault mit umfangreichen historischen Studien eine Reihe dionysisch-entgrenzter Lebensaspekte – gegen die Normalität der bürgerlichen Gesellschaft. Für ihn lag eines der Hauptübel der Aufklärung in der sozialpsychologischen Abspaltung eben jenes dionysischen Anderen, von Gelüsten und sexuellen Begierden jenseits der Norm. Nach Foucault wurde das sozial Abweichende in der Geschichte diskursiv und institutionell gezielt eingehegt und abgesondert: durch seine Klassifizierung in unterschiedliche Krankheitsbilder, durch deren klinische Behandlung oder die Kriminalisierung damit assoziierter Verhaltensmuster.[202] Foucault war mit seiner Kritik an der Institutionalisierung kultureller Normen nicht allein. Das emanzipatorische Selbstverständnis der großen sozialen Bewegungen, die in den 1960er-Jahren ihren Anfang nahmen, verlagerte sich von kollektiven Darstellungen sozialer Gerechtigkeit immer mehr zu solchen, die mit der Freiheit des Individuums argumentierten – bald galt die Befreiung von verinnerlichten Verhaltensnormen als ihr primäres Ziel.[203] Man kämpfte für persönliche Entfaltungsmöglichkeiten und nicht, wie vormalige linke Bewegungen, für eine Gleichheit, die über die Umverteilung sozialer Ressourcen erreicht würde. Das führte nicht zuletzt zu einer Politisierung vormals privater Lebensaspekte. Starre Geschlechterrollen, Formen des Zusammenlebens, Körperempfinden oder sexuelle Normen, die im privaten Raum seit Jahrhunderten tradiert wurden, sahen sich mit alternativen Spielarten konfrontiert, die nun endlich und öffentlich enttabuisiert wurden.

Vor diesem Hintergrund ist auch die emanzipatorische Lesart von *Lutz and Alex sitting in the trees* und weiterer Motive Tillmans zu verstehen, die denen von Mikhailovs *Case History* so frappierend ähneln. Zwar nahm schon in den 1990er-Jahren kaum jemand Anstoß an ihnen, doch weil Tillmans Bilder Nacktheit und Homosexualität explizieren, erscheinen sie in der Kontinuität eines Aufbegehrens gegen den Zwang einer vermeintlichen Vernunft, die ihr eigenes Anderes – das Rauschhafte und Lustvolle – tabuisiert und zurückweist. Das Sexuelle assoziieren die Bilder mit betonter Beiläufigkeit, als sei die „tragische Abtrennung der glücklichen Welt der Lust"[204] längst versöhnt durch Momente „verschwitzter Offenheit und Aufrichtigkeit".[205] Im Kontext dieser verbreiteten Tillmans-Exegese kann dann noch der entblößte und halbgeschwollene Penis eines Flugzeugpassagiers zum spielerischen Ausdruck sozialer Freiheit werden (*AA Breakfast*, 1995).

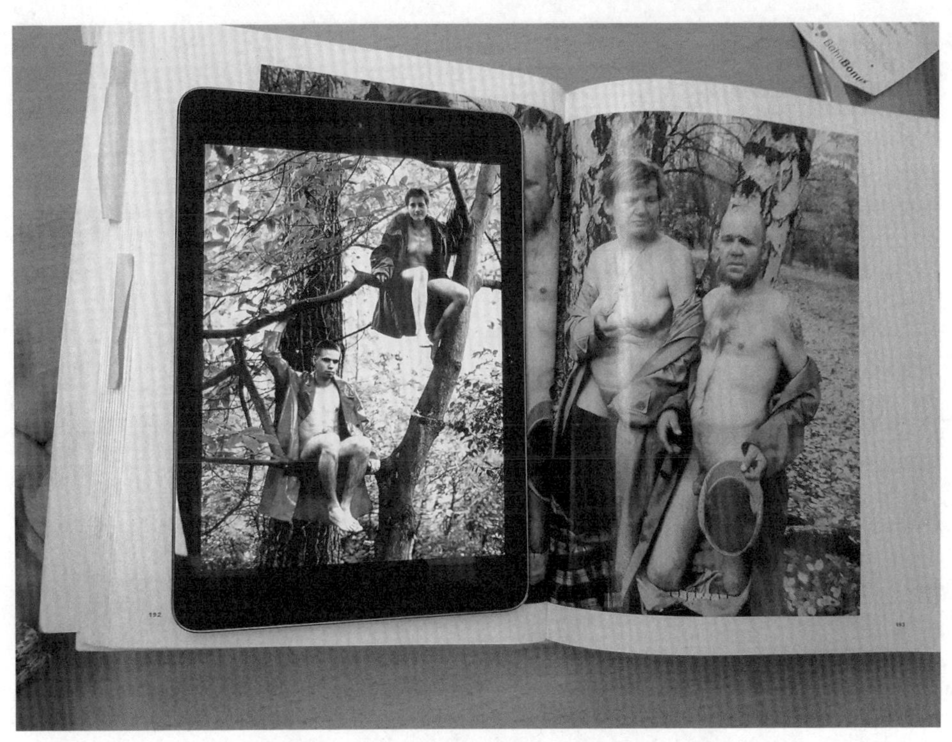

Lutz and Alex sitting in the trees von Wolfgang Tillmans; rechts: *Case History*

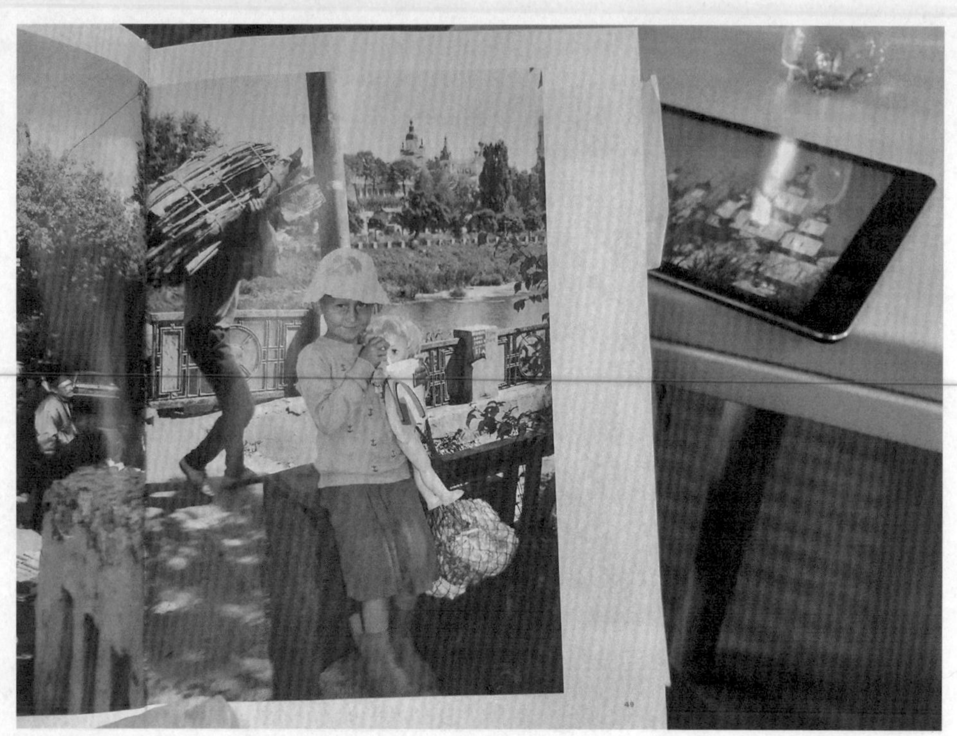

Die Freiheit, die wir meinen: Fotografien aus *Case History* von Boris Mikhailov

Für Mikhailovs Bilder gibt es keine Emanzipationserzählung, in die sich ihre nackten Körper einfügen könnten. Denn die Geschichte der Liberalisierung Europas in der zweiten Hälfte des 20. Jahrhunderts ist zuvorderst eine bürgerliche: Angefangen von der Emanzipation der Frauen bis zur weitgehenden Akzeptanz von gleichgeschlechtlichen Beziehungen.[206] Wenn nostalgische Fernsehberichte heute von der „sexuellen Revolution" der 1960er-Jahre schwärmen, wird gerne unterschlagen, dass diese Befreiungsgeschichte vor allem das akademische Milieu betraf und in unteren Klassen entweder gar nicht stattfand oder andere, weniger beleuchtete Wege einschlug. Was in der bürgerlichen Obhut von ökonomischem und kulturellem Kapital zweifellos einen Zugewinn an Freiheit verspricht, bedeutet nicht selten auch ein Mehr an Möglichkeiten, Menschen jenseits dieser Obhut auszubeuten. Das ist kein Argument gegen den Ausbau bürgerlicher Freiheit, aber es unterstreicht einmal mehr deren Ambiguität, die so lange besteht, wie sich diese Freiheit nicht für alle realisiert. Das könnte erklären, warum Nacktheit und Sexualität in der Rezeption von *Case History* vor allem als Problemstelle identifiziert werden und eben nicht als progressiver Ausbruch aus dem Korsett gesellschaftlicher Normen. In keinem Interview mit dem Künstler darf die Frage nach der Nacktheit der abgebildeten Obdachlosen fehlen: Ist sie denn wirklich nötig, Herr Mikhailov? Bis heute wird *Case History* ein unzulässiger Voyeurismus unterstellt. Kuratorin Inka Schube erinnert sich an eine Konferenz von professionellen Fotografen und Juristen, auf der sogar ein Verbot der Bilder ins Spiel gebracht wurde, „bis hin zur Forderung nach der gesetzlich zu regelnden Bemündelung der an der Inszenierung beteiligten und dafür entlohnten Obdachlosen."[207] Folgt man der Argumentation der Kritiker, dann setzt die massive soziale Benachteiligung der Obdachlosen dem künstlerischen Umgang mit ihnen deutliche Schranken. Jede Darstellung von ihnen, die nicht in kompensatorischer Absicht versuchte, das Machtgefälle zu kaschieren und zumindest symbolisch „Augenhöhe" herzustellen, wäre selbst eine Form von Machtmissbrauch. Dort umso mehr, wo diese Ungleichheit noch hervorgehoben erscheint, wie bei Mikhailov etwa durch ihr Konterkarieren mit der Symbolik paradiesischer Unbefangenheit.

Kunsthistorikerin Natalia Fomina, die *Case History* mithilfe der *Ästhetik des Hässlichen* von Karl Rosenkranz aufschlüsselt, macht zwei Ebenen aus, auf denen die Obdachlosen in Mikhailovs Bildern dem harmonisierenden Eindruck des Schönen zuwiderlaufen. Zunächst wäre da die innere Disharmonie ihrer Körper, die in ihrer normalen Funktion eingeschränkt, die deformiert und verunstaltet sind. Darüber hinaus ergäbe sich eine Disharmonie, was die Verbindung der einzelnen Bildakteure zum gesellschaftlichen Ganzen angeht – schließlich stehen sie am äußersten Rande, wenn nicht schon außerhalb dieses Ganzen.[208] Steckt hinter dem Wunsch nach „Augenhöhe" also in gewisser Weise auch das Bedürfnis nach harmonisierender Schönheit? Das Unbehagen in Anbetracht der nackten Akteure, ihre „Hässlichkeit", folgt der Wahrnehmung einer asozialen Klasse, deren Akteuren zumindest im Rahmen der bestehenden Verhältnisse offensichtlich die Fähigkeit abgeht, für sich selbst Sorge zu tragen, geschweige denn ihre Interessen angemessen zu vertreten. Hinzu kommt ein Unvermögen, sich innerhalb der bestehenden Diskursordnung zu artikulieren. „Das Subalterne kann nicht sprechen", lautet die luzide Sentenz von Gayatri Chakravorty Spivak in diesem

Zusammenhang.[209] Und tatsächlich habe ich bei Mikhailovs Adaption von Adam und Eva stärker den Eindruck, es spräche etwas durch die Körper der Abgebildeten hindurch, als dass sie selbst Stellung bezögen. Vielmehr ist es Mikhailov, der die Verhältnisse der sozial derangierten Obdachlosen in Charkiw erzählt. Anders als bei Tillmans, der in den angesprochenen Bildern Menschen in Szene setzt, die man als Betrachter leichthin einem akademisch-kreativen Milieu zuordnet. Würde in seinen Fotografien jemand ein zu großes Oberhemd mit Jogginghose kombinieren, wie der blonde Junge bei Mikhailov, dächte sicher niemand an Bourdieus „Geschmack der Notwendigkeit", weil es als modische Geste und damit als Ausweis selbstbestimmter Individualität und ästhetischer Raffinesse durchginge.

Ich weiß, auch das bleibt Spekulation, ein intuitiv beanspruchtes Erfahrungswissen, das ich hier auf die jeweiligen Bilder projiziere und dem keine soziologische Studie der Welt das Siegel umfassender Gültigkeit verleihen kann. Doch die soziale Trennlinie nach unten ist schwerlich zu leugnen. In dem Schnellzug, in dem ich sitze, haben etwas mehr als 800 Gäste Platz. Selbst wenn er voll besetzt wäre und die soziale Durchmischung entsprechend hoch: Menschen wie diejenigen, mit denen mich *Case History* gerade konfrontiert, würde man darin vergeblich suchen. Trotzdem werden sie intuitiv erkannt – als diejenigen, die nicht dazugehören, wenn sie bei längeren Bahnhofaufenthalten auf der Suche nach Pfandflaschen durch die Wagons eilen. Auch die Protagonisten auf Tillmans Bildern heben sich vom Durchschnitt ab, sind besonders. Aber nicht auf eine Weise, die sie hier im Zug zu Fremdkörpern machten. Sie sind vielleicht besonders schön, besonders unkonventionell, besonders lebendig.

Wenn die von Tillmans festgehaltenen Situationen als gelebte und erlebte Freiheit einer emanzipatorischen Fortschrittserzählung erscheinen, wäre allerdings der Doppelcharakter mitzudenken, der mit der sozialen Logik expressiver Individualität einhergeht. Schließlich sind Individualität und Kreativität nicht nur Ausdruck unbedarfter Freiheitslust. Ja, sie sind heute von der Arbeit am sozialen Status kaum noch zu trennen.[210] Wer die eigene Freiheit angemessen in Szene zu setzten versteht, gewinnt in bürgerlichen Kreisen mit hoher Wahrscheinlichkeit soziales Prestige. Und in gewisser Weise verschieben sich dadurch jene Machtverhältnisse, auf die es Foucault einst abgesehen hatte. Ein aufregendes Sexualleben, ein nonkonformer Freundeskreis oder eine eigenwillige Freizeitgestaltung gehören nun selbst zu den Repräsentationsgewinnen einer bürgerlich-liberalen Lebensweise. Sie haben mit den „sozialen Medien" längst auch einen Marktplatz, auf dem vormals Privates – Abende mit Freunden zum Beispiel, das Mittagessen, der Urlaub, die Bettlektüre – zur Erwirtschaftung von sozialem Status gehandelt wird. Und eine Menge von dem, was im 19. Jahrhundert noch als Perversion abgesondert oder bestenfalls für die Sozialfigur des unangepassten Künstlers bürgerlich statthaft war, kann sich hier und heute als symbolisches Kapital erweisen. Dass das Bürgertum nicht nur sexuelle Vielfalt in ihre Anerkennungsordnung integriert, sondern auch proletarische Ästhetiken und äußerliche Attribute der Unterschicht um- und aufzuwerten versteht, zählt zweifellos zu den emanzipatorischen Errungenschaften des 20. Jahrhunderts. Als neuerliches Privileg der gebildeten Klassen kann der Umgang damit aber unversehens selbst zum Mittel von Distinktion und Abgrenzung werden – darin besteht der erwähnte Doppelcharakter. Schließlich bleibt es dem Bürgertum vorbehalten, spielerische Nacktheit, einen abgeranzten Mantel oder eine ausgeblichene Tätowierung als Ausdruck individueller Souveränität geltend machen zu können.

Es gibt immer wieder einmal Versuche, dieses Privileg als eine Form unrechtmäßiger Aneignung moralisch zu delegitimieren. Das ist auf der einen Seite verständlich, weil es stets eine soziale Vormachtstellung demonstriert, wenn der eine beim Tragen eines abgeranzten Mantels mit modischer Versiertheit punktet, während ein anderer mit dem gleichen Mantel auf seine unterklassige Herkunft zurückgeworfen bleibt. Für den einen ist es Freiheit, für den anderen Notwendigkeit. Es kann sich aber aus dieser Notwendigkeit auch ein eigener Stolz entwickeln, eine eigene kulturelle Identität. *Everything But the Burden* heißt eine einflussreiche Essaysammlung, in der unterschiedliche Autoren argumentieren, dass kulturelle Hervorbringungen schwarzer Menschen in den USA allzu häufig durch privilegierte Menschen mit weißer Hautfarbe übernommen würden, ohne dass diese etwas von der Last zu tragen hätten – dem Rassismus, der Benachteiligung und sozialen Ausgrenzung – deren Erfahrung die übernommenen kulturellen Besonderheiten in ihrem Ursprung prägen.[211] Beispielhaft zeigt der Umschlag des Buchs den hellhäutigen Träger einer weit sitzenden Jeanshose, einer Baggy Pants, wie sie in den späten 1990ern als Jugendmode Verbreitung fand. Zum modischen Attribut aber hatten sie zuerst junge schwarze Männer erklärt, die sich damit selbstbewusst auf die weite Kleidung in US-amerikanischen Gefängnissen bezogen. Wenn weiße Jugendliche es ihnen nachtun, so der Grundgedanke, profitierten sie von der symbolischen Aufladung und dem damit assoziierten Selbstbewusstsein, ohne dafür den Preis rassistischer Benachteiligung zu zahlen. Nur schießt das häufig mit dieser Kritik einhergehende Plädoyer für wahlweise ethnische, kulturelle oder klassenbezogene Authentizität weit über das Ziel hinaus und disqualifiziert den grundsätzlich emanzipatorischen Charakter individueller Freiheit. Nicht sie selbst ist aber das Problem, sondern allein der Umstand, dass sie nicht jedem gleichermaßen zur Verfügung steht. Frei und gerecht ist die Gesellschaft, in der jeder tragen kann, was ihm beliebt. Doch vor allem unterschlägt die vermeintlich progressive Forderung nach Exklusivität ethnischer, kultureller oder klassenbezogener Eigenschaften den wesentlichen Grund für die anhaltende Misere sozialer Ungleichheit: den ermatteten Kampf um die Verallgemeinerung der Zugangsbedingungen zur Universalität.

Trotzdem bleibt ein begründetes Unbehagen, wenn der Eindruck entsteht, die eigene privilegierte Position würde bewusst verunklart, um das Spiel sozialer Distinktion unter dem Deckmantel universeller Freiheit zu verstecken. Das dialektische Verhältnis von Emanzipation und Exklusion erlaubt auch im Fall von Tillmans zwei Lesarten, so dass sich neben der populären emanzipatorischen Interpretation seiner Fotografien eine weitere durchsetzt. Diese stellt den Künstler in den Kontext neoliberaler Affizierung von Kreativität, in den Kontext des „neuen Geists des Kapitalismus“, der sich parallel zur kulturellen Liberalisierung in der zweiten Hälfte des 20. Jahrhunderts etablierte.[212] „Die Lebensgeschichte von Wolfgang Tillmans ist eines dieser Märchen, wie sie die neunziger Jahre schrieben“, beginnt Jörg Scheller ein Porträt des Künstlers im

Zeit-Magazin. „Damals avancierten Künstler mit einem rauen, kantigen Stil zu Leitfiguren der Kreativindustrie."[213] Tatsächlich wurde die elitäre Nischendisziplin der Gegenwartskunst durchlässiger und verschmolz zuweilen mit Segmenten der Popkultur. Nur so war es möglich, dass Tillmans Bilder zu popkulturellen Ikonen wurden und drei großformatige Fotografien von ihm bis heute zum Inventar des Berliner Technoclubs *Berghain* gehören. Der Fotograf selbst machte zuletzt mit eingängiger Popmusik auf sich aufmerksam und singt mit liberaler Emphase Zeilen wie diese: „Heute will ich frei sein / Meinen Körper spüren / Ohne Angst und Implosion / Akzeptanz!" Handelt es sich dann lediglich um die Sehnsucht nach Freiheit oder um das Ausstellen dieser Freiheit qua bürgerlichem Vorrecht innerhalb ungleicher sozialer Verhältnisse? Dieselbe Frage stellt die frappierende Globalisierung der Aufnahmeorte von Tillmans Fotografien, die ihn als Vielflieger zu erkennen geben. Sie stellt sich auch angesichts seiner verspielten Stillleben, die vom lässigen Gourmet erzählen oder angesichts des fortlaufend dokumentierten Umgangs mit prominenten Zeitgenossen. All das machte ihn – ob intendiert oder nicht – zur Gallionsfigur eines großstädtischen, um nicht zu sagen großbürgerlichen Lebensstils, der unverhältnismäßig von der neoliberalen Politik der letzten Jahrzehnte profitierte.[214] Und so ließe sich fragen, ob die sozialen Widersprüche in seinen Fotografien nicht durch Momente entrückter Schönheit verharmlost werden. Die angesprochene Beiläufigkeit, das ästhetische Als-ob (als gelte diese Schönheit für jedermann), besitzt eine ignorante Kehrseite, wo seine Bilder mit wachsender Anzahl zu behaupten scheinen, die dargestellte „glückliche Welt der Lust" sei kein utopisches Projekt mehr, sondern eine voraussetzungslose Wirklichkeit, die ein jeder bloß entdecken müsse. Wobei hinzuzufügen wäre, dass ein Großteil dieses Eindrucks auch dem Medium der Fotografie geschuldet ist, dessen implizierte dokumentarische Lesart oft jene utopischen Anteile aussticht, an denen dem Künstler womöglich doch gelegen ist.

Es ist die soziale Klasse der Abgebildeten, die bei ähnlicher Motivwahl unterschiedliche Rezeptionen provoziert. Sowohl Tillmans als auch Mikhailov verstärken diesen Effekt aber auch formal. Mikhailov legt den Vorgang der Inszenierung offen, zeigt, wie er die Protagonisten seiner Bilder dirigiert. Nicht auf der Suche danach, Charakter und Individualität freizulegen, sondern um bestimmte Konstellationen und Posen zu wiederholen. Tillmans zeigt in der Regel keine solchen Bildfolgen. Zwar präsentiert er seine Fotografien in Konstellationen zu mehreren an der Wand oder im Buch, aber die fotografischen Augenblicke scheinen viel stärker ausgewählt und aufgelesen. Bei Tillmans nähert sich beinahe jedes Bild einer Ikone an, weil er selbst alltägliche Motive mit Aspekten klassischer Ästhetik verbindet. Die Liebe zur abstrahierenden Form, die sorgfältig abgestimmten Lichtverhältnisse oder das kompositorische Zueinander der Farben im Bild zielen bei ihm stets auf eine beinahe idealisierende Art der Harmonie. Wenn Tillmans eine vernarbte Wunde fotografiert, dann versucht er, selbst dieser Schönheit zuzueignen, wie bei *Mark, studio* von 2009. Eine männliche Person steht als Halbfigur vor einer schlichten, weißen Wand. Sie ist jung und schlank, also schön im Sinne des vorherrschenden Ideals. Durch die leicht seitliche Perspektive der Aufnahme wirft sich ihr weicher Schatten malerisch an die Wand hinter ihr. Die Lichtverhältnisse sind so abgepasst, dass sie Feinheiten des Körpers hervorheben, die sich der groben Wunde entgegenstellen, die etwa 15 Zentimeter horizontal über die Brusthöhle verläuft. Nicht überraschend, dass solchen Bildern in der Rezeption dann zugestanden wird, einer „Fragilität der menschlichen Natur" nachzuspüren.[215] Der Sprung zur Universalität ist hier nicht allzu groß. Anders bei Mikhailov: Wenn ich *Case History* durchblättere, finde ich zwar immer wieder Bilder, die in ihrer kompositorischen Anmutung und formalen Gestaltung ikonisch anmuten. Wenn Mikhailov großformatige Fotografien aus der Serie für Ausstellungen extrahiert, handelt es sich oft um genau diese Bilder. Aber die überwiegende Mehrheit im Buch ginge für sich genommen als amateurhafter Schnappschuss durch. Solche Fotografien verweigern sich einer Präzision, die jedes Bildelement ästhetisch austariert und mit Formbewusstsein auflädt. Man könnte also denken, wenn Mikhailov eine Wunde fotografiert, sei in erster Linie die Wunde als Wunde von Interesse, selbst dort, wo sich auf den zweiten Blick zahlreiche formale Setzungen ausmachen lassen. Er ist nicht darauf aus, das Banale oder das Abnorme in den Kosmos geschmacklicher Schönheit zu integrieren, sondern nimmt im Gegenteil immer wieder Momente und Äußerlichkeiten ins Bild, die gewöhnlich Ekel hervorrufen, also das subjektive Bedürfnis von ästhetischem Ausschluss. Gegen den Eindruck, er würde eine Wunde als Wunde lediglich dokumentieren wollen und seine ästhetischen Absichten demgegenüber zurückfahren, stemmt sich allerdings der Umstand, dass die meisten Situationen, die Mikhailov zu Bildern macht, Folgen inszenierender Eingriffe sind. Diese sorgen dafür, dass eine Wunde nicht nur abgebildet, sondern ausgestellt erscheint.

Boris Groys schreibt, bei Mikhailov verfüge selbst die Hoffnungslosigkeit über ein Vokabular der Zurschaustellung.[216] Er ist der Überzeugung, dass dabei „die hinfälligen, ruinierten, ja abstoßenden Körper der Obdachlosen auch als erotische Körper vorgestellt werden."[217] Wie im gesamten Schaffen Mikhailovs ergebe sich diese Erotik aus dem Scheitern der Inszenierung von Körpern. Das kann, wie in seinen früheren Bildern, der Fall einer jungen, nach gängigen Maßstäben schönen Frau sein, deren Selbstinszenierung brüchig wird, es können aber auch kranke und deformierte Körper von Obdachlosen sein, die versuchen, erotische Szenen nachzustellen. „Letztendlich werden Krankheit und Alter alle unsere Körper heimsuchen, auch den des Fotografen. Jede bewusst manipulierte Selbstdarstellung ist zum Scheitern verdammt. Jede ästhetische Norm zeigt Risse, sobald wir versuchen, unsere Körper in sie zu zwängen."[218] Demnach gelingt es Mikhailov in *Case History*, die verdrängten dionysischen Lebensaspekte mit apollinischen Idealvorstellungen zu verschränken, ohne sie miteinander auszusöhnen. In einer Weise, die von einem dritten Standpunkt aus – dem der Kunst – einen neuen Blick auf ganz reale Abgründe *und* die poetischen Möglichkeiten des Lebens, auf Erotik, Solidarität, Intensität und Gelassenheit gewährt. Und ist genau das vielleicht Voraussetzung für eine Kunst, die die Widersprüche der Welt nicht kompensatorisch übermalen will?

Der entscheidende Unterschied zwischen den Fotografien von Tillmans und Mikhailov liegt darin, wie sie ihre Betrachter zur Allgemeinheit in Bezug setzen. Ich gehe davon aus, dass die ästhetische Erfahrung eine Begegnung mit einem wie auch immer gearteten Anderen ist, und zugleich auf den Gemeinsinn hinwirkt, weil sie eine Erfahrung ist, die wir potenziell mit anderen Menschen teilen können – und wollen. Dass also, obwohl die Erfahrung zutiefst subjektiv ist, sie immer einen Bezug zur Allgemeinheit aufruft, so als spräche sie zu allen.[219] Diese Figur des Als-ob – als wäre die Kunst eine Angelegenheit aller – führt in der Betrachtung von Tillmans' und Mikhailovs Bildern zu unterschiedlichen Herausforderungen. Verführerisch erscheint sie bei ersterem, denn nur zu gerne fühle ich mich in die poetische und entspannt sexuelle Perspektive ein, die Tillmans glamouröser Realismus entfaltet. Er zeigt Situationen mit utopischem Horizont – relativiert sie jedoch auch dadurch, dass die visuelle Programmatik heute auf bruchlose Art mit der statusfördernden Repräsentation eines urbanen Bürgertums zusammenläuft. Und solche Bruchlosigkeit heißt Kitsch. Doch so wie ich Tillmans Fotografien sowohl utopisch als auch kitschig lesen kann, konkurrieren auch im Fall von *Case History* zwei Sichtweisen. In der ersten läuft die Ästhetik der Fotografien ähnlich bruchlos mit ideologischen Vorstellungen in eins – zum Beispiel der einer „gefährlichen Klasse", zu der die Unterschicht, sei es aus Sensationslust, sei es aus Gründen der Propaganda, häufig genug stilisiert wird.[220] Würde der Künstler diese Vorstellung tatsächlich bruchlos ins Bild setzen, würde er nur jene gängige Abscheu verstärken, mit der die bürgerliche Gesellschaft Krankheit, Sucht, Schmutz und Nutzlosigkeit von sich weist – siehe Foucault. Allerdings arbeitet Mikhailov auf fast 500 Seiten im Buch aktiv gegen diese schlichte Lesart an und auf eine zweite hin. Es ist die angesprochene Sichtweise im Modus des Als-ob. Mit der gehe ich entgegen der sozialen Realität, nicht zuletzt auch der des Kunstraums, davon aus, denselben Raum mit den Obdachlosen zu teilen, als seien wir im selben diskursiven Feld miteinander in Verhandlung getreten. So kann ich den Abgrund, den die Lebensumstände der Obdachlosen mir gegenüber aufreißen, nicht mehr ohne weiteres umgehen. Zumal mir vieles, was in den Bildern gegenläufig zu moralischen oder ästhetischen Idealvorstellungen erscheint, an mir selbst – „an uns" – wieder begegnet. Krankheit, Gewalt, Alter, Rausch, Begierde, Hemmungslosigkeit und Hoffnungslosigkeit betreffen viele. Und sie betreffen auch den Künstler, der sich nicht unsichtbar macht, sondern eigene Unzulänglichkeiten und ethische Widersprüche formuliert. Das problematische „Dreiecksverhältnis" zwischen Künstler, Rezipient und in der Kunst repräsentierten „Anderen" wird in *Case History* nicht harmonisiert, aber durch die vielen unterschiedlichen Bewegungen im Buch selbst in Bewegung versetzt – freilich nur innerhalb eines bürgerlichen Selbstgesprächs, das sich selbst als universeller Diskurs entwirft: der Kunst.[221]

Case History besitzt keine als solche markierten Kapitel oder erkennbare Unterbrechungen, abgesehen vom „Requiem" zu Beginn und einem kleinen Einschub zum Ende hin. Man kann das Buch trotzdem in verschiedene Abschnitte aufteilen, die sich durch ihre Protagonisten, die Tageszeit oder Orte im Hintergrund voneinander unterscheiden und dadurch den Eindruck eines chronologischen Reiseberichts vermitteln. So kommen nach den beiden erwähnten Jungen weitere Kinder ins Spiel, sie sind ähnlich alt oder jünger. Manchmal reagieren ihre Blicke auf die Kamera, manchmal sind sie ganz bei sich während sie Klebstoff schnüffeln und in einen Bereich außerhalb des Bildes starren, den der Betrachter nicht kennt. Der grüne Wildwuchs vom Anfang weicht urbaneren Ansichten. Im Hintergrund eines Bildes erkenne ich eine

Kirche und erfahre über eine schnelle Bildrecherche im Internet, dass es der Turm der Mariä-Entschlafens-Kirche sein muss. Das Bild ist also im Zentrum Charkiws aufgenommen. Es zeigt im Vordergrund ein Mädchen von vielleicht fünf Jahren, das eine ausgeblichene Plastikpuppe und einen Pappbecher von McDonalds im Arm hält. Es ist mit großer Wahrscheinlichkeit nicht obdachlos, dagegen spricht das Getränk vom Schnellrestaurant, noch mehr ihre saubere Kleidung. Seitlich ins Bild läuft ein Mann mit einem Bündel gefalteter Pappkartons auf dem Rücken, dahinter fließt der Lopan. Der ganze Abschnitt umfasst insgesamt 24 Bilder und zeigt hauptsächlich Aufnahmen von Straßen und provisorischen Marktplätzen, auf denen Dinge für den täglichen Bedarf gehandelt werden. Dazwischen immer wieder Obdachlose und Hunde, die beide auf dem Asphalt liegen und auf Doppelseiten unmittelbar gegenübergestellt werden.

Der darauffolgende Abschnitt wird durch die Dunkelheit der Nacht zusammengehalten. Die Aufnahmen sind geblitzt, was dazu führt, dass der Hintergrund im Schwarz verschwindet. Einige der Kinder tauchen wieder auf, liegen lachend im Gras, rauchen, essen, schnüffeln. Weitere Obdachlose werden eingeführt, einige erkenne ich wieder, wie den Mann mit der Boxernase vom allerersten Foto des Buches. In einer Sequenz von sechs Bildern sieht man einen etwa Zehnjährigen, wie er eine ältere Frau zu schlagen versucht (Abb. 15). Sie sitzt auf einer Bank und ihr Blick wirkt benommen. Die Szene ist offenbar gestellt und Folge von Mikhailovs Anweisungen – die Beteiligten spielen Theater in den Ruinen ihres Lebens. Anschließend sitzt der Junge allein auf der Bank, hat seinen linken Arm lässig auf das angewinkelte Knie gestützt und nimmt triumphierend einen Schluck aus einer Bierflasche, als wäre er siegreich aus der Auseinandersetzung hervorgegangen. Auf dem Bild links daneben sitzt die ältere Frau wieder auf der Bank und hebt ihr Kleid. Zwischen ihren Fingern klemmt eine Zigarette, neben ihr liegt eine Plastiktüte, in der man schemenhaft Getränkedosen erkennt. Dieser Abschnitt zählt zusammen 46 Bilder. Die letzten fünf starten mit einem Kopf auf einer Bordsteinkante. Lediglich ein Büschel Haare ist zu sehen, der Rest ist mit einer Jacke zugedeckt: Offenbar schläft hier jemand. Die nächste Seite zeigt den Träger der Jacke, wie er an einen Baum lehnt. Er schaut noch etwas benommen und wie bei vielen ist sein Nasenbein infolge von Brüchen schief verwachsen. Schonungslos offenbart das Blitzlicht seine verschmutzte Kleidung. Im darauffolgenden Bild hat er seinen linken Arm bei einer anderen Person eingehakt und das letzte Bild zeigt: Es ist Mikhailov, der den Obdachlosen gemeinsam mit seiner Frau – die offenbar das Foto von den beiden machte – aufrichtet und begleitet.

Grundsätzlich ergibt die Bewegung der Bilder ein motivisches Muster. Demnach werden immer wieder öffentliche Orte angesteuert, und zwar ganz überwiegend solche, die mit der Grundversorgung zu tun haben: lange Schlangen bei einer Essensausgabe für Bedürftige oder improvisierter Lebensmittelhandel auf der Straße. Eine Doppelseite füllt links ein heruntergekommener Eingang, über dem ein Reklameschriftzug auf kyrillisch schlicht „Brot" ankündigt. Auf der gegenüberliegenden Seite erkennt man die Schilder eines leuchtend bunt gekachelten Spirituosengeschäfts: „Wodka & Co", „Liköre", „geöffnet". An solche Aufnahmen schließen häufig Porträts von

Obdachlosen an, denen die Kamera dann an abgeschiedenere Orte folgt, auf die Hinterhöfe demolierter Gewerbebaracken und verlassener, überwucherter Gärten. Bald versteht man das Schema: Die Mikhailovs gehen in die Stadt, spüren dem geschäftigen Treiben der Straße nach, treffen bald auf Obdachlose, sprechen sie an und lassen sich deren gängige Aufenthaltsorte zeigen – am Tag und in der Nacht. Einige begleiten sie anschließend in verschiedene Wohnungen, was ihren Begegnungen eine weitere Wendung gibt. Bei welchen der Wohnungen es sich um die der Mikhailovs handelt und welche Unterkunft vielleicht von den gezeigten Personen selbst bewohnt wird, ist nicht mit Sicherheit zu sagen. Doch allein die geschlossenen, privaten Räumlichkeiten eröffnen eine zusätzliche erzählerische Dimension, ist doch das Privatleben jener abgeschirmte Bereich, den die Obdachlosen verloren haben. Wer mit offenen Augen durch europäische Großstädte geht, sieht Obdachlose streiten, schlafen, urinieren oder Drogen konsumieren – alles Tätigkeiten, die gewöhnlich durch die Privatsphäre geschützt sind. Die Trennung von privater und öffentlicher Sphäre gehört zu den Wesensmerkmalen der bürgerlichen Gesellschaft. Seit dem 18. und 19. Jahrhundert erlaubte diese Trennung einen neuen Sinn für Individualität. Sie bot in gewisser Weise sogar den Nährboden für die Bildung eines kritischen Bewusstseins. Denn dadurch, dass sie die Menschen neben ihrer gesellschaftlichen Rolle auch zum Teil einer je verschiedenen privaten Mikrogesellschaft machte, begünstigte sie einen „prinzipiellen Vorbehalt gegenüber der geltenden Sozialordnung."[222] Nicht von ungefähr verzichtete die propagandistische Darstellung der Arbeiterklasse in frühen sowjetischen Fotografien weitgehend auf private Räume, während die kämpferische Dokumentarfotografie, zum Beispiel in Deutschland, umso häufiger private Situationen zeigte, um ärmliche Verhältnisse zu beklagen.[223] Im ersten Fall fehlte das Private, weil es wegführt vom positiven Bezug auf das soziale Ganze, im zweiten Fall wurde es zur bevorzugten Kulisse fotografischer Klage, weil das bürgerliche Versprechen eines „guten Lebens" sich gerade hier als Trugschluss offenbarte. Die Form bürgerlicher Privatheit ist von Anbeginn Ziel fundamentaler Gesellschaftskritik, zunächst bei Karl Marx, der in ihr Willkür und Profitorientierung freigesetzt sah, später in der feministischen Kritik, die eine patriarchale Ordnung in den Blick nahm, mit der weiblich konnotierte Tätigkeiten wie Hausarbeit und Kindererziehung dem unbezahlten und entsprechend nachgeordneten Bereich des Privaten zugeschlagen wurden.[224] Mittlerweile haben sich die Geschlechterverhältnisse der bürgerlichen Gesellschaft merklich liberalisiert. Darüber hinaus ist, was man dort einst als Privatsphäre abschirmte, infolge der fortschreitenden Ökonomisierung immer weiterer Lebensaspekte auf eine neue und radikalisierte Weise zum Ort digitaler Observation und sozialer Normierung geworden.[225] Gleichwohl bleiben das eigene Bett, Körperpflege, Sexualität und Intimität in der allgemeinen Vorstellung geschützte Refugien, deren plötzliches Verschwinden, etwa durch Obdachlosigkeit, massiv zur Destabilisierung einer Person beitragen. Vor diesem Hintergrund hat das fotografische Eindringen in den Bereich des Privaten immer noch eine gewisse Brisanz, ein potenzielles Unbehagen aufseiten der Betrachter, die dem Selbstschutz ihrer höflichen Zurückhaltung beraubt werden. Im Fall des Asozialen verläuft zwischen der moralisch nachvollziehbaren Ablehnung von Voyeurismus und bloßem Nicht-sehen-Wollen ein schmaler Grat.

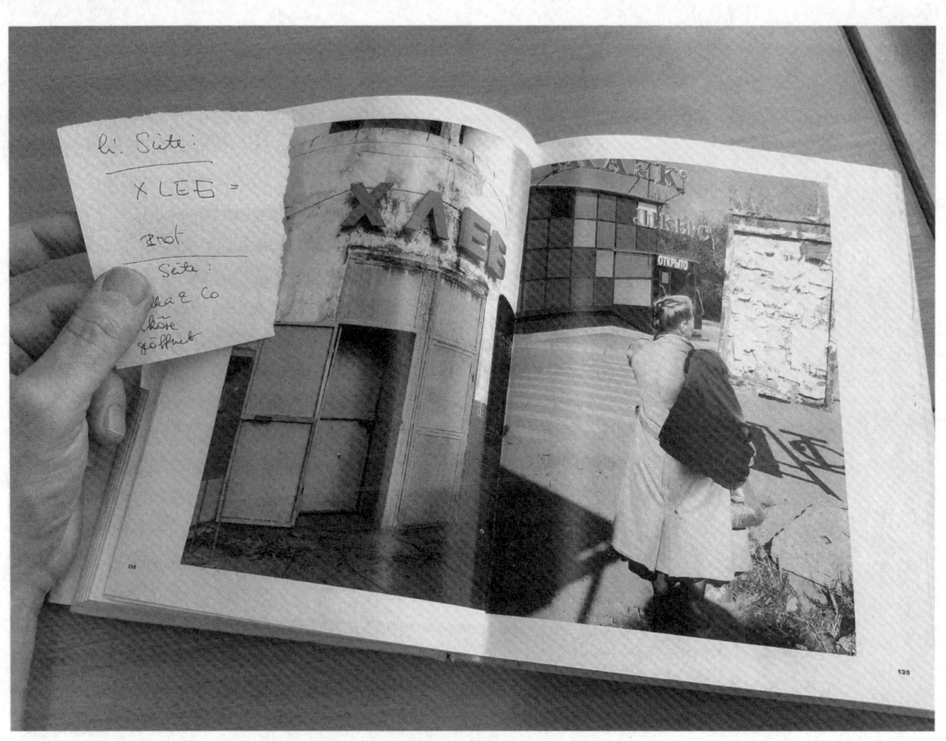

Doppelseite aus *Case History* mit Anlaufstellen für Brot und Alkoholika

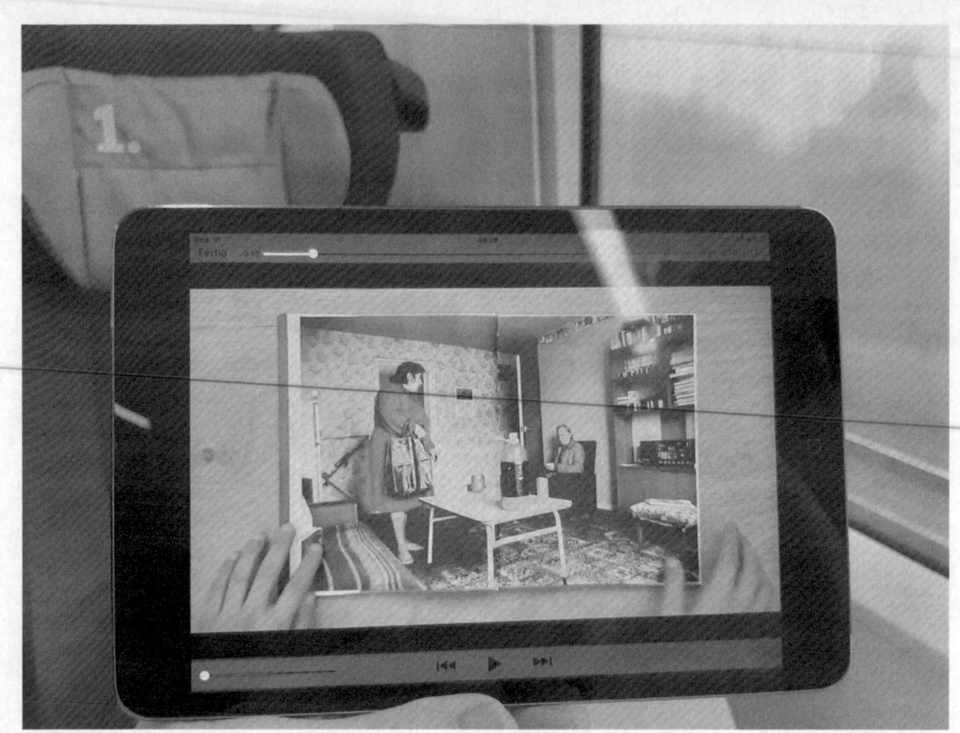

Familienaufstellung um Starkbier-Kanister: Richard Billinghams *Ray's a Laugh*

Zwei prominente Fotoserien kommen mir in den Sinn, die dezidiert den Bereich des Privaten als Bildkulisse wählen: Nan Goldins *The Ballad of Sexual Dependency* (1985) und Richard Billinghams *Ray's a Laugh* (1996). Auch sie stoßen bis heute sowohl als Künstlerbücher wie auch in Ausstellungen auf große Resonanz – und von beiden finde ich auf einer Videoplattform Amateuraufnahmen, in denen das jeweilige Buch komplett durchgeblättert wird.[226] Ich kann sie also zumindest behelfsweise über das Tablet mit *Case History* parallelisieren. Zu meinem Glück hat sich das Großraumabteil noch immer nicht sonderlich gefüllt. Beinahe habe ich selbst das Gefühl einer gewissen Privatheit und breite meine Sachen bedenkenlos auf dem Tisch aus.

The Ballad of Sexual Dependency existierte zunächst nur als Dia-Installation und da ich sie als solche schon mehrmals in der Sammlung der Hamburger Kunsthalle sehen konnte, ist mir ihre Intensität noch gut in Erinnerung. Es existieren unterschiedliche Angaben zum Umfang der Installation, die Kunsthalle gibt 694 Dias an, das Whitney Museum 690 und die Fondation Cartier 684. Die Angaben zum Jahr der Fertigstellung variieren ebenfalls, lassen aber darauf schließen, dass Goldin bis 1992 immer wieder Bilder tauschte und den Soundtrack veränderte, den sie zu den Dias programmierte. Zu den gut 45 Minuten der Präsentation gehören eine ganze Reihe, meist sehr emotionalisierende Pop-Balladen. Im Internet finde ich von Benutzern erstellte Listen dieser Lieder, die mir die entsprechende Stimmung auf meine Kopfhörer spielen.

Für das Buch hat Goldin die Serie auf 125 Fotografien reduziert und im Inhaltsverzeichnis in Kapitel gegliedert, die nach den jeweiligen Liedern benannt sind, von *Femme Fatale* bis *Memories are Made of This*. Unter den Fotos selbst stehen in der Regel knappe Angaben zu Personen und Aufnahmeorten. Die Geschichte beginnt mit Fotografien von Paaren, darunter Goldin selbst mit ihrem damaligen Lebensgefährten Brian. Der nächste Abschnitt zeigt einzelne Frauen und der darauffolgende Porträts von Männern. Goldin sprach ihre Modelle nicht wie Mikhailov auf der Straße an, es handelte sich meist um Freunde der Künstlerin. Und wie der didaktische Beginn (Paare, Frauen, Männer) erahnen lässt, hat ihre Bilderzählung einen dezidierten Gegenstand: „Es geht um das Wesen von Beziehungen“, erklärt Goldin im vierseitigen Vorwort des Buchs.[227] Sie habe oft das Gefühl, Männer und Frauen seien sich unwiderruflich fremd. Selbst wenn Beziehungen zwischen ihnen destruktiv seien, hielte man an ihnen fest, weil sie jenen Teil des Gehirns stimulierten, den nur Liebe, Heroin oder Schokolade befriedigen. „Ich habe ein starkes Bedürfnis nach Unabhängigkeit“, schreibt sie weiter, „doch gleichzeitig sehne ich mich nach der Intensität, die aus der Wechselbeziehung zu anderen entsteht. Die Spannungen, die dabei auftreten, scheinen ein universales Problem zu sein: der Kampf zwischen Autonomie und Abhängigkeit.“[228] Goldin hat nicht nur eine klare Vorstellung, welche Thematik sie hier verhandeln möchte, sie hat auch einen ganz bestimmten Kreis von Personen, sie eingeschlossen, deren Privatleben diese Thematik fotografisch repräsentieren soll. Ihre Motive sind überwiegend in Innenräumen aufgenommen. Neben Bars und Clubs, wo Privatleben und öffentliche Sphäre oft rauschbedingt in eins fallen, sind vor allem Wohnungen Kulisse für Fotografien typisch privater Handlungen: Man sieht Paare beim Sex, urinierende Männer, Rausch, Drogenkonsum, Verzweiflung, Streit und die Folgen von Gewalt – so das berühmt gewordene blaue Auge der Fotografin selbst (Abb. 16). Es sind also ähnliche Situationen, wie sie Mikhailov mit den Obdachlosen in Charkiw nachstellt. Allerdings erscheint bei Goldin nichts inszeniert. Im Gegenteil, ihre Aufnahmen leben gerade von der durchgehenden Behauptung größtmöglicher Authentizität. „Ich will die totale, ungehemmte Erfahrung", heißt es im Vorwort.[229]

Wie versuchen ihre Bilder diesen authentischen Eindruck zu vermitteln? Gegenüber Mikhailov springen zwei wesentliche Unterschiede ins Auge. Der eine betrifft das Verhältnis zwischen Künstler und Fotografierten. Anders als Mikhailov gehört Goldin selbst zum Umfeld, das sie abbildet. Sie dränge sich nirgends hinein: „*Ich* gebe hier die Party. Dies ist meine Familie, meine Geschichte."[230] Der zweite Unterschied betrifft das Selbstverständnis der Bildakteure. Denn obwohl sie ähnliche Momente von Exzess, Verzweiflung oder Verwundbarkeit festhält, erscheint die „ungehemmte Erfahrung" in ihrem Fall wie eine, die von den Akteuren selbst gesucht wird. Goldin fotografiert in einem Milieu von Künstlern, die sich bei allen inhärenten Zwängen bewusst einer bestimmten Lebensintensität verschreiben. In einem Interview spricht sie von einem gängigen Missverständnis in Bezug auf diese Bilder, wenn es heißt, es würde sich bei den Abgebildeten um marginalisierte Menschen handeln. „Wir waren niemals marginalisiert, denn wir waren die Welt. Wir kümmerten uns nicht darum, was die heterosexuellen Normalbürger von uns dachten. […] sie tauchten gar nicht auf unserem Radar auf. […] Wir waren viele, viele Leute, die einen ähnlichen Lebensstil verfolgten […]."[231] Wie bei den besprochenen Fotografien von Tillmans stehen die unbekleideten, berauschten und unangepassten Menschen in *The Ballad of Sexual Dependency* insofern nicht völlig außerhalb des Sozialen, als ihre Unkonventionalität ein subkulturelles Verhältnis zur übrigen Gesellschaft eingeht. Und selbst wo Goldins Aufnahmen prekäre Lebensumstände dokumentieren, bleibt die Fähigkeit ihrer Protagonisten erkennbar, für sich selbst sprechen zu können.

Im Unterschied zu Tillmans verdichtet Goldin die fotografischen Spuren von Lebensintensität nicht zu einer begehrenswerten, harmonischen Utopie. Sie kontrastiert bewusst durch Momente, die an der Rechnung jener entgrenzten Lebensverhältnisse zweifeln lassen, wie sie die künstlerische Boheme gemeinhin in Aussicht stellt: Einerseits beansprucht man das durch die bürgerliche Gesellschaft ermöglichte „gute Leben", zugleich lehnt man deren zwanghafte und repressive Elemente offensiv ab.[232] Das fordert zwangsläufig eine soziale Instabilität heraus, die Goldin nicht verharmlost. Sie dokumentiert Folgen von Überforderung, poserhafter Hybris oder Schutzlosigkeit, die sich einmal mehr im Bereich des Privaten zeigen. Wie Mikhailov ist auch ihr nicht daran gelegen, die verborgene Schönheit einer vernarbten Wunde herauszustellen. Im Gegenteil dokumentiert sie mit der trockenen Bildunterschrift zur Aufnahme einer noch nicht ausgeheilten Wunde an einem weiblichen Unterbauch deren schmerzhaften Hintergrund. Sie ist das Ergebnis einer ektopischen Schwangerschaft, die der Embryo nicht überlebt haben wird. Selbstverständlich ergeben sich derartige Schicksalsschläge unabhängig vom Lebensstil. Die ungeschönte Härte, mit der sie

Goldin integriert, verweist jedoch darauf, dass auch der dargestellte und partiell durchaus befreit anmutende Lebensstil keineswegs mit existenzieller Tragik versöhnt.

Wo Tillmans fotografische Perspektive der Logik eines Ecstasy-Rauschs, also eines auf Dauer gestellten Glückszustandes folgt, zielt Goldin auf die Zerrissenheit von Ekstase und Kater, Aufbruch und Scheitern. Auch das wirkt mitunter kitschig, gerade dort, wo das Pathos der Posen die völlige Identifikation mit den Bildakteuren erzwingen will. Doch die fotografische Suche nach größtmöglicher Authentizität erzeugt auch Brüche, weil sie immer wieder die Distanz überspringt, die Kunst zu ihrem Gegenstand herzustellen verspricht. Goldins Bilder gehören wie die von Mikhailov zu derjenigen Fotografie, in der die Kunst sich als Zeugnis der Wirklichkeit tarnt. Ein Zeugnis, das als solches unmittelbar und „ohne Methode" erscheint.[233] Die Betrachter müssen nicht erst durch begleitende Berichte oder Dokumente überzeugt werden, das etwas *wirklich* passiert ist – der Realitätseffekt der Fotografie allein versichert: „Es ist so gewesen!" Schon dadurch treten die sozialen Gehalte der Bilder in ein grundsätzliches Spannungsverhältnis zur künstlerischen Autonomie, die doch eigentlich die „Freiheit vom Sozialen" verheißt. Die Herangehensweise der Künstlerin sowie ihre Suche nach unverstellten Situationen verstärken die dokumentarische und Authentizität suggerierende Lesart. Den von ihr ins Spiel gebrachten universalen „Kampf zwischen Autonomie und Abhängigkeit" erzählt sie mit den Mitteln konkreter, fotografisch „bezeugter" Gegebenheiten.

Nun gibt es einen Abgrund in den Fotografien der Obdachlosen aus Charkiw, der sich bei *The Ballad of Sexual Dependency* so nicht einstellt. Er ergibt sich aus der angesprochenen Sprachlosigkeit der Bildprotagonisten. Die entgrenzten Lebensverhältnisse der Obdachlosen lassen sich gerade nicht als Attitüde lesen, denn augenscheinlich sind sie das unfreiwillige Resultat sozialer Umstände. So erscheint auch ihr Rausch nicht als dramatische Geste der Verschwendung, sondern als pure Pragmatik im Umgang mit der gesellschaftlich zugemuteten Verschwendung ihrer Leben, als bloße Notwendigkeit. Solche Notwendigkeit lässt keinen Platz für ein Selbstverhältnis, dem man irgendein progressives Potenzial zuschreiben könnte – es wird erstickt von den Gegebenheiten. Natürlich sind Abhängigkeit und Exklusion auch bei Goldin Ausdruck gesellschaftlicher Verhältnisse, aber ihre Erzählung akzentuiert ebenso Momente individueller Selbstbehauptung und gegenseitiger Solidarität.

Das zweite Künstlerbuch, das ich mir zum Vergleich ansehe, *Ray's a Laugh* von Richard Billingham, beginnt mit einem Verweis auf die soziale Umgebung der ansonsten durchgehend in Privaträumen aufgenommenen Motive. Eine Doppelseite zeigt die querformatige Fotografie von einem Hochhaus herunter auf die Blocksiedlung eines Vororts der britischen Stadt Birmingham. Eine Landstraße zieht sich diagonal durchs Bild, nach rechts verläuft eine Abzweigung in die Siedlung hinein. Eine Person in der Bildmitte läuft auf einen der Wohnblocks zu, sie ist kaum zu erkennen, vielleicht ist es Ray. Protagonisten des Buches sind Ray, Liz und Jason – Vater, Mutter und Bruder des Künstlers. Das zweite Bild zeigt eine weitwinklige Ansicht des Wohnzimmers, Ray sitzt rechts in einem Sessel, Liz steht links und sieht ihn fordernd an. Sie trägt ein blaues Kleid und eine Einkaufstüte. Das Interieur wirkt kleinbürgerlich. Das Regal mit ein paar wenigen Büchern, Alben und Kassetten ist einigermaßen sortiert, ein Wandkalender hängt vor einer gemusterten Tapete, das Sofa links ist mit einer Decke überzogen. Einzig der große Kühlschrank und eine rund zehn Liter fassende Plastikflasche auf dem Wohnzimmertisch, vermutlich mit dunklem Starkbier gefüllt, irritieren und kündigen von der nachfolgenden fotografischen Verfallsgeschichte.

Anschließend ist die Bildreihe weniger sparsam mit Indikatoren für die fortschreitende Verwahrlosung der Kleinfamilie. Da ist die Dauerpräsenz von Alkohol, da sind vernachlässigte Körper, Hunde und Katzen mit stumpfem Fell auf dem Bett, auf dem Sofa oder fauchend im Regal, ihr Futter weit verstreut über dem Küchenboden, schmutzige Kacheln, schmutzige Tapeten. Und natürlich fehlen auch nicht jene Momente von Gewalt, Verzweiflung oder nackter Haut, wie sie Goldin und Mikhailov mit ganz ähnlichen Motiven ins Bild rücken: Ray neben der Toilette sitzend, Ray mit blutigem Auge, die größere und ungleich schwerere Liz beim Versuch, ihren Mann zu schlagen, Jason, einen Tennisball auf seinen Vater werfend, Ray wie er stürzt und Liz, wie sie apathisch bei einem Puzzlespiel die Welt um sich herum vergisst (Abb. 17). Billingham konzentriert sich allerdings auf wenige Räume und wenig Personal. Weil er fast ausschließlich in Innenräumen fotografiert, nutzt er in der Regel Blitzlicht, mit dem Effekt der dafür typischen schonungslosen Ausleuchtung und entsprechend starken Schattenumrissen. Neben dem Eröffnungsbild vom Hochhaus sind nur drei der insgesamt 55 Fotografien des Buches im Freien aufgenommen. Sie zeigen eine Ente, die an einem Ufer entlang schwimmt, einen Zaunkönig und eine Meise im Geäst. Im Gegensatz zu den anderen im Buch sind weite Teile dieser Aufnahmen in Unschärfe gehalten. Es sind die wenigen Momente, in denen der Blick des Betrachters dem Sozialen entkommt und mit ihm den erdrückenden Zuständen, deren Unbarmherzigkeit permanent zu spüren ist. Der Autor und Rapper Darren McGarvey, der in ähnlichen Verhältnissen in Schottland aufwuchs, hat in einer Autobiografie beschrieben, wie die ständige Drohung von Gewalt die heranwachsenden Männer der dortigen Unterschicht prägt. Sie erzeuge eine Form der „Hyperwachsamkeit", mit der sie sich kontinuierlich in Alarmbereitschaft halten.[234] Es ist eine Art ständiger poserhafter Zurschaustellung der eigenen Härte – nicht weil dies für gute Gefühle sorgte, sondern weil jede Abweichung davon als Schwäche geahndet würde. Es ist ein Regime der Angst davor, lächerlich gemacht, verstoßen oder körperlich angegriffen zu werden.[235] Ich erkenne sie in den kernigen Posen von Jason wieder.

Dagegen scheinen Ray und Liz in ihrer je eigenen Welt vor dem Außen Zuflucht zu suchen: Ray in einem minimalistischen, völlig auf den Alkohol zugeschnittenen Lebensstil, Liz in einem barocken Kosmos billiger Konsumgüter. Billingham ließ auf *Ray's a Laugh* unter anderem einen 40-minütigen Dokumentarfilm (*Fishtank*, 1998) und zuletzt sogar einen Spielfilm (*Ray & Liz*, 2018) folgen, die das Leben derselben drei Personen zum Gegenstand haben. Als ich den Spielfilm im Kino sah, war ich überrascht, wie viele Details ich darin aus dem ursprünglichen Künstlerbuch wiedererkannte. Die Kulissen wurden den Originalschauplätzen akribisch nachempfunden. Gleiches gilt für Sprache, Mimik und Körperbewegungen der Protagonisten, die mir aus *Fishtank* vertraut waren. Die gesellschaftspolitische Dimension in der Kunst von Billingham ergibt sich gerade nicht aus einer Makroperspektive, die er evozieren könnte, indem er andere Menschen zum Vergleich in ähnlichen Situationen porträtieren würde. Er richtet den Blick nicht auf übergeordnete soziale Zusammenhänge, auch wenn er in Interviews erklärte, dass sich das Leben seiner Familie nicht allzu sehr von denen aus der Nachbarschaft unterscheiden würde.[236] Stattdessen zoomt er ins Detail, schärft die Charakteristika seiner Figuren. In den langen Sequenzen von *Ray & Liz* ist ihnen nicht zu entkommen. Die Intimität und die formale Konzentration einzelner Einstellungen, etwa bei der geduldigen Beobachtung des pedantischen Trinkrituals von Ray, und die gleichzeitige, völlige emotionale Taubheit der Protagonisten, erzeugen dabei jene für das Asoziale in der Kunst so charakteristische Ambivalenz aus Fremdheit und Nähe. Je mehr ich mit Details in die soziale und psychologische Konstellation der Akteure eingeführt werde, umso mehr realisiere ich die Ausweglosigkeit, mit der sie haushalten. Wieder ist da die Unmöglichkeit, sich gegenüber der Gesellschaft zu artikulieren, sich einzubringen oder auch nur sich selbst gegenüber eine reflexive Distanz zuzulassen. Gleichwohl gibt es Momente voll Empathie, wie in der aufmerksamen Sorge um seine Weinbergschnecken, die der stark vernachlässigte zehnjährige Jason heimlich in Plastikboxen aufzieht. Billingham verführt in solchen Szenen zu einer Verbundenheit, die die weitere Verwahrlosung und Verrohung nur noch erbarmungsloser erscheinen lassen. Denn in Bezug auf das Überleben innerhalb dieser Verhältnisse ist Empathie ein Defizit.

Die Wahl des privaten Raums als Hintergrund gibt Billingham die Möglichkeit, das aus der bürgerlichen Perspektive der Gegenwartskunst unvermeidlich Fremde im Vokabular der Nähe zu erzählen. Das Private gilt zumindest im Hinblick auf die sozialen Rollen, die Menschen in der Öffentlichkeit einnehmen, als ein vermeintlich entlasteter Freiraum, der mehr Authentizität gestattet. Entsprechend ungeschützt treten aber auch die Klassenunterschiede zu Tage, lassen sich ökonomische Armut, Bildungsferne, ordinärer Geschmack und vulgäre Umgangsformen kaum mehr kaschieren. Deshalb wirken Fotografien von Personen, die im Verhältnis zu den Rezipienten eine deutlich schlechtere soziale Stellung besitzen, so zudringlich, gar übergriffig. Und deshalb beruhigt die Betrachter im Fall von Billingham, dass der Fotograf ein enger Verwandter seiner Protagonisten ist. Mikhailovs Position ist eine andere, aber gleichzeitig sind es auch andere Spannungsmomente, die er vor privater Kulisse entfaltet. Die Authentizität suggerierende Nähe von Privatheit wäre bei ihm auch gar nicht glaubwürdig, verlieren doch Obdachlose mit dem Verlust des eigenen Zuhauses bald jede Möglichkeit, öffentliche und private Persona zu unterscheiden – ob sie wollen oder nicht. Die private Kulisse in einzelnen Abschnitten von *Case History* offenbart also weniger, wie bei Billingham, Details in Bezug auf ihren individuellen Charakter. Eher hat es den Anschein, als wären die Wohnungen lediglich Kulissen. Eine Fotografie zeigt Vita Mikhailov nackt, nur in Stöckelschuhen, wie sie kochendes Wasser in eine Teetasse gießt. Man sieht nicht viel von der Küche, aber Tischbeine, Fußleisten und Wasserkessel sind erkennbar abgenutzt, eine Art Pitabrot liegt ohne Unterlage auf dem Tisch. Selbst wenn es sich hier um die Wohnung der Mikhailovs handelt, würde sie keinen allzu großen Kontrast bilden zu den übrigen unwirtlichen Innenräumen im Buch.

Doch gegenüber den rot gefrorenen Händen und geschwollenen Füßen einer jungen Obdachlosen wirkt selbst die durchgelegene Matratze, auf der Mikhailov sie fotografiert hat, kontrastierend – wie eine entfernte Idee von häuslicher Wärme (Abb. 18).

An anderer Stelle von *Case History* verfolgt eine Sequenz von elf Bildern drei Frauen im Alter zwischen 30 und 50. Sie sitzen um einen Küchentisch, trinken aus kleinen Schnapsgläsern, essen Kekse, und lediglich die groben, schmutzigen Hände unterscheiden die Aufnahmen von einer normalen häuslichen Szene. Nach vier Bildern befinden sich die Frauen im Bad, sie entkleiden sich, dann waschen sie ihre Körper mit Seife. Die Sequenz endet mit einer Fotografie der drei, die sich durch eine Leerseite von den anderen abhebt: Die beiden jüngeren Frauen sind wieder bekleidet und heben die ältere von ihnen, die weiterhin nackt ist und sich auf ihre Schultern stützt, in die Höhe. Es hat den Anschein, als hätte Mikhailov die drei Frauen zu sich geladen, hätte ihnen ein Bad ermöglicht, ihnen zu Essen gegeben, um am Ende diese ikonisch anmutende Fotografie von ihnen zu machen. Sie erinnert entfernt an historische Darstellungen der Kreuzabnahme Christi. Wieder wird der Weg zum Bild miterzählt, die Interaktion zwischen Bildproduzent und den im Bild dargestellten Anderen. Sie gleicht hier eher einem Tauschhandel als uneigennütziger Hilfeleistung und Mikhailov scheint sogar daran gelegen, diesen Aspekt herauszustreichen als ihn zu verhüllen. Es ist eigentlich eine Banalität, denn beinahe jede professionelle Fotografie, nicht zuletzt die sozialdokumentarische, basiert auf Geldbeziehungen.[237] Wenn der Künstler nicht selbst Auftraggeber ist, dann ist es eine Redaktion oder ein sozialer Verband. Mikhailov wischt diesen Umstand nicht zur Seite, sondern präsentiert sich unmittelbar als Profiteur. Auf einem Foto von Vita sieht man ihn in der Hocke vor einer jungen Frau, kaum mehr als 18 Jahre alt, die ihren Intimbereich freigelegt hat, so als warte sie auf eine ärztliche Untersuchung. Sein linkes Auge professionell zusammengekniffen zielt Mikhailov mit seiner Spiegelreflexkamera direkt auf ihre Vulva.

Wer Mikhailovs Œuvre kennt, kennt auch sein spielerisches Interesse an nackten Körpern und unvermittelter Erotik. Die junge Frau lacht auf diesem und auch den nachfolgenden Bildern, die Situation scheint ihr nicht unangenehm zu sein. Dennoch ist da etwas, das einen zurückhält, der Erotik zu trauen. Es ist nicht ihre Direktheit, die manch einer vielleicht als vulgär empfände, auch nicht das unverstellte Interesse des Fotografen selbst – es sind die Verhältnisse, in denen sich die beiden Bildprotagonisten befinden, die ihre Erotik pornografisieren. Eben weil auch der Tauschhandel, der dem Motiv vorangeht, so unverstellt ins Bild rückt. Mikhailov bietet ein Bad, frische Kleidung und vermutlich ist auch Geld im Spiel gewesen. Andererseits: Was wäre ungewöhnlich daran? In der kapitalistischen Warenwirtschaft wird jeder zum Händler. Und auch, wenn man den Umstand gerne verdrängt: Ständig wird man dabei übervorteilt – oder übervorteilt selbst Menschen in schlechteren Lebenslagen beim Kauf von Kleidung, Elektronik oder anderen Dingen, die unter erbärmlichen Bedingungen produziert werden. Frei davon ist in unserer Gesellschaft also niemand. Wieso sollte ausgerechnet die Sexualität davon ausgenommen sein? Mikhailov entkleidet nicht zuletzt die Logik eines Systems, das bald jede Begegnung zu einer Geschäftsbeziehung macht.

Stutzig macht mich noch etwas anderes: Intuitiv gehe ich davon aus, die junge Frau könne aufgrund ihrer unwürdigen Lebenslage nicht „für sich“, weil lediglich aus großer Not heraus handeln. Spreche ich ihr damit nicht den freien Willen ab? Gestehe ich Menschen in entmenschlichenden Lebenslagen vielleicht gar keine Erotik zu, weil ich sie – naiv oder nicht – zur Sphäre der Freiheit zähle? Oder stimmt meine Intuition und die Verhältnisse überschreiten an dieser Stelle tatsächlich eine Grenze, hinter der all jene Möglichkeiten verkümmern, die die Gesellschaft für Praktiken der Freiheit reserviert, für die Kunst, das Spiel, die Erotik? So oder so: *Case History* schafft Momente, in denen alles falsch wird und jede Lust verdächtig. Und die Qualität, einen solchen Abgrund spürbar zu machen, bringt Mikhailov zuweilen selbst in die Bredouille, denn allzu leicht fällt das Unbehagen auf ihn selbst zurück. Die Freiheit, die das Bürgertum dem Künstler zuweist, soll ihn befähigen, die Falschheit des Bestehenden zu verwandeln. Die künstlerische Transformation ist aber nur im Ansatz ein der Gesellschaft entgegengestelltes Anderes, mitnichten ein Besseres und keineswegs losgelöst von den falschen Verhältnissen, in denen sie passiert. Goldin oder Billingham schützt eine vermeintliche Integrität, die sich aus ihrer persönlichen Verbindung zu den Protagonisten ergibt, vor ähnlichem Misstrauen. Man gesteht ihnen ein gleichsam therapeutisches Interesse zu, wo es darum geht, die eigene Geschichte zu erzählen. Mikhailov erzählt zwar mit sich, aber von anderen, und er versucht bereits im siebenseitigen Vorwort von *Case History* auf die erwartbare Skepsis gegenüber dieser Konstellation zu reagieren. Ich blättere zum Anfang des Buches zurück.

Mikhailov beginnt mit einem Geständnis. Er habe, schreibt er im Vorwort, das diffuse Gefühl, von einem „ideologischen Auto“ überrollt zu werden.[238] Das sozialistische „Experiment“ der Sowjetunion, von dem er unterschiedliche Aspekte in unterschiedlichen Serien „dokumentiert“ habe (er selbst setzt den Begriff in Anführungszeichen), sei an sein Ende gekommen und mit diesem Buch rücke er ihre letzte Periode ins Bild. Der ursprüngliche Plan habe nach seiner braunen und blauen Serie eine pinke vorgesehen. Er spricht von *Am Boden* (1991) und *Die Dämmerung* (1993), zwei Fotoreihen, für die er jeweils Straßenszenen mit der Panoramakamera festhielt und die Perspektive der Aufnahmen unter die Augenhöhe, Richtung Boden verlagerte. Sie zeigen bereits die schlingernden Verhältnisse einer von Mangel, Improvisation und Straßenhandel geprägten Gesellschaft im Umbruch. Die Schwarzweißbilder von *Am Boden* haben eine bräunliche Kolorierung – *Die Dämmerung* hat eine bläuliche. Eine pinke Serie sollte schließlich die Rückkehr des Lebens „wie während eines Sonnenaufgangs“[239] schildern, nur sei er beim Besuch seiner Geburtsstadt Charkiw derart schockiert gewesen über die Menge der dortigen Obdachlosen, dass er seine Pläne bald über den Haufen warf. „Die Reichen und die Obdachlosen – diese neuen Klassen der neuen Gesellschaft – waren, wie man uns beigebracht hatte, Features des Kapitalismus.“[240] Er habe, schreibt der Künstler, den richtigen Zeitpunkt verpasst, um die neuen Reichen zu fotografieren. Für einen kurzen historischen Moment seien diese durchaus offen und sich ihrer neuen Position noch nicht völlig bewusst gewesen – demgegenüber sei das Zeitfenster bei den Obdachlosen, den sogenannten „Bomschi“, noch geöffnet. Damit spricht er natürlich mehr an als eine verpasste

Gelegenheit, denn genau genommen gibt es gar keine Dokumentarfotografie über reiche Menschen. Ich schiebe den etwas schrammeligen Ausdruck einer Fotografie als Lesezeichen ins Buch und schaue aus dem Fenster.

Als Bildgegenstand war Armut von Beginn an mit dem dokumentarischen Genre verbunden, sie gehört mithin zu jenen Inhalten, „die praktisch zu Zeichen für das Dokumentarische geworden sind.“[241] Sie ist bis heute etwas, über das im aufklärenden Modus berichtet wird und selbstverständlicher Teil des bildjournalistischen Spektrums ist. Kontrovers diskutiert wird lediglich darüber, *wie* sie ins Bild gesetzt wird. Und stets sind es Dritte, die solche Bilder in Auftrag geben – Fotografie über Armut wird in aller Regel nicht durch die Bildakteure selbst initiiert, sie ist Folge ihrer visuellen Befragung als Andere: „Wie leben sie? Wie sieht sie aus, die Armut der Anderen?“ *How the Other Half Lives* ist der Titel eines der ersten Fotobücher, das Jacob Riis 1890 über die Elendsquartiere in New York publizierte. Insbesondere die „marginalisierte Armut“, also diejenige, die einer klar umgrenzten Randgruppe zuzuordnen ist, eignet sich, um fotografisch den bürgerlichen Gleichheitsgrundsatz einzuklagen: Sollte nicht jeder gleiche Lebenschancen haben? Ungewollt ist diese Art der Klage selbst zu einem eigenen Genre geworden und als erfahrene Betrachter unterstellen wir schon aus Gewohnheit einen kritischen Impetus, sobald wir die Fotografie eines Menschen in Armut auf einer Webseite, einem Plakat oder in einer Zeitschrift sehen. Entsprechend schnell sehen wir uns in der Lage, die Eignung dieser Bilder zu beurteilen. Es ist als definiere der Gegenstand bereits ein bestimmtes, kritisches Narrativ und die Betrachter – wie ich in der Berliner Ausstellung von *Case History* – empfinden jede Abweichung von ihrer präferierten Erzählform sogleich als unangemessen. Man möchte nicht irgendwie auf Armut angesprochen werden, sondern in der gebührenden Form und im passenden Augenblick. Wer Bilder von Armut publiziert, wird also an der Frage der Angemessenheit seiner Darstellung kaum vorbeikommen. Dieser Rechtfertigungsdruck ist auch bei Mikhailov spürbar und mutmaßlicher Anlass für das ausführliche Vorwort.

Dagegen gilt Reichtum gemeinhin nicht als problematischer Bildgegenstand. Sehr viel seltener wird er überhaupt als Symptom unwürdiger sozialer Verhältnisse oder Missachtung des bürgerlichen Gleichheitsgrundsatzes wahrgenommen. Wenn überhaupt erscheint nicht der Reichtum an sich kritikwürdig, sondern ein vermeintlich obszöner Umgang mit diesem. Nicht die Besitzverhältnisse gelten als Problem, sondern die „aufstrebenden Möchtegerns“, die sich verschulden, „um die feine Gesellschaft nachzuahmen mit teuren Autos und Hochzeiten, die sie sich gar nicht leisten können.“[242] Lauren Greenfields mehrfach ausgezeichnetes Fotobuch *Generation Wealth*, dem die zitierte Beschreibung galt, ist ein Beispiel für diesen Fokus auf einen vermeintlich anstößigen Umgang mit außergewöhnlichem Reichtum. Die Serie *Little Adults* von Anna Skladmann oder *Luxury* von Martin Parr wären weitere.[243]

Die unterschiedlichen Voraussetzungen für die Dokumentation von Armut und Reichtum, die Mikhailov im Vorwort anspricht, sind augenscheinlich Folge erfolgreicher Konsolidierungsbemühungen des gehobenen Besitzbürgertums und der sogenannten

Superreichen, deren unverhältnismäßiger Besitz weder als Diskurs- noch als Bildgegenstand allgemein in Frage steht. Wenn Reichtum dann doch einmal ins Bild rückt, wird er aktiv ausgestellt, aber nicht wie Armut von Dritten dokumentiert. Keines der Fotos in *Generation Wealth* wird gegen den Willen der Fotografierten veröffentlicht, so unschmeichelhaft es den Betrachtern auch erscheinen mag. Anders als bei Fotografien von Menschen in Armut, wo die Frage nach deren Einverständnis nur zu häufig im Raum steht, ist die Kontrolle von Menschen mit übermäßigem Reichtum über „ihre" Bilder so selbstverständlich, dass sie an keiner Stelle diskutierenswert erscheint. Denn fraglos verfügen sie über sämtliche Werkzeuge, ihnen unangenehme Aufnahmen zu stoppen: die entsprechenden Persönlichkeitsrechte, aber vor allem das Wissen und die Mittel diese juristisch zu verteidigen. Und anders als bei der Frage der Angemessenheit von Fotografien über Armut, die immer den jeweiligen Fotografen, Journalisten oder Künstler treffen – „Ist es legitim arme Menschen so zu zeigen?" – richtet sich die Frage im Fall von außergewöhnlich reichen Menschen stets an diese selbst. Wir akzeptieren sie intuitiv als souveräne Bildakteure, wenn wir fragen: „Ist es angemessen, seinen Reichtum derart auszustellen?" Wenn man im Zusammenhang mit Reichtum von „kritischer" Fotografie spricht, ist also in der Regel solche gemeint, die die Prahlerei von neureichen, „aufstrebenden Möchtegerns" vorführt, die sich unbürgerlich gerieren und deshalb in ihrer unbeholfenen Zurschaustellung eher an Attribute der unteren Klassen erinnern. Eigenschaften wie die vermeintlich männliche Zurückweisung von Sentimentalität, die Vorstellung der Frau als Eroberungsobjekt oder die Gleichgültigkeit gegenüber Kompromissen und sozialer Verantwortung.[244] Aspekte, die mir in Fotografien von ärmlichen Verhältnissen vielleicht wie bittere Folgen der Verhältnisse erscheinen. Aspekte, die mir aber auch in Greenfields Porträts von übermäßig wohlhabenden Personen unmittelbar ins Auge springen (Abb. 19). Sie sind sich ihrer Position offenbar ebenso wenig bewusst, wie Mikhailov es für die neureichen Ukrainer unmittelbar nach dem Zusammenbruch der Sowjetunion beschreibt.

Möglich ist aber auch, dass sie zu jenen gehören, die bewusst eine antibürgerliche und neoaristokratische Attitüde kultivieren, für die populäre Multimillionäre wie die Kardashians oder Donald Trump, selbst kein Aufsteiger, sondern in begüterten Verhältnissen aufgewachsen, heute stilbildend sind. Im Gegensatz zur hergebrachten bürgerlichen Kaschierung zelebriert ihre protzige Hervorhebung ökonomischer Verschwendung geradezu den ständischen Charakter einer sich häutenden Klassengesellschaft. Ihr offen reaktionäres Selbstverständnis ist das kulturelle Resultat einer seit den 1980er-Jahren sozial honorierten neoliberalen Attitüde und der damit assoziierten „The-winner-takes-it-all-Hierarchie", die Ungleichheit in weiten Kreisen wieder legitim erscheinen lässt.[245] So traten neben das sogenannte „Unterschichtenfernsehen", das seit der Jahrtausendwende in zahlreichen Unterhaltungsformaten die mentalen und psychologischen Unzulänglichkeiten einzelner Sozialhilfeempfänger bloßstellt, in den vergangenen Jahren immer mehr Sendungen, in denen reiche Menschen einen besonders vulgären Lebensstil vorführen. „Sie haben das Benehmen von Asozialen, die im Lotto gewonnen haben. Sie schaffen es wirklich, viel Geld billig aussehen zu lassen", zitiert Esther Ruelfs einen Bewohner Manhattens in Bezug auf die dort ansässige Familie der Millionen-Erbin Paris Hilton, die Protagonistin solcher TV-

Formate war. Kuratorin Ruelfs spricht von einem regelrechten Trend: „Noch nie hat es denjenigen, die nicht dazugehören, so viel Spaß gemacht, mit moralischer Überlegenheit Reichtum zu betrachten."[246] Die von ihr initiierte Ausstellung *Fette Beute – Reichtum zeigen*, 2014 im Hamburger Museum für Kunst und Gewerbe, gehört zu den wenigen Bestandsaufnahmen künstlerischer Positionen, die sich mit der fotografischen Repräsentation von Reichtum beschäftigen.[247] Im dazugehörigen Katalog erklärt Thomas Hecken dann auch, warum, allen Zurschaustellungen zum Trotz, die überwiegende Mehrheit der Reichen weiterhin bemüht ist, das Ausmaß ihres Wohlstandes zu verbergen.[248] Da seien zum einen die Restbestände der bürgerlichen Kultur von Ehrbarkeit und Sparsamkeit, die sich im 19. Jahrhundert moralisch vom Adel abzugrenzen suchte. Außerdem gäbe es eine große Angst vor Raub und Diebstahl, mit der Reiche sich zunehmend in exklusive Clubs und Gated Communities flüchteten. Wenn Vermögenseigner sich heute überhaupt der Öffentlichkeit zeigten, „dann in Firmengebäuden und in Mehrzweckhallen, in denen Jahreshauptversammlungen und Kongresse abgehalten werden – oder in Theatern und Museen, zu deren Programmen sie beitragen."[249] Es ist jedenfalls kein Zufall, dass Fotografen wie Buck Ellison, der als einer von wenigen die betont bürgerliche Selbstauffassung der vermögendsten Schichten, in seinem Fall die der kalifornischen Westküste, zum Bildgegenstand macht, mit Schauspielern arbeiten. Es würde gar nicht anders gehen, erklärte er mir in einem Gespräch am Rande einer Ausstellungseröffnung.[250] Denn obwohl seine Fotografien alles andere als prahlerisch, schrill oder obszön sind – es handelt sich überwiegend um klassisch anmutende Familienporträts und harmlos wirkende Alltagsszenen –, würde er schwerlich die Erlaubnis bekommen, Aufnahmen von tatsächlich existierenden Familien auszustellen. Nicht der Zugang ist dabei das Problem, schließlich ist er im selben Milieu aufgewachsen und entsprechend vertraut mit den nötigen Umgangsformen und kulturellen Codes. Doch offensichtlich gibt es ein Bewusstsein in diesen Familien, dass es etwas zu verbergen gibt, etwas, das nicht Gegenstand des öffentlichen Diskurses sein sollte.

Wenn sich wohlhabende Familien heute überhaupt von Künstlern porträtieren lassen, gilt das Gebot einer betont gemäßigten, klassisch bürgerlichen Darstellung. An dieser Stelle komme ich zurück zu meinem abgegriffenen Lesezeichen. Es zeigt Thomas Struths Familienporträt der Familie Richter (*The Richter Family 1, Köln 2002*) und erfüllt diesen Anspruch rundherum: Kleidung und Wohnzimmermobiliar wirken hochwertig und zugleich dezent, die eingenommenen Posen ernst, trotzdem selbstverständlich und ungezwungen (Abb. 20). In dieser Präzision hatte mich die Aufnahme regelrecht beunruhigt als ich sie 2010 in einer Ausstellung des Fotografen in der Kunstsammlung Nordrhein-Westfalen in Düsseldorf entdeckte. Danach hing der etwas unscharfe Ausdruck des Bildes für eine Weile neben meinem Schreibtisch. Vielleicht hatte ich versucht, den durchdringenden Blick des Hausherrn zu ergründen, ihm zumindest standzuhalten – ich weiß es nicht mehr. Irgendetwas an diesem Motiv fand ich faszinierend und schauderhaft zugleich. Gerhard Richter sitzt links im Bild auf einem edlen schwarzen Ledersessel, einer Version des *Lounge-Chairs* von Charles Eames, einem teuren Designklassiker. Er sitzt seiner Frau, der Künstlerin Sabine Moritz, zugewandt, die rechts auf dem dazugehörigen Fußhocker Platz genommen hat. Vor Richter, auf demselben Sessel, sitzt sein Sohn, das Gesicht wie sein Vater zum Betrachter gewendet. Die jeweils rechte Hand der beiden stützt sich auf einen modernistisch-reduzierten Glastisch. Die Hand des Vaters liegt souverän ausgestreckt, die kindliche des Sohnes etwas verhalten gekrümmt daneben. Richter trägt ein schlichtes Jackett, eine dunkelblaue Krawatte und ein hellblaues Hemd, sein Sohn ebenfalls Hemd, ohne Krawatte, darüber einen dunkelblauen Pullunder. Rechts im Bild stützt sich Moritz elegant gedreht mit dem linken Arm auf das Ende des Fußhockers. Sie trägt einen grauen Rollkragenpullover und einen über ihre Knie reichenden, schlicht gemusterten Rock. Wie die anderen richtet sie ihre ernste Miene Richtung Kamera. Auch ihre rechte Hand ist Kraft betonend gespreizt, drückt den Körper der jungen Tochter vor ihr behütend an sich. Analog zu Vater und Sohn sitzen Mutter und Tochter auf dem Hocker, beide tragen Rock und Rollkragenpullover. Die wenigen Accessoires im Hintergrund erscheinen in einer ausgesprochen harmonischen Ordnung: Hinter dem Kopf von Richter hängen zwei seiner Gemälde, eines davon zeigt einen Totenschädel (*Schädel*, 1983). Links neben den Köpfen von Mutter und Tochter steht ein Strauß weißer Lilien. Das verschwommene Blattgrün eines Baumes lässt hinter einer Glastür den Garten vermuten.

Richter gilt einer großen Öffentlichkeit nach wie vor als bedeutendster deutscher Künstler der Gegenwart und auch Moritz reüssiert immer häufiger in Galerien und Kunstvereinen. Demnach kann man die Ununterscheidbarkeit zwischen dieser Fotografie und einem Familienfoto mit konservativ-bürgerlichem Hintergrund durchaus als Zurückhaltung lesen: Die Künstler pochen nicht länger auf eine Sonderrolle, verzichten auf die antibürgerlichen Gesten und exzentrischen Selbstinszenierungen der Boheme. Richter erscheint vielmehr wie ein gewöhnlicher Unternehmer, der seine Kunst sogar, wie als Beweis der eigenen legitimierenden Könnerschaft, als Wohnzimmerbild über die hochwertige Stereoanlage hängt. Man kann in dieser Zurückhaltung aber auch jene mich so beunruhigende Präzision erkennen, die die eigene Herrlichkeit, die eigene ästhetische Souveränität und ökonomische Bewegungsfreiheit besonders gewieft ausstellt, indem sie sie nämlich zugleich lässig und selbstsicher kaschiert. Bildung und Besitz gehen in den vielen kleinen geschmacklichen Details der Darstellung Hand in Hand. Sie scheinen einander zu bedingen und legitimieren sich genau dadurch im bourdieu'schen Sinne.[251] Zuletzt erscheint auch das bilderbuchartige familiäre Glück als schlüssige Folge eines „guten Lebens". Es ist ein Wohlstand, den man als Bildungsbürger kaum kritisch zu fassen bekommt, ohne im eigenen Neid auszurutschen. Struths Fotografie ist eine makellose Zurschaustellung „legitimen" bürgerlichen Reichtums, und damit auch Exempel einer bürgerlichen Dialektik, die im Moment ihrer Konsolidierung unterschwellig aristokratische Selbstverhältnisse reproduziert. Die bürgerlichen Werkzeuge autonomer Lebensführung werden zum Mittel kultureller Identität und Abgrenzung. Dabei ist das Phänomen längst nicht auf einen bestimmten klassischen Geschmack festgelegt, denn selbstverständlich wandeln und diversifizieren sich auch bürgerliche Lebensweisen mit der Zeit. Der dynamische Firmenchef, der sich im Rollkragenpullover ablichten lässt, die kritische Professorin mit modischem Kurzhaarschnitt oder das selbstironische Familienselfie vor kitschiger Weihnachtskulisse gehören heute ebenso zur Logik bürgerlicher Selbstinszenierung. Auch in den vielen Versuchen innerhalb „sozialer Medien", fotografisch den eigenen ästhetisierten Alltag auszustellen, ist sie unschwer zu erkennen. Selbstironie, ein verspieltes Interesse für Nebensächlichkeiten, dazu diskrete Verweise auf Geschmack, Bildung und Wohlstand demonstrieren die vornehme Ablehnung offener Prunksucht und Prahlerei, die ja traditionell eher mit absolutistischer Herrschaft in Verbindung stehen. Gleiches gilt für die derbe Kultur der unteren Klassen, von der sich abzugrenzen man im selben Zuge ausholt. Deshalb verheddert sich das bürgerliche Ineinandergreifen von ökonomischem Wohlstand mit dem emanzipatorischen Rüstzeug von Bildung, Geschmack und Sittlichkeit auch so lange in Widersprüche, wie die Gesellschaft genau diese Kombination für wenige einhegt und den übrigen Armut oder Dummheit oder beides überlässt.

Es gibt Aufnahmen von Boris und Vita Mikhailov in ihrer Altbauwohnung in Berlin-Schöneberg, die denen der Richter-Familie in vielerlei Hinsicht nicht unähnlich sind. Sie erschienen im Katalog anlässlich von Mikhailovs Ausstellung im Pavillon der Ukraine 2017 im Rahmen der Venedig Biennale. Dort präsentierte er eine Folge von Fotografien, die er während deutscher Bundestagsdebatten unmittelbar vom Fernsehbildschirm abfotografiert hatte. Übertragungsfehler bzw. dadurch verursachte digitale Artefakte fragmentieren die Darstellung der Redner bis zur Unkenntlichkeit (*Parliament*, 2017). Ein Großteil des Katalogs besteht allerdings aus Fotografien von Jürgen Teller, mit dem Mikhailov schon 2007 im Ukrainischen Pavillon ausgestellt hatte. Seine Bildreihe soll offenbar eine Art Making-of zu den ausgestellten Parlamentsbildern sein. Sie gewährt nicht nur Einblick in die Berliner Wohnung des Künstlerpaares, sie gibt auch Aufschluss über die darin repräsentierte Kultur des Wohnens, etwa über das Mobiliar oder den Fernseher, den die beiden lässig auf einem Perserteppich abgestellt haben. Beinahe wie in *Case History* erzählen die Fotografien ihre eigene Entstehungsgeschichte mit: Teller wird von den beiden Gastgebern im Wohnzimmer bewirtet. Es gibt Baguette, Salami, Orangensaft, frische Himbeeren, Wodka aus Kristallgläsern, Kaviar und Kekse. Auch wenn die Mischung etwas barock anmutet, so erzählt auch dieser gedeckte Tisch vor allem vom „guten Leben" und bürgerlicher Lebensart. Teller rückt das Essen mal in den Bildhintergrund, hält es aber auch in einzelnen Stillleben fest. Kein Vergleich zur ärmlichen Küche von Charkiw.

Was ist darüber hinaus zu sehen? Mikhailov demonstriert, wie er die Bilder vom Fernseher gemacht hat, Vita macht Aufnahmen mit dem Handy, beide albern herum und überall liegen Bücher und Fotoabzüge. Die Szenen wirken agil und spontan – darin wiederum ganz anders als die strenge Komposition von Struth, bei der alles so überaus wohlgeordnet erscheint. Das ukrainische Künstlerpaar repräsentiert deutlich mehr bohemistische Nonchalance. Aber ich finde auch klassische Insignien bürgerlicher Wohnkultur, vielleicht etwas weniger gesetzt als bei Richter, aber im Allgemeinen ändert sich das Vokabular bürgerlicher Lebensart auch in dieser Hinsicht laufend. Ich starte noch einmal mein Tablet und suche nach vergleichenden Aufnahmen aus dem privateren Umfeld von Wolfgang Tillmans und Nan Goldin. Ein kurzes Video mit letzterer wurde offenbar in ihrer Wohnung aufgenommen.[252] Auch da trifft man vor allem auf Bücher, zentrales Dekor eines bildungsbürgerlichen Interieurs, dazwischen allerhand

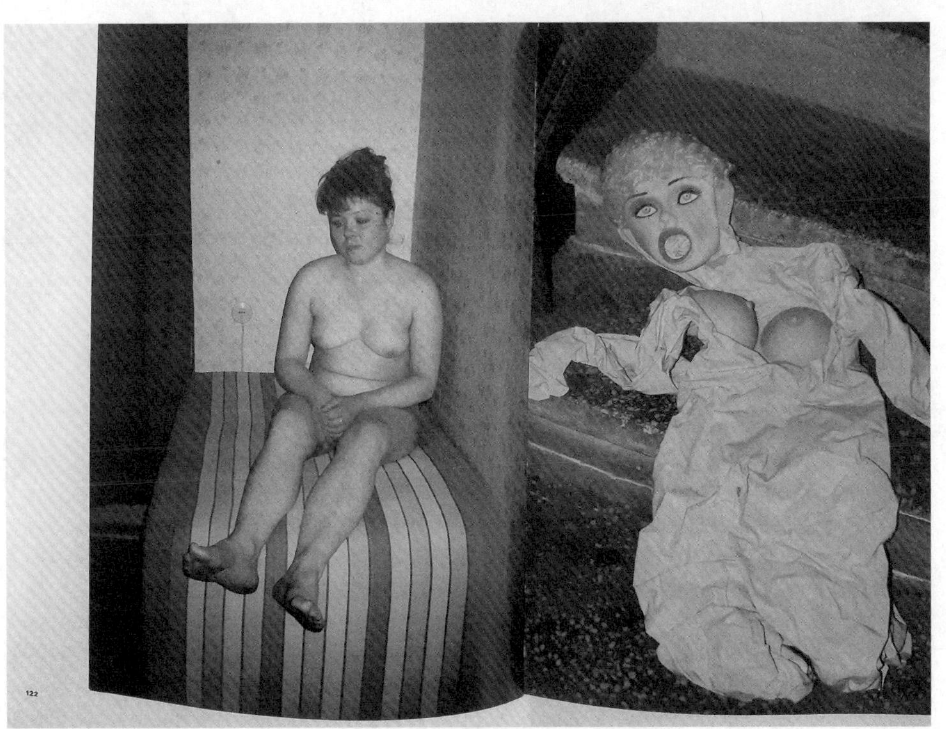

Nackte Wirklichkeit: Doppelseite aus *Case History*

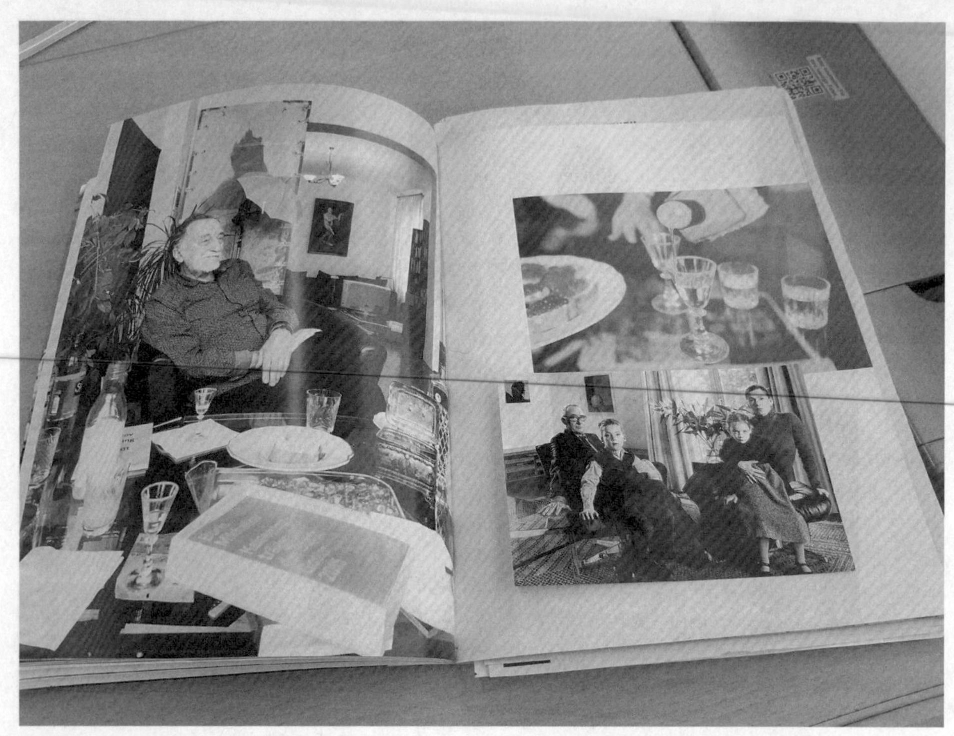

Boris Mikhailov neben Thomas Struths *The Richter Family 1, Köln 2002*

Nippes, den sie vermutlich von den Flohmärkten dieser Welt zusammengetragen hat. Es gibt nur zwei Einstellungen in dem kurzen Interview, aber sie reichen, um eine gewisse kreative Prosperität zu repräsentieren, einer erfolgreichen Künstlerin genauso würdig wie der Ausblick, der die teure Wohnlage in New York verrät. Ein anderes Video zeigt Tillmans, der einen anderen, aber nicht weniger expliziten Geschmack repräsentiert, als er das Kamerateam eines Museums zum Atelierbesuch einlädt: Er trägt eine legere Trainingshose, im Hintergrund sieht man maßvoll wuchernde Topfpflanzen sowie geschmackvolle Funktionsmöbel.[253] Tillmans entspricht von den vier Künstlern wohl am ehesten dem jungen, urbanen und wohlhabenden, liberalen und kosmopolitischen Bürgertum. Aber auch Goldin und Mikhailov wären ihren Wohnräumen nach bürgerlich-liberalen Milieus zuzuordnen, mit herkunfts- und generationsbedingten geschmacklichen Unterschieden im Detail. Das Familienporträt der Richters wirkt demgegenüber wie das eines konservativen Besitzbürgers.

Während der Zug bereits in Mannheim stoppt, verliere ich mich in automatisierten Videoempfehlungen, woraus sich ein eher zufälliger Vergleich von zwei Bildbeschreibungen ergibt. Beide von erfolgreichen Fotografen, denen sichtlich die Worte ausgehen, als sie über ihre Aufnahmen sprechen. Da ist noch einmal Tillmans, der während des erwähnten Atelierbesuchs über die Fotografie eines Hotelzimmers sinniert. Er hält einen Abzug in die Kamera. Man erkennt schlichtes Interieur, einen leicht verblassten Teppichboden, einen Mülleimer mit darüber gespanntem Plastikmüllsack, einen Schreibtisch aus billigem Furnierholz, einen veralteten silbernen Fernseher, in dessen Mattscheibe sich spiegelnd das Bett abzeichnet. Das Stillleben (*Jurys Inn*, 2010) zeigt den typischen Stil eines Hotels der unteren Preiskategorie. „Ich habe das nie als Spott verstanden," sagt Tillmans und gerät ein wenig ins Straucheln, „weil, wissen Sie, das ist wie, wissen Sie, wie einige Leute einen Raum so entwerfen und andere machen es anders. Wissen Sie, das ist die Realität, es gibt viele, viele Lösungen. Aber aus dieser Hässlichkeit entstand irgendwie eine interessante Komposition, die einerseits etwas über die Schlechtigkeit, aber auch über die Menschlichkeit darin aussagt."[254] Daraufhin setzt wieder jene sphärisch-kitschige Musik ein, die den Clip der Tate Modern strukturiert. Das ist die eine Art, denke ich, Klassenunterschiede im Geschmack vorzuführen: sie gleichzeitig als schlichte Wahlmöglichkeit („viele Lösungen") zu verschleiern und sich dabei selbst noch die Güte und ästhetische Raffinesse zuzusprechen, in diesem niederen Geschmack eine eigene Qualität auszumachen („die Menschlichkeit darin").

Nicht weniger aufschlussreich versucht Jürgen Teller, in seinem Teil der Gruppenausstellung im ukrainischen Pavillon 2007 stehend, seine Motivwahl zu erklären. Für die ausgestellte Bildreihe hat er die Ukraine besucht und traf dort offenbar auf jene postsowjetischen Verhältnisse, die Mikhailov in seinem Vorwort zu *Case History* beschreibt. Mit Tellers Worten: „Für mich war es ein krasser Kontrast. Es wäre natürlich das Einfachste zu sagen: arm und extrem reich. Aber es gab auch verschiedenste Beispiele der alten sowjetischen Schule und Unmengen von verrückten jungen Frauen und extrem teure Autos und so viel Luxus. Es ist ein bisschen wahnsinnig." Rauchend spaziert Teller durch die Ausstellungsräume, begleitet von einer jungen, auffallend adrett gekleideten Frau, vermutlich eine Angestellte der Stiftung des ukrainischen Oligarchen Victor Pinchuk, die den Pavillon finanziell unterstützte und auch dieses Dokumentationsvideo produziert hat. Sie raunt ihm Stichworte zu oder versucht Sätze zu vervollständigen, wenn Teller verbal ins Stocken gerät. „Die jungen Leute [in der Ukraine] sind sehr, sehr, äh…“, beginnt Teller. „Talentiert?“, bietet ihm die junge Frau aus dem Off an und Teller fährt fort: „Ich würde nicht sagen naiv, aber alles hier [in Westeuropa] ist sehr zynisch, und es scheint dort keinen Zynismus zu geben.“[255] Im Grunde gibt Teller hier selbst ein ganz gutes Beispiel für diesen westlichen Zynismus. Sein einziger Modus der Beschreibung ist der des affirmativen Staunens. Er staunt über die großen Autos, Waffenkontrollen vor den Nachtclubs in Kyjiw und die „Unmengen von jungen Frauen“. Eine dieser jungen Frauen fotografiert er nackt, nur mit einem Schal aus Pelz und einem Slip bekleidet auf einem Tisch liegend. Im Hintergrund sitzt ihre Mutter im purpurrot leuchtenden Abendkleid. Die Ellenbogen stolz auf den Tisch gestützt und die Hände ineinander gefaltet, fixiert sie die Kamera. Es ist die gleiche chauvinistische, dezidiert unbürgerliche Art, seinen Reichtum vorzuführen, wie ihn später Greenfield in *Generation Wealth* aufgreifen wird. Nur, dass die Inszenierungen Tellers sie noch mehr auf die Spitze treibt – meist durch mäßig witzige Einfälle, die dann doch eher an Modefotografie erinnern. „Was für ein Kontrast!“, murmelt die Stichwortgeberin im Video immer wieder anerkennend.

Nun scheint der Zynismus entrückter Verwunderung in der autonomen Verfasstheit bürgerlicher Kunst schon angelegt – soll sie doch das Ästhetische präferieren, selbst dort, wo sie auf problematische soziale Gehalte rekurriert. Für meine Beobachtungen hatte ich mir deshalb vorgenommen, nicht vorschnell moralische Maßstäbe anzusetzen. Aber gerade fällt es mir schwer, den Ausführungen beider Künstler ganz ohne Aversion zu folgen. Vielleicht hat das gar nicht so viel mit ihren Bildern zu tun, als mit der verwirrenden Dialektik von ästhetischer Autonomie und bürgerlicher Distinktion.[256] Ich höre in den Ausführungen von Teller und Tillmans eben auch Varianten zweier recht verbreiteter Strategien, sich das Elend der Welt vom Leib zu halten. Das ist natürlich eine Unterstellung, aber davon abgesehen durchaus exemplarisch: Das sozialliberale Verständnis, das ich Tillmans zuordne, erfährt Unterschiede von Bildung und Geschmack als quasi selbstgewählten Ausdruck kultureller Identität. In der „Menschlichkeit“, die er im unausgereiften Geschmack der Hotelzimmergestaltung ausmacht, steckt etwas Paternalistisches. Tellers affirmatives Staunen begeistert sich dagegen für extreme Kontraste und offenbart einen gewissen Hang zur angesprochenen „The-winner-takes-it-all-Hierarchie“ im neoliberalen Weltbild. Zur Ehrenrettung der beiden Fotografen sollte ich hinzufügen, dass es beinahe unmöglich ist, über Kunst zu sprechen, die soziale Widersprüche aufgreift – sie also zwangsläufig ästhetisiert – ohne sich selbst in eine ambivalente Position zu bringen. Schon die privilegierte Ausgangsposition der Gegenwartskunst ist zweifelhaft, weil sie in einer Art spekulativem Vorgriff emanzipatorische Freiheiten beansprucht, die längst nicht für alle verwirklicht sind.

Welche Möglichkeiten haben Künstler, aus dieser Position heraus Momente der Solidarität mit den Ausgeschlossenen zu formulieren? Der Kunstkritiker Jan Verwoert hat

Mikhailov einmal in die Tradition einer Boheme gestellt, der dies dadurch gelänge, dass sie selbst ein Leben im „Ausnahmezustand" favorisiere. Mikhailov habe sich in seiner Kunst immer wieder außerhalb bestimmter Normen bewegt, schon während seiner Zeit in der Sowjetunion habe er wiederholt Probleme mit der Zensur bekommen. Dieses selbstgewählte Risiko, schreibt Verwoert, würde es möglich machen, einen anderen Blick auf die Verhältnisse zu gewinnen, „und das heißt bei Mikhailov, die Härten des gesellschaftlichen Lebens zu zeigen, aber auch in seiner Arbeit eine Lust und einen Witz zu kultivieren, die einem Staat, Gesetz und Norm nie geben können werden. Auf diese Weise macht er klar, was Boheme ethisch, politisch, ästhetisch und erotisch bedeuten kann: eine Art zu leben, zu lieben und zu arbeiten, die von der Solidarität mit den im Ausnahmezustand Lebenden genauso getragen wird wie vom Spaß daran, eigene Begriffe von Glück und Leid zu entwickeln und ihnen entsprechend zu leben."[257] Das mag eine recht romantische Auffassung vom Künstlerleben sein, wie sie durchaus typisch ist für das bürgerliche Kunstverständnis der Moderne. Gleichwohl trifft Verwoert hier einen Punkt: Bei Mikhailov greifen künstlerische Freiheit und soziale Härte auf so vielen Ebenen ineinander, dass bürgerliche Ideen von Freiheit, Solidarität und Selbstbestimmung gleichzeitig als Möglichkeit *und* als Problem im Raum stehen, jenseits der Norm und ohne ihrer Konsolidierung affirmativ das Wort zu reden. Den von ihm fotografierten Menschen im Ausnahmezustand nutzt das freilich wenig. Die Unterschicht partizipiert nicht an einer Kunst, deren emanzipatorische Parameter für sie nicht zu entziffern sind. Veränderung steht tatsächlich erst ins Haus, wenn bürgerliche Rezipienten den realen Abgrund ihrer eigenen Freiheit bemerken und es auch tatsächlich als Verpflichtung begreifen, ihn politisch zu beseitigen.

Dass Mikhailov nicht den Eindruck vermittelt, diese Konstellation zu verdecken, liegt daran, dass er die Beschreibung derselben zum Bestandteil seiner Ästhetik macht. Mikhailov klammert innerhalb seiner Bilder weder das eigene ambivalente Interesse aus (empathisch und voyeuristisch zugleich), noch die Verhältnisse, die ihn gegenüber den Obdachlosen begünstigen. Im Vorwort geht Mikhailov auf die Bezahlung seiner Bildprotagonisten ein. Sie habe für ihn auch eine zeitgeschichtliche Dimension, denn Menschen mit Geld zu manipulieren, sei nun mal eine der neuartigen legalen Beziehungsformen in den Gebieten der ehemaligen Sowjetunion.[258] Analog dazu erklärt er seine künstlerische Herangehensweise, die einerseits moralische Grenzen verschiebe, den bezahlten Modellen dabei aber stets das Gefühl vermittele, sich im ethischen Rahmen zu bewegen. „Zum Beispiel sende ich einen ‚nicht-ethischen Impuls' (indem ich die Modelle auffordere, sich auszuziehen). Dieser Impuls trifft auf Leben und reizt es (wenn das Modell einwilligt) oder nicht (wenn das Modell ablehnt), und schließlich ist es, als deformiere sich das Leben, als wäre die Anregung dazu, einen ‚nicht-ethischen Impuls' zu akzeptieren, für mich weiterhin ethisch. (So soll es sein.) Das bedeutet, dass ich den Modellen niemals Aufgaben gebe, die für sie merkwürdig wären."[259] Viel besser lässt sich die Logik kapitalistischer Vergesellschaftung nicht beschreiben.

Der Fernbahnhof von Baden-Baden ist beinahe menschenleer. Er liegt am Rand der Stadt und man muss eine gute Stunde durch deutsche Vorstadtödnis spazieren, wenn man auf den Bus zur Kunsthalle verzichtet. Es dauert keine zweihundert Meter und ich treffe in dem reichen Kurort auf den ersten Obdachlosen. „Was für ein Kontrast!“, hallt es zynisch in mir nach. Der Mann sitzt unter dem Vorsprung einer Postbank-Filiale. Rechts von ihm führt eine Treppe hinauf zum Eingang der geschlossenen Filiale, es ist Sonntag. Aber unmittelbar über dem Obdachlosen befindet sich ein Geldautomat, so dass doch hin und wieder Menschen vorbeikommen und ein paar Münzen in den Becher des Mannes werfen. Er ist um die fünfzig, soweit sich das sagen lässt, und sitzt dick eingepackt in einem Rollstuhl. Neben ihm liegen unzählige Decken, Schlafsäcke, Pappkartons und Plastiktüten, vermutlich übernachten hier mehrere Menschen. Der Mann hat kaum noch Zähne, schaut teilnahmslos auf die Straße und spricht leider kein Deutsch. Auf Nachfrage gibt er mir aber zu verstehen, dass er nicht fotografiert werden möchte. Ich lasse einen Euro da und ziehe weiter.

Es ist bedrückend, wie stark sich die Bedeutung von *Case History* in den letzten Jahren im westeuropäischen Raum verschoben hat – allein dadurch, dass die Motive mittlerweile vor der eigenen Haustür anzutreffen sind. Armutsflüchtlinge aus den ehemals kommunistischen Staaten im Osten Europas, deren Gesellschaftsstruktur in den 1990er-Jahren zusammenbrach, zeugen heute auch auf den Straßen von Baden-Baden von der anhaltenden wirtschaftlichen und sozialen Verwahrlosung weiter Bevölkerungsteile. Bis zu 50% der Straßenobdachlosigkeit in den deutschen Metropolen gehen Schätzungen zufolge auf EU-Binnenzuwanderung aus dem Osten zurück.[260] Was *Case History* vor 20 Jahren als Gesellschaftsbild aus der Ukraine der westeuropäischen Öffentlichkeit präsentierte, wäre mittlerweile auch am Bahnhof Zoo in Berlin anzutreffen, berichtet Felix Hoffmann in einem Interview. Er ist verantwortlicher Kurator für die Mikhailov-Retrospektive im C/O Berlin, deren Räume an den Bahnhof Zoo angrenzen.[261]

In Mikhailovs Ausstellung in der Kunsthalle Baden-Baden steuere ich relativ geradlinig auf den Bereich zu, der *Case History* gewidmet ist. Ich betrete einen kleinen, rechteckigen Raum von etwa zehn Quadratmetern. An einer der Längswände hängt eine Auswahl kleinformatiger Fotografien. Wie in Berlin haben sie eine Größe von je 18 × 27 cm und sind durch hölzerne Objektrahmen geschützt. Vier Reihen mit je zwölf Bildern hängen übereinander. Mikhailov hat die Serie deutlich im Umfang reduziert und neu zusammengestellt. Anders als im Buch lesen sich die einzelnen Sequenzen dadurch weniger als Abfolge. So ist die Situation mit den beiden Obdachlosen, die im Freien Adam und Eva nachstellen, zwar mit fünf Bildern vertreten, sie sind aber auf vier völlig unterschiedliche Positionen verteilt. Und wieder ist mein Eindruck, dass man in einer solchen gerasterten Bilderwand nicht hintereinander liest, sondern vielmehr Bilder aufschnappt, während der Blick umherschweift. Um ihn zu führen, muss man sehr klare räumliche Akzente setzen, so wie Mikhailov es mit einem Einzelbild gemacht hat, das allein an einer kurzen Wand daneben angebracht ist. Es zeigt die beiden Frauen aus dem „Requiem“, die wie Bäuerinnen aus der Sowjetzeit im Feld stehen. Auf dieser Fotografie liegen sie einander wie ein Liebespaar im Arm und schauen sich direkt ins Gesicht.

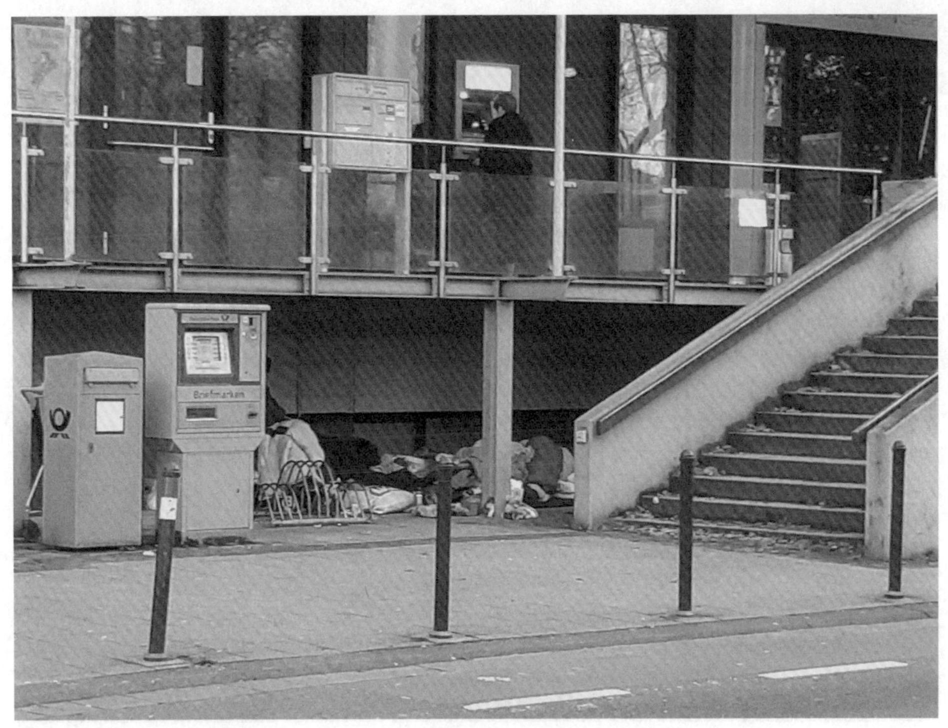

Draußen: Postbank-Filiale an der Ooser Bahnhofstraße in Baden-Baden

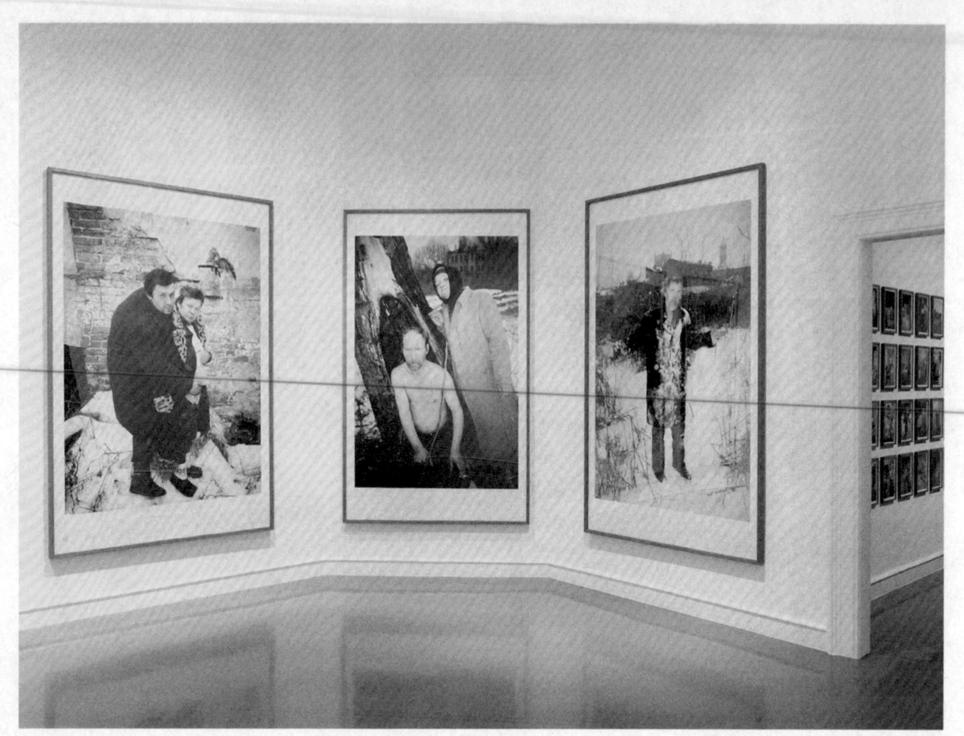

Drinnen: Ausstellungsansicht von *Boris Mikhailov – The Space Between Us*

Im Nebenraum hängen fünf Großformate in einem Halbkreis und „schauen“ auf zwei weitere an der geraden Wand gegenüber. Wieder muten die Bilder recht altarhaft an, die Posen wirken dezidiert, so als würden sie je einzelne Episoden einer religiösen Erzählung repräsentieren. Tatsächlich stehen die Fotografien jeweils für eine Sequenz von Bildern im Buch, die einen tieferen Einblick in die Situation ihrer Entstehung gestatten. Gerade als ich mich setzen will, betreten vier Personen den Raum. Ein Mann um die vierzig führt zwei ältere Damen und einen älteren Herrn durch die Ausstellung. Auch dieser Raum ist nicht allzu groß, ich belausche sie zwangsläufig. „Die ist schwanger, die Frau, oder?“, richtet sich eine der Teilnehmerinnen hilfesuchend an den Dozenten. Die Bildprotagonistin steht auf einer schneebedeckten Wiese, trägt einen dicken Wintermantel und entblößt Bauch und Intimbereich. „Oder einfach nur aufgeschwemmt, vom Alkohol!“, lautet die Antwort. „Viele von denen werden wahrscheinlich nicht mehr lange gelebt haben. Schauen Sie, die Kinder hier schnüffeln Klebstoff. Das ist natürlich schon bedrückend.“ Die Gruppe geht zurück zu den Kleinformaten. Ich folge ihnen, bis ich erneut in Hörweite stehe, und hantiere wie beiläufig mit meinem Handy. „Ob er sie wirklich vorführt, das wage ich doch zu bezweifeln“, führt der Gruppenleiter weiter aus. „Ich habe nicht den Eindruck, dass die da gegen ihren Willen ausgenutzt werden. Er wird ihnen schon Geld gegeben haben.“ Der Kapitalismus funktioniert also – oder doch nicht? „Deswegen wird das ja auch so kritisiert“, antwortet der Leiter auf eine Frage, die ich gerade verpasst habe, „weil er damit sehr viel Geld verdient. Das wird ja von Sammlern gekauft.“

„Also *ich* ertrage es nicht“, geht eine der beiden Damen entschieden und mit französischem Akzent dazwischen. „Das ist doch wie in der Realität, die man sowieso kennt. Man hat ja auch Bilder aus den Konzentrationslagern gemacht, und die waren noch schlimmer.“ Der Leiter gerät etwas unter Druck: „Das ist aber nicht nur journalistisch. Gerade weil es hier diese riesigen Formate sind. Es ist schon Kunst…“ Er hält kurz inne. „Also wir wissen nicht, ob er den Menschen vielleicht im Nachhinein hilft mit dem Geld, das er damit verdient.“ – „Aber sie sagten doch, dass er das nicht tut“, entgegnet die Frau. „Ja, das ist natürlich die Frage, ob man den Menschen helfen muss, wenn man sie so fotografiert, ob man nicht auch eine Verantwortung hat.“ Und natürlich ist mit „man“ der Fotograf gemeint. „Also da frage ich mich, wieso man eine Frau so fotografiert?“ Die Dame mit dem Akzent zeigt wieder auf das Großformat mit der Frau, die ihren Intimbereich entblößt. „Das ist schon richtig, das fragt man sich manchmal“, antwortet der Gruppenleiter etwas erschöpft. „Weil die ist ja ganz angezogen sonst!“, bekundet nun auch der Mann seine Irritation. „Es sind Fragen, die wir nicht beantworten können. Oder aber, es ist gar nicht das Entscheidende…“ Mit etwas ratlosem Blick streicht sich der Leiter durch die Frisur. „Die leben ja, diese Menschen!“, wirft die andere Frau jetzt ein, so als wäre es ihr jetzt erst aufgefallen. „Auf jeden Fall, das ist auch alles sehr lebendig. Vielleicht ist es sogar die Aporie eines Lebens, die wir hier sehen.“

Die ganze Szene dauert keine fünf Minuten, dann ziehen die vier weiter in den nächsten Raum, zum nächsten Frage-und-Antwort-Spiel dieser Retrospektive. Ich mache noch ein paar Notizen, ahne aber, dass dies bereits der K.-o.-Schlag für die ausgestellte Variante von *Case History* ist. In der kurzen Konversation erschienen alle Fragestellungen komprimiert: der Rausch, das Elend, der Tauschhandel, die Realität, die Kunst, keine Kunst, Verantwortung, keine Verantwortung. War es also ein Exempel jener demokratischen Öffentlichkeit, auf die Kunst noch immer abzielt, selbst wo sie auf spezifische Perspektiven und Fragestellungen pocht?[262] Es schien mir eher eine Karikatur davon zu sein: die Kunst als Stichwortgeber für Instant-Meinungen, die sich weniger aus ästhetischen Erfahrungen herleiteten, als aus jener Realität, die man, wie es die Besucherin sagte, „sowieso kennt".

Als ich mir auf dem Rückweg meine Notizen des Gesprächs ansehe, finde ich allzu bekannte Verdrängungsmechanismen und Abwehrreaktionen: Wenn ich Elend sehe, will ich wissen, wo ich spenden muss! Vielleicht war es auch einfach der Alkohol! Warum hat der Künstler nicht geholfen? Wäre das nicht seine Aufgabe, *seine* Verantwortung? Wohin mit meiner Empörung? Der Künstler verkauft diese Bilder? Unerhört! Dann wieder abwinkend: So etwas sieht man doch jeden Tag – das ist keine Kunst! Der Dozent wand sich, wich mal in ethische, mal in ästhetische Kategorien aus und war am Ende froh, als er zum nächsten Bildkomplex überleiten konnte. Nachdem ich mich auf der Hinfahrt so ungestört in das Buch vertiefen durfte, schien das alles einigermaßen ernüchternd. Nach wie vor bin ich sicher, dass Mikhailov mit *Case History* eine durchdringende, äußerst komplexe Serie vorlegt. Sie entfaltet sich zwar leichter im Buch als in einer Ausstellung, weil die lineare Führung durch Buchseiten seine Betrachter eher dazu anhält, keine Details zu unterschlagen. Doch auch in der Ausstellung wird der originäre künstlerische Umgang mit den von ihm aufgegriffenen sozialen Abgründen erfahrbar. Die Begegnung in Baden-Baden ruft mir nun unsanft in Erinnerung, dass keine ästhetische Erfahrung zwingend ist. Selbst dort nicht, wo herausragende Kunst sie eigentlich verbürgen müsste. Die durchschnittliche Zeit, die ein Besucher einem einzelnen künstlerischen Beitrag gewährt, liegt bei 27,2 Sekunden. Zumindest behauptet dies eine Studie aus dem Jahr 2001 und meine Erfahrung würde ihr nicht widersprechen.[263] Oft genug sehe ich mich selbst durch Galerien und Ausstellungshäuser rennen, ohne wirklich an- und innezuhalten.

Die Kunstwelt ist ein bisschen wie meine Situation in diesem überaus komfortablen Großraumwagen. Ein Gutschein der Deutschen Bahn hat mich an diesem Sonntag mit dem Privileg ausgestattet, in der ersten Klasse zu reisen. Die Zahl der Mitreisenden ist auch auf der Rückfahrt überschaubar – wir haben Platz, wir haben Zeit, wir haben den Kopf frei und die Hände. Was bedeutet es an einem Ort wie diesem *Case History* auf den Tisch zu legen? Das Buch hat keine magischen Kräfte, die leichtfüßige Gedanken plötzlich tiefer gehen lassen. Es wird bei einem hektischen Betrachter oft genug Abwehr und Ressentiment wachrufen. Die Autonomie der Kunst ist immer nur Möglichkeitsform, nicht etwas, das gesichert wäre durch ein kulturelles Format oder einen bestimmten sozialen Ort. Es ist ja mit der Autonomie unseres eigenen Denkens nichts anderes – wir müssen sie immer wieder aufs Neue herausfordern, so als wären wir tatsächlich frei. Weil diese Freiheit aber für alle gilt oder gelten muss, kann der ästhetische Modus des Als-ob diesen Bezug auf das soziale Ganze provozieren.[264] Die eigentümlichste Paradoxie von *Case History* ist vielleicht die, dass der soziale

Bezug seiner Rezeption vordringlich in Einsamkeit besteht. Eine Einsamkeit, die im Grunde jeden Reisenden der 1. Klasse erfassen müsste, sobald er sich vor Augen führt, wen er zurücklässt.

(Fortsetzung auf Seite 136)

Natürlich entsteht ein extremer Kontrast, wenn man in der ersten Klasse eines ICEs zwischen Hamburg und Baden-Baden ein Buch wie *Case History* aufschlägt. Eine Auseinandersetzung mit künstlerischen Bezugnahmen auf asoziale Verhältnisse legt es schließlich darauf an. Doch gut 25 Jahre nach ihrer ersten Veröffentlichung erscheint der Erfolg einer derart abgründigen Bildserie kaum noch vorstellbar. Im Laufe meiner Recherchen bestätigte sich vielmehr, dass die drastische Realität solcher Verhältnisse in der Gegenwartskunst keinen Widerhall mehr findet. Ich spreche nicht mal vom politischem Protest, den das Asoziale eigentlich hervorrufen müsste, dessen Ausbleiben nur weniger überraschend ist. Und gäbe es ihn, der Kunstbetrieb würde ihn mit Kusshand aufgreifen und in kulturelles Kapital ummünzen. Aber leistet man sich die relative Autonomie der Kunst nicht auch, um sich – aus sicherer, ästhetischer Distanz – mit dem Unbekannten, dem Unkontrollierten, dem Unverwirklichten, dem Verdrängten, um sich mit Schönheit und Lust, mit Ekel und Angst zu konfrontieren? Warum sollte ausgerechnet das Asoziale davon ausgenommen sein?

Die soziale Praxis der bildenden Kunst ist bürgerlich formatiert bis ins Detail. Wie folgerichtig sich das aus ihrer Geschichte ergibt, habe ich beschrieben. Erst die bürgerliche Prägung, die die Freiheit der Kunst immer zugleich sichert und untergräbt, erklärt den Abgrund, den die Ästhetik des Asozialen offenbart – und entsprechende Reaktionen provoziert. Wer also ist dieses Bürgertum, das Freiheit und Grenzen der Gegenwartskunst konstituiert? Und inwieweit begünstigt seine gegenwärtige Transformation das Verschwinden des Asozialen aus der Kunst? Wo im vorangegangenen Exkurs vom historischen Bürgertum des 19. Jahrhunderts die Rede war, ging es mir um einen wachsenden Teil der Gesellschaft, eine kulturelle Formation, deren Mitglieder bestimmte Einstellungen und Wertideen teilten.[265] Größenordnung und Einfluss dieser Formation variierten in den unterschiedlichen Regionen Europas, doch obwohl sie in der Regel nicht die Mehrheit der Bevölkerung bildete, war sie maßgebend; weite Teile des aufstrebenden Proletariats folgten ihrem Vorbild. „Es ist der progressive Ideenüberschuss in den bürgerlichen Wertideen, der vor dem Bürgertum nicht halt macht, sondern unaufhaltsam weitere Bevölkerungskreise aus Kleinbürgertum und Arbeiterschaft zu inkludieren prätendiert.“, argumentiert der Soziologe Hans-Peter Müller.[266] Implementiert ins bürgerliche Dispositiv der Kunst, reproduzieren und erneuern sich diese Wertideen im Betrieb von Ausstellungshäusern, Galerien und Museen. Doch wie für jedes Dispositiv gilt es nun zu unterscheiden zwischen dem, was es ist, was es war und was es im Begriff ist, zu werden.[267]

Weil ich das Bürgertum hier von der Kunst ausgehend ergründe, beschreibe ich es als kulturellen Zusammenhang. Äußerlich erscheint dieser in der Gegenwart weitaus differenzierter als im 19. Jahrhundert – ohne gemeinsamen Dresscode, einheitliche Rituale und einen verpflichtenden Kanon. Darüber hinaus umfasst er eine enorme Spannbreite ökonomischer Macht. Weil es mir um die Ungleichheit gegenüber den untersten Gesellschaftsschichten geht, landen auf der anderen Seite schlecht bezahlte Kunstkritiker und Kunst sammelnde Millionenerben kurzerhand in einem Topf. Nicht weil sich deren

Soziallagen glichen, doch teilen sie im bürgerlichen Zusammenhang der Kunst denselben Abgrund gegenüber jenen, die von Teilhabe völlig ausgeschlossen sind. Dieser zweite Exkurs wird, nachdem ich einen kurzen Blick auf soziologische Theorien und Dimensionen sozialer Ungleichheit geworfen habe, kulturelle und ökonomische Transformationen innerhalb des Bürgertums skizzieren, die auf die Konstitution der heutigen Kunstwelt einwirken und auch ihr Verhältnis zum Asozialen entscheidend verändern.

Dimensionen sozialer Ungleichheit

1848 setzen Friedrich Engels und Karl Marx im *Kommunistischen Manifest* auf eine streng dualistische Konzeption von sozialer Ungleichheit. Geschichte ereignete sich für sie als eine teleologische Abfolge von Klassenkämpfen. In diesen spitze sich der Konflikt zwischen „Unterdrückern" und „Unterdrückten" jeweils soweit zu, dass er zwangsläufig zu einer „revolutionären Umgestaltung" und Neuordnung der Verhältnisse führe und schlussendlich zur Auflösung der sich bekämpfenden Klassen.[268] Zwar unterscheidet Marx bereits verschiedene Klassen, doch der von ihm in Aussicht gestellte Kampf konzentriert sich im Kern auf zwei soziale Formationen, die sich antagonistisch gegenüberstehen: die Bourgeoisie, also das Besitzbürgertum, und das Proletariat, dem er ein über die eigenen Klasseninteressen hinausgehendes progressives, emanzipatorisches Potenzial zuspricht. Allerdings nur insofern seine Mitglieder einen gemeinsamen Kampf zu führen haben, „im übrigen stehen sie einander selbst in der Konkurrenz wieder feindlich gegenüber." Davon abgesehen ist Klasse für ihn schlicht jene gesellschaftliche Größe, durch die Individuen „ihre Lebensstellung und damit ihre persönliche Entwicklung angewiesen bekommen."[269]

Zum Verdienst der marx'schen Konzeption von Ungleichheit, die sich aus den Entwicklungsgesetzen der kapitalistischen Produktionsweise herleitet, gehört die schlüssige Begründung sozioökonomischer Gesetzmäßigkeiten zwischen Reichtum und Armut, das heißt zwischen Kapitalakkumulation und sozialer Ungleichheit. Zuvor waren beide in der Regel für sich und ohne kausalen Zusammenhang betrachtet worden.[270] Doch während für Marx noch jede soziale Ungleichheit, auch solche in der Lebensführung, auf ökonomische Faktoren und die Verteilung von Produktionsmitteln zurückzuführen ist, verfolgt Max Weber bereits zu Beginn des 20. Jahrhunderts einen mehrdimensionalen Ansatz, der weitere Quellen der Vergemeinschaftung in den Blick nimmt. Demnach können auch die politische Haltung, Konfession, nationale Identität, Alter oder Geschlecht ursächlich für soziale Ungleichheit sein. Insofern könnte man ihn sogar als Wegbereiter des intersektionalen Ansatzes verstehen. Denn auch für Weber ist es stets eine Vielzahl von Faktoren, die „zum Teil unabhängig von oder sogar im Gegensatz zur [ökonomischen] Klassenlage sowohl die Konfliktdynamik als auch den sozialen Wandel einer Gesellschaft mitbestimmt."[271]

Nach diesem Verständnis entwickeln Soziologen wie Theodor Geiger erste Schichtmodelle, die die sozialen Lagen einer Gesellschaft abbilden, aber nicht zwingend mit der materialistischen Herleitung von Klassen zusammenfallen. Während Klassen sich im marx'schen Ansatz auf das spezifische Verhältnis einer Gruppe zum ökonomischen

Produktionsprozess beziehen, also auf eine funktionale Eigenschaft abzielen, beschreiben Schichten eher deskriptiv eine bestimmte soziale Lage innerhalb vertikaler Herrschaftsverhältnisse, ohne dass sie ein Konzept für die Ursache der Ungleichheit mitliefern. So erkennt Geiger bereits eine zunehmende Differenzierung der sozialen Lagen *innerhalb* der Arbeiterklasse, die sich stellenweise gar nicht mehr „von jener bürgerlichen Wohlanständigkeit" unterscheiden lasse, wie man sie dem Angestelltentum zuschreibe.[272] Während die Stellung einer Person in der einen Hinsicht also weiterhin von ihrer Funktion innerhalb des ökonomischen Produktionsprozesses abhängig ist, kann sie sich in anderer Hinsicht, etwa im Bildungsgrad, von anderen innerhalb ihrer Klasse unterscheiden. Zwar gibt es für Geiger stets ein dominierendes Kriterium, das in einer bestimmten Epoche die größte Wirkung entfaltet und damit historisch prägend für eine bestimmte Gesellschaft wird. Allerdings sind die Merkmale, die man abfragt, um verschiedene Schichten zu unterscheiden, für ihn eben prinzipiell variabel. Jede *Schicht* vereint Personen, „die irgendein erkennbares Merkmal gemein haben und als Träger dieses Merkmals einen gewissen Status in der Gesellschaft und im Verhältnis zu anderen Schichten einnehmen." Demgegenüber umfasst der *Status* „Lebensstandard, Chancen und Risiken, Glücksmöglichkeiten, aber auch Privilegien und Diskriminationen, Rang und öffentliches Ansehen."[273]

Weil die auf ökonomischen Faktoren beruhende Unterteilung in Klassen im Laufe des 20. Jahrhunderts vermehrt um kulturelle Faktoren wie Bildung oder politische Haltung erweitert wurde, gestalteten sich Versuche, die Hierarchien einer Gesellschaft mithilfe grafischer Modelle zu repräsentieren entsprechend komplexer. Das Modell, mit dem Ralf Dahrendorf 1965 die soziale Struktur der westdeutschen Gesellschaft skizzierte – das sogenannte „Dahrendorfhäuschen" – kennt bereits sieben Schichten, deren Übergänge überdies durchlässig und veränderbar sind. Deutlich positioniert sich Dahrendorf allerdings gegen die Vorstellung, der deutsche Wohlfahrtsstaat der Nachkriegsgesellschaft nähere sich bereits klassenlosen Verhältnissen an, wie es seinerzeit die These von Helmut Schelskys „nivellierter Mittelstandsgesellschaft" suggerierte.[274] Dahrendorf insistiert demgegenüber auf gravierende Unterschiede der Lebenschancen, die in seinem Ansatz auf einer „distributiven Ungleichheit" basieren, welche als bestimmende Faktoren das Einkommen, Prestige sowie Bildung und Herrschaft umfasst.[275] Ungleichheit erscheint bei ihm als Folge eines Ineinandergreifens verschiedener Macht- und Einflusssphären, weniger als antagonistisches Gegeneinander im Zeichen des Klassenkampfs.

Darüber hinaus dynamisierten die von Dahrendorf und anderen in den Blick gerückten „sozialen Rollen" das Verständnis für die einzelnen Akteure innerhalb einer Gesellschaft. So entwickelte die durch Norbert Elias etablierte Prozesssoziologie, die auch Erkenntnisse der Psychologie einzubeziehen sucht, ihre Analyse entlang gesellschaftlich geprägter individueller Verhaltensweisen.[276] Entsprechende soziologische Untersuchungen gingen demnach induktiv von den Handlungen einzelner Personen aus – und verorteten ebendort auch den Ursprung sozialer Ungleichheit. Die übergreifenden sozialen Unterschiede, die mit Klassen oder Schichten beschrieben werden, erscheinen dabei als Ergebnis von inkorporierten und moralisierenden Erwartungen des Einzelnen an das Verhalten seiner Mitmenschen. Solche Erwartungen belohnen soziale Konformität beim jeweils Anderen und strafen entsprechende Abweichungen insoweit, „dass es stets mindestens jene Ungleichheit des Ranges geben muss, die sich aus der Notwendigkeit der Sanktionierung von normgemäßem und nicht-normgemäßem Verhalten ergibt."[277] Mit anderen Worten: Die eingeübten Erwartungen belohnen beim Gegenüber ein Verhalten entsprechend seiner sozialen Stellung und strafen, bewusst oder unbewusst, jenes Verhalten ab, das diese Erwartungen konterkariert. So stabilisieren und reproduzieren sich gesellschaftliche Verhältnisse im Kleinen.

Doch bei aller Schärfe in der Analyse normierten und normierenden Sozialverhaltens verwehrt man sich in der Soziologie gegen allzu statische und vereinfachende Klassifizierungen. Schließlich spielen Menschen nicht nur eine, sondern unterschiedliche Rollen, und können mit diesen in entsprechend unterschiedlichen sozialen Zusammenhängen agieren. Auch lässt sich ihr Denken und Handeln nie gänzlich in soziologischen Erklärungen auflösen: „Es ist klar, dass die Annahme, alle Menschen verhielten sich stets rollengemäß, empirisch falsch ist.", erklärt Dahrendorf lakonisch. „Es gibt kaum einen Menschen, der nicht mehr oder minder häufig gegen die Erwartungen verstößt, die sich an seine soziale Position knüpfen."[278] Auch ich habe das in meinen Reflexionen von künstlerischen Verweisen auf Merkmale und Akteure der Unterschicht zu berücksichtigen: Niemand ist ganz Künstler, ganz Bürger oder ganz aus seinen Lebensverhältnissen heraus zu identifizieren. Jeder kann sozialen Zuschreibungen und inkorporierten Erwartungen zuwiderhandeln. Elias Studien zur Beziehung zwischen „Etablierten" und „Außenseitern" innerhalb einer Gesellschaft warnen in diesem Zusammenhang auch vor der Gefahr der Stigmatisierung, die sich in meinem Fall vor allem durch die eingenommene Perspektive verschärft – die einer bürgerlich verfassten Kunst, die einem gleichermaßen bürgerlichen Publikum das vermeintlich Asoziale zum ästhetischen Rezeptionsgegenstand werden lässt.

In seiner berühmt gewordenen Untersuchung zeichnete Elias in der englischen Gemeinde Winston Parva beispielhaft die Strukturen nach, durch die sich soziale Hierarchien in Form von Stigmatisierungen reproduzieren. Demnach werden gesellschaftliche Gruppen mit wenig Ansehen – in seiner Studie handelte es sich um Zugezogene – in der Regel nach den schlechten Eigenschaften einiger weniger unter ihnen wahrgenommen. So prägten kriminelle Jugendliche das allgemeine Bild der stigmatisierten Bevölkerungsgruppe in Winston Parva. Umgekehrt orientierte sich das Selbstbild der alteingesessenen, etablierten Gruppe – die ebenso der Arbeiterschicht zuzuordnen war wie die der Zugezogenen – an ihren vorbildlichsten Mitgliedern, auch wenn diese nur eine Minderheit innerhalb der Gruppe stellten. Diese Verzerrung erlaubt es Etablierten grundsätzlich, „ihre Glaubensaxiome vor sich und anderen als begründet zu erweisen: sie haben immer Belege dafür parat, dass die eigene Gruppe ‚gut' ist und die andere ‚schlecht'."[279] Elias bezeichnet diesen Prozess als „Etablierten-Außenseiter-Figuration". Die eigene Aufwertung durch die Teilhabe an einer solchen positiven Gruppenidentität fungiere als „Lustprämie", dessen Preis allerdings die Unterwerfung unter die bestehenden Normen sei.[280] Der Gruppenidentität der Zugezogenen in Winston Parva wurden entsprechend schlechte Eigenschaften zugeschrieben, weshalb der engere Verkehr mit ihnen bald tatsächlich unangenehme Gefühle erregte. Im konkreten Fall waren die Zugezogenen auch füreinander Neulinge. Es mangelte ihnen deshalb an innerem Zusammenhalt, der zu einem eigenen Gruppenstolz und zu Gegenstigmatisierungen hätte beitragen können, die bei stigmatisierten Gesellschaftsgruppen nicht selten zu beobachten sind.[281] Nun lässt diese Situation sich leicht auf jene übertragen, die ich in diesem Buch anvisiere: Hehre bürgerliche Wertideen verleiten dazu, sich von ihnen ausgehend das (eigene) bürgerliche Milieu der Kunst als eine Versammlung von charismatischen Schöngeistern auszumalen. Tatsächlich weiß die Geschichte, dass das europäische Bürgertum sich nur selten scheute, idealisierte Selbstzuschreibungen zu beanspruchen und im Gegenzug marginalisierte gesellschaftliche Formationen oder außereuropäische Kulturen abzuwerten. Wie die Gruppe der Zugezogenen in Winston Parva besitzt auch die Unterschicht, so wie ich sie hier begreife, keine feste Gruppenidentität. Sie ist kulturell fragmentiert und sich untereinander in der Regel fremd. Auch in ihrem Fall wird das Vorurteil ihrer Minderwertigkeit vonseiten des etablierten Bürgertums „gewöhnlich durch die bloßen Bedingungen ihrer Gruppenposition, durch die damit verbundene Erniedrigung und Unterdrückung erzeugt."[282]

Durchaus beeinflusst von Elias etablierte Pierre Bourdieu Mitte des 20. Jahrhunderts eine Soziologie, die allgemeine Klassifizierungen anhand äußerlicher sozialer Kriterien mit internalisierten Formen von Vergesellschaftung verband, also mit demjenigen was sich in Persönlichkeit und Verhalten des jeweiligen Individuums niederschlägt – dem Habitus.[283] Der Habitus fungiert bei ihm als eine Art kultureller Mittler zwischen der Struktur der sozialen Position eines Menschen und der Praxis seines Lebensstils. Er äußert sich vor allem im Geschmack, mit dem sich Menschen, bewusst oder unbewusst, voneinander unterscheiden – und so bisweilen ihre angestammten Privilegien legitimieren. Schließlich leuchtet es intuitiv durchaus ein, dass Einfluss und Vermögen innerhalb einer Gesellschaft dort am besten aufgehoben sind, wo vermeintlich feinere Umgangsformen und eine zivilisierte Lebensweise gepflegt werden.

Mit seiner Unterscheidung von vier Kapitalsorten greift Bourdieu auf die materialistische Sprache von Marx zurück, weist kulturellen und sozialen Faktoren darin aber eine neue, aktivere Rolle zu. Das hat es ermöglicht, den Einfluss von „kulturellem Kapital", also dem kulturellen Vermögen einer Person oder einer Klasse, unabhängig von deren ökonomischen Ressourcen in Augenschein zu nehmen, aber gerade dadurch auch die Wechselwirkungen zwischen beiden besser in den Blick zu bekommen. Innerhalb des kulturellen Kapitals differenziert Bourdieu noch einmal zwischen inkorporiertem (Bildung, Erziehung, Wissen), objektiviertem (Bücher, Bilder und andere Kulturgegenstände) und institutionalisiertem (Zeugnisse, Titel, Ehrungen). Neben dem ökonomischen und dem kulturellen, etablierte Bourdieu wiederum die Kategorie des „sozialen Kapitals", also die Geltung der jeweiligen Netzwerke und sozialen Beziehungen von Personen, sowie das nicht minder wichtige „symbolische Kapital", welches die „als legitim anerkannte Form der drei vorgenannten Kapitalien" bezeichnet: das soziale Prestige.[284]

Wie schon für Weber ist die soziale Ungleichheit bei Bourdieu nicht allein durch die Verteilung des ökonomischen Kapitals bedingt. Gleichwohl besteht eine Klasse nicht in der bloßen Aufrechnung ihrer kulturellen, symbolischen, sozialen und ökonomischen

Machtmittel: „Die soziale Klasse ist definiert weder durch *ein* Merkmal [...], noch durch die eine *Summe* von Merkmalen (Geschlecht, Alter, soziale und ethnische Herkunft – z.B. von Weißen und Schwarzen, von Einheimischen und Immigranten, etc. – Einkommen, Ausbildungsniveau, etc.), noch auch durch eine *Kette* von Merkmalen, welche vom Hauptmerkmal (der Stellung innerhalb der Produktionsverhältnisse) kausal abgeleitet sind. Eine soziale Klasse ist vielmehr definiert durch die *Struktur der Beziehungen zwischen allen relevanten Merkmalen*, die jeder derselben wie den Wirkungen, welche sie auf die Praxisformen ausübt, ihren spezifischen Wert verleiht.“[285] Demnach wäre der soziale Raum als mehrdimensionales Gefüge aufzufassen, in dem mehrere Machtfaktoren und Verteilungsprinzipien wirken, die sich zwar differenzieren, aber auch nie gänzlich voneinander trennen lassen. Wenn Bourdieu in seinen Analysen zwischen „herrschender Klasse“, „Mittelklasse“ und „Volksklasse“ unterscheidet, beschreibt er damit also keine statischen Gebilde, sondern lediglich die vertikale Dimension einer Verschränkung von sozialen Feldern, auf denen die Akteure fortwährend Kämpfe um ihre soziale Stellung ausfechten – diese im begrenzten Umfang also auch verändern oder konsolidieren können.

Die an Bourdieu anschließenden Beschreibungen sozialer Milieus, wie die 1993 erstmals vorgestellte und immer wieder aktualisierte Untersuchung *Soziale Milieus im gesellschaftlichen Strukturwandel*, bieten einen entsprechend mehrdimensionalen, gleichwohl empirischen Ausgangspunkt, um die Grundzüge des Zusammenlebens in der europäischen Gegenwartsgesellschaft, hier wieder am Beispiel Deutschlands, zu skizzieren.[286] Die klassische Schichtung entlang einer vertikalen „Herrschaftsachse“ wird dabei um eine horizontale „Differenzierungsachse“ ergänzt (Abb. 55). Erstere bemisst ökonomischen und sozialen Einfluss, gesellschaftliche Teilhabe und Gestaltungsmöglichkeiten, während die Differenzierungsachse den Habitus, also die unterschiedlichen Lebenspraxen und Wertvorstellungen abbildet. Sie reicht von neuen Milieus mit avantgardistischer Alltagspraxis hin zu jenen, deren traditioneller Lebensstil eher nach hierarchischen und autoritären Maßstäben eingerichtet ist.

Wirft man mithilfe dieses Modells einen Blick auf die Gesellschaft, ist unschwer zu erkennen, dass, obwohl sich die Lebenswelten seit dem 20. Jahrhundert in erheblichem Maße pluralisiert haben, Grundstrukturen des 19. Jahrhunderts überdauern. Auch wenn sich unterhalb der oberen Milieus die Verhältnisse verschoben haben, hebt sich eine mit 17% bezifferte und als bürgerlich ausgewiesene Oberschicht durch eine Trennlinie der Distinktion weiterhin deutlich von den Milieus der Mittelschicht ab. Markiert durch eine Trennlinie der Respektabilität sucht sich diese wiederum von den unteren Milieus abzugrenzen, an dessen unterem Ende schließlich jene radikal prekarisierten, asozialen Lebensverhältnisse auszumachen wären, denen ich mich mit dem Begriff der Unterschicht annähere. Das kulturelle Bürgertum, das ich als Milieu der Gegenwartskunst beschreibe, würde wiederum von den oberen Milieus bis in die kleinbürgerlichen Arbeitnehmermilieus hineinragen, wo man die begrenzt wohlhabenden, oft statusunsicheren Selbstständigen im Kultur- und Unterhaltungsbetrieb oder den akademischen Mittelbau verorten müsste.

Das bürgerliche Milieu

Das bürgerliche Milieu hat gegenüber dem 19. Jahrhundert völlig andere materielle Voraussetzungen. Auch innerhalb der zurückliegenden Jahrzehnte hat sich seine soziale Situation noch einmal verändert. Und natürlich zieht das auch ideologische Neuordnungen und Transformationen der in diesem Milieu vertretenen Wertideen nach sich. Auf eine Phase gesteigerter sozialer Mobilität infolge des Wirtschaftswachstums und der Bildungsoffensive im westlichen Nachkriegseuropa der 1960er- und -70er-Jahre, lässt sich seit den zurückliegenden Jahrzehnten eine erneute Tendenz zur „Schließung" beobachten, das heißt zur Abriegelung der privilegierten, hier: bürgerlichen Milieus gegenüber sozial schwächer gestellten. Sie begann im Zuge der „lange[n] Wende zum Neoliberalismus" seit den 1980er-Jahren, welche die vertikale Durchlässigkeit der ökonomisch begründeten „Herrschaftsachse" (Abb. 55) deutlich verringerte.[287] Neoliberalismus meint in diesem Zusammenhang jene politische Gesinnung, die den weitgehenden Rückbau des Staates zugunsten wirtschaftlicher Interessen vorantreibt und den Markt als oberstes gesellschaftliches Ordnungsprinzip propagiert.[288] In Bezug auf die damit verbundene Verschärfung sozialer Ungleichheit existieren zwei grundlegende argumentative Verteidigungslinien: Die erste leugnet schlichtweg, dass ein unregulierter Markt zu mehr Ungleichheit führt. Die zweite rechtfertigt die Ungleichheit als notwendiges Übel einer funktionsfähigen Gesellschaft.[289] Sie sei keineswegs eine Fehlleistung des Marktes, schreibt beispielsweise Friedrich August von Hayek, einflussreicher Vordenker des Neoliberalismus, sondern eine „höchst erfreuliche, ja notwendige Konsequenz individuellen wirtschaftlichen Handelns."[290] Die Ideologie des Neoliberalismus erfasste zunächst die konservativen Parteien Europas, wurde aber im Laufe der 1990er-Jahre auch innerhalb der Sozialdemokratie hegemonial. Im Zentrum der politischen Debatte stand nunmehr das autonome Subjekt, der einzelne „Leistungsträger", während Begriffe wie „Ausbeutung" oder „Klassenverhältnisse" weitgehend aus dem maßgebenden öffentlichen Diskurs verschwanden.[291] Die Kernideologeme des Neoliberalismus fasst Wirtschaftswissenschaftler Ralf Ptak wie folgt zusammen: „Abbau von Schutzrechten und Marktbeschränkungen (Deregulierung), von Zöllen und nichttarifären Handelshemmnissen (Freihandel), der Erosion der öffentlichen Daseinsvorsorge (Privatisierung), der Schaffung immer neuer Märkte (Liberalisierung) und der erzwungenen Anpassung der Individuen an den Marktmechanismus (Flexibilisierung)."[292] Zwar scheint der Neoliberalismus als solcher, nicht zuletzt aufgrund eng aufeinander folgender Krisen, deren Bewältigung eine Vielzahl staatlicher Eingriffe und Regulierungen notwendig machte, aktuell in den Hintergrund getreten. Allerdings dienten und dienen diese staatlichen Eingriffe in erster Linie der Verteidigung des sozialen Status quo und nicht etwa der Beseitigung der vorangegangenen Prekarisierung mittlerer und unterer Gesellschaftsschichten. Diese ökonomische Prekarisierung ist es aber, die die weithin anhaltende kulturelle „Schließung" der bürgerlichen Milieus motiviert.

Der Begriff der „Schließung" rekurriert auf Webers Konzept von offenen und geschlossenen sozialen Beziehungen. Neben Dahrendorf arbeitete später Frank Parkin seine Definition aus, um Phänomene der Verteidigung und aktiven kulturellen Einhegung von Privilegien zu beschreiben. Der Strategie der „Exklusion" von Seiten privilegierter Milieus stellte er dabei auch die der „Ursupation“, das heißt die „widerrechtliche“ Aneignung von Kultur durch unterprivilegierte Milieus, zur Seite.[293] Gegenwärtig lassen sich unterschiedliche Schließungsprozesse in den, gegenüber der Unterschicht privilegierten, mittleren Gesellschaftsschichten ausmachen. Ressentiments gegen Migranten, Minderheiten und das „dekadente“, liberale Bürgertum erfahren zum Beispiel seit Jahren Auftrieb in hierarchiegebundenen, konservativen Milieus, die sich kulturell und ökonomisch nun selbst mit Abstiegsängsten konfrontiert sehen. Die wiederkehrenden politischen Erfolge rechtspopulistischer Parteien in Europa sind Ausdruck davon. Subtiler funktioniert demgegenüber die Selbstabschließung des liberalen, eigenverantwortlichen Bürgertums und des an diesem orientierten Kleinbürgertums, das sich in exklusive Stadtteile zurückzieht und dort ein zunehmend moralisch begründetes Selbstverständnis etabliert, also eher anfällig für Ressentiments gegenüber der Landbevölkerung, bildungsfernen Schichten und dem konservativem Bürgertum wird. Beiden Seiten gelingt die Selbstaufwertung in dem von Elias beschriebenen Verfahren, nämlich über die kulturelle, sanktionierende Abriegelung gegenüber milieufremden Eigenschaften oder damit einhergehendem Verhalten. Und beide werden sie durch gemeinsame, identitätsstiftende Wertideen zusammengehalten. Für Überlegungen zur Gegenwartskunst hat allerdings das liberale Bürgertum die entscheidendere Bedeutung, weil es offensichtlich den Großteil der mit ihr Beschäftigten umfasst. Entsprechend wird auch die Kunst in dessen spezifische Strategien sozialer Schließung eingebunden.

Das liberale Bürgertum hat ganz eigene kulturelle Vorstellungen von Gleichheit – und sich daraus ableitender Ungleichheit. Seit dem späten 20. Jahrhundert haben diese Vorstellungen ihren politischen Fokus erkennbar verschoben: von einer „quantitativen“ hin zur „qualitativen“ Gleichheit. Die Tendenz geht in diesem, kulturell maßgeblichen Milieu also von einer überwiegend „kollektiven Darstellung der Sozialbeziehungen, deren gerechte Austarierung eine Frage sozialer Gerechtigkeit ist, hin zu einer individualisierenden Darstellung.“[294] Das Anliegen der wirtschaftlichen Gleichheit und der Sicherheit der Ärmsten in der Gesellschaft weicht dem Kampf um mehr Autonomie für das einzelne Individuum.[295] Ève Chiapello und Luc Boltanski datieren den Beginn dieser Entwicklung ans Ende der 1970er-Jahre, womit sie mit der Popularisierung neoliberaler Ideologien zusammenfiel und diese kulturell begleitete, wenn nicht sogar begünstigte. Ausdruck fand sie unter anderem in den sogenannten Neuen Sozialen Bewegungen, deren aktivistische Arbeit sich nurmehr auf begrenzte politische Anliegen oder die Benachteiligung bestimmter Bevölkerungsgruppen konzentrierte. Ihre kulturellen Erfolge fanden gleichwohl Niederschlag in allgemeinen Forderungen nach weniger Bürokratie, weniger Hierarchie am Arbeitsplatz, mehr Eigenverantwortlichkeit, Freiheit, Kreativität und Vielfalt in den Ausdrucksmöglichkeiten sozialer Rollen. Mit der Etablierung dieses von Chiapello und Boltanski so bezeichneten „Neuen Geist des Kapitalismus“, also jenem Update genereller Glaubensgrundsätze, die das Engagement der verschiedenen sozialen Akteure innerhalb einer kapitalistisch organisierten Gesellschaft motivieren, übertrafen Autonomie und Selbstverwirklichung bald den Wert sozialer Sicherheit für alle.

Zuvor hatte, nach zwei Weltkriegen, nach Barbarei und Zerstörung unbekannten Ausmaßes, die Vorstellung einer alle Schichten umfassenden Emanzipation noch einmal an Dringlichkeit gewonnen. Das bürgerliche Versprechen der Aufklärung schien als solches desavouiert, umso stärker waren die Bemühungen, es neu zu beleben. Tatsächlich erhöhten der Aufbau des Wohlfahrtsstaats und der bildungspolitische Aufbruch in den 1960er-Jahren die soziale Mobilität. Die „Verbürgerlichung der Arbeiter" und ein über viele gesellschaftliche Institutionen vermitteltes „gemeinsames Interessenbewusstsein" der Klassen begleiteten den Aufstieg breiter Bevölkerungsschichten in Westeuropa.[296] Mit staatlichen Garantien für ein Mindestmaß an Bildung, Gesundheit und wirtschaftlicher Sicherheit verankerte man viele sogenannter „sozialer Rechte" in Gesetzen und auch im Bewusstsein der Bevölkerung.[297] Auch die angesprochenen Neuen Sozialen Bewegungen begünstigten zunächst die damit verbundenen Möglichkeiten zum Milieuwechsel. So erlaubte der neuerliche Bildungsaufstieg von Frauen aus der kleinbürgerlichen Mittelschicht endlich deren zunehmende Herauslösung aus patriarchalen und quasi-ständischen Geschlechterbiografien. Im Sinne der Prozesssoziologie von Elias könnte man die Zeit der 1950er- und -60er-Jahre als eine „Assimilationsphase" betrachten, in der aufsteigende Bevölkerungsschichten sich affirmierend am kulturellen Vorbild der jeweils dominierenden Schicht orientierten. Verband sich für diese doch das aufklärerische Versprechen des Bürgertums, also die moderne Loslösung von Modellen tradierter Identitätsbildung, mit ganz reellen sozialen Aufstiegschancen.

Den oben erwähnten, in den 1970er- und -80er-Jahren Jahren einsetzenden „Neuen Geist des Kapitalismus" könnte man als eine darauffolgende, von Elias so bezeichnete „Phase der Abstoßung" interpretieren, in der die oberen Schichten Prozesse von Distinktion und Schließung verstärken.[298] Tatsächlich zeigten sich bald neue kulturelle Formen bürgerlicher Konsolidierung und Selbstabschließung. Sie umfassen Verdienstmöglichkeiten, Bildungschancen, Wohnverhältnisse, Partnerwahl und zahlreiche andere Aspekte der Vergesellschaftung. Dabei gelingt vor allem dem liberalen Bürgertum seine kulturelle Selbstabschließung heute ausgerechnet über jene Individualisierung der Lebensentwürfe, die einst zur emanzipatorischen Programmatik der Neuen Sozialen Bewegungen gehörte: Der sichere Umgang mit kultureller Vielfalt, die glaubhafte Darstellung von Kreativität und Singularität bei der Ausgestaltung des je eigenen Lebensstils sind längst Bestandteil eines konsolidierenden bürgerlichen Habitus – und zwar „gegen das abgewertete *Provinzielle*, dem es aus dieser Sicht an Offenheit gegenüber der Vielseitigkeit mangelt." Die gegenwärtige „kosmopolitische Akademikerklasse", schreibt der Soziologie Andreas Reckwitz, verortet solche Provinzialität vor allem in der „Unterklasse (zumindest ihrer einheimischen, sesshaften Fraktion) und im ‚kleinbürgerlich' scheinenden alten Mittelstand".[299] Damit wurde, was Mitte des 20. Jahrhunderts noch überwiegend Anliegen des aufsässigen bürgerlichen Nachwuchses war, im Laufe der nachfolgenden Jahrzehnte zum integralen Selbstverständnis des liberalen Bürgertums. Dass sich dieses Selbstverständnis im Sinne der bewährten Als-ob-Logik – wir handeln, als ob Kreativität, Neugier und Offenheit jedem voraussetzungslos zur Verfügung stünden – in exklusiven Stadtteilen leichter vertreten lässt, erscheint ähnlich folgerichtig wie die im ersten Exkurs beschriebene Einhegung einer als-ob-autonomen Kunst im „offenen" Raum von Institutionen, die das Milieu ihrer Rezipienten faktisch begrenzen. So schreibt sich die Dialektik von Emanzipation und Exklusion im Gefolge bürgerlicher Wertideen fort.

Eine derart erneuerte „Trennlinie der Distinktion" steht deshalb auch nicht im Widerspruch zu der im heutigen Kunstfeld verbreiteten Rhetorik von Vielfalt und Toleranz. Es überrascht nicht, dass etwa die Neufassung der Museumsdefinition des Internationalen Museumsrats mit der Bekräftigung beginnt, dass Museen „demokratisierende, inklusive und polyphone Räume für kritischen Dialog" seien.[300] „Heute begreifen wir die Kunst und ihre Einrichtungen [...] als offene Räume, die vielen gehören", heißt es auch in einer aktuellen Erklärung etablierter Berliner Kunst- und Kultureinrichtungen gegen Einschränkungen der Kunstfreiheit durch rechtsnationale Kräfte.[301] Mit dem in solchen Proklamationen zum Ausdruck kommenden Selbstverständnis werden explizit emanzipatorische Wertideen aufgerufen, die gemeinhin in die Tradition progressiver Bürgerlichkeit zu fassen wären. Gleichwohl gehört die darin enthaltene moralische Selbstvergewisserung längst zur Grundausstattung eines bestimmten Habitus, der in seinen distinktiven Potenzialen durchaus vergleichbar ist mit dem, was Bourdieu als „legitimen Geschmack" beschreibt. Gemeint ist die Legitimierung von Hierarchie durch ein geschmackliches – oder eben moralisches – Äquivalent sozialer Unterschiede. In diesem Sinn werden solche Unterschiede als freie und voraussetzungslose Entscheidungen eines jeden Einzelnen stilisiert, erfolgreich verdrängend, dass sich auch im Geschmack, in der Lebensart und selbst in weltgewandt formulierter Offenheit und Toleranz Klassenlagen spiegeln.[302] Ich sollte einmal mehr betonen, dass ein solcher Zusammenhang nicht emanzipatorische Wertideen wie eben Offenheit, Toleranz und Vielfalt selbst in Misskredit bringt. Es geht an dieser Stelle allein um die Verschleierung der Bedingungen ihrer Formulierung sowie die damit einhergehende selbstvergessene Instrumentalisierung im Rahmen sozialer Abgrenzung. So oder so lässt die routinierte institutionelle Proklamation dieser Wertideen erkennen, dass bürgerliche Dispositive bis in die Gegenwart überdauert haben und weiterhin zweischneidige Effekte zwischen Inklusion und Exklusion erzielen. Die oberen Schichten können sich „einen sehr geraden und noblen Charakter leisten", schrieb Max Horkheimer bereits in den 1930er-Jahren, und „alle möglichen bewundernswerten Eigenschaften ausbilden."[303] Nur wachse mit der Abnahme der Charge im Produktionsprozess eben auch die „moralische" Benachteiligung. Daran hat sich bis heute nichts geändert.

Im Modell zur Untersuchung *Soziale Milieus im gesellschaftlichen Strukturwandel* (Abb. 55) wäre der eben beschriebene liberale Habitus auf der Differenzierungsachse vor allem den eigenverantwortlichen und avantgardistischen Milieus zuzuordnen. Intuitiv würde man annehmen, dass auch jener Teil bürgerlicher Wertideen, der auf eine emanzipatorische Transformation der Gesellschaft hinwirkt, eher hier weitergetragen und reformuliert wird. Die fortschrittsskeptischen und konsolidierenden Aspekte bürgerlicher Lebensart wären demgegenüber im hierarchiegebundenen und autoritären Bereich der Differenzierungsachse anzutreffen. Die horizontale Ordnung entspräche weitgehend der alten kulturellen Opposition von Bildungs- und Besitzbürgertum. Dabei stünde die Kunst innerhalb des konservativen Besitzbürgertums recht unverhohlen im Dienst sozialer Distinktion, gehört doch die Abgrenzung nach unten hier explizit zum Habitus. Beispiele für derartiges Gebaren gibt es zuhauf und werden auch heute noch auf allen großen Kunstmessen und daran anschließenden exklusiven Veranstaltungen dargeboten. Das sollte aber nicht darüber hinwegtäuschen, dass distinktive Attribute, insbesondere im

Zusammenhang mit Gegenwartskunst, ebenso in den eigenverantwortlichen, liberalen Milieus konsequent ausgespielt werden. Kunst wird auch dort für Schließungsprozesse in Anspruch genommen, wo man eine progressive, moralisch begründete Lebensweise zur Schau stellt und sich laufend gute Zeugnisse in „Inklusivität" ausstellt. Mehr noch profitieren gerade die liberalen Milieus von den Anforderungen einer am „Neuen Geist des Kapitalismus" geschulten Ökonomie. Schließlich gilt ein weltgewandter, singularisierter Lebensstil geradezu als Voraussetzung für die projekt- und teamförmigen Arbeitsstrukturen und flexiblen Anforderungen des gegenwärtigen, innovationsgetriebenen Kapitalismus. Der Neoliberalismus und damit einhergehende Prekarisierungen sind auch nicht gegen die Interessen des liberalen Bürgertums durchgesetzt worden, wie es ihr eigenes politisches Selbstbild gerne suggeriert. In der Rückschau erweist es sich eher als eine weitere Episode konsolidierender Umdeutungen emanzipatorischer Anliegen, dass das neoliberale Projekt des Rückbaus staatlicher Fürsorge mit dem progressiven Kampf für mehr individuelle Autonomie zusammenfiel. Prekarisierung und Flexibilisierung sind zwei Perspektiven auf dieselbe ökonomische Struktur, und die Frage, welche der beiden man sich leisten kann, entscheidet sich am Ende weniger auf der horizontalen, kulturellen Differenzierungsachse zwischen konservativem und liberalem Habitus. Es ist und bleibt eine Frage der Vertikalen, eine Frage von unten oder oben: Unten strampelt „jene Masse von Menschen, die dauernd von Entlassung bedroht sind oder der Arbeitslosigkeit überantwortet werden", oben agieren „Bürger im vollen Wortsinne, die gefragte Kenntnisse besitzen und überbezahlte Tätigkeiten verrichten, die sich ihren Arbeitgeber selbst aussuchen können".[304] Für diese Bürger korrespondieren Werte wie Toleranz und Offenheit mit den eignen Status begünstigenden Eigenschaften wie Flexibilität, Anpassungsfähigkeit, Begeisterung für Neues und der Kompetenz, „sich fremde Ideen anzueignen".[305] Wenn sich ein liberales Kulturprekariat aus Künstlern, schlecht bezahlten Galerieangestellten und temporär beschäftigten Akademikern solche Werte heute zu eigen macht, ist dies eben nicht nur Ausdruck ihrer persönlicher Haltung, sondern oft genug mit der verzweifelten Hoffnung verbunden, sich für die Anforderungen eines ökonomisch abgesicherten, liberalen Bürgertums zu qualifizieren – so selten sich der damit verbundene kulturelle Aufstieg auch in materieller Sicherheit realisiert.

Im Gegensatz zum 19. Jahrhundert zeigt sich die Befähigung zur kulturellen Distinktion heute nicht mehr darin, einen bestimmten bürgerlichen Bildungskanon verinnerlicht zu haben. Vielmehr formt sich der dominierende liberale Habitus aus einem möglichst breit gefächerten Geschmack, der unterschiedliche kulturelle Felder, Perspektiven und Ebenen aufgreift, kombiniert und gerade dadurch Rückschlüsse auf die jeweilige soziale Herkunft lässig kaschieren kann. Eine solche „Verschleierung des sozialen Status" reformuliert das schon angesprochene bourdieu'sche Prinzip eines legitimen Geschmacks, sofern nämlich die Voraussetzungen für die Aneignung desselben unberücksichtigt bleiben. Offenheit und der flexible Umgang mit unterschiedlichen kulturellen und ästhetischen Welten gelingen nicht zufällig vor allem jenen, „die ohnehin bereits mit umfangreichen materiellen, sozialen und kulturellen Ressourcen ausgestattet sind."[306] So analysiert es der Soziologe Michael Parzer und erklärt damit neue Formen der kulturellen Nobilitierung sozialer Schließung: „Indem man suggeriert, dass Toleranz insbesondere im Umgang mit Kultur jeder und jedem gleichermaßen zugänglich sei, bleiben die Verteilungsmechanismen im Dunkeln und bestehende soziale Ungleichheiten weitgehend unsichtbar."[307] Die Verpackung ist neu, das Problem bleibt dasselbe: Bildung – und mit ihr das Ideal vom Menschen als voraussetzungslosem Einzelwesen, „das seine inneren Anlagen, Interessen und Fähigkeiten erst entfalten und anzuwenden lernen muss"[308] – ist als Implikation des bürgerlichen Dispositivs der Kunst gleichermaßen Anspruch und Voraussetzung. In seiner *Soziologie der Kunst* untersuchte Arnold Hauser diesen Zusammenhang bereits zu Beginn des 20. Jahrhunderts für die von ihm noch so bezeichnete „hohe Kunst". Die „bildungsmäßigen Faktoren" führt er darin als ausschlaggebend für die soziale Differenzierung an – und zwar nicht nur aufseiten der Rezeption, auch aufseiten der Produktion: „Kontinuierliche Tradition, gesteigerte Sensibilität, verfeinerter Geschmack, Wachstum der Schöpferkraft, des Talents und der Selbstkritik füllen den Raum aus, den die historisch materialistische Erklärung der künstlerischen Produktivität leer lässt. Doch sollte man dabei nicht außer Acht lassen", fügt er vielsagend hinzu, „dass die Bildung [...] selber materialistische Voraussetzungen hat und mit den wirtschaftlich-gesellschaftlichen Privilegien verhältnismäßig dünner Schichten zusammenhängt."[309] Ähnlich dem bürgerlichen Bildungsideal sich selbst entfaltender und kritisch emanzipierender Menschen, trifft also auch dieses Als-ob auf einen dazu im Widerspruch stehenden sozialen Tatbestand: „Ohne eine gewisse Sorgenfreiheit und Verfügung über Freizeit erwirbt man keine Bildung, und ohne eine den jeweiligen Verhältnissen entsprechende Ausbildung kommt keine Kunst zustande."[310]

Bourdieu erklärt die verschleiernde Funktion des Als-ob-Prinzips bürgerlicher Repräsentation, wenn er die darin enthaltene Vorstellung einer voraussetzungslosen „reinen Ästhetik" mit einer sozial „verwirklichten Ästhetik" kontrastiert: „Ebenso wie Hegel der reinen Moral ein Ethos der ‚verwirklichten Moral' entgegenstellt, lässt sich der reinen Ästhetik die im Kunstgeschmack verwirklichte Ästhetik entgegnen, ein Geschmack, der, dauerhaft ins Verhalten eingeprägt, nichts anderes ist als eine ‚zweite Natur', die die erste zugleich überwindet und verfeinert. Weil es ‚verwirklichte Ästhetik', oder genauer, Natur gewordene Kultur (einer Klasse oder Epoche) ist, kann das Geschmacksurteil (und sein Begleiter, der ästhetische Genuss) zu einer subjektiven Erfahrung werden, die sich als frei, sogar der vorherrschenden Kultur abgerungen, erleben lässt."[311] Das mit guter Erziehung und Bildung einhergehende Privileg eines differenzierten Geschmacks, kultureller Sensibilität und Offenheit wird, sobald es als „zweite Natur" verinnerlicht wurde, auch von den Privilegierten selbst als Folge individuell herbeigeführter Entscheidungen und insofern als „natürlich" empfunden. Deshalb eignet sich das emanzipatorische Prinzip eines inkludierenden Als-ob – von der humanistischen Herleitung der Geschmackserfahrung bei Kant bis hin zur „inklusiven" Ein- und Ausrichtung bürgerlicher Kunstinstitutionen der Gegenwart – ideal zur Verschleierung sozialer Privilegien: „Die Einklammerung der sozialen Bedingungen, die Kultur und eine zur Natur gewordene Kultur ermöglichen, eine kultivierte Natur, die allem Anschein nach der Gnade und Gabe bedarf dennoch eine erworbene, ‚verdiente' ist, bleibt Bedingung der Möglichkeit einer charismatischen Ideologie, die der Kultur und insbesondere der ‚Liebe zur Kunst' jenen zentralen Stellenwert zuweist, den sie in der bürgerlichen ‚Soziodizee' einnimmt. Ohne sich auf ein Recht des Geblüts (das eine

Klasse einst der Aristokratie abgesprochen hatte) berufen zu können, noch auf das Naturrecht, eine damals auf das adelige Unterscheidungsgesetz gerichtete Waffe, die sich nun gegen die bürgerliche ,Distinktion', wenden könnte, noch die asketischen Tugenden, die es den Unternehmern der ersten Stunde erlaubten, ihren Erfolg durch ,Verdienst' zu rechtfertigen, kann sich der Erbe bürgerlicher Privilegien auf die kultivierte Natur und Natur gewordene Kultur berufen, [...] auf die ,Bildung' im Sinne des Ergebnisses einer Erziehung, die Erziehung nichts mehr zu schulden scheint, auf *,Distinktion'*, eine Gnade, die verdient und ein Verdienst, der Gnade ist, einen nicht erworbenen Verdienst, der alle unverdienten Erwerbungen, der also das Erbe rechtfertigt."[312] Die so instrumentalisierte „Liebe zur Kunst", die sich noch auf den Kanon berief, äußert sich heute in einer allgemeinen „Liebe zur Kultur", deren proklamierte Diversität und Offenheit einer nicht weniger erlernten und kultivierten Form des Kuratierens bedarf.

Für das Prinzip des legitimen Geschmacks als zweiter Natur haben sich also die ästhetischen Vorzeichen modifiziert, doch ungebrochen ist seine Wirksamkeit – und hat im 21. Jahrhundert immer weitere Teile des Lebens erfasst. Reckwitz spricht hier sogar von einer „Kulturalisierung der Ungleichheit".[313] Gemeint ist der Funktionszusammenhang von Werten wie Kreativität und kultureller Offenheit einerseits und einer konsequenten Arbeit am eigenen sozialen Status anderseits. Innerhalb der europäischen Gesellschaften zeichne er für eine kulturell formulierte Klassenspaltung analog zur ökonomischen Vertikalen verantwortlich: „Die ehemalige Mitte erodiert, es bildet sich mehr und mehr eine Polarität zwischen einer Klasse mit hohem kulturellen [...] Kapital sowie einer Klasse mit niedrigem kulturellen und ökonomischen Kapital heraus: die neue Mittelklasse einerseits, die neue Unterklasse andererseits."[314] Erstere zeichne sich durch hohe, meist universitäre Bildungsabschlüsse und kulturelle Versiertheit aus. Auch die wichtiger werdende Fähigkeit zur „Selbstkulturalisierung des Lebensstils", also zur Pflege eines Lebensstils mit individuellen Interessen und origineller Freizeitgestaltung, ist in dieser Klasse sehr viel stärker ausgeprägt. Mit einer derart verbesserten Lebensqualität wird stets auch symbolisches Kapital erwirtschaftet.[315] Man hat also nicht nur Freude am Besuch einer Ausstellung, eines Konzerts traditioneller koreanischer Trommelmusik oder einem Stadionerlebnis mit proletarischer Fußballkultur; man kann mit alledem, etwa durch ein dazugehöriges Posting auf einer digitalen Plattform, auch die Singularität des eigenen Lebensstils demonstrieren und unmittelbar in symbolisches Kapital überführen. Diese veröffentlichten Formen der Freizeitgestaltung unterscheiden sich fundamental von der bürgerlichen Konzeption des privaten Raumes im 19. Jahrhundert. Natürlich war auch die damalige Privatsphäre, entgegen der offiziell für sie beanspruchten Autonomie, eine Praxis stabilisierender Normierung der Lebensführung. Jedoch potenziert sich die Verinnerlichung kapitalistischer Prinzipien, wo die einstige „Allgemeinheit ordnungsdienlicher Normen durch die Universalisierung produktiver Konkurrenz" ersetzt wird.[316]

Das gegenwärtige Zusammenspiel von singularisierter Freizeitgestaltung mit Distinktion und Statussicherung beschreibt Reckwitz interessanterweise als Symbiose zweier Lebensentwürfe aus dem 19. Jahrhundert. Auf der einen Seite stehen dabei die Ideale der Romantik, die auch Ausgangspunkt der Boheme und späterer Gegenkulturen waren: „Überall ging es darum, ein bloß instrumentelles [...] Weltverhältnis hinter sich zu lassen und die Objekte, Subjekte, Orte, Ereignisse und Kollektive zu ästhetisieren, zu hermeneutisieren, zu ethisieren, zu ludifizieren […]"[317] Auf der anderen Seite knüpfe die heutige „neue Mittelklasse" an den Lebensstil der Bürgerlichkeit an, die Reckwitz in ihrem Ursprung als Antipode der Romantik versteht. Mit seinen Idealen, namentlich der Bildung, dem Arbeitsethos, einem Ethos der Selbstverantwortung und einer ökonomischen Haltung des Unternehmerischen, sei für diesen Lebensstil „die erfolgreiche Aufrechterhaltung eines hohen sozialen Status zentral, der eine konsequente Arbeit *am* Status erforderlich machte."[318] Diese gegensätzlichen kulturellen Muster kulminierten in den gegenwärtigen singularisierten Lebensweisen privilegierter Bevölkerungsschichten, wobei ich ergänzen würde, dass im vorliegenden dialektischen Verständnis bürgerlicher Wertideen die vermeintlichen Antipoden immer schon notwendig aufeinander bezogen waren. Wenn die akademisch ausgebildete, „neue Mittelklasse" durch legitime Werte wie Neugier, Offenheit, Kreativität, Toleranz und kulturelle Inklusion ihre eigene Statusarbeit verschleiern kann, handelt es sich eigentlich um die Gegenwartsform des historischen Wechselspiels zwischen Emanzipation und Exklusion, zwischen bürgerlichem Als-ob und dem Tatbestand sozialer Ungleichheit.

Nun lässt sich auch die von Reckwitz so bezeichnete „akademische Mittelklasse" nur ungefähr auf das Modell zur Untersuchung *Sozialer Milieus im gesellschaftlichen Strukturwandel* übertragen. Ähnlich wie das von mir anvisierte bürgerliche Milieu der Gegenwartskunst wäre es wohl überwiegend auf der linken Seite der Differenzierungsachse zu verorten, und würde sich von den oberen bürgerlichen Milieus bis in die oberen Bereiche der Volks- und Arbeitermilieus erstrecken. Die Unterscheidung von Großbürgertum und Kleinbürgertum ist zwar, wie die Rede vom Bürgertum selbst, aus der Mode gekommen. Die Autoren Markus Metz und Georg Seeßlen machen allerdings eine für diesen Zusammenhang durchaus sinnvolle Rehabilitierung dieser Unterscheidung plausibel. Demnach hört nach oben hin auf, ein Kleinbürger zu sein, wer es sich, wie der Bourgeois, leisten kann, die eigene kulturelle Produktivkraft des „Sich-Einrichtens" in eine rein private Angelegenheit zu überführen – vergleichbar mit dem altbürgerlichen Ideal privater Selbstverwirklichung. Hier muss eine singularisierte Lebensweise nicht mehr zugleich als Statusarbeit produktiv gemacht werden. Nach unten würde wiederum aufhören, ein Kleinbürger zu sein, wer „seine Produktivkraft für die Gesamtgesellschaft verloren hat."[319] Das auffällige Bemühen um moralische Selbstaufwertung, wie es die bürgerliche Statusarbeit der kulturellen Sphäre heute prägt, wäre demnach vor allem Kennzeichen kleinbürgerlicher Bedürfnisse. Dass die neoliberale Prekarisierung der mittleren Bevölkerungsschichten diese Bedürfnislage verschärft, leuchtet ein und erklärt nicht zuletzt die Vehemenz, mit der heute im Milieu der Gegenwartskunst die diskursive Instrumentalisierung kultureller Produktion vorangetrieben wird. Wogegen die „angestrengt konsumierenden Kleinbürger" nach Metz und Seeßlen in „Geschmacksmaschinen" ihre Statusarbeit verrichten, würden „gebildete Kleinbürger" nämlich in „Diskursmaschinen" arbeiten – etwa die der Gegenwartskunst. „Eine wahre Aufgabe des Kleinbürgers", folgern sie in materialistischer Luzidität, „könnte darin bestehen, bei der Synchronisation von objektiver Klassenlage und subjektivem Klassenempfinden eine warenförmige Sprache zu entwickeln, in der sowohl purer Zwang als auch pure Lust weitgehend eliminiert oder verborgen sind."[320] Schließlich wäre dann auch die zunehmende moralische Anschlussfähigkeit von künstlerischen Diskursen auf das kleinbürgerliche Bedürfnis zurückführen, sie für die je eigene Statusarbeit nutzbar zu machen. Mit dem Asozialen in der Kunst scheint seine Befriedigung derzeit nicht zu gelingen.

Einerseits erlaubt die Unterscheidung zwischen Groß- und Kleinbürgertum, die Motivation der einzelnen sozialen Akteure im Milieu der Gegenwartskunst besser zu differenzieren. Die eines großbürgerlichen Kunstfreunds im Vorstand eines Kunstvereins ist selbstverständlich eine andere als die eines temporär dort beschäftigten, kleinbürgerlichen Assistenzkurators. Andererseits gibt es auch innerhalb des materiell abgesicherten Großbürgertums einen sichtbaren, mit der Kunst verbundenen Distinktionsbedarf, der sich nicht mit kleinbürgerlicher Statusarbeit erklären lässt. Zudem ist die von mir hier wiederholt problematisierte Als-ob-Logik bürgerlicher Repräsentation keine kleinbürgerliche Erfindung. Ich habe es dargelegt: Sie war schon in der Emanzipation des historischen Bürgertums angelegt, das sich seiner Position als künftige, kulturell dominierende Klasse ja keineswegs sicher fühlen konnte. Deshalb galt die Proklamation der Gleichheit und das mit dieser ausgerufene soziale Versprechen stets auch der eigenen Legitimation gegenüber der Amoralität aristokratischer Herrschaft.[321] Die Instrumentalisierung damit verbundener Wertideen ist also nicht primär kleinbürgerlich, sondern seit jeher ein Problem des Bürgertums.

Im Sinne einer traditionsbewussten, kulturellen Einheit, die nicht nur die soziale Lage teilt, sondern im herkömmlichen Verständnis auch auf einen gemeinsamen Sprachstil, gemeinsame Feste, Bräuche, Rituale und andere soziale Aktivitäten rekurriert, hat dieses Bürgertum im Laufe des 20. Jahrhunderts an Bedeutung verloren. Überdauert haben die Institutionen bürgerlicher Kultur – Museen, Theater, Bibliotheken – und ein entsprechender Wertekomplex, dessen transformative Dynamik ich am Beispiel des bürgerlichen Dispositivs der Kunst beschrieben habe. „Untergang durch Erfolg", nennt Müller diesen historischen Prozess und spricht vom „Ende des Bürgertums als geschichtsmächtige Sozialformation aufgrund des durchschlagenden Ideenüberschusses bürgerlicher Werte."[322] Institutionen und Wertideen überdauern, wo Sozialstrukturen aufbrechen und sich neu formieren – was ich hier als Bürgertum begreife ist in seiner Lebenswelt aber eben auch ökonomisch pluralistischer als das historische Bürgertum. Dabei verliert sich so manche bürgerliche Wertidee und gerät unter dem Druck einer neoliberal entgrenzten „Kolonialisierung der Lebenswelt" (Habermas) zur gehetzten Freizeit- und Konsumgestaltung. Der emanzipatorische Wert der Selbstbestimmung „in Gestalt von Selbstständigkeit, Selbstverwaltung und Selbstkritik existiert nur noch in einigen wenigen positiv privilegierten Kreisen unserer gegenwärtigen Gesellschaft. Dennoch gilt für alle aber noch ein diffuses Bedürfnis nach Selbstverwirklichung, im Zeitalter der Individualisierung sogar so etwas wie ein Imperativ der Selbsterschaffung."[323] Analog zum historischen Verhältnis von Groß- und Kleinbürgertum etablieren privilegierte gesellschaftliche Milieus um den Wert der Selbstverwirklichung durchaus neue, vielfältige und nuancierte kulturelle Praktiken, in deren angestrengt bemühten Nachahmungen durch prekarisierte Gesellschaftsschichten sich dann wieder bestehende soziale Hierarchien spiegeln und lebenspraktisch legitimieren. Mit Nonchalance kann der

Großbürger heute ästhetisch flexibel, neugierig, weltoffen, queer und mehrsprachig sein. Die große Mehrheit der Kleinbürger ist all das nie beiläufig, sondern ausdrücklich, im unentspannt-konkurrenzbewussten Modus der Selbstausstellung.

Reckwitz weißt in diesem Zusammenhang darauf hin, dass das bürgerliche Milieu der Gegenwartskunst aufgrund des in ihm wirkenden „sozialen Regime[s] des ästhetisch Neuen", also der Dynamik von Selbstverwirklichung und transformativer Selbstentgrenzung, sowie der paradigmatischen Rolle des Künstlers als „kreativen Produzenten", sogar exemplarisch ist für die derzeitigen Anforderungen eines singularisierten, „kuratierten Lebens" innerhalb der „neuen Mittelklasse".[324] Dass der Wert der Selbstverwirklichung hierin so deutlich an die Statusarbeit gekoppelt wird, würde die „neue Mittelklasse" nach Metz und Seeßlen zwar als Hort des Kleinbürgertums ausweisen, allerdings braucht jedes Kleinbürgertum ein strahlendes Versprechen an dem es sich orientiert: Das Milieu der Gegenwartskunst wartet im geschätzten oberen Zehntel mit genügend erfolgreichen Künstlern, Kunsthändlern und anderen Kunstfreunden auf, denen Selbstverwirklichung und transformative Selbstentgrenzung mit wundersamer Ungezwungenheit zu gelingen scheinen. Nach Reckwitz sind sie es aber nicht allein, die zu einer allgemeinen kulturellen Aufwertung des Milieus der Gegenwartskunst beitrugen, die sich nicht zuletzt an den unzähligen Neugründungen von Museen und Kunsträumen seit den 1990er-Jahren festmachen lässt.[325] Es ist vor allem die spezifische Stilisierung von Kreativität und die darin implementierte Ununterscheidbarkeit von Chance und Zwang, die musterhaft ist für die „Paradoxe Struktur einer performativen Selbstverwirklichung, also die Darstellung von Selbstverwirklichung vor einem sozialen Publikum."[326] Die bürgerliche Kunst der Moderne, schreibt er, habe ein soziales Format erprobt, „das ganz auf die Kultivierung möglichst reiner, der Zweckrationalität entbundener ästhetischer Praktiken und Subjektformen ausgerichtet ist."[327] Heute macht sie das zur Blaupause neoliberaler Verhaltensprinzipien. Der Künstler wird zur Leitfigur einer Verwertungskette, die die Kreativität und Selbstentfaltung jedes Einzelnen abzuschöpfen sucht. Die auf Joseph Beuys zurückgehende Losung eines erweiterten und partizipativen Kunstbegriffs – „Jeder Mensch ist ein Künstler" – hat ihren emanzipatorischen Aufbruchcharakter eingebüßt und ist zum ökonomisch motivierten Imperativ eines kulturellen Kleinbürgertums geronnen.

Während Konzepte wie Schelskys „nivellierte Mittelstandsgesellschaft" nahelegten, Klassenkonflikte seien Mitte des 20. Jahrhunderts weitgehend eine Sache der Vergangenheit, sind sie unter veränderten kulturellen Vorzeichen längst zurückgekehrt.[328] Auf der einen Seite steht ein liberales Bürgertum und ein daran anschließendes, urbanes Kleinbürgertum, das sich in performativer Selbstdarstellung und redundanten „Diskursmaschinen" knallharte Statuskämpfe um Anerkennung und neoliberal verknappte soziale Sicherheiten liefert. Um jene Abgehängten, für die es in diesen Kämpfen nichts mehr zu gewinnen gibt, bemüht sich derweil eine immer schriller tönende, ressentimentgeladene und oft dezidiert antibürgerliche Rechte, nicht selten gestützt von Allianzen mit Teilen des kulturell in die Defensive geratenen, konservativen Bürgertums. Der Klassenkonflikt der Gegenwart tritt also nicht als Konflikt entlang der sozialen Herrschaftsachse in Erscheinung, er wird kulturell überlagert und geschröpft. Das hat nicht nur damit zu tun, dass progressive bürgerliche Wertideen, wie am Beispiel der Selbstverwirklichung beschrieben, im Zuge einer fortschreitenden „Kolonialisierung der Lebenswelt“ heute als Vehikel individueller Statusarbeit ihre politische Progressivität verlieren. Auch die Krise zahlreicher Institutionen der Öffentlichkeit, entkoppeln den Klassenkonflikt vom alten bürgerlichen Versprechen der Gleichheit. Mit Institutionen sind an dieser Stelle nicht nur die Orte bürgerlicher Kultur gemeint, sondern klassenübergreifende Instanzen der Akkulturation wie etwa das allgemeine Erziehungswesen oder das System der Massenmedien. In der Periode des Wohlfahrtsstaats, der sich in Deutschland ab den 1950er-Jahren etablierte, war es diesen zumindest teilweise gelungen, ausreichend soziale Mobilität nach oben in Aussicht zu stellen – nicht im Sinne einer tatsächlichen Verwirklichung von Gleichheit, sondern im Sinne eines Als-ob, das die Gleichheit als Versprechen permanent im Spiel hält. In Anlehnung an Lepsius beschreibt Müller diesbezüglich die ambivalente Doppelrolle der modernen Nachkriegsgesellschaft: „Einerseits löst sie sich von der Klasse und verspricht das Ideal des Vollbürgers. Andererseits haftet sie der Klasse an und trägt ihrerseits dazu bei, die eigene Klassen- und Schichtungslage zu verschleiern oder zumindest doch besser erträglich zu machen.“[329] Der Klassenkonflikt sei auch damals durch viele kleine Konflikte überformt, aber innerhalb unterschiedlicher öffentlicher Institutionen moderiert worden. Als Instrumente einer solchen vordergründigen Harmonisierung nennt er politische Interessenformierung, kulturelle Wertorientierung und ökonomische Differenzierung, die in Bezug auf die subjektiv empfundenen Lebenschancen so kongenial ineinandergriffen, „dass die fortbestehende soziale Ungleichheit nicht als Resultat der kapitalistischen Klassenstruktur begriffen [wurde], sondern als Resultate einer modernen Arbeits- und Leistungsgesellschaft.“[330]

Eine solche institutionelle Moderation sozialer Ungleichheit erscheint nun in mehrfacher Hinsicht unglaubwürdig. Zunächst durch die angesprochene ökonomische Verschärfung der Ungleichheit in der Folge von Neoliberalismus und Globalisierung. Hier wäre exemplarisch die starke Senkung des Spitzensteuersatzes bei der Einkommens- und der Erbschaftssteuer sowie die Abschaffung der Vermögenssteuer in vielen europäischen Staaten anzuführen. Auch die wachsende Verhandlungsmacht von Führungskräften, die eine „wahre Explosion der Vergütung von Spitzenmanagern“ seit den 1970er-Jahren nach sich gezogen hat und in ihrer Tendenz bis heute anhält.[331] Zugleich wächst seit den 1980er-Jahren im Zuge staatlicher Deregulierungen von Arbeitsverhältnissen ein Niedriglohnsektor, der soziale Mobilität nach oben gar nicht mehr vorsieht. Die versiegenden Aufstiegsmöglichkeiten delegitimieren langfristig soziale Ungleichheit, die in der Nachkriegsgesellschaft nicht zuletzt deshalb auf eine breite Akzeptanz traf, weil die allgemeine Verbesserung der Lebensverhältnisse das Narrativ vom sozialen Aufstieg und dem sozialstaatlichen Abbau von Klassengegensätzen kurzzeitig plausibel erscheinen ließ. Mit der Prekarisierung von Arbeitsverhältnissen im mittleren und unteren Einkommensbereich sind berufliche Aufstiege jedoch nicht mehr zwingend gleichbedeutend mit sozialem oder ökonomischem Aufstieg. Wer heute allerdings beruflich absteigt, „erfährt mit großer Wahrscheinlichkeit auch einen sozialen Abstieg.“[332] Folgt man dem Soziologen Oliver Nachtwey, hat die Angst vor dem sozialen Abstieg heute bereits den Willen zum Aufstieg als Antrieb persönlicher Statusarbeit abgelöst. Auf beiden Seiten motiviert diese Angst schließlich die von mir beschriebene Polarisierung auf der kulturellen Differenzierungsachse, die die Verwerfungen des zugrundeliegenden Klassenkonflikts derzeit überformt – ob als diskursiver Konformitätsdruck im Zuge kultureller Statusarbeit oder gewendet als Ressentiment gegen das vermeintlich Andere und Fremde. Schon 2003 brachte der Politikwissenschaftler Colin Crouch die fortschreitende Aushöhlung demokratischer Öffentlichkeit auf den Begriff der „Postdemokratie". Sein Befund geht von einer Bevölkerungsmehrheit aus, deren wachsender Zynismus gegenüber den Verfahren demokratischer Willensbildung und politischer Interessenformierung sie zunehmend in „eine passive, schweigende, ja sogar apathische Rolle" dränge.[333] Der von Crouch diagnostizierte Prozess eines schwindenden Klassenbewusstseins bei gleichzeitiger Verschärfung sozialer Ungleichheit, liest sich im Nachhinein wie ein schlüssiger Vorlauf zu den sich derzeit verstärkenden sozialen Schließungsprozessen und damit verbundenen kulturellen Polarisierungen.[334] Die von ihm beklagte, milieuübergreifende Abwertung von Institutionen demokratischer Öffentlichkeit scheint wiederum die aktuellen Erosionen im Zeichen populistischer Reaktivierungen von Ressentiments vorwegzunehmen, in denen Nachtwey alarmierende Tendenzen einer „regressiven Entzivilisierung" erkennt.[335]

Die Partikularisierung gesellschaftlicher Akkulturationsinstanzen ist also nicht bloßer Ausdruck von wachsender kultureller Diversität, wie es Wunschbilder bürgerlicher Repräsentation so gerne glauben machen. Zwar erklären es mittlerweile immer mehr Institutionen der Gegenwartskunst selbst zu ihrer Aufgabe, gesellschaftliche Vielfalt darzustellen, soziale Ungleichheiten zu berücksichtigen und kulturell zu moderieren. Und gewiss spricht aus der damit verbundenen Umwidmung ihrer Räume zu Orten demokratischer Repräsentation ein weiteres Mal das Als-ob-Prinzip des bürgerlichen Gleichheitsversprechens: nicht nur sei die Kunst jeder und jedem gleichermaßen zugänglich, heute soll sie als eine Art demokratisierender Kulturerfahrung vielfach selbst die allgemeine Erweiterung der bürgerlichen Anerkennungsordnung gesellschaftlich vermitteln. Allerdings würde eine daraus resultierende Preisgabe künstlerischer Autonomie auch den Abschied aller mit der Kunsterfahrung assoziierten utopischen Gehalte bedeuten. Es wäre die Preisgabe des ästhetischen Als-ob, das vorläufige Ende der Kunst als gesellschaftlicher Antithesis.[336] Tatsächlich zeigt die Behauptung, Gegenwartskunst sei selbst so etwas wie eine auf Gerechtigkeit zielende Akkulturationsinstanz – eine Behauptung, die sich in der Realität natürlich ebenso wenig einlöst wie das Versprechen einer Gesellschaft von klassenlosen Vollbürgern – eher das aus der Prekarisierung erwachsende Bedürfnis moralischer Selbstlegitimation des mit ihr assoziierten Milieus. Mehr noch kann man sie als Ausdruck der fortgeschrittenen demokratischen Unglaubwürdigkeit anderer und wesentlicherer öffentlicher Institutionen lesen, so wie Crouch sie beschreibt. Erziehungswesen, Universitäten und politischen Parteien wären hier zu nennen, aber auch der öffentlich-rechtliche Rundfunk und die freie Presse der europäischen Länder. Noch viel weniger als die in Bedeutung und Niveau schrumpfenden Massenmedien erzeugt die algorithmische Architektur der sogenannten „sozialen Medien" heute einen übergreifenden öffentlichen Diskursraum, stärkt vielmehr geschlossene Gruppenidentitäten, Ressentiments und konsumistische Weltverhältnisse.[337]

Damit ist nicht nur der von Juliane Rebentisch als notwendig herausgestellte Anschluss kunstkritischer Diskurse an eine übergreifende Öffentlichkeit gefährdet, die bürgerliche Als-ob-Logik repräsentativer Demokratie steht selbst in Frage, wenn keiner Öffentlichkeit die Behauptung einer Allgemeinheit als Publikum noch überzeugend gelingt. Natürlich werden progressive bürgerliche Wertideen wie Selbstverwirklichung oder Weltoffenheit bis in die Gegenwart hinein erstritten, verteidigt und weiterentwickelt, auch und gerade in künstlerischen, akademischen oder sogenannten avantgardistischen Milieus. Dass sie nun vermehrt als Werkzeuge von Distinktion und sozialer Schließung herhalten, mag eine Folge der beschriebenen ökonomischen Prekarisierung sein, die den Statusdruck auf die mittleren Bevölkerungsschichten Europas nachhaltig erhöht. Selbst wenn man es für verfrüht hielte, allgemein von postdemokratischen Verhältnissen zu sprechen, ist ein Bedeutungsverlust der hergebrachten Akkulturationsinstanzen schwerlich zu leugnen. In seiner Folge sinkt auch die Wahrscheinlichkeit für erfolgreiche Prozesse bürgerlicher Selbstkritik und emanzipatorischer Erneuerung, weil es dem Bürgertum weniger gelingt, über seine Partikularinteressen hinaus noch gesellschaftliche Überzeugungskraft zu entfalten.[338] Bereits Ende der 1960er-Jahre sprach Habermas von einem „Trend zur Entkräftung der Öffentlichkeit", den er auf den Begriff der „Refeudalisierung" brachte und einen kapitalistischen Staat in Aussicht stellte, der seine Bürger wie Kunden behandelt.[339] Die alternativ von ihm ins Spiel gebrachte Transformation zu einem „sozialen Rechtsstaat" hat sich im Europa des 20. Jahrhunderts nur unzureichend erfüllt, so dass insbesondere nach den späteren neoliberalen Wirtschaftsreformen die These einer antibürgerlichen „Refeudalisierung" schlüssiger erscheint.[340] Der Soziologe Sighard Neckel gehört zu jenen, die sie zuletzt aktualisierten. Er begründete sie mit der neuerlichen Verfestigung sozialer Ungleichheit, dem gewachsenen Einfluss der Finanzökonomie und einer zunehmenden Privatisierung der Sozialpolitik.[341] Die in den „Diskursmaschinen" – auf beiden Seiten der Differenzierungsachse – forcierten Kulturkämpfe erscheinen vor diesem Hintergrund eher wie statusbewusste Anpassungsprozesse an eine längst antizipierte soziale Immobilität, die kein moderierendes, durch Akkulturationsinstanzen vermitteltes Versprechen auf eine klassenunabhängige Gleichheit von Vollbürgern mehr aufwiegt.

Die Kunstwelt

In ihrer Einführung in die Kunstsoziologie besteht Dagmar Danko auf eine strenge Unterscheidung des Begriffs Kunstwelt, der auf Studien des Soziologen Howard S. Becker zurückgeht, und dem des Kunstfeldes, der die Perspektive der Feldtheorie Bourdieus impliziert.[342] Für mich besteht im Rahmen dieser Überlegungen keine Notwendigkeit die Begriffe scharf zu trennen, sinnvoll ist aber, sich noch einmal vor Augen zu führen, welche Akteure überhaupt in der sozialen Umgebung der Gegenwartskunst agieren. Hier bieten sich jüngere Studien des Kunstsoziologen Ulf Wuggenig an, der, wie seinerzeit Bourdieu, nicht nur die professionell in das System involvierten Akteure und Institutionen, sondern auch das allgemeine Publikum in den Blick nimmt, das keine soziale Funktion innerhalb des Feldes innehat.[343] Doch schon hier zeichnen sich wesentliche Veränderungen gegenüber den Studien ab, die Bourdieu und sein Kollege Alain Darbel in den 1960er-Jahren vornahmen.[344] Diese befragten Besucher von Ausstellungen historischer Kunst, die, noch ganz im Zeichen bürgerlicher Allgemeinbildung, zwar mit wenig spezialisiertem, aber hohem allgemeinen kulturellen Kapital ausgestattet waren. Demgegenüber zeichnet sich das von Wuggenig befragte Publikum von Ausstellungen der Gegenwartskunst durch einen beträchtlichen Anteil an Experten aus, die „oftmals professionell in die Produktion, Distribution und Vermittlung von Kunst involviert sind."[345] Kunstausstellungen werden heute vor allem von Menschen besucht, die selbst professionell mit der Kunstwelt in Verbindung stehen, mehr noch als in den 1960er-Jahren ist also die „Allgemeinheit" als Publikum hier bloße Projektion. Der Befund bestätigt auch die angesprochenen Tendenzen zur sozialen Schließung des entsprechenden Milieus. Gegenüber dem 19. Jahrhundert ist noch davon auszugehen, dass mit dem gesamtgesellschaftlichen Anwachsen des Bildungskapitals, nicht zuletzt durch das Hinzukommen der zuvor weitgehend ausgeschlossenen weiblichen Bevölkerung, Diversität und Umfang des „breiten Publikums" deutlich zugenommen haben. Aber bis heute, sowohl in den Untersuchungen Bourdieus in den 1960er-Jahren, wie auch bei denen Wuggenigs aus den 2010er-Jahren, hat sich der überproportionale Anteil von Akademikern gegenüber dem Bevölkerungsschnitt beibehalten. Auch der Anteil von Menschen mit sehr hohem Einkommen fällt mit 15 % unter den von Wuggenig befragten Ausstellungsbesuchern im Vergleich zu dem der Gesamtbevölkerung „deutlich überdurchschnittlich" aus.[346]

In Anbetracht dieser Kontinuitäten sowie der sich mit dem Neoliberalismus verschärfenden sozialen Immobilität erstaunt es, dass die Kunstsoziologin Nina Tessa Zahner noch 2006 versicherte, der Klassenbezug der bourdieu'schen Theorie habe sich „überlebt".[347] Ausgehend von Andy Warhol, der Pop-Art der 1960er-Jahre sowie der mit ihr einhergehenden Öffnung der „hohen Kunst" für die Ästhetiken der Populärkultur und deren kommerziellen Strukturen und Strategien, konstatierte Zahner eine „Ausdifferenzierung" der Kunst, die „unüberschaubar viele individuelle Ausformungen" hervorbringe und die keinen erkennbaren Streit mehr um die Fortsetzung einer bestimmten Stilgeschichte aufführt: „Eine den Kunstbetrieb dominierende Kunstrichtung stellt andere in den Hintergrund, nicht in Frage."[348] Dieser Umstand entkräftet ihrer Ansicht nach die Engführung Bourdieus auf Formen milieuspezifischer Anerkennung, etwa die der Kunstkritik oder jene, die Künstler gegenüber anderen Künstlern aussprechen und sie zu sogenannten Künstler-Künstlern adeln. Solche Anerkennungsformen fielen in der Gegenwart immer weniger ins Gewicht, wohingegen „ökonomisches Kapital einen immensen Bedeutungszuwachs im Kunstkonsekrationsprozess" erfahren habe.[349] In erster Linie würde heute jenen Objekten das Prädikat „Kunst" zugesprochen, die auf dem Kunstmarkt erfolgreich seien. Gegenüber einer vermeintlich elitären Präferenz des Intellektuellen begrüßt Zahner diese Entwicklung sogar als eine Form von „Demokratisierung" und „Pluralisierung", die die angestammte Barriere der Bildung zum Einsturz bringt. Dass, wie beschrieben, der an die Stelle klassischer Bildung tretende Geschmackspluralismus nicht minder anfällig dafür ist, Klassenunterschiede zu legitimieren und zu festigen, und Gegenwartskunst nach wie vor ein überwiegend akademisches Publikum anspricht, entgeht ihrer wohlmeinenden Lesart. Die Öffnung der Kunstwelt für Mechanismen der Populärkultur ließe sich nämlich auch kritisch als eine „Unterwerfung unter die Zwänge des [...] Profits" begreifen, die für Bourdieu nichts anderes in Aussicht stellte als die „Zerstörung der wirtschaftlichen und gesellschaftlichen Grundlagen unserer kostbarsten kulturellen Erwerbungen."[350] Nach ihm sind der Autonomieanspruch der Gegenwartskunst und die mit ihm einhergehenden internen, scheinbar elitären Diskurskriterien nämlich genau das, mit der sie kommerziellen oder demagogischen Logiken überhaupt entgegentreten kann. Ihre Preisgabe würde schlussendlich auf die schlichte Annektion durch potentere Machtmechanismen, wie eben den ökonomischen, hinauslaufen. Der Optimismus Zahners steht gleichwohl stellvertretend für die regelmäßig wiederkehrende Ausrufung vermeintlich neuer und vermeintlich emanzipatorischer Kunstpraktiken (wie das Arbeiten in Kollektiven oder den temporären Einbezug benachbarter Gemeinschaften), die sich im Anschluss an eine durchaus begründete Kritik an der sozialen Exklusivität der Gegenwartskunst schließlich selbst in Widersprüche verfangen.

Für die Kunstkritikerin Isabelle Graw zeitigt die Annäherung der Kunst an Mechanismen der Populärkultur auch eher kritikwürdige Konsequenzen. Nicht nur die zunehmende Ökonomisierung des Geschmacksurteils, mehr noch beklagte sie die „Glorifizierung von Jugend, Schönheit und Geld" im Zeichen einer „Celebrity Kultur", die weite Teile der Gegenwartskunst durchdringe.[351] Die soziale Rolle des Künstlers als „herausragende Persönlichkeit" mit einem „außergewöhnlichen Leben" prädestiniere ihn, neben seiner Kunst auch das eigene Leben erfolgreich zu Markte zu tragen: „Man könnte sagen, dass das neoliberale Regime, das ja auf eine Ökonomisierung des Alltagslebens zielt, in der Celebrity-Kultur seinen eigentlichen Ausdruck gefunden hat."[352] Graws Befund stammt aus dem Jahr 2008, also noch bevor die Algorithmen der sogenannten „sozialen Medien" den Imperativ der Selbstvermarktung und Selbstausbeutung allgemein intensivierten. Im Ganzen scheint die Entwicklung also eher den früheren Warnungen Bourdieus recht zu geben, der sich dezidiert gegen eine leichtfertige Popularisierung intellektueller Diskurse und die Delegitimierung von Bildungsfaktoren bei der Akkumulation von kulturellem Kapital verwehrte. Mehr noch, plädierte er sogar dafür, den sozialen „Eintrittspreis", etwa die vorausgesetzte Bildung, für bestimmte Kultursegmente zu erhöhen statt sie unter falschen Vorstellungen zu senken und sie damit dem Zugriff von Ökonomie und Demagogie auszuliefern.[353] „In Wirklichkeit verteidige ich die notwendigen Voraussetzungen zur Produktion und Verteilung der höchsten Schöpfungen der Menschheit. Will man der Alternative zwischen elitärer Haltung und Demagogie entkommen, muss man für die Beibehaltung, ja Erhöhung des *Eintrittspreises* zu Produktionsfeldern eintreten [...] und gleichzeitig die *Verpflichtung* unterstreichen, *sich zu äußern* sowie für eine Verbesserung der Voraussetzungen und Mittel dazu einzutreten. [...] Es gilt, sowohl für die jedem Avantgardismus (zwangsläufig) immanente Hermetik einzutreten, als auch für die Notwendigkeit, das Hermetische aufzubrechen und dafür zu kämpfen, dass die entsprechenden Mittel zur Verfügung stehen. Anders gesagt, man muss dafür kämpfen, dass die zur Förderung des Universellen notwendigen Produktionsbedingungen bereitgestellt werden, und gleichzeitig an der Verallgemeinerung der Zugangsbedingungen zum Universellen arbeiten, damit immer mehr Menschen die Voraussetzungen erfüllen, sich das Universelle anzueignen."[354] Damit bringt Bourdieu den universellen Aufklärungswillen des bürgerlichen Als-ob-Prinzips noch einmal auf den Punkt: Wenn Bildung emanzipatorischer Anspruch, aber zugleich auch Voraussetzung „für die höchsten Schöpfungen der Menschheit" ist, kann es nicht darum gehen, diesen Anspruch zu senken, sondern die entsprechenden Voraussetzungen *für alle* zu schaffen. Die für die Kunst vorausgesetzte, universelle Gleichheit ist schließlich vor allem dort anfällig dafür, die existierende Ungleichheit zu legitimieren oder kulturell zu verschleiern, wo die Verallgemeinerung der Zugangsbedingungen ihre politische Vorrangstellung einbüßt. Für das Europa der Gegenwart wäre genau das zu konstatieren. Anders gesagt: Wenn sich Klassenverhältnisse polarisieren statt sich zu egalisieren, wenn Einkommens- und Vermögensgefälle wachsen und bürgerliche Milieus sich mit Ressentiments in die eine oder andere Richtung abriegeln, wird keine Kunst, erst recht keine „niedrigschwellige", daraus eine repräsentative Gleichheit zaubern.

Die ihr zugerechneten demokratisierenden Effekte entspringen also eher bürgerlichem Wunschdenken. Am wachsenden Einfluss ökonomischer Faktoren auf die kulturelle Wertbildung in der Gegenwartskunst besteht dagegen wenig Zweifel. Die meisten Kunstinstitutionen in Deutschland begannen in den 1990er-Jahren aufgrund von Einsparungen in den öffentlichen Kulturhaushalten mit dem Einwerben von privatwirtschaftlichen Drittmitteln und Projekten in sogenannten Public-Private-Partnerships. Die Präsenz zahlungskräftiger Unternehmen in öffentlichen Ausstellungshäusern, verbunden mit bereitwillig eingeräumten Privilegien (spezielle Previews, Zweckentfremdung von Räumen durch Firmenfeiern usw.), gehört mittlerweile zum Alltag der meisten Museen und Kunsthäuser. Zahner parallelisiert diese Entwicklung mit der Entstehung eines „erweiterten Kunstfelds", das sich seit den 1960er-Jahren immer weniger um ästhetische Autonomie bemühte. Dessen Akteure wollten die Kunst stattdessen als Teil des alltäglichen Lebens etablieren und sie nicht länger von der dominierenden Konsum- und Populärkultur abgrenzen.[355] Zeitgleich versuchten allerdings andere entgrenzende Kunstpraxen wie die Aktions- oder die Konzeptkunst dezidiert mit kommerziellen Logiken zu brechen. Ihre provokative Abkehr vom traditionellen Kunstverständnis richtete sich zwar – in bester modernistischer Tradition – gegen kulturelle Borniertheit und bürgerliche Selbstzufriedenheit, sie stand aber keineswegs im Zeichen einer Öffnung hin zur Populärkultur. Man müsste also, parallel zum Strang einer sich popularisierenden Kunst, eine weitere Entwicklung beschreiben, in der sich eine avancierte oder, mit Rebentisch gesprochen, „interessierte" Kunst vom Kunstmarkt loszusagen versuchte und im Laufe der Zeit in öffentlich subventionierten Kunstorten und Publikationen einen eigenen Diskurs etablierte. Einige Beobachter sprechen deshalb auch von einer Zweiteilung der Kunstwelt. Der Kunsthistoriker Wolfgang Ullrich beschreibt sie als „Schisma", in der zwei gegenteilige Auffassungen von Kunst immer weiter auseinanderdriften. Zu ihrer Charakterisierung zitiert er den Kurator Massimiliano Gioni: „Auf der einen Seite Celebrity Culture, Markt, visuelle Unterhaltung, auf der anderen eine Idee von Kunst als Politik und Engagement, die nicht ganz frei ist von einem Übermaß an Moralismus und Widersprüchen."[356] Zwar versuchten Ausstellungshäuser, Kunstmagazine und Kunsthochschulen nach wie vor, die verschiedenen Ausrichtungen zusammenzuhalten, aber immer mehr entkoppelten sich ihr jeweiliger Diskurs und Habitus. So führt die Teilnahme eines Künstlers an bedeutenden Biennalen wie der Documenta in Kassel laut Ullrich nicht mehr zwangsläufig zu Erfolgen auf dem Kunstmarkt. Und umgekehrt stünden übermäßiger kommerzieller Erfolg oder außergewöhnliche Popularität der

Würdigung in Kunstvereinen und Biennalen eher im Weg, da er den entsprechenden Kuratoren und Kritikern verdächtig und korrumpiert erscheine.[357] Dem wären allerdings zahlreiche soziale Überschneidungen der vermeintlich getrennten Kunstauffassungen entgegenzuhalten: Selbst Kunstmessen veranstalten heute intellektuelle Diskussionsrunden, kommerzielle Galerien legen in der Regel Wert darauf, auch schwer verkäufliche Positionen im Programm zu haben und Kuratoren diskursiv ausgerichteter Ausstellungen scouten ihre Künstler weiterhin eher auf Kunstmessen als in unkommerziellen Projekträumen. Was man in dem von Ullrich beschriebenen Schisma wohl erkennt, ist die alte soziologische Binnenunterscheidung zwischen Bildungs- und Besitzbürgertum, die kulturelle Differenzierungsachse zwischen liberalen hier und konservativen bürgerlichen Milieus dort. Hier zahlen Bildungsfaktoren und moralische Selbstgewissheit auf das Konto des sozialen Prestiges, dort sind es Statussymbole, die auf persönliche Unabhängigkeit und ökonomische Macht verweisen. Auch wenn die Diskurse in den staatlich subventionierten Kunsthäusern überwiegend der Statusarbeit von liberalen Milieus dienlich werden, verfügt der Kunstmarkt mit seiner exklusiven Preispolitik noch über genügend Ressourcen zur Selbstaufwertung von konservativen Besitzbürgern. Kulturelle Legitimationsansätze für die eigene Privilegierung innerhalb sozialer Ungleichheit ergeben sich für beide Seiten der bürgerlichen Medaille.

Auch Wuggenig spricht noch nicht von einer generellen Zweiteilung des künstlerischen Feldes, konstatiert allerdings eine „Heteronomisierung“ seit den 1980er-Jahren, neue Abhängigkeiten, die zum Beispiel in einem wachsenden Einfluss von Sammlern und Galeristen Ausdruck finden.[358] Dementsprechend verringert habe sich auch die Autonomie der künstlerischen Produktion. Eine Zweiteilung beobachtet Wuggenig an anderer Stelle: im Bereich der Kunstkritik, wo er zwischen „exoterischer“ und „esoterischer“ Kritik differenziert. Erstere versuche den Erfahrungsgehalt der Kunst für größere Bevölkerungsschichten zu übersetzen, letztere führe einen stark spezialisierten Diskurs innerhalb von Produzenten und involvierten Akteuren des Feldes. Wenn er die Verbreitung der jeweiligen Kritikformen verortet, ergibt sich ein Zentrum, in dem sich die kenntnisreichen Personen mit besonders hohem symbolischem Kapital versammeln. Um dieses Zentrum herum verteilen sich die peripheren Randbezirke der weniger stark involvierten Akteure. Die Zentrum-Peripherie-Metapher rekurriert auf ein Modell des Soziologen Reinhard Kreckel, der sie der vertikalen Polarität von oben und unten in der Beschreibung von Ungleichheit zur Seite stellt.[359] Die Ergebnisse von Wuggenig sind wenig überraschend: „Wird in der regionalen Peripherie des Kunstfeldes in besonderem Maß auf Zugänglichkeit geachtet, so im Zentrum auf Unzugänglichkeit.“[360] Auch hier gefährden beide Pole die Konstitution der Kunst als relativ-autonomes Als-ob, ihre Freiheit vom Sozialen im Sozialen. Die exoterische Kritik riskiert, vergleichbar der oben beschriebenen Entwicklung einer sich popularisierenden Kunst, sich aus ökonomischen Gründen dem populären Geschmack anzubiedern und ihr Publikum tendenziell zu unterfordern. Dagegen setzt die esoterische Kritik ihre Anbindung an eine übergeordnete Öffentlichkeit aufs Spiel, wo sie nur noch Diskurse innerhalb ihres eigenen Milieus adressiert und darüber hinaus zunehmend unzugänglich und selbstbezüglich erscheint. Das macht sie anfällig dafür, in den Dienst von kultureller Abgrenzung und sozialer Schließung zu treten.

Eine weitere die Kunstwelt prägende Entwicklung wird unter dem Begriff der Globalisierung verhandelt und hat sich zuletzt spürbar beschleunigt. Im Allgemeinen wird mit dem Begriff der massive Ausbau globaler Wirtschaftsströme in den vergangenen 30 Jahren bezeichnet, durch die sich die Produktion zunehmend in Billiglohnländer verlagerte und die entsprechenden Produkte dafür innerhalb der Staaten mit höherem Lohnniveau auch für die unteren Bevölkerungsschichten erschwinglich hielt. Flankiert wurde dieser Prozess von einer wachsenden globalen Mobilität der jeweils wohlhabenden Bevölkerungsteile, für die Reisen in entlegene Weltgegenden zur unhinterfragten Selbstverständlichkeit wurden. Für sie wurde die Welt auf so noch nicht gekannte Weise verfügbar. Hinzukommt die digitale Vernetzung, die Informationsbarrieren zwischen den Erdteilen zu überwinden half, aber auch zu einer kulturellen Privilegierung der englischen Sprache führte, in der vermeintlich globale Diskurse heute zu führen sind. Zur Globalisierung gehören ebenso unfreiwillige Migrationsbewegungen aufgrund von Kriegen und ökonomischer Notlagen. Sie bleiben auch für die europäische Kunstwelt nicht folgenlos. Zunehmend umfasst sie Akteure, deren kulturelle Referenzen auch außerhalb Europas liegen, und die entsprechende Themen, Materialien und Kunstauffassungen in den hiesigen Diskurs einbringen. Dabei dient die Kunst nicht selten der angesprochenen Funktion symbolischer Integration im Sinne einer Erweiterung der bürgerlichen Anerkennungsordnung. In der Folge begreifen sich immer mehr Institutionen der europäischen Kunstwelt auch als Repräsentanten eines globalen Diskurses, einer Kunstwelt im Wortsinn. Dass dieser Diskurs fast ausschließlich in englischer Sprache geführt wird und überwiegend Künstler umfasst, die in angestammten Zentren wie New York, London oder Berlin leben, arbeiten und ausstellen, scheint diesem Selbstverständnis wenig anzuhaben.

Das ist nun weder neu noch ist es verwunderlich, sofern die bürgerliche Repräsentation von Grund auf kosmopolitisch angelegt war und ist.[361] Ihr Als-ob zielt prinzipiell auf *alle* Menschen. Immerhin blieb die Thematisierung subalterner Sprachlosigkeit durch Gayatri Chakravorty Spivak, die vor der damit einhergehenden Gefahr einer Entmündigung jener warnt, die man zu repräsentieren beansprucht, während man die eigene Position hinter der Rolle des universalistischen Sprechers versteckt, in der Kunstwelt nicht ohne Resonanz. Vielmehr gehört der von Spivak Anfang der 1980er-Jahre ins Spiel gebrachte Gegenvorschlag eines „strategischen Essenzialismus“ zum diskursiven Konsens. Man beharrt also strategisch auf unhintergehbare Unterschiede zwischen ethnisch, sexuell, religiös oder regional definierten Bevölkerungsgruppen, um die Benachteiligung von bestimmten Gruppen sichtbar zu machen. Hito Steyerl bilanzierte allerdings schon 2008, dass dieser Ansatz sich in der Umsetzung als weniger strategisch denn essenzialistisch erwiesen habe – als wären die definierten Gruppen tatsächlich ihrem Wesen nach ungleich.[362] „Das Problem war darüber hinaus, dass die meist rein kulturelle Sichtbarmachung verschiedener Subjektpositionen nicht in erhofftem Ausmaß mit einer verbesserten politischen Vertretung korrelierte – sondern stattdessen eine Vielzahl konsumierbarer Differenzen produzierte sowie Subjektivitäten in den Vordergrund stellte, die streng auf ihrer jeweiligen Einzigartigkeit beharrten.“[363] So hat die daraus folgende Fixierung der Kunstwelt auf fest umrissene Identitäten – inzwischen mit großer Selbstverständlichkeit sowohl in den Beschreibungen von Künstlern als auch in denen ihres Schaffens hervorgehoben – durchaus problematische Auswirkungen auf die Diskursdynamik. Zwar entzieht sich der Kunstdiskurs seit jeher dem Zugriff der von ihm ausgeschlossenen untersten Bevölkerungsschichten. Allerdings erscheint nun die damit verbundene Leerstelle mittels diskursiver und personeller Repräsentanz benachteiligter Gruppen gefüllt, und die hehre Erweiterung der bürgerlichen Anerkennungsordnung einmal mehr als kulturelles Feigenblatt für soziale Verhältnisse, die das Bürgertum selbst mitproduziert. Während zahllose Kunstausstellungen den postkolonialen Ausbeutungsverhältnissen durch künstlerischen Aktivismus und Identitätsproporz beizukommen suchen, wird in der Regel kein Wort darüber verloren, dass dessen Aktualität sich in erster Linie der Abwälzung sozialer und ökologischer Kosten auf die Lebenswelt von globalisierten Billiglöhnern verdankt – angefangen bei rumänischen Spargelstechern in Norddeutschland, über Kaffeepflücker in Äthiopien bis zu Textilarbeitern in Bangladesch. Der Soziologe Stephan Lessenich bringt diese Auslagerung von Auswirkungen eines bestimmten wirtschaftlichen Handelns auf den Begriff der „Externalisierung". Damit bezieht er sich auf die in der Ökonomie sogenannten „externen Effekte", die ein Marktakteur zwar verursacht, aber nicht in seiner eigenen Bilanz aufführen muss, eben weil er sie auslagert.[364] Es sind nicht nur die großen Vermögenseigner, die zu den treibenden Profiteuren dieser quasi neokolonialen Externalisierung gehören, nicht zuletzt sind es die Konsumenten von Kaffee, Smartphones und Elektrobatterien – es sind sämtliche an der Kunstwelt Beteiligte: vom gehobenen Besitzbürgertum bis zum prekarisierten kulturellen Kleinbürgertum, unabhängig von Identität, Hautfarbe oder Herkunft. So wichtig also die Erweiterung der bürgerlichen Anerkennungsordnung ist, die sich so viele Kunstinstitutionen und Ausstellungen gerade ans Revers heften, sie erweitert nicht mehr als Freiheit und Diversität der eigenen bürgerlichen Lebenswelt.

Identitätspolitik ist in diesem Zusammenhang Chance und Problem zugleich: Bisweilen macht sie Strukturen und Muster kultureller Exklusion für Nicht-Betroffene überhaupt erst erkennbar. Durch ihre diskursive Dominanz innerhalb der Kunstwelt hat sie dort in den vergangenen Jahren jedoch auch ein liberales Selbstbild begünstigt, das sich schon mit der stolzen Zurschaustellung einer übersichtlichen Anzahl ausgesuchter Identitätsmodelle paritätische Verhältnisse imaginiert. Wer sich aber derart ausdauernd den eigenen emanzipatorischen Fortschritt bescheinigt, läuft bald Gefahr, seiner eigenen Simulation auf den Leim zu gehen. Dem fällt es umso leichter, das Privileg der eigenen Klassenlage wegzulächeln und die Ursachen damit verbundener Ungleichheit allein der verächtlichen, unemanzipierten Konkurrenz auf der kulturellen Differenzierungsachse in die Schuhe zu schieben: Zivilgesellschaft, das sind wir, Ausbeuter sind die Anderen. Das Prinzip der Externalisierung funktioniert ökonomisch, taugt aber ebenso gut zum Frisieren moralischer Bilanzen. Schlussendlich unterminiert selbst die positiv gewendete Vorstellung einer fest umrissenen kulturellen Identität jede Universalität der emanzipatorischen Idee.[365] Das gilt auch für die Kunst. Allein durch das Beharren auf ihre Autonomie, das heißt auch auf ihre Freiheit vor jeder sozialen und kulturellen Einhegung – sei sie noch so gut gemeint und paritätisch austariert – kann sie sich in ein produktives, dialektisches Verhältnis zur Gesellschaft setzen. Ohne den inhärenten Selbstwiderspruch ihrer Autonomiebehauptung, wird sich die Kunst zum Marketingtool verzwergen, ganz gleich ob sie sich hernach in den Dienst von politischen Ideen, von

Kulturkämpfen oder kommerziellen Anliegen stellt. Die emanzipatorische Kraft ihrer subjektiven Erfahrung wäre verspielt.

Die Globalisierung hat die Diskursdynamik der europäischen Kunstwelt zweifellos verändert. Konkret globalisiert haben sich aber in erster Linie die ökonomische Spitze des Kunstmarkts sowie ein erlesener Kreis der sogenannten „interessierten" oder diskursiven Gegenwartskunst, deren Biennalen nun auch in Ländern des arabischen Raums, in Ostasien oder Südamerika ausgerichtet werden: „Nicht nur Produzenten von Kunst selbst, sondern auch Kuratoren, Ausstellungsmacher, Kunsthändler und Galeristen, Sammler und Kunstliebhaber sind im Zuge der Globalisierung der Kunstszene zu hypermobilen Akteuren geworden, die von einem Event zum nächsten um die Welt fliegen. Die sogenannte Liebe zur Kunst, eine Haltung, die bisher als charakteristisches und distinguierendes kulturelles Muster westlicher Eliten angesehen wurde, wird längst von einem Teil der neuen Bourgeoisie in den sogenannten Schwellenländern geteilt."[366] Die Expansion von Biennalen und Kunstmessen, die allerorts neu gegründeten privaten oder öffentlich-privaten Ausstellungshäuser, sind denn auch weniger Ausdruck einer Globalisierung des mit der Kunst verbundenen bürgerlichen Dispositivs, sondern in der Mehrheit – Ausnahmen bestätigen die Regel – eher unverhohlen beschränkt auf die mit ihm etablierte Möglichkeit zur Distinktion finanzkräftiger Gesellschaftsschichten.

Als „privilegiertes Medium des Stadtmarketings" findet die Gegenwartskunst sich immer öfter auch im Dienst örtlicher Aufwertung von Tourismus, Luxus- und Immobilienwirtschaft.[367] Einen Prozess, den Luc Boltanski und Arnaud Esquerre als „Bereicherungsökonomie" beschreiben, weil er einseitig die Werte von Vermögenseignern erhöht, während sich um sie herum eine prekäre Arbeitswelt etabliert.[368] Städte und Regionen werden mit dem Gütesiegel regionaler Geschichte und Kultur zu regelrechten Luxusmarken, an deren Verwertung sich dann zuvorderst die Bourgeoisie bereichern darf. Folgt man den beiden Soziologen, dann haben wir es auch in Europa wieder mit geschlossenen kulturellen Zirkeln an der Spitze der gesellschaftlichen Hierarchie zu tun. Damit konstatieren auch sie eine fortschreitende „Refeudalisierung", gestützt auf die neoliberale Politik der vergangenen Jahrzehnte und das wiedererstarkte und politisch geschützte Prinzip der Erbschaft. Bereicherungsökonomie „behält den Besitz und den Genuss von außerordentlichen Gütern nämlich den Reichsten vor, was ihnen erlaubt, auf so etwas wie abgeschotteten Inseln, getrennt von der Allgemeinheit zu leben, um die sich zu kümmern sie nur noch wenige Gründe haben, weil die Verschlechterung der Lebensverhältnisse der Mehrheit sie nur auf sehr indirekte Weise betrifft."[369] Dass auch die Gegenwartskunst teilhat an einer Ökonomie, welche bewusst die ihre Autonomie begründende Emanzipationserzählung hintertreibt, gehört zur Dialektik des bürgerlichen Dispositivs. An vielen Orten aber scheint das Verhältnis der darin widerstreitenden Spannkräfte heute derart überdehnt, dass künstlerische Integrität und relative Autonomie selbst kaum noch gewährleistet sind, man also tatsächlich einen anderen Kunstbegriff bemühen müsste, wollte man der ungebrochenen Banalität ihrer ökonomischen Einbindung Rechnung tragen.

So scheint sich das alte Geld des Großbürgertums im Rahmen der Bereicherungsökonomie vor allem auf die Ausschlachtung einer der Kunst historisch zugewachsenen

Aura des Besonderen zu verstehen. Anders akzentuiert wird diese Aura, wo die von Reckwitz thematisierte Dynamik des ästhetisch Neuen im Vordergrund steht. Anziehend wirkt diese nämlich nicht nur für die „akademische Mittelklasse", sie weckt auch Begehrlichkeiten bei neureichen Akteuren aus der Oberschicht, die die Expansion ihres sozialen Prestiges schnell, effektiv und global vorantreiben. Für sie muss Gegenwartskunst unvorhersehbar sein, unerklärlich, brillant, launenhaft, getrieben von Genie und Inspiration – „eben so wie jeder Oligarch, der nach Allmacht strebt, sich selbst sehen möchte."[370] Auch in den Augen von Hito Steyerl macht die Kunst sich dabei zum willigen Kollaborateur eines neoliberal entgrenzten Kapitalismus: „Zeitgenössische Kunst ist ein Markenname ohne Marke, der bereitsteht, auf fast alles bezogen zu werden. Ein schnelles Facelifting, das den neuen kreativen Imperativ für Orte ankündigt, die eines extremen Imagewandels bedürfen, die Spannung des Glücksspiels kombiniert mit den strengen Freuden der Oberschicht-Internatsausbildung, ein lizenzierter Spielplatz für eine Welt, die durch schwindelerregende Deregulierung verwirrt und zusammengebrochen ist. Wenn zeitgenössische Kunst die Antwort ist, dann lautet die Frage: Wie kann der Kapitalismus schöner werden?"[371] Die schonungslose Banalisierung der Kunst in der Lebensart von Superreichen betrifft nicht nur den europäischen Raum, von dem hier vornehmlich die Rede ist. Oft kann sie sich dort noch einmal anders auswachsen, wo sich ihre Institutionen nicht auf die historische Emanzipation des Bürgertums gründen – und den damit verbundenen Anspruch auf künstlerische Autonomie kurzerhand aus dem Bestand des Prestige versprechenden Imports streichen können.

Im Zuge der Globalisierung beschleunigt und normalisiert sich eine ökonomische Vernutzung der Kunst, in- und außerhalb Europas. Mit der Repräsentation legitimen Geschmacks verschleiert Gegenwartskunst ökonomische Externalisierungen einer globalen Wirtschaftselite, verdingt sich als Werbeträger des damit verbundenen Lebens über die Verhältnisse anderer. Mit der Repräsentation wahlweise moralischer Progressivität, kultureller Weltoffenheit oder singularisierter Kreativität erfüllt sie dieselbe Funktion für das hiesige, erweiterte bürgerliche Milieu, in dem man sich die Folgen der eigenen „imperialen Lebensweise" ebenso ungern eingesteht wie am oberen Ende der Herrschaftsachse.[372] Das alles ist glücklicherweise nur die halbe Wahrheit, sobald es einer einzelnen Kunsterfahrung gelingt, sich aus den sozialen Gegebenheiten zu befreien und in andere, ästhetisch gebahnte Wirklichkeiten verwickeln zu lassen – Wirklichkeiten, die gesellschaftliche Widersprüche herausfordern statt sich problemlos in sie einzufügen. Es erscheint nur offensichtlich, dass die Wahrscheinlichkeit dafür im Rahmen der Gegenwartskunst weniger groß ist, als ihr bürgerliches Dispositiv es verspricht. Zumal dessen Wirkmacht sich im weltumspannenden Maßstab rasch verflüchtigt, da mag es noch so universalistisch angelegt sein. Und noch steht kein global akzeptiertes Äquivalent in Aussicht, mit dem sich die von Bourdieu geforderte Erhöhung der intellektuellen „Eintrittspreise" gegen Demagogie und Ökonomie in Stellung bringen ließe. „Kunst auf globaler Ebene impliziert weder eine inhärente ästhetische Qualität, die als solche identifiziert werden könnte, noch ein globales Konzept dessen, was als Kunst zu betrachten ist. Anstatt einen neuen Kontext darzustellen, zeigt sie den Verlust des Kontexts oder Fokus.", bemerkte der Kunsthistoriker Hans Belting 2007 in einer Analyse der Diskurse um den Begriff der „Global Art".[373] Dass er eine solcherart entkontextualisierte, globale

Kunst darin als positives Gegenmodell zu Regionalismus und Tribalisierung entwarf, ist beachtlich, nur weiß es, angesichts ihrer derzeitigen identitätspolitisch motivierten Indienstnahmen, kaum mehr zu überzeugen.[374] Ein Rest Hoffnung keimt immer dort, wo die Kunst selbst, diesseits oder jenseits bürgerlicher Formatierung, wider Erwarten ein ästhetisches Als-ob provoziert, das ihre Rezipienten im utopischen Vorgriff wie als Gleiche unter Gleichen erfahren.

Auf dem Bahnhofsvorplatz fällt mir eine Gruppe von Trinkern ins Auge. Vier Männer – einer liegt auf dem Asphalt, die anderen klammern sich sitzend an Bierdosen der Billigmarke „Anker", reden Deutsch und Französisch durcheinander. Es ist ein strahlender Spätsommertag und die Kleinstadt im Kanton Bern macht, was das angeht, keinen Unterschied zu den Metropolen des Kontinents: Bahnhöfe besitzen eine unerschöpfliche Anziehungskraft auf jene, die ihre Tage zu mehreren im Freien verbringen, trinken, plaudern, streiten, sich wieder vertragen und gemeinsam in den Seilen hängen. Der Rand der Gesellschaft ist häufig in ihrer Mitte zu finden – so auch in Biel. Ungewöhnlich ist nur der Vorplatz selbst in diesem Sommer, in dem er für 12 Wochen von einem 1.300 qm großen Sperrholz-Ufo in Beschlag genommen wurde. Mitgebracht hat es wohl auch den jungen Mann unmittelbar neben der Gruppe, der etwas zu sportlich erscheint, um dazuzugehören. Er sitzt in einem Plastikstuhl und rezitiert ins Mikrofon: „Ich falle schon ein wenig ab und bröckle, mörtle schon ein wenig. Das kommt vom Leben". Der Satz stammt, wie alles andere, was er vorlesen wird, aus Texten des in Biel geborenen Schriftstellers Robert Walser.

Auch die *Robert-Walser-Skulptur* macht bereits einen bröckelnden, etwas verlebten Eindruck. Sie steht seit beinahe drei Monaten hier und wird in ein paar Tagen schon wieder abgetragen. Aus Paletten und Pressspanplatten ist ein temporäres Hüttendorf entstanden, das sich über den gesamten Vorplatz erstreckt und nur in der Mitte von zwei schmalen Gassen hin zur Bahnhofsstraße durchzogen wird. Betritt man die Skulptur, befindet man sich in einer Art Stadt in der Stadt (Abb. 21). Unverkennbar vom Rest entkoppelt wirkt sie allein durch die Präsenz der für den Künstler so typischen Materialien: die verschraubten Sperrholzplatten und schier unendliche Mengen an Paketklebeband, Pappe, Folie, Müllsäcke und Schwarzweißkopien. Überall kleben Hinweise, Schrifttafeln und Zitate. Es ist ein Wust an Informationen. So will das Thomas Hirschhorn und so war es auch schon bei seinen Monumenten für Baruch de Spinoza (1999 in Amsterdam), Gilles Deleuze (2000 in Avignon), Georges Bataille (2002 in Kassel) und Antonio Gramsci (2013 in New York). Wobei dieser Wust von Monument zu Monument wuchs und in Biel für einen Tagesbesucher eigentlich schon nicht mehr zu bewältigen ist. Aber Hirschhorn vergrößerte mit der Zeit nicht nur den Umfang, er modifizierte auch die Komponenten seiner Außenskulpturen, aufbauend auf Erkenntnissen aus den jeweils vorhergehenden. Das Spinoza-Monument im Rotlichtbezirk von Amsterdam bestand im Grunde nur aus einer mit Folie umwickelten Statue des Philosophen, die ein paar Dachlatten stützten, sowie einem erweiterten Sockel, der mit Zetteln beklebt war. Hirschhorn konnte sie innerhalb von zwei Tagen mehr oder weniger allein aufbauen. In Avignon gab es neben einer Statue von Deleuze in Denkerpose bereits einen Pavillon, in Kassel, beim *Bataille-Monument*, das im Rahmen der 11. Documenta errichtet wurde, gab es zusätzlich Workshops und Vorträge und auch der Künstler war über die gesamte Laufzeit anwesend.[375] In New York, auf einer kleinen Grünfläche zwischen Sozialbauten der Bronx, bestand das Monument für Gramsci dann aus einem ganzen Ensemble von Einrichtungen: einer Bar, einer Bibliothek, einer Bühne, einem Museum. Von Mal

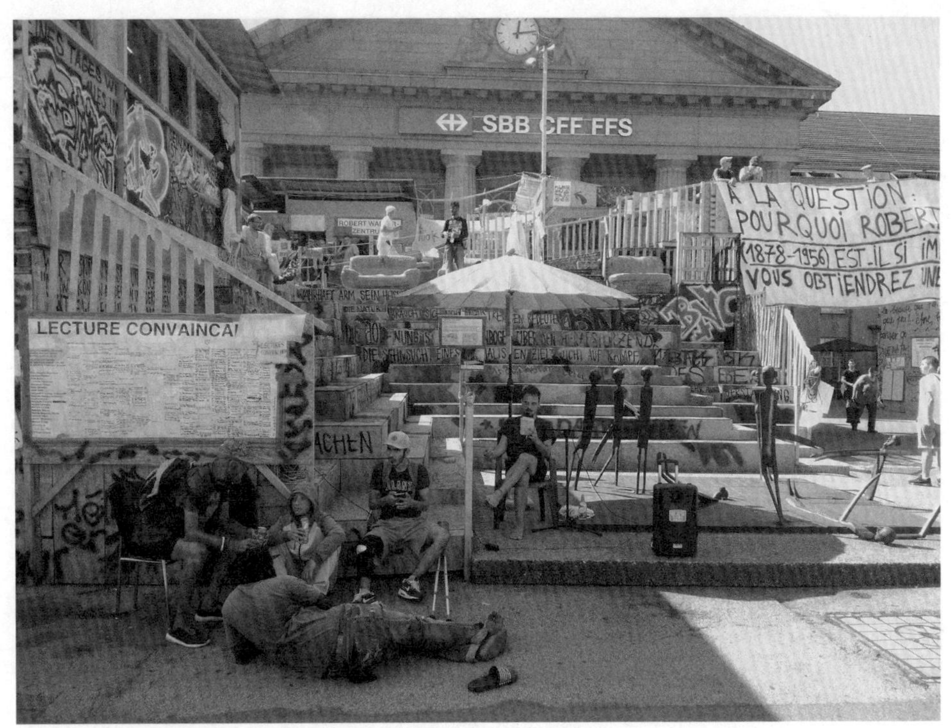

Stadt in der Stadt: die *Robert-Walser-Skulptur* von Thomas Hirschhorn

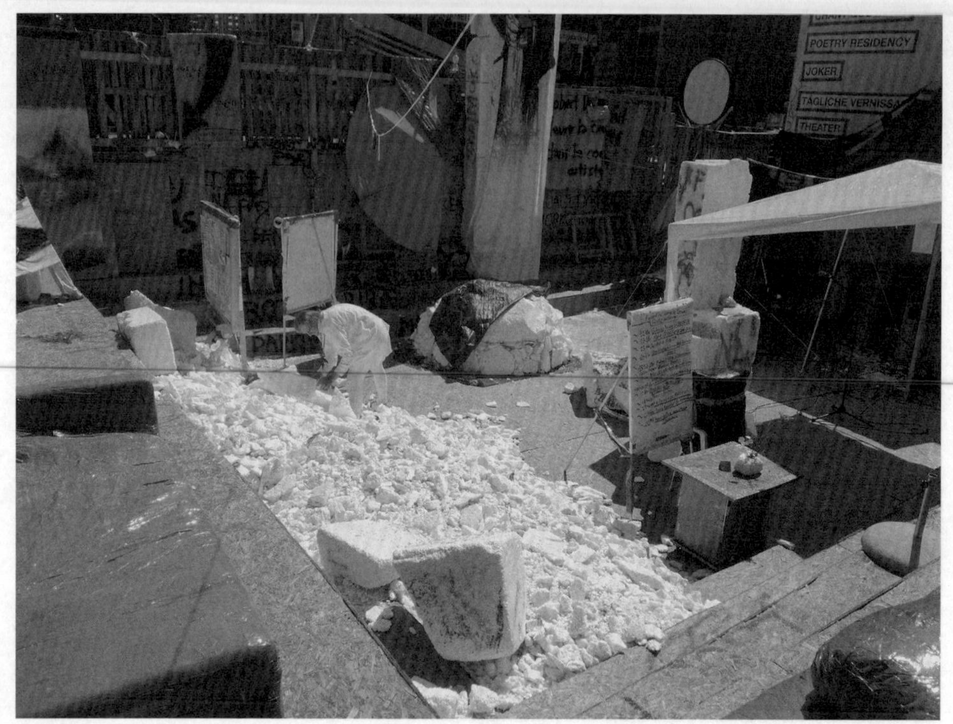

„Ich falle schon ein wenig ab und bröckle […]“ (Robert Walser)

zu Mal gab es mehr Begegnungsstätte, mehr Ereignis und weniger Monument im klassischen Sinne.

Auch wenn sie das „Monument" nicht im Titel trägt, ist Hirschhorns dem Schriftsteller Walser gewidmete Skulptur seine bislang größte Installation im öffentlichen Raum. Es gibt zwei Bühnen, ein TV-Studio, eine kleine Zeitung, die vor Ort ediert und gedruckt wird, eine Bibliothek, ein Buchladen, ein Imbiss, Klassenräume für Sprachkurse, Ateliers für Workshops und Seminare, eine Ausstellung zum Werk von Robert Walser, eine zur Bieler Domina Lady Xena, sowie Räume, die sich nicht unmittelbar zuordnen lassen, die okkupiert werden von lokalen Straßenkünstlern, eingeladenen Schriftstellern oder Trinkern, die es sich auf rundum mit Paketband beklebten Sofas bequem machen. Überall herrscht geschäftiges Treiben und ich schreite erstmal im Touristenmodus die einzelnen Räume ab, gehe von einem Aushang zum nächsten: Hier werden die Vorzüge von Esperanto gepriesen, gibt es Textfragmente zu lesen, die kopiert oder abgeschrieben wurden, dort sind kurze Filme zu sehen, die Schulklassen erstellt haben, und gleich um die Ecke lauert das nächste Robert-Walser-Zitat.

Parzival, ein Mann mit Federhut und ganz in Grün gekleidet, ist für die Esperanto-Abteilung verantwortlich. Der Raum für seine temporäre Sprachschule ist zugestellt mit Büchern, Zeitungsausschnitten, gerahmten Bildern und bemalten Wanduhren, die man für 30 Franken mieten kann, „bis die globale Weltregierung die Abrüstungssprache Esperanto eingeführt hat." Danach wird man sie bei der Esperanto-Weltbank gegen Aktien tauschen können, verspricht zumindest einer der vielen Zettel. Irgendwo zwischen alternativem Kulturzentrum, Aussteigerfantasie und Verschwörungstheorie changiert mein erster Eindruck. Die Omnipräsenz von Schrift wirkt beinahe manisch, die von großen Worten („Welt", „Frieden", „Kunst") pathetisch und die Ästhetik von grob ausgeschnittenen Collagen und Filzstiftzeichnungen zuweilen unbeholfen – als stemme sich hier alles dagegen, nochmal überarbeitet und geschliffen zu werden, gegen jede Akkuratesse, gegen alles, was den Flow ausbremst: Aus jedem „aber" mache „auch das"!

Man findet auch Anliegen, die ganz pragmatisch vorgetragen werden, ohne große Worte: Ein Ständer mit Broschüren informiert über Selbsthilfegruppen in der Stadt, Beratungsstellen für Flüchtlinge, therapeutische Treffen für Alkoholiker, Schuldnerberatung. Bilder, Masken und allerhand Gebasteltes befinden sich unter dem Banner des Kinderprogramms. Auf einem großen Schachfeld zerbröseln farbige Styroporfiguren langsam in der Sonne. Dann wieder Walser, der Schriftsteller, der Einzelgänger und jahrelange Bewohner einer psychiatrischen Einrichtung. Ich blättere durch die Auswahl eines kleinen Buchladens. Hirschhorn selbst hat gerade einen neuen Band mit Kurzgeschichten Walsers herausgegeben.[376] Der nächste Raum ist mit blauem Stoff ausgekleidet. Rote Folie im Fenster dimmt das Tageslicht. In der Mitte steht eine Vitrine mit Dildos, Ketten, Klammern und anderen Accessoires von Lady Xena. Walser reizte offenbar das Spiel mit der Unterwerfung, davon zeugt ein weiterer Textauszug, den Folie und Paketklebeband an der Wand fixieren, und der offenbar eine Begegnung mit einer dominanten Prostituierten beschreibt: „Ich muss beifügen", diese Stelle ist unterstrichen, „dass ich die Demut zum Teil zu meinem Vergnügen nur spielte. Es war so süß für mich, sie so recht mutig, hochmütig zu machen.“ Hier endet die Unterstreichung, doch noch mehr haben es die nachfolgenden Sätze in sich: „Man gönnt den Zarten gern das Glück, sich allerlei einzureden, an eine Stärke zu glauben, die sie nicht haben, die sie bloß vom Gutmütigen geborgt bekommen. Schwache sehen so hübsch in der Einbildung aus, sie seien die Starken.“

Dann überquere ich eine der beiden Brücken und entdecke von weitem den Künstler auf einem Plastikstuhl sitzend, im Schatten eines Sonnenschirms. Er befindet sich auf einer Art Tribüne – unten in der Arena wühlt ein Mann mit weißem Kittel in Styroporbrocken. Sie sehen aus wie schmelzende Eisblöcke. Auch alles andere scheint in Auflösung begriffen. Dass diese Skulptur nicht von Dauer ist, wird von jedem Quadratzentimeter Material hervorgehoben. Das ist Teil der Strategie, erklärt mir Hirschhorn, als ich ihn darauf anspreche: „All diese Materialien unterstreichen, dass es eine zeitlich limitierte Arbeit ist. Es sind aber auch die, die ich sonst gebrauche: unprätentiöse, nicht-teure Materialien, die nicht einschüchtern und die an sich auch keinen Mehrwert haben.“[377] Und er ergänzt, als müsste er seine Entschiedenheit betonen: „Das ist mir wichtig!“ Hirschhorn macht das oft in Texten und Interviews: auf die Bedeutung des eigenen Schaffens insistieren. Sein selbstbewusster Auftritt und sich wiederholende Formulierungen wie „ich als Künstler“ kontrastieren seine unprätentiöse Materialwahl, die das Improvisierte, Vergängliche und Zerbrechliche in den Vordergrund stellt. Sie stehen auch im Kontrast zur vordergründigen, auf Gemeinschaft zielenden Programmatik seiner Installationen, die häufig, wie hier in Biel, unter aktiver Beteiligung von Anderen entstehen. Der Widerspruch scheint Teil der Strategie: Die Flexibilität des Künstlers ist beschränkt. Zwar lässt er die Monumente im öffentlichen Raum von interaktiven Formaten begleiten, lädt unterschiedlichste Personen ein, sich einzubringen, hat aber von Beginn an eine klare Vision im Kopf, die er lediglich entlang der örtlichen Umstände modifiziert. Hirschhorn führt Regie, so viel ist klar. „Ich bin kein Sozialarbeiter. Ich bin es, der Hilfe braucht!“, erklärt er mir. „Ich will mein Projekt umsetzen und kann es nicht alleine. Ich komme nicht irgendwohin und überlege: Wo ist das Problem? Wie kann ich helfen? Es sind Kunstprojekte! Vielleicht hilft es jemandem – umso besser. Aber dann hilft es ihnen als Kunst.“[378]

Diese Haltung unterscheidet Hirschhorn von vielen Künstlern und Künstlergruppen, die, wie er selbst, in den 1990er-Jahren eine Praxis etablierten, die sich um eine Mitwirkung von Akteuren außerhalb des Kunstfeldes bemühte.[379] Man arbeitete bevorzugt im Verbund, weil es gerade nicht darum ging, die künstlerischen Visionen Einzelner zum Ausdruck zu bringen. Auch die adressierten politischen Kontexte verschoben sich: Im Gegensatz zur politisierten Kunst der 1970er-Jahre, die sich vornehmlich am Agitprop orientierte, war man nun weniger am weltpolitischen Geschehen interessiert, fokussierte sich stattdessen auf greifbare, kommunale Themen.[380] Während der kommerzielle Bereich der Kunst eine Krise durchlebte und viele Galerien ihr Geschäft aufgaben, bemühten sich Künstler um Selbstorganisation und Kollektivierungsprozesse. Sie schlossen sich zu Gruppen zusammen und verzichteten bewusst auf die Hervorhebung der eigenen Autorschaft. Diejenige Kunstkritik, die diesen Prozess affirmierend unterstütze, urteilte immer weniger über die ästhetischen Gehalte, vielmehr prüfte sie nun die Glaubwürdigkeit der Beteiligten, bewertete die politischen Implikationen der künstlerischen Beiträge vor dem Hintergrund diskursiver Dichotomien wie Mainstream versus Underground, links versus rechts, relevant versus irrelevant.[381] Analogien zur politisierten Kunstkritik der Gegenwart, die ihrerseits identitätspolitische Authentizität favorisiert, liegen auf der Hand. In den 1990er-Jahren war ein Kunstprojekt glaubwürdig, wenn die daran Beteiligten es nicht als Karrieresprungbrett nutzten, wenn sie also keinen Profit in Bezug auf ihren Status oder kommerzielle Verdienste einstrichen, und stattdessen konkrete politische Effekte erzielen konnten. Ein gutes Beispiel ist die Gruppe WochenKlausur, die bis heute in wechselnden Zusammensetzungen soziale Projekte im Rahmen kultureller und künstlerischer Zusammenhänge initiiert. Ihr Werkverzeichnis liest sich wie der Maßnahmenkatalog einer Sozialbehörde: *Schlafplätze für drogenabhängige Frauen* (1994), *Mietfrei Wohnen für Studierende* (2010), *Neugestaltung eines Flüchtlingsheims* (2016) oder *Zivilgesellschaftliche Nutzung einer Kirche* (2018). Zwar reklamiert auch WochenKlausur die Bezeichnung „Kunst“ für ihre Projekte, sie geht aber jeweils von konkreten lokalen Missständen aus, die sie mit gemeinsam erarbeiteten Maßnahmen sozial einzudämmen suchen. Bei ihnen gibt es keine Materialpalette, die „wichtig“ wäre, kein auf Souveränität insistierendes „wir als Künstler“. Die Mitglieder der Gruppe schienen sich gleichwohl darüber im Klaren zu sein, dass sie unter Umständen mit Menschen kooperieren, deren sozialer Status und der damit verbundene Handlungsspielraum ein anderer ist als der eigene: „Es ist nun einmal so, dass es Diskriminierte und Ausgestoßene gibt, die nicht zu ihrem Recht kommen, entweder weil ihnen von der Gesetzgebung dieses Recht nicht garantiert wird oder weil sie nicht in der Lage sind, das ihnen zustehende Recht einzuklagen.“[382] Deshalb, schreibt Wolfgang Zinggl, eines der Gründungsmitglieder von WochenKlausur, erscheine es Künstlern gesellschaftlich relevanter Aktionskunst eben sinnvoll, ihre Möglichkeiten „gemeinsam mit den Möglichkeiten, die der Kunstapparat als Institution über Jahrtausende aufgebaut hat, effektiv zu nutzen.“[383]

Heute ist Zinggl nach einer Karriere als Abgeordneter im Nationalrat von Österreich vor allem Politiker, was konsequent erscheint, da eine Veränderung der Verhältnisse doch vordringlich Sache der Politik ist.[384] Gleichwohl wird die Idee, das künstlerische Feld zu nutzen, um konkrete soziale Verbesserungen herbeizuführen, bis heute immer wieder reformuliert.[385] Hirschhorn scheint es allerdings um etwas anderes zu gehen, wenn er davon spricht, seine Kunst „politisch“ zu machen. Zwar mag seine Argumentation in Bezug auf die Materialien im ersten Moment darauf abzielen, Schwellenängste abzubauen, doch bleibt es eine ästhetische Setzung, die er selbstbewusst verteidigt und deren Berechtigung er eben nicht daran bemisst, ob sie irgendjemandem realpolitisch geholfen hat. Hirschhorn braucht schlichtweg Mitspieler, die seine Vision gemeinsamer Ereignisse verwirklichen. Und wie bei seinen Materialien, gibt es auch in Bezug auf diese ein wiederkehrendes Muster: Da sind auf der einen Seite jene Besucher, die, vergleichbar mit Museumsbesuchern, eigens wegen der Kunst anreisen, und da sind andererseits jene Besucher, die eher zufällig mit der Kunst konfrontiert werden, weil sie sich aus anderen Gründen in der Gegend aufhalten. Hirschhorn spricht von einem „nicht-exklusiven Publikum."[386] Da sind auch stets Intellektuelle, Künstler und Akademiker, die Vorträge halten und Workshops anbieten. Und da sind Menschen, die aus dem bürgerlichen Raster fallen, deren Alltag von Notwendigkeiten ökonomischer Prekarität bestimmt wird und die in der Regel kaum Bezug zu Walser, Gramsci oder Bataille haben. Hirschhorn bemüht sich darum, sie einzubinden – in die Arbeiten beim Aufbau, in Servicetätigkeiten (Fahrdienste, Verpflegung usw.), in Produktionen des TV-Studios oder öffentliche Lesungen.

Malick sitzt neben Hirschhorn und unterbricht ihn immer wieder, während dieser meine Fragen beantwortet. Er spricht laut und auf Französisch, einer Sprache, die ich zu meinem großen Bedauern nicht verstehe. Seine beige Lederhose ist mit dunklen Farbflecken überzogen, Gleiches gilt für die einst weiße Kunstfellweste und den Stofftier-Tiger, der unter seinem Arm klemmt. Er hat das Angebot des Sperrholz-Ufos genutzt und mit dem Malen begonnen. Hirschhorn reagiert entspannt, pausiert unser Interview mehrmals wie selbstverständlich, um ein paar Sätze mit Malick zu wechseln. Der will eine Zigarette, dann steht er wieder auf, spricht andere Besucher an, die genauso wenig Französisch verstehen wie ich. Es macht fast den Eindruck, er würde sie belästigen, weil er laut ist, weil er keinen Abstand wahrt. Als ich ein abschließendes Foto von Hirschhorn mache, ist Malick zurück und setzt sich mit ins Bild. Er ist offenbar völlig betrunken, lacht, Hirschhorn lacht und ich lache mit. Da haben sich zwei gefunden, denke ich. Zwei, die gerne sprechen und viel Raum beanspruchen. Nur hat der eine von beiden sich diesen Raum ausgesucht und ihn gestaltet, hat seine Worte sortiert und seinen Auftritt geplant. Malick hingegen wirkt wie jemand ohne Kompass, getrieben von Umständen, die ich nicht kenne. Er hängt vermutlich auch ohne *Robert-Walser-Skulptur* auf dem Bahnhofsvorplatz von Biel, trinkt Dosenbier von Anker, hält trunkene Reden, die er bald darauf wieder vergessen hat. Und alles Schreiben, selbst das Nachdenken über sein Verhalten, das in der speziellen Situation heute vielleicht kurios, aber unter gewöhnlichen Umständen vermutlich einfach lästig oder aufdringlich wirkt, erscheint mir schief auf eine Art. Mir ist klar, dass es keine freie Entscheidung ist, kein bloßer Egoismus, der ihn zu solchem Verhalten veranlasst. Gleichwohl merke ich, wie schwer es mir fällt, so wie Hirschhorn, mit Großzügigkeit darauf zu reagieren – fast reflexhaft habe ich das Gefühl, mich vor seiner Distanzlosigkeit schützen zu müssen. Ich spüre die Fragilität meiner eigenen Souveränität, die sich an ihren Rändern immer wieder angstvoll zur Engstirnigkeit verhärtet.

Später, im Zug zurück nach Frankfurt, skippe ich durch eine Reihe von Videos, die auf der Skulptur entstanden und auf einem eigenen Youtube-Kanal ins Netz geladen wurden. Ihre Protagonisten sitzen in dem dafür eingerichteten TV-Studio vor einem Greenscreen, der in den meisten Fällen aber ungenutzt, also einfach grün bleibt. Manchmal sind es Lesungen, manchmal Gespräche, manchmal Musikeinlagen, aber in der Regel plaudern die Gefilmten einfach drauf los. So wie Hans-Peter Fischer, genannt Pefi, eine imposante Erscheinung mit ledriger Haut, Rauschebart und Zottelhaar, dessen Gedanken lose vom Bieler Trampelpfad für Robert Walser zum US-Präsidenten Donald Trump mäandern. Immer kurz bevor es interessant wird, wenn er die Stimme hebt und plötzlich schneller spricht, scheint er sich in Banalitäten

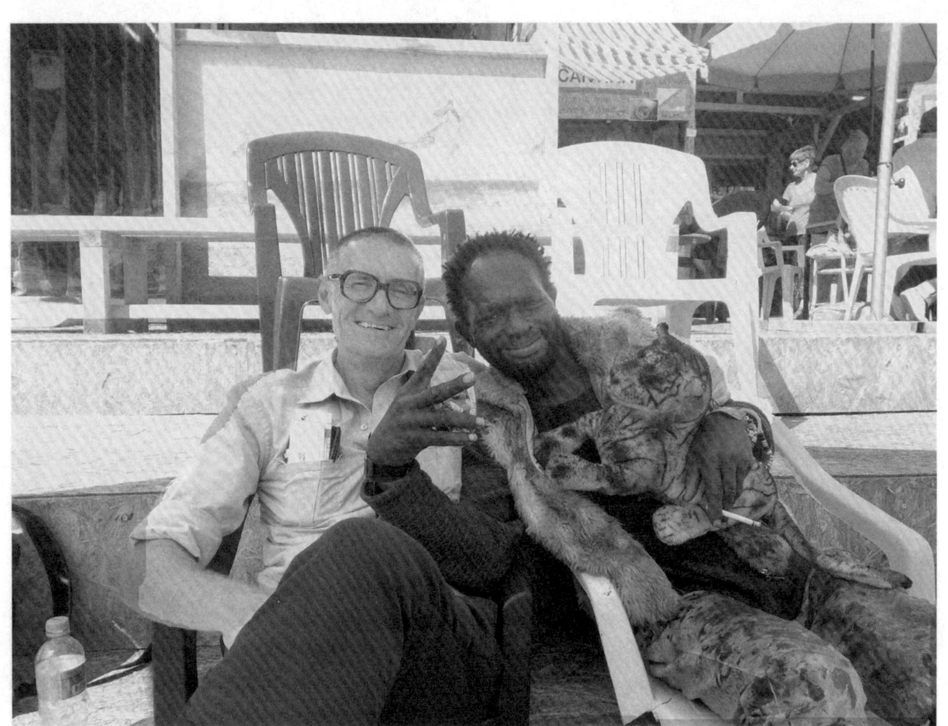

Kollegen auf Zeit: Thomas Hirschhorn und Malick

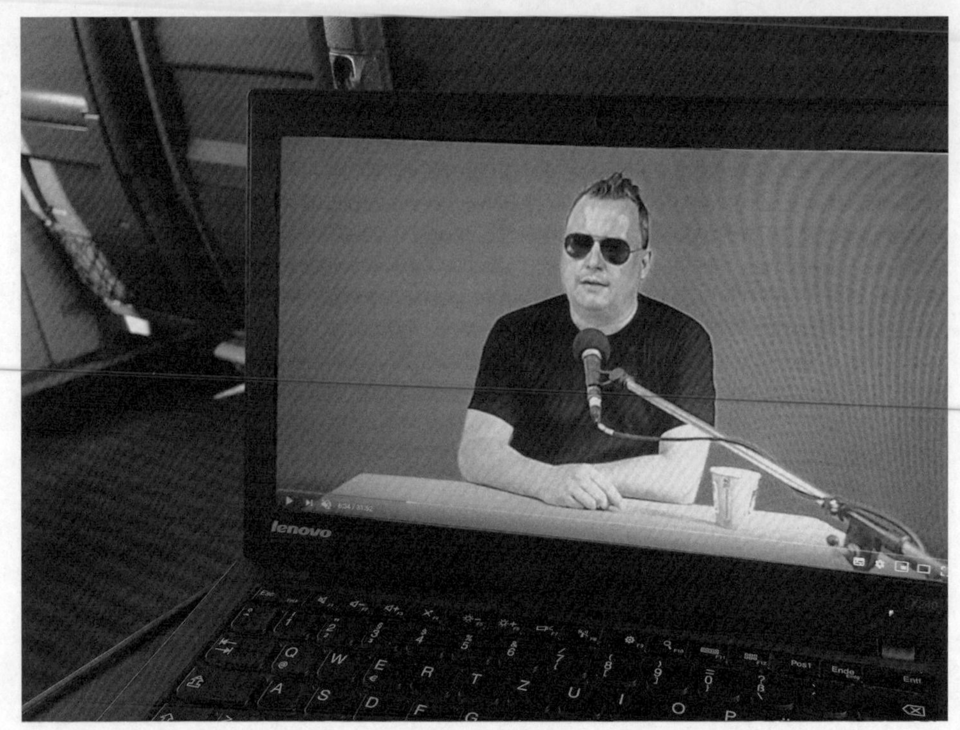

„Neugieriger sein, als es der Moralismus erlaubt.“ (Marcus Steinweg)

zu verlieren, wird wieder leise, langsamer und schaut irgendwann ratlos ins Nichts. Oder Marcus Steinweg, der Berliner Philosoph, dessen schwarz getönte Agentenbrille mit seiner eigenartig steifen Haltung korrespondiert. Es wirkt als würde sich ein allzu unruhiger Geist in einem unbeweglichen Körper verstecken wollen. Nach einigen Minuten hat er sich in Stimmung geredet und umkreist gedanklich einen „kalten Blick", den Walsers Literatur auszeichnen würde. Aus diesem Blick ergebe sich die Idee einer Gleichheit, sagt Steinweg: Jenseits einer urteilenden Moral, die die Wahrhaftigkeit des Daseins doch stets verfehle, würde Walser nämlich alle Erscheinungen mit der *gleichen* Neugier behandeln. Genau das sei es, was wir von ihm lernen könnten: „Neugieriger sein, als es der Moralismus erlaubt."[387]

Als nächstes schaue ich ein Interview, das Hirschhorn mit Malick führt, und bin berührt, erschrocken und gebannt zugleich. Beide sitzen vor dem grünen Stoffhintergrund, sprechen wieder Französisch. Ich versuche es mit dem automatisierten Übersetzer, den Youtube anbietet. Bei Hirschhorn funktioniert das erstaunlich gut. Er begrüßt Malick und stellt knappe, klar artikulierte Fragen: Seit wann bist du auf dem Bahnhofsvorplatz? Leidest du unter dieser Art von Leben, ohne Arbeit? Wie wichtig sind dir die Freunde, die du auf dem Platz triffst? Malick scheint dagegen völlig benommen. Für seine Antworten kneift er die Augen zu, muss sich stark zusammenreißen. Er beugt sich nach vorne bis sein Mund das Mikrofon berührt und murmelt mehr, als dass er redet. Das Übersetzungsprogramm ist überfordert. Doch vom ersten Moment der Aufnahme an ist spürbar, wie ernst und existenziell für ihn das ist, wovon er erzählt. Malick scheint ganz in sich versunken zu sein, während er über „Krieg", „gebrochene Herzen", „Heroin" und seine „Zeichnungen" spricht – ohne dass sich zwischen den Begriffen ein grammatikalischer Zusammenhang erschließt. Irgendwann interpretiert das Übersetzungsprogramm seine dramatisch intonierten Ausführungen nur mehr mit der Einblendung „[Musik]" – als würde es gerade den Übergang in einen ästhetischen Modus markieren. Hirschhorn zeigt keinerlei Regung als Malick schließlich in Tränen ausbricht. Am Ende bedankt er sich und gibt ihm die Hand (Abb. 23).[388]

Ein weiteres Video zeigt den Auftritt Malicks im Rahmen einer offenen Vortragsreihe.[389] *Alles ist gleich wichtig* ist offenbar der Titel dieses Formats, wohl mit Bezug auf eine Bemerkung Walsers: „Ich schreibe über alles gleich gern."[390] Es ist diese Gleichheit, die Steinweg meinte und die meinem Verständnis gerade auf die Sprünge hilft. Wieder torkelt Malick, bevor er auf einem schwarzen Plastikstuhl in der Mitte der Arena Platz nimmt. Vor ihm aufgebaut steht ein Mikrofon, das Malick nun auf eine Musikbox richtet – sie spielt den etwas in die Jahre gekommener Club-Hit *It Wasn't Me* von Shaggy – um sich danach eine Zigarette anzustecken. So bleibt er sitzen, trinkt Anker-Bier und schaut, ganz ohne etwas vorzulesen oder zu erzählen, ins Leere. Die Kamera fährt die kleine Tribüne hinauf, auf der Hirschhorn sitzt und neugierig hinuntersieht. Alles ist gleich wichtig in diesem Szenario: die Broschüren zur Drogenberatung ebenso wie der Dauerrausch von Malick. Alles und jeder ist hier Material: Hirschhorns Paketband, der bekleckste Stoff-Tiger, aber ebenso Figuren wie Steinweg und Pefi, die in der Sonne sitzen und philosophieren. Aber die Gleichheit ist geliehen und die sozialen Verhältnisse rücken nur für Momente in den Hintergrund. Als

Hirschhorn herunter schaut auf Malick, während dieser sich als berauschter Rockstar inszeniert, schießt mir ein anderes Walser-Zitat durch den Kopf – das von vorhin, zur Lust an der Unterwerfung: „Schwache sehen so hübsch in der Einbildung aus, sie seien die Starken."

Als ich am Nachmittag in der prallen Sonne auf einer der Brücken stand, mittig in der Skulptur mit Blick auf den Trubel links und rechts, da war ich, zugegeben, für einen Moment von diesem etwas kitschigen Gefühl ergriffen, dass gelebte Gleichheit möglich sei, ja dass sie sich vielleicht sogar gerade hier auf dem Bahnhofsvorplatz ereignete. Zugleich hinderte mich die Prekarität, die in alles an diesem Ort eingeschrieben war, daran, dem Gefühl zu trauen. Auch diese Gleichheit ist ein Als-ob, eine Möglichkeit, die sich die Realität nicht lange gefallen lässt. Insofern ist es nur folgerichtig, dass die Anmutung der Skulptur bereits wenige Tage nach ihrer Eröffnung bröckelte. Das Ereignis der Gleichheit überzeugt nur als Aufbruch, nicht als Bestand. Zumindest nicht in Form einer ästhetischen Behauptung.

Ich erinnere mich, wie vor einigen Jahren – ich war noch Kunststudent in Hamburg – die Häuser des dortigen Gängeviertels besetzt wurden. Projekträume, alternative Ausstellungsorte, Ateliers und Kneipen sollten entstehen. Aber die Zeitspanne, in der der Ort tatsächlich nach Möglichkeiten roch, war in etwa vergleichbar mit der Dauer der Walser-Skulptur. Wie in so vielen selbstverwalteten Kulturorten spiegelte sich aus dem baldigen Zusammenspiel von zugetaggten Fluren, eklektischer Inneneinrichtung und der Aufkleber-Ästhetik alternder Jugendkulturen, die Anmutung einer ganz bestimmten, längst etablierten, längst ästhetisch abgesteckten und eingezäunten Ordnung. Meine Enttäuschung hielt sich in Grenzen. Vielleicht ist es gar nicht möglich, die Idee von Freiheit und Gleichheit innerhalb der bestehenden Verhältnisse zu institutionalisieren, ohne auf eingespielte Formsprachen zurückzugreifen. Soweit, so fair. Nur ist daran eben nichts alternativ oder antibürgerlich. Mein kurzer Anflug auf der Brücke – dieses Es-könnte-auch-alles-ganz-anders-sein – erinnerte mich daran, dass viele mit dieser Gängeviertel-Ästhetik, die in mir gewöhnlich eher ein Gefühl der Enge erzeugt, tatsächlich eine Form von Selbstermächtigung verbinden. Auf der Brücke erschien sie mir selbst wieder als Öffnung, weil sie ihr eigenes Verfallsdatum eingepreist hatte, ihr eigenes Scheitern. Vermutlich konnte ich Malick auch deshalb als Poet der Verzweiflung verstehen, weil ich keine sozialen Vereinbarungen mit ihm treffen musste, weil ich seine Lautstärke hinnehmen konnte als Ausdruck, als Möglichkeit, nicht als Problem. Die Gleichheit, von der Steinweg schwärmt, ist die der Kunst. Aber sie ist nicht die ihres sozialen Gehalts. Malick wird noch in drei Monaten auf dem Bahnhofsvorplatz seine Tage verbringen. Trunkene Gedichte werden wieder zum Ärgernis für vorbei hastende Passanten. Seine ganze Existenzform wird ihnen Ausdruck von Unmöglichkeiten, davon, dass hier etwas grundlegend nicht stimmt – oder einfach ein Hindernis, dem man weitläufig ausweicht.

Nach der Ankunft in Frankfurt nehme ich weitere Fährten meiner Notizen auf. Im Netz finde ich einen älteren Aufsatz, in dem die Kunsthistorikerin Claire Bishop Hirschhorn zum Repräsentanten einer „antagonistischen Ästhetik" erklärt. In erster Linie ist der

Text eine Abrechnung mit der zu Beginn des 21. Jahrhunderts recht einflussreichen Idee einer „relationalen Ästhetik", die unmittelbar an die schon erwähnte Projektkunst der 1990er-Jahre anschloss. Im Gegensatz zu dieser wurde sie vor allem durch das Herstellen sozialer Situationen im Ausstellungsraum bekannt: gemeinsame Essen, Bar-Abende, Gesprächsangebote, viele Stühle, viele Tische, an denen die Besucher sich begegnen sollten. Die Suppenküchen von Rikrit Tiravanija während diverser Ausstellungseröffnungen wären das prominentestes Beispiel. Nicolas Bourriaud, der die Theorie zur „relationalen Ästhetik" vorgelegt hatte, schwärmte von sogenannten „Micro-Communitys", die sie hervorbrächte und deren Begegnungsqualität sich in befreiender Weise von den durchkommerzialisierten Strukturen des Alltags abheben würde.[391] Hatte ich in Biel einen solchen mikro-utopischen Moment erlebt? Bishop würde widersprechen. Hirschhorns Installationen im öffentlichen Raum seien nicht, zumindest nicht allein, auf den utopischen Moment hin ausgerichtet, schließlich würden ihre Besucher sich zugleich wie „unglückliche Eindringlinge" fühlen.[392] Ich erinnere mich an den schalen Beigeschmack meines ästhetisierenden Blicks auf die Gruppe von Trinkern gleich zu Beginn oder den meiner eigenartigen Faszination für den derangierten Zustand von Malick. Dieser „Zoo-Effekt", so Bishop, würde in beide Richtungen funktionieren, ist also gleichermaßen für das kunstaffine Publikum spürbar, wie für jene, die den Ort auch darüber hinaus frequentieren.[393] Und in der Tat fühlte ich mich in Biel gleichsam selbst ausgestellt: als einer dieser bürgerlichen „Kunstliebhaber", mit lässigem Stoffbeutel um die Schulter baumelnd und dieser irgendwie allesfressenden Neugier im Gesicht, die spielerisch zwischen Dominanz und Unterwerfung switcht – ganz einfach, weil sie es kann.

Bishops zweites, unmittelbar einleuchtendes Künstlerbeispiel für eine „antagonistische Ästhetik" ist Santiago Sierra. Mehr noch als bei Hirschhorn ist das Unbehagen der Betrachter zentral für sein künstlerisches Angebot. Seine sprechenden Titel heißen *250 cm lange Linie, tätowiert auf 6 bezahlte Personen* (1999), *8 Leute, die dafür bezahlt werden, dass sie im Inneren von Kartonschachteln verharren* (1999), *10 Zoll lange Linie, rasiert auf den Köpfen von zwei Drogenabhängigen, die mit je einer Heroindosis entlohnt werden* (2000) oder *Frau mit Büßermütze, mit dem Gesicht zur Wand sitzend* (2003). Sierra hat viele seiner Aktionen dokumentiert und stellt einiges davon im Internet bereit. Der Film über das Tätowieren der 250 cm langen Linie auf dem Rücken von sechs kubanischen Männern dauert eine knappe halbe Stunde.[394] Die Linie ist zu Beginn der Aufnahme bereits vorgezeichnet, liegt, abhängig von der Größe der jeweiligen Person, etwa auf Höhe der Schulterblätter und zieht sich waagerecht entlang der mit dem Gesicht zur Wand Stehenden (Abb. 22). Einige von ihnen sehen aus als wären sie kaum älter als 18. Sie tragen kurze Hosen, manche Baseballcap. Ein Tätowierer arbeitet sich von links nach rechts, bis am Ende allen eine dünne Linie auf ihren Rücken gestochen wurde, welche zusammen genommen die titelgebenden 250 cm ergibt. Anschließend geht der Tätowierer aus dem Bild und die jungen Männer stehen noch für ein paar Minuten still, vermutlich für Fotografien. Danach sieht man die Beteiligten wieder in T-Shirts. Die zuvor statische Kamera bewegt sich, rückt Sierra ins Bild, der die Tätowierten bezahlt und ihnen zum Abschluss die Hand reicht, ganz so wie Hirschhorn nach seinem Interview mit Malick (Abb. 24).

Wie Sierra hat auch Hirschhorn die Kosten für seine Installation in Biel dokumentiert, per Anschlag an einer der Sperrholzwände, darunter 735.000 Franken für Honorare der Beteiligten, beinahe die Hälfte des Gesamtbudgets. 30.000 Franken gehen an den Künstler. Eine Fotografie von Sierras 250 cm-Linie, die den Tätowierten selbst nur je 30 US-Dollar einbrachte, wird von seiner Galerie für 15.000 Euro angeboten.[395] Bei Sierra gehört die handelsübliche Unterbezahlung seiner Akteure zum Programm. Und nicht zuletzt, weil sich seine Ästhetik in ihrer Referenzialität zur Kunst des Minimalismus selbst weitgehend zurücknimmt, spielt sich dieser Umstand häufig in den Vordergrund der Rezeption. Die dadurch ausgelöste öffentliche Kontroverse, so ist zu lesen, wäre aber „nicht nur ein Akzidens seiner künstlerischen Arbeit, nicht nur Folge der neuralgischen soziopolitischen Themen, die er verhandelt, in der Umstrittenheit liegt ihr Sinn, ihre Substanz."[396] Sierra weist sich selbst die Position des Ausbeuters zu, was wiederum zur Folge hat, dass sich die Skandalisierung in aller Regel gegen ihn als Künstler richtet. In seiner eingehenden Analyse diskutiert Kunstkritiker Georg Imdahl fünf sich wiederholende Argumentationsmuster: 1. Sierra betreibe eine zynische Politik, die Statisten, Sammler und Betrachter gleichermaßen zur Schau stelle, 2. er stelle sich als Künstler in den Mittelpunkt und neutralisiere demgegenüber die Biografien seiner Mitspieler, 3. Sierra reproduziere soziale Ungleichheit vor Publikum, was für die Beteiligten potenziell traumatisierend sei, 4. der Künstler führe Probleme vor, die längst bekannt seien und 5. er verschlüssele sein Angebot durch kunsthistorische Referenzen unnötig und mache sie dadurch unzugänglich.[397] Demgegenüber ist Imdahl davon überzeugt, dass gerade die Vielzahl der ausgelösten Widersprüche und deren Unauflöslichkeit für die Herangehensweise Sierras sprächen.[398] Ich kann dem soweit folgen, als es unter Umständen ehrlicher und produktiver ist, die tatsächlichen sozialen Verhältnisse freizustellen oder situativ zu überspitzen, als sich von Künstlerseite in ein vermeintlich ehrwürdigeres Licht zu rücken. Imdahl führt beispielhaft hierfür den Künstler Tino Sehgal an, der für seine Performances ernsthaft in Anspruch nimmt, die ökonomischen Strukturen von Objektkunst, die eine problematische Hegemonie fortschrieben, „zu überwinden".[399] Solche Aussagen verwischen natürlich, wissentlich oder nicht, die Widersprüche der Kunst und entlasten irrigerweise auch die Rezipienten vor der moralischen Ambivalenz ihrer eigenen sozialen und ökonomischen Involviertheit. Als sei, wer sich die choreografierten Situationen von Sehgal zu Gemüte führt, die ebenfalls von mäßig bezahlten Mitspielern aufgeführt werden, irgendwie Teil einer besseren Ökonomie.[400]

Meine Schwierigkeiten mit Sierras Angebot bestehen nicht in der schamlosen Demonstration von Machtverhältnissen, vielmehr ist es sein spärliches formales Vokabular. Im besten Fall wirken seine Aktionen wie ein widersprüchliches buddhistisches Koan, das dem Betrachter über einen längeren Zeitraum Probleme bereitet, so wie es herausragende Beiträge aus der Geschichte des Minimalismus und der Konzeptkunst tun. Die meisten von Sierras Aktionen erscheinen mir jedoch eher einem Witz vergleichbar, der einen beim ersten Hören aus der Fassung bringt, aber mit jeder Wiederholung rapide an Reiz verliert, weil er keine weiteren Ebenen oder Öffnungen bereithält. Sie sind einzeilig, wie ein Hauptwiderspruch ohne Nebenwidersprüche. Komplexität ergibt sich allenfalls über die öffentliche Kontroverse, vielleicht erklärt Imdahl sie deshalb auch

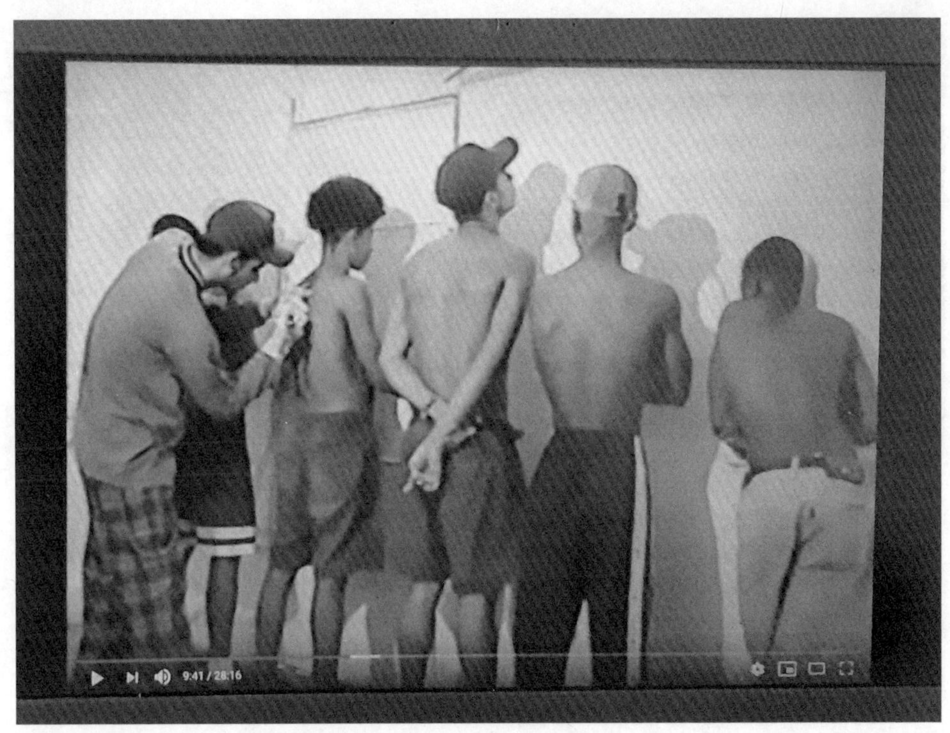

Still aus Video zu Santiago Sierras *250 cm Line Tattooed on 6 Paid People*

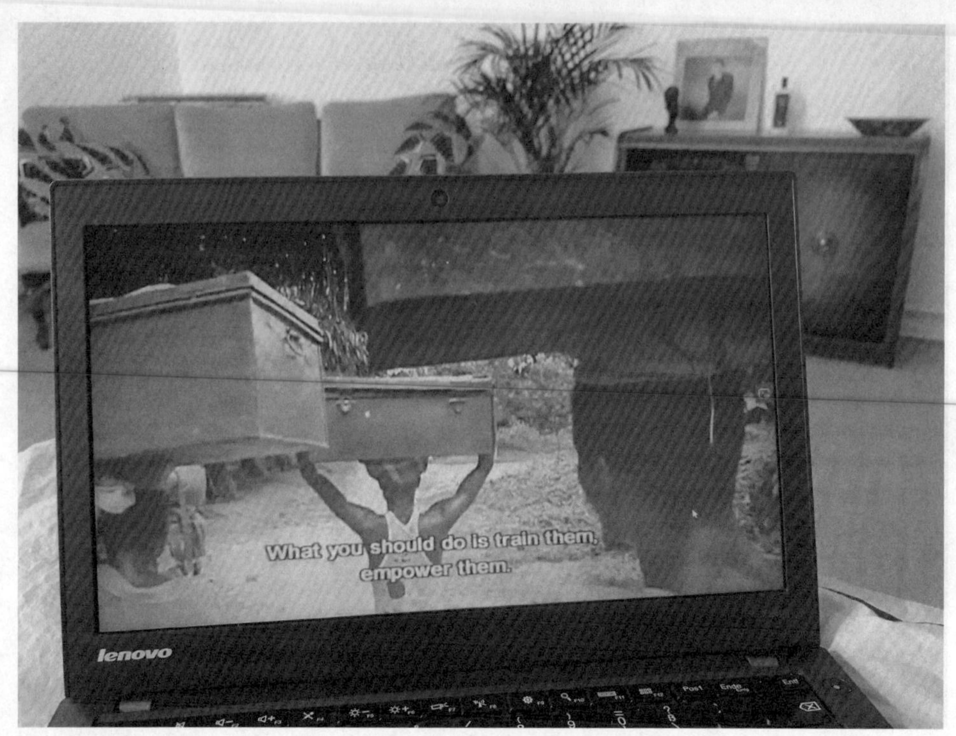

Still aus *Episode III (Enjoy Poverty)* von Renzo Martens

zur eigentlichen Substanz. Nur verlaufen diese Kontroversen in der Regel genauso unproduktiv und vorhersagbar wie die allermeisten skandalisierend initiierten Debatten.

Im Gegensatz zu Hirschhorn, der ein Wimmelbild aus Eindrücken und eben Ambivalenzen erzeugt, zielt Sierra auf ein ganz bestimmtes Unbehagen. Sofern ich mir als Betrachter nämlich nicht die Blöße gebe, den Künstler für die Ungleichheit in der Situation verantwortlich zu machen, werde ich vor allem selbst als Profiteur vorgeführt: Ich rezipiere die kritische Kunst eines kontroversen Künstlers, dessen kulturelles Renommee, zusammen mit dem der Institution Kunst, mein symbolisches Kapital vermehren – während andere Menschen für eben diesen Vorgang gerade unterbezahlt in Pappschachteln ausharren oder an Wände starren müssen. Und wo die Ökonomie des symbolischen Profits derart freigestellt wird, wirft sie ein schummeriges Licht auf die Position des Betrachters. Diesem ergeht es nämlich genau wie dem Künstler: Er profitiert noch im Moment des Kritisierens dieser Verhältnisse. Sierras Konzepte zielen auf ein Kernproblem kapitalistischer Lebensweise, allerdings reduzieren sie diese auch auf den ihr innewohnenden Zynismus. Stets übernehmen Künstler, Betrachter und Kulturbetrieb die Rolle von Ausbeutern und unterbezahlte Mitwirkende die ihrer Opfer. Doch so sehr sich in dieser Rollenverteilung ökonomische Verhältnisse spiegeln, so wenig verrät sie über Motivationen jenseits von Profitgier auf der einen und blanker Notwendigkeit auf der anderen Seite. Als ich Sierra vor Jahren entdeckte, elektrisierte mich die Konsequenz, mit der er solche Situationen zuspitzte. Ihm fehlte jeder moralische Selbstausweis, mit dem man sich im künstlerischen Milieu sonst so gerne vom Zynismus der Verhältnisse distanziert. Die Kunst Sierras ist deutlich als ausbeuterischer Vorgang markiert, sodass den Betrachtern als letzter Ausweg nur die Empörung über den Künstler bleibt. Da sie jenseits einer an die Konzeptkunst angelehnten „Ästhetik der Administration" (Benjamin Buchloh) aber keinerlei Angebote macht, gibt es in der Regel nicht den Hauch einer Abweichung vom Erzählstrang kapitalistischer Profitinteressen – wodurch sie selbst immer leichter auszurechnen ist. Meine Eindrücke von Hirschhorns Hüttendorf gingen über solchen ästhetisch konzentrierten Zynismus weit hinaus. Weil sich in jeder Ecke neue Erfahrungsebenen einzogen, konnte ich mir nie sicher sein, welcher Lesart zu trauen war. Um was ging es in Biel? Um künstlerische Hybris? Weltverbesserung? Vergeblichkeit? Ausbeutung? Oder war es einfach eine ausufernde Liebeserklärung an Sperrholz und Styropor? Allein in Bezug auf Malick ergaben sich Widersprüche, die mich sehr viel nachhaltiger ins Denken zwangen. Bis jetzt kann ich mein Verhältnis zu ihm nicht abschließend einordnen: Hatte auch ich, wie es Walser formulierte, heimlich Gefallen daran, einem Schwachen für Momente das Gefühl zu geben, stark zu sein? Wie vergiftet war mein kurzer Anflug utopischer Zuversicht? Und was davon ging auf ästhetische Affizierung und was auf die eigene Sehnsucht zurück?

Die mehrspurigen Gedankengänge, zu denen mich die Erfahrung mit der *Robert-Walser-Skulptur* provozieren, erinnern an einen Film des Niederländers Renzo Martens: an *Episode III (Enjoy Poverty)* von 2008, der eine Reise des Künstlers in den Kongo begleitet. Er beginnt mit Aufnahmen auf einer Kaffeeplantage im Zentralkongo, wo Arbeiter für umgerechnet 3,50 Euro im Monat ihr Werk verrichten. Es folgen Bilder aus einem Lager der UN-Flüchtlingshilfe, das dort infolge des dritten Kongokrieges errichtet wurde. Man sieht lächelnde Mitarbeiter, die während der Verteilung von Hilfsgütern Fotos ihrer dankbaren Empfänger machen. Bald darauf ist Martens mit einigen Kongolesen auf der Straße unterwegs. Sie tragen sein Gepäck, darunter eine große Metallkiste, die einer von ihnen auf dem Kopf balanciert. Die Situation erinnert an Expeditionen von Europäern im 19. Jahrhundert, in der meist Einheimische die Rolle von Gepäckträgern übernahmen. Martens trägt lediglich seine Kamera und rückt sich immer wieder selbst ins Bild (Abb. 25). Als spräche er direkt zum Betrachter, trägt er sein Ansinnen vor: „Du kannst ihnen nicht alles geben, was ihnen fehlt. Das solltest du auch gar nicht. Du solltest sie vielmehr trainieren, sie ermächtigen. Es gibt neue Möglichkeiten. Die Welt hat sich verändert. Es gibt neue Märkte, neue Produkte."[401] Der Künstler verspricht neue Wege, den Bewohnern des kongolesischen Hinterlands, einer der ärmsten Regionen der Welt, ökonomische Perspektiven aufzuzeigen. Dafür dokumentiert *Episode III (Enjoy Poverty)* zunächst einmal die desaströsen Lebensverhältnisse der Menschen, die sich im Kongo hauptsächlich als Tagelöhner auf Plantagen verdingen, die wiederum Produktionsabläufen in den reicheren Industrienationen zuarbeiten – in der Regel mit Kaffee, Schokolade oder Palmöl. Dabei spart Martens nichts an Härte aus. Der Zuschauer sieht verzweifelte Eltern von unterernährten und medizinisch unterversorgten Kindern; eines von ihnen stirbt während der Aufnahmen. Es sind dramatische Szenen, die an die Nieren gehen. Daneben verfolgt Martens ökonomische Fährten und offenbar einen Plan.

Szenenwechsel: Auf der Vernissage einer Ausstellung mit anmutigen Schwarzweißfotografien von Plantagenarbeitern nervt Martens die Besucher mit Fragen. Der Besitzer einer Plantage kauft einige der Bilder; die Aufnahmen stammen von seinen Ländereien. Ob es auch seine Arbeiter sind, kann er nur mutmaßen. Er hat die abgebildeten Menschen offenbar noch nie gesehen. Später interviewt Martens ihn noch einmal in seinem Büro und erkundigt sich, warum so viele Kinder seiner Arbeiter unterversorgt sind. Der Plantagenbesitzer, der gerade die erworbenen Fotografien ausgepackt hat, wischt das Problem beiseite: Schlechte Eltern gäbe es überall auf der Welt (Abb. 26). In der anschließenden ebenso rätselhaften wie prägnanten Szene stapft Martens abermals mit den Gepäckträgern durch den Wald. Er filmt sich und beginnt einen alten Rocksong zu trällern: *A Man Needs a Maid* von Neil Young. Nach dem Ende der ersten Strophe setzt die pathetische Streichereinlage der Originalaufnahme ein. Ein Mann brauche ein Hausmädchen, behauptet der Song, die ihn – ganz ohne die Komplikationen einer romantischen Beziehung – umsorge. Ähnlich wie Sierra schlüpft Martens stellvertretend für den Betrachter in die Rolle des Ausbeuters – doch anders als bei Sierra ist seine Rolle damit noch nicht auserzählt. Die Gesangseinlage könnte ebenso auf die Situation im Lager der UN-Flüchtlingshilfe Bezug nehmen, wo sich Menschen aus jenen Ländern, die den Kongo wirtschaftlich ausbeuten, als fürsorgliche Betreuer inszenieren. Martens dokumentiert solche Inszenierungen im Laufe des Films immer wieder: das Anfertigen von Fotos für soziale Medien oder die notorische Verbreitung von Logos auf den verteilten Hilfsprodukten. Seine eigene Rolle ist sowohl die des Ausbeuters, die des Anklägers, die eines Entwicklungshelfers als auch die eines kapitalistischen Missionars. Er agiert in diesen Rollen auch keineswegs empathielos. Sein Wille zu helfen ist ambivalent, voller Widersprüche, wirkt aber nicht geheuchelt: Im Film scheint er tatsächlich überzeugt davon, einen innovativen Plan zur Bekämpfung der Ungleichheit im Gepäck zu haben.

In einem Dorf öffnet Martens die große Metallkiste und nimmt einzelne, zu Buchstaben geformte Leuchtstoffröhren heraus. Im nächsten Moment steht er vor einem fertigen Reklameschild und startet einen Stromgenerator, der es erstrahlen lässt: „Enjoy Poverty" lesen die verdutzten Bewohner. Armut als größte Ressource des Kongos zu begreifen und zu verwerten, das ist Martens Grundgedanke, für den der Film argumentiert. Martens zeigt, warum der Profit der Bodenschätze stets wenigen, in der Regel ausländischen, Investoren zufällt. Er interviewt junge Rebellen, die für sinnlose Kriege ihr Leben opfern. Schließlich begleitet er eine Gruppe von Kriegsfotografen, die ihm die Logik ihres Geschäftsmodells erklären: Es gäbe praktisch keine Nachfrage für positive Bilder aus dem Kongo. Nur wenn sich dort Konflikte zuspitzten, entstünde ein Interesse an Fotografien von leidenden Zivilisten und toten Soldaten. Bis zu 300 US-Dollar bekäme man dann für ein Bild. Der konkrete Vorschlag, den Martens anschließend in einer provisorischen Schule den Dorfbewohnern vermittelt, ist der: Warum verkaufen die Kongolesen nicht selbst Aufnahmen von ihrem Elend, statt für so viel weniger Geld auf der Plantage zu schuften? Offenbar ist es doch einer der wenigen profitablen und zugänglichen Märkte vor Ort (Abb. 27).

Martens versucht daraufhin, drei junge Männer aus dem Kongo zu professionellen Armutsfotografen auszubilden. Doch seine Bemühungen scheitern. Nur ausländische Reporter erhalten Presseausweise, besitzen das notwendige Equipment und einen leistungsfähigen Internetzugang, um mit den Abnehmern in Austausch zu treten. Selbst das Geschäft mit dem kongolesischen Elend scheint fest in der Hand von Akteuren, die ihren Profit außerhalb des Kongos versteuern. Gegen Ende des Films gibt es ein Fest in jenem Dorf, in dem das Schild errichtet wurde und das nun zur Freude von tanzenden Kindern und aufgeregten Erwachsenen in die Nacht leuchtet. Der Künstler appelliert ein letztes Mal: Hört auf, darauf zu hoffen, dass sich eure Situation bessert – das wird sie nicht! Ihr werdet arm bleiben! Also genießt die Armut, statt zu verbittern! „Werden Sie Ihren Film hier projizieren?", fragt einer der Anwesenden. „Der Film wird in Europa gezeigt, nicht hier", antwortet Martens unumwunden und bedankt sich anschließend: „Eure Leiden zu erfahren, macht mich zu einer besseren Person. Ihr helft mir wirklich, danke!".[402]

Erschöpft wäscht sich Martens in der Schlussszene des Films in einem Fluss. Wieder spricht er direkt in die Kamera: „Es ist nicht leicht Menschen dazu zu verhelfen, von ihren Talenten und Ressourcen zu profitieren, selbst wenn man die besten Absichten hat. [...] Man muss aufpassen auf die eigene Eitelkeit. Und ich weiß, ich bin selbst voller Eitelkeit. Es macht mich traurig."[403] Plötzlich erscheint ein fremder Schwimmer im Fluss. Er steuert auf die Kamera zu und springt aus dem Wasser, wirkt quietschfidel, macht Scherze und stellt sich als „Ermittler in Menschenrechtsfragen" vor (Abb. 28). Das Wasser ist sehr schwarz, sagt er zu Martens: „Du schaust runter und siehst dort nichts, außer deine eigene Angst."

Du siehst nichts, außer deine eigene Angst. Der Satz trifft das Dilemma einer Kunst, die Bezug nimmt auf Lebensverhältnisse jenseits jener Möglichkeiten, denen sich die Kunst verdankt. Kunst, verstanden als dieser weitgehend autonome Ort ästhetischer Produktion und Reflexion, bleibt ein bürgerliches Selbstgespräch, wie sehr es sich auch öffnet für die Realität des Asozialen, der alle Voraussetzungen dafür fehlen.[404] Im Freiheitsreservat der bürgerlichen Kunst kann diese Realität nicht sprechen – wir hören nur uns selbst sprechen, während wir doch glauben zuzuhören. Die Handkamera-Ästhetik von *Episode III (Enjoy Poverty)* und die ständigen, fast aufdringlichen Selfie-Einstellungen von Martens, erinnern an dieses Selbstgespräch. Seine Aussage, der Film werde ausschließlich in Europa zu sehen sein, setzt noch ein Ausrufezeichen dahinter. Das symbolische Kapital der Peripherie wird im Zentrum ausgezahlt – und in dieser Hinsicht ist die Kritik an der Ausbeutung selbst eine Form, das Elend der Anderen zu kapitalisieren.[405] Wieder ist der Betrachter selbst Teil des Problems. Die Dokumentation der dramatischen Folgen sozialer Ungleichheit werden ihm im Wechsel mit Martens' Bemühungen vorgestellt, sie mit einzelnen Maßnahmen oder Innovationen einzudämmen. Doch selbst wo diese zynisch erscheinen, reflektieren sie auf den Betrachter zurück. So interpretiert der Kritiker Kolja Reichert die Aufforderung an die Kongolesen, ihre Armut zu genießen, auch als eine, die sich an das Kunstpublikum in Europa richtet: Genießt euer schlechtes Gewissen! „Denn ja, es ist nicht ohne Bigotterie, wenn wir uns politisch engagierte Kunst ansehen. Als hätten Fischer im Nigerdelta etwas davon, wenn wir ihnen in hochaufgelösten Videobildern beim Kampf gegen Ölkonzerne zusehen, mit deren Öl wir anschließend nach Hause fliegen."[406] Genau genommen parallelisiert der Film seine Betrachter sogar mit jenem Plantagenbesitzer, der sich anmutige Darstellungen von unterbezahlten Arbeitern in die Wohnung hängt, ohne sich wirklich für deren Belange zu interessieren. Nicht anders ist es doch mit den Rezipienten kritischer Kunst zu postkolonialen Ausbeutungsverhältnissen zwischen Europa und Afrika, deren eigene Nachfrage nach Kaffee, Schokolade und den unzähligen Produkten mit Palmöl ebendiese Verhältnisse hervorbringt.

Fotografisch arbeitende Künstler wie Allan Sekula oder Martha Rosler richteten ihren Fokus in den späten 1970er-Jahren auf die Struktur der Ungleichheit und die dahinterliegende Ökonomie – und brachten diese Herangehensweise gegen jene wohlmeinenden und vermeintlich würdevollen Fotografien verarmter Menschen in Stellung, die sowohl der Plantagenbesitzer als auch die PR-Agenturen europäischer Hilfsorganisationen zu schätzen wissen.[407] Eine solche Ästhetik der Empathie, schreibt der Kunsthistoriker T. J. Demos, verleite ihre Betrachter dazu, die eigene Beteiligung an den zugrundeliegenden politischen Strukturen herunterzuspielen, weil die Bilder in erster Line emotionalisieren.[408] Doch auf diese emotionale Ebene gänzlich zu verzichten, wie es Roslers Fotoserie *The Bowery in two inadequate descriptive systems* (1974–1975) tut, nimmt der referierten Ungleichheit einen Großteil der ihr eigenen Drastik (Abb. 48). Man könnte ihrer Herangehensweise also im Gegenzug vorhalten, das Problem zu intellektualisieren. Für *Episode III (Enjoy Poverty)* liefen beide Argumentationen ins Leere, weil der Film seine Herangehensweisen collagiert. Er setzt nicht allein auf emotionalisierende Darstellung seiner Protagonisten, aber er spart das Leid ihrer

Situation auch nicht aus. Gleichwohl ergründet er die Strukturen, die sie überhaupt erst in jene Situationen bringen – ihre ökonomische Rationalität, ihren routinierten Zynismus des Kapitals. Mehr noch: Er spielt mit diesen Strukturen und macht sie, zumindest für Momente, beweglich, wo der Künstler als wirtschaftlicher Akteur in Erscheinung tritt und aktiv in Prozesse eingreift. Die Ökonomie wird gewissermaßen selbst zum künstlerischen Medium. Mehrmals hebt der Film auch den symbolischen Profit hervor, den der Künstler für sich generiert. Aber er lässt sich um einiges schwerer auf diese Rolle reduzieren als das bei Sierra der Fall ist. Martens hadert, wechselt zwischen engagiertem und zynischem Auftritt und folgt glaubhaft den Schlangenlinien seiner im Film gemachten Erkenntnisse – bis er schließlich scheitert. Wirklich geholfen ist am Ende niemandem.

Wenn man so will, scheitern Martens und Hirschhorn lediglich auf eine interessantere Weise als Sierra. Immer wieder rennt Martens gegen dieses Scheitern an, und führt damit nur umso deutlicher die kalte Mechanik des Kapitalismus vor. Sein Wille, diese zu unterlaufen oder derart umzuleiten, dass sie der Ungleichheit sogar noch gegensteuert, wirkt getrieben von persönlicher Hybris. Darin ähnelt sein Film Hirschhorns Monumenten im öffentlichen Raum, deren realpolitisches Scheitern ebenso angelegt wie durchscheinend ist, selbst wo sie anderes vorgeben. Hirschhorn sagt: Ich will Robert Walser für alle, ich will Kunst für alle – keine Exklusion! Martens sagt: Ich will die Plantagenarbeiter ermächtigen, ich will sie zu Akteuren machen, die ihre eigene Not verwandeln! Und doch ist es unmöglich, solche diskursiven Behauptungen über singuläre Momente hinaus künstlerisch zu verwirklichen.[409] Die Autonomie der Kunst ist eine relative und keine absolute. Die künstlerische Behauptung einer anderen Welt muss also scheitern, wo sie die Wirklichkeit herausfordert. Doch gerade darum birgt das Trotzdem von Hirschhorn und Martens eine Kraft, die als Utopisches da und dort durchs Elend schimmert – nur um im nächsten Moment wieder in „bürgerliche Kälte" umzuschlagen. Eine Kälte, die der künstlerischen Freiheit solange anhängt, wie unverwirklicht bleibt, was ihre Idee eigentlich voraussetzt: eine emanzipierte Gesellschaft.[410]

Vielleicht ist es etwas von dieser Kälte, die mich darüber sinnieren lässt, warum Martens und Hirschhorn soziale Ungleichheit interessanter ins Spiel bringen als der formelhafte Konzeptualismus von Sierra. Was haben ästhetische Maßstäbe in solchen Verhältnissen zu suchen? Soll die Kunst aber zumindest in der ästhetischen Negation dieser Verhältnisse Alternative sein, also in dem, was sie selbst als Anderes der Gesellschaft gegenüberstellt, muss sie auf solche Maßstäbe insistieren. Ohne diese Eigenlogik würde die Kunst doch vollends klaustrophobisch, ununterscheidbar von der Realitätsenge, in die uns die bloßen Tatsachen einschnüren. Und so scheint es, dass Beiträge, die auf asoziale Verhältnisse Bezug nehmen, Kälte und Empathie in gewisser Weise zum Tanz bitten müssen. Zumindest, wenn sie danach trachten, ihre Betrachter in ein denkwürdiges Verhältnis zur Wirklichkeit zu setzen. Womöglich ist „scheitern" nur ein anderer Begriff für diesen Tanz.

Am Vormittag des darauffolgenden Tages sitze ich am Schreibtisch und nehme mir einen weiteren Film vor, der ein solches Scheitern ästhetisch durchexerziert.

Frontalunterricht von Ulf Aminde wurde 2009 in Mannheim aufgenommen und entstand im Rahmen der dortigen *Schillertage*, für die der Künstler Aufführungen mit unterschiedlichen Gruppen aus Laiendarstellern inszenierte. Vorherige Projekte von Aminde legen nahe, dass er auch in diesem Fall bemüht war, Form und Inhalt gemeinsam mit seinen Darstellern zu erarbeiten, dass er also ohne ein fertig ausgearbeitetes Konzept in die Proben ging. Eine der Gruppen bestand aus etwa 20 Jugendlichen und im Gegensatz zu den anderen, so verrät es ein Ausstellungstext zum Film, befand sich die Zusammenarbeit mit dieser recht bald in einer Sackgasse: „Es gelang Aminde nicht, für die Teenager zu einer Übertragungsfigur zu werden, sprich, sie dazu zu bringen, selbst etwas von der gegebenen Situation zu wollen; sie verweigerten sich mit der Konsequenz, dass rein gar nichts entstand."[411] Ebendas ist Gegenstand der 40 Filmminuten von *Frontalunterricht*. Dabei richtet die Kamera ihren Blick statisch auf eine Theaterbühne, wo in zwei Reihen 16 Jugendliche auf Stühlen Platz genommen haben. Anders als in *Episode III (Enjoy Poverty)*, in dem die Dramaturgie trotz durchgängiger Handkamera-Optik ganz klassisch von unterschiedlichen Einstellungen, Schnitten und Ortswechseln gestützt wird, bleibt die Einstellung über die gesamte Dauer dieselbe. Der Betrachter bekommt Aminde selbst nicht zu Gesicht, nur seine Zurufe aus dem Off verraten, dass er durchweg hinter oder neben der Kamera sitzt. So entsteht auch hier eine Parallelisierung der Perspektive des Künstlers mit der des Betrachters, was die Jugendlichen zu ihrem gemeinsamen Gegenüber macht. Deren Kleidung, Sprache, Haltung, Dialekt und Slang lassen erahnen, dass sie nicht jenem Milieu entstammen, das Ausstellungen besucht, auf denen Filme wie diese dann zu sehen sind. Sie sind keine Akademiker, nicht mal Arbeiter; es sind junge Arbeitslose.

Als ich das Video vor einigen Jahren erstmals im Ausstellungsraum sah, betrat man einen Bereich, der mit Theatermolton ausgekleidet war.[412] Darin befand sich neben der Projektion nur ein einzelner Stuhl, womöglich als Referenz an die exponierte Situation des einzelnen Schauspielers. Schließlich treten im Film die Jugendlichen nacheinander ein paar Meter nach vorn und beginnen eine schauspielerische Einlage (Abb. 29). Dabei sind sie angehalten, die Rolle ihres Regisseurs – Ulf Aminde – einzunehmen und dessen Verhalten der letzten Probewochen szenisch nachzustellen. Immer wieder ist auch Aminde zu hören, wie er umgekehrt einzelne Jugendliche parodiert. Schnell offenbart sich das tiefe Misstrauen zwischen Regisseur und Schauspielern, die sich gegenseitig für das Nichtzustandekommen der gemeinsamen Aufführung verantwortlich machen. Glaubt man den Darstellungen der Jugendlichen, verhielt sich der Regisseur bei den Proben wie das Klischee eines Hauptstadtkünstlers – schwadronierte kumpelhaft über coole T-Shirts und Tätowierungen und offenbarte vielsagend sein Verständnis von der Situation. „Ihr seid doch nur eine Nummer beim Arbeitsamt – und bei mir nicht! […] Ich will euch hier eine Chance geben, aber ihr erkennt sie nicht! Ihr erkennt sie einfach nicht!", empört sich einer der Darsteller in der Rolle von Aminde.[413] Auch die Alibi-Funktion der kulturellen Simulation von Sozialarbeit wird gnadenlos parodiert. „Ich gebe euch Praktikumsbescheinigung! Ich gebe euch Praktikumsbescheinigung!", wiederholt ein anderer Aminde-Darsteller wie ein Mantra, während er in ausladenden Schritten über die Bühne stapft, „Ihr müsst mich nur nachmachen: Hurra, wir sind glücklich!“[414] Die Sinnlosigkeit von Amindes Aufgabenstellungen an die Jugendlichen wird mehrfach thematisiert und erinnert an die bekannte Santiago-Sierra-Formel, also die öffentliche Vorführung als sinnlos empfundener Tätigkeiten gegen Mindestlohn – oder Praktikumsbescheinigungen. „So Leute, jetzt machen wir den Hampelmann!“, ruft der nächste Aminde.[415] In den Künstler-Parodien wechselt eine formelhaft pädagogisierte Sprache mit cholerischen Wutausbrüchen, in denen er sich schimpfend über Ignoranz und Undankbarkeit der Beteiligten beschwert – und im Zweifel mit Sanktionen droht (Abb. 30). Auf der anderen Seite persifliert der echte Aminde aus dem Off Prahlerei und Ruhmsucht der jungen Arbeitslosen: „Ey Ulf, wir sind die Besten, oder?“[416] In den akustischen Darbietungen des Künstlers, in deren Intensität nicht weniger Frust aus den vergangenen Wochen mitschwingt, erscheinen die Jugendlichen unzuverlässig, unbelehrbar und faul, erfüllen fast alle gängigen Vorurteile einer abgehängten Unterschicht.[417]

In seinen früheren Aktionen schien Aminde die Herangehensweise von Sierra in deutsche Fußgängerzonen zu transportieren. In Bremen ließ er einen betrunkenen Straßenpunk 40 Minuten lang im Quadrat spazieren (*quad III (Erschöpfung)*, 2007) oder Obdachlose in ihren Schlafsäcken die Treppen zur Kunsthalle hinauf robben (*Der reale Rest (symptom)*, 2007). Auch wenn Aminde in *Frontalunterricht* formal noch ähnlich reduziert vorgeht wie Sierra, so ist darin das Rollenspiel zwischen Betrachter und Künstler auf der einen und unterprivilegierten Akteuren auf der anderen Seite deutlich weniger schematisch. Die Künstlerfigur wechselt laufend zwischen herrischem Verhalten und glaubhaftem sozialem Engagement. Aminde zeichnet für das Setting verantwortlich und auch für den Schnitt, also die finale Auswahl der gezeigten Szenen, doch es wirkt, als gäbe er die ihn betreffende Charakterzeichnung ein Stück weit aus der Hand. Auch die Jugendlichen treten nur bedingt als sie selbst in Erscheinung, in erster Linie sind sie Parodisten ihres bürgerlichen Gegenübers. Damit verhält sich der Film auf hintersinnige Weise zum Dilemma der Authentizität, in das partizipative Ansätze einer „Ästhetik der Empathie“ nicht selten unfreiwillig hineinschlittern: Akteure aus der Unterschicht sollen besonders nahbar und „echt“ erscheinen, werden aber gerade dadurch exotisiert. Was die Verhältnisse diesen Menschen verwehren – sich in Würde zu entfalten – soll dann wenigstens die Kunst einlösen. In einer eingehenden Analyse von Amindes *Frontalunterricht* bemüht die Theaterwissenschaftlerin Mayte Zimmermann den Begriff „Trennung“, wie ihn Emmanuel Levinas konzipiert, nämlich als eine „Bewegung der Bezugnahme zum Anderen“, mit dem man – noch – keine Gemeinsamkeiten habe. „Die Trennung ist, obgleich sie Trennung ist, zugleich Ausdruck einer Betroffenheit, welche die Sorge um sich unterbricht, weil sie die Ordnung des Anderen als unhintergehbare Grundlage jeder Äußerung aufruft. So ist Trennung immer beides: Distanz im Sinne der Unmöglichkeit einer Aneignung, Erfassung, zugleich aber Nähe bzw. Näherung als ein Heraustreten aus der eigenen Sicherheit.“[418] Paradoxerweise wäre also das Gemeinsame von arbeitslosen Jugendlichen und Künstler bzw. Betrachter ihre Trennung voneinander. Sie wird in *Frontalunterricht* gerade nicht ästhetisch überbrückt; sie kommt darin als Erfahrung gegenseitigen Ausgeliefertseins zur Aufführung. Dadurch meidet der Film auch Darstellungsformen, die den Eindruck einer besonderen Authentizität heraufbeschwören. Im Gegenteil: Er „formuliert sich geradezu überdeutlich im Sinne des Als-ob bzw. als Spiel, in dessen Zentrum *keine* Präsenz- oder Authentizitätsbehauptung steht."[419]

Zimmermanns Gedanke lässt mich stutzen: Ist ein solches Heraustreten aus der Routine sozialer Selbstvergewisserung durch Begegnungen jenseits einer fälschlich vorausgesetzten Authentizität nicht der prädestinierte Modus bürgerlicher Öffentlichkeit? Als Akteur dieser Öffentlichkeit soll ich handeln, als wäre ich völlig frei, meinen Standpunkt zu wählen, wohl wissend, dass mein tatsächlicher Handlungs- und Erfahrungsradius begrenzt ist.[420] Müsste ein solches Als-ob-Spiel persönlicher Freiheit im Idealfall nicht immer wieder aufs Neue die Realität herausfordern – und damit meine Sorge um die Anderen in Bewegung halten? Ganz ohne bestimmte Repräsentationsmuster und Identitätsvorstellungen zu konsolidieren? Und ist der Abgrund, den ich hier in Beiträgen zur Gegenwartskunst ausmache, die auf diese oder jene Weise asoziale Verhältnisse zum Gegenstand haben, vielleicht gar kein Abgrund, sondern eine levinas'sche Trennung, die im Grunde jede Begegnung mit einem anderen Menschen betrifft? Es gibt eine weitere aufschlussreiche Wortwahl bei Levinas: „Nicht-Gleichgültigkeit", auch als „Nicht-In-Differenz" übersetzt, bezeichnet einen Logos, der dem Gesicht des Anderen entspringt.[421] Tatsächlich ist der Blick in das Gesicht des Anderen, und zwar jedes beliebigen Anderen, für Levinas der Ausgangspunkt aller Ethik. Aus der Trennung zum Gegenüber – weil ich nicht eins werden kann mit ihm, ihn nie ganz erfassen oder verstehen kann – ergibt sich schließlich ein Überschuss des Begehrens: ein Denken, das gewissermaßen mehr denkt, als es das eigene Denken kann. Der Philosoph Werner Stegmaier erläutert diese Konzeption als negative Beschreibung des Denkens, „das seine Autonomie zu begründen sucht und dabei von seiner Heteronomie überrascht wird". Es bekomme einen positiven Sinn erst durch die paradoxe Erfahrung, dass anzieht, was sich entzieht.[422] Was wir begehren, ist unerreichbar anders. Sprache und Begriffe sind gegenüber solcher Andersartigkeit jedoch *gleichgültig*, weil sie uns die Illusion vermitteln, wir könnten den oder das Andere tatsächlich denken oder erfassen, indem wir es bezeichnen. Der Gedanke ist nah an Adornos in der *Negativen Dialektik* ausgearbeiteten Skepsis gegenüber dem zwanghaft identifizierenden Ungenügen der Sprache: „Was ist, ist mehr, als es ist. Dies Mehr wird ihm nicht oktroyiert, sondern bleibt, als das aus ihm Verdrängte, ihm immanent. Insofern wäre das Nichtidentische die eigene Identität der Sache gegen ihre Identifikation."[423] Da wir dieses Mehr des Anderen sprachlich oder gedanklich nie ganz erfassen, aber zugleich die identifizierende Sprache und die allgemeine Ordnung der Repräsentation nicht einfach suspendieren können, fordert der Begriff der Nicht-Gleichgültigkeit von Levinas eine über die Gleichgültigkeit der Sprache hinausgehende Negation. Bei Nicht-Gleichgültigkeit lehne ich die Verallgemeinerungen der Sprache nicht einfach ab, aber ich werde mir ihrer gewahr. Ich bin selbst nicht gleichgültig gegenüber der Gleichgültigkeit der Sprache, weil mich die Erfahrung der Trennung gegenüber dem Anderen an dessen Mehr erinnert. Die Nicht-Gleichgültigkeit ist „sowohl Beziehung als auch Bruch und somit Aufmerksam-Werden: Aufmerksam-Werden des Ichs durch den Nächsten, des Ich durch den Fremden, des Ich durch den Heimatlosen, das heißt durch den Nächsten, der nur Nächster ist. Aufmerksamkeit, die weder Reflexion über sich selbst noch Universalisierung ist."[424] Wir sehen nur uns selbst im Anderen. Oder wie es der Schwimmer im Kongo zu Martens sagte: nur die eigene Angst im dunklen Gewässer.

Nun machen uns solche Erfahrungen aber gerade nicht gleichgültig gegenüber dem Anderen. Man könnte sie im Gegenteil sogar als zarte Immunisierungen gegen jene Konsolidierungsmaschine verstehen, die immerzu das Eigene und das Andere auseinanderhalten will. Gerade da, wo man im Alltag versucht ist, sich wie ein schlechter Algorithmus gleichzurechnen: Da sieht jemand aus wie ich, da spricht jemand wie ich, dann muss er auch so sein wie ich – wie *wir*. Aber die zivilisatorische Idee von Gesellschaft ist eben nicht die einer Kulturgemeinschaft, die alles auf ein falsches Wir hin ausrichtet und zur Gemeinschaft verklebt.[425] Genau dafür ist die Erfahrung des Gegenübers als Anderer elementar – eine emanzipatorische Grundübung. Und so besehen wäre auch der „kalte Blick", von dem Steinweg sprach, nicht kalt im Sinne jener „bürgerlichen Kälte", die den Bezug zum Anderen innerhalb der Trennung verweigert. Der „kalte Blick", und mit ihm das ästhetische Interesse der Kunst, sind nämlich insofern gleichmachend, als mich potenziell *alles* in seiner jeweiligen Andersartigkeit etwas angeht.

Aber wie verhält es sich, wenn dem – tatsächlichen oder künstlerisch dargestellten – Gegenüber die Voraussetzungen fehlen, um dieses Spiel der Freiheit mitzuspielen? Setzt es nicht zuletzt eine soziale Gleichheit voraus, jeden in seiner jeweiligen Andersartigkeit zu respektieren? In *Frontalunterricht* sind es die oft einfältigen Spielideen der Jugendlichen, ihre ständigen Verhaspler sowie kleine und große Unsicherheiten, die in Erinnerung halten, dass es sich nicht um professionelle Schauspieler handelt. Sie scheinen außer Stande, ihren Rollen – stellvertretend für ihre sozialen Rollen – Tiefe und Stabilität zu verleihen. Allerdings antworten auf diese Eindrücke immer wieder solche, die mich als Betrachter auf mein eigenes Ungenügen zurückwerfen. Gerade dort, wo der jugendliche Spott über Aminde so präzise Formen von bürgerlicher Selbstgenügsamkeit und Ignoranz karikiert. Auf dem vereinzelten Stuhl vor der Projektion der Probebühne fühlt man sich selbst wie jemand, dessen Defizite gerade auf- und vorgeführt werden. In Biel erging es mir ähnlich: In einem Moment war ich beseelt vom Provisorium möglicher Begegnungen und im nächsten war ich der „unglückliche Eindringling", den Bishop in ihrem Aufsatz beschreibt. Wahrscheinlich ist es genau das, wozu gute Kunst hier in der Lage ist: Ich fühle mich selbst nicht vollständig, während sich mir ästhetisch ein Abgrund gegenüber jenen offenbart, denen die Gesellschaft das Spiel der Freiheit vorenthält. Nicht vollständig, weil die Erfahrung der Trennung ein universalistisches Begehren wachruft, eine generelle Nicht-Gleichgültigkeit gegenüber allen Anderen.

(Fortsetzung auf Seite 193)

Menschen wie Malick wurden im Rahmen der *Robert-Walser-Skulptur* zwar als Künstler vorgestellt, aber ihre Rolle blieb ambivalent. Zu offensichtlich war, dass ihre Teilhabe am bürgerlichen Spiel der Kunst nur eine begrenzte sein konnte und eben nicht auf nachhaltigen, selbstbestimmten Voraussetzungen beruhte. In solchen Ambivalenzen offenbart sich der Abgrund, den asoziale Verhältnisse in das bürgerliche Reservat der Gegenwartskunst reißen – und den die besprochenen Beiträge von Hirschhorn, Martens und Aminde in je eigener Weise ausleuchten. Sie zeigen ebenso exemplarisch, wie weit sich die konkreten Milieus innerhalb dessen unterscheiden, was ich hier – relativ zum europäischen Kunstpublikum – als Unterschicht bezeichne. In der Theorie der sozialen Milieus erschienen die Landarbeiter aus *Enjoy Poverty* und die Mannheimer Jugendlichen aus *Frontalunterricht* nicht einmal auf derselben Karte; sie gehören völlig unterschiedlichen Gesellschaften an. Innerhalb der Gegenwartskunst, im Spiel der Freiheit, sind beide jedoch als diejenige Klasse zu erkennen, der infolge von Gewaltverhältnissen, von Ausbeutung, Armut, Unbildung, Indoktrination, infolge von falschen Suchtanreizen und leeren Statusversprechen jede Voraussetzung für dieses Spiel genommen ist. Je deutlicher die fehlenden Voraussetzungen als Folge gesellschaftlicher Faktoren erscheinen, umso größer der Abgrund gegenüber der spielerisch vorausgesetzten Freiheit. Mit dem Beginn ihrer Autonomie hat die Kunst diesen Abgrund immer wieder und unter verschiedenen Vorzeichen angesteuert. Sie hat die Unterschicht – vor allem die vor der eigenen Haustür – wiederholt ins Spiel gebracht, während Gesellschaftstheorien und politische Bewegungen sich auf ihre Weise ein Bild von ihr machten. Beides will ich im nachfolgenden Exkurs diskutieren, ohne dabei einen Anspruch auf historische Vollständigkeit zu erheben.

Von der Verachtung der Lumpen zur Poesie der Klasse

Noch einmal zurück ins „lange 19. Jahrhundert“ als die fortschreitende Industrialisierung immer weiterer Wirtschaftsbereiche zu massiven sozialen Umbrüchen innerhalb der europäischen Gesellschaften führte: Die ständisch geprägte Ordnung verlor sich zugunsten einer ökonomischen Konkurrenz-Dynamik, die völlig neue Tätigkeitsfelder definierte, die neue Berufe, Metropolen und regionale Zentren hervorbrachte – und andere verkümmern ließ. Die soziale Dreiteilung zwischen Ober-, Mittel- und Unterschicht hat in diesen ökonomischen Umwälzungen ihren Ursprung. In seiner Untersuchung zu den Identitätskonstruktionen deutscher Unterschichten im 19. Jahrhundert zieht Wolfgang Harböck den Begriff „Schicht“ der „Klasse“ an jenen Stellen vor, wo die zur Differenzierung herangezogenen Merkmalskomplexe weniger auf Binnenunterscheidungen wie die Konfession oder das Geschlecht eines Menschen abzielen.[426] Im Fall der Unterschicht bestünden die entscheidenden Gemeinsamkeiten nämlich in der „weitgehenden Besitzlosigkeit, in der Angewiesenheit auf und der Abhängigkeit von Erwerbsarbeit, die in aller Regel Handarbeit war, in der virtuell fast ständig präsenten Krisenhaftigkeit der materiellen Existenz sowie in einer gewissen leitkulturellen Geringschätzung.“[427] Mit Bezug auf eine Studie der Historiker Klaus Tenfelde und Gerhard A. Ritter beziffert er ihren Anteil an der Gesamtbevölkerung des damaligen Deutschen Reiches mit 67,5 % – deutlich höher als es die in den vorangehenden Kapiteln zitierten Studien für die Gegenwart tun. Die Armut in den Städten erreichte ein auch für diese Zeit erschreckendes Ausmaß. Man könne sich heute kaum mehr vorstellen, schreibt der Soziologe Robert Castel, „wie buchstäblich verblüffend" die Wahrnehmung dieses Ausmaßes im 19. Jahrhundert war, auch weil sie im völligen Gegensatz zum vorangehenden euphorischen Beginn des „utopischen Kapitalismus" im 18. Jahrhundert stand.[428]

Zwar gab es im liberalen Bürgertum zahlreiche Initiativen zur Unterstützung der Unterschicht, sie wurden jedoch von einer weitreichenden kulturellen Stigmatisierung durch dasselbe Bürgertum konterkariert: „Handarbeit wurde verachtet, sie war schmutzig und roch nach Schweiß; mit einer Mischung aus moralischer Entrüstung und fröstelnder Faszination betrachtete man die angebliche Freizügigkeit der Unterschichten; diese Menschen schienen keine Heimat, keinen Glauben zu haben."[429] Die Unterschicht galt den gebildeten Bürgern als moralisch zweifelhaft, potenziell gefährlich – als unästhetisch. Selbst wo man innerhalb der Unterschicht längst bürgerlichen Lebensidealen nacheiferte, verurteilen die materiellen Zwänge solche Bemühungen zum Scheitern. Etwa im Familienleben, wo das Bürgertum durch die räumliche Aufwertung der Privatsphäre, durch Hausangestellte und den weitgehenden Ausschluss der Frauen von der Erwerbsarbeit ein Klima kultureller Rührigkeit, von Zärtlichkeit und emotionaler Zuneigung zwischen Eltern und Kindern etablieren konnte.[430] Im Bürgertum war man seit dem 18. Jahrhundert tatsächlich überzeugt, dass sich der erreichte zivilisatorische Standard vor allem darin ausdrücke, „dass Frauen nicht mehr geknechtet und ausgebeutet würden".[431] Diese „Befreiung" der Frauen meinte jedoch nicht die Unabhängigkeit von patriarchaler Ökonomie, sondern die von den Mühen der Erwerbsarbeit. Frauen seien besonders zuständig „fürs Feinere, fürs Ästhetische und Nicht-Prosaische", weshalb zum Beispiel die Bildung von Mädchen „vornehmlich ästhetische Bildung" war.[432] In der Selbsteinschätzung von wohlhabenden Zeitgenossen, in einem „Jahrhundert der Weiblichkeit" zu leben, klingt der Stolz auf eine neue „Gefühlskultur" an, in deren Zentrum die Hausfrau mit der „Aufsicht über das Hauswesen, der liebenden Sorge für den Ehemann und der aufopferungsvollen Mutterschaft und Kindererziehung" stand.[433] Damit verschärften sich gleichwohl Formen geschlechtsspezifischer Ausbeutung, zumal unter den Voraussetzungen des damaligen Kapitalismus mit seiner weitgehenden Zerstörung bäuerlicher Kommunalismen: Die kulturell forcierte Trennung von Produktion und Reproduktion brachte eine Klasse von Frauen hervor, die im Gegensatz zu den Männern über keinerlei eigenständigen Lohn verfügte.[434] Zugleich war das Geschlechterverhältnis damals wie heute Ausdruck einer klassenspezifischen, kulturellen Identität, die sich durch Abgrenzung zu anderen Milieus definierte – und damit zugleich als Mechanismus sozialer Schließung fungierte.[435] So war innerhalb der unteren Klassen der Alltag im 19. Jahrhundert weiterhin bestimmt von der Erwerbsarbeit von Frauen und Kindern. Man lebte auf engstem Raum und unter widrigsten Umständen, weit entfernt von den privaten Refugien einer bürgerlichen Gefühlskultur.

Untersuchungen zeigen, dass im ausgehenden 18. Jahrhundert in Hamburg beispielsweise fast zwei Drittel der Einkommen innerhalb der Unterschicht für Lebensmittel aufgewendet werden mussten. Entsprechend hoch war die Wahrscheinlichkeit, während konjunkturbedingter Teuerungsperioden in Armut und Hunger abzurutschen.[436] Durch zahlreiche politische Reformen wurden zwar auf formal-rechtlicher Seite zunehmend Schritte hin zur allgemeinen Gleichberechtigung unternommen und ständische Einschränkungen etwa bei der Berufswahl gelockert.[437] Doch dauerhaft prekarisierte Bedingungen verhinderten jeden kulturellen und sozialen Fortschritt innerhalb der Unterschicht, in der autoritäre Strukturen und tradierte Weltverhältnisse die Regel blieben, wo nicht gar diese noch entglitten und wachsende Armut eine kulturelle und soziale Verwahrlosung begünstigte.

Für die massenhafte Verarmung infolge starken Bevölkerungswachstums und einer industrialisierten und damit sehr viel stärker konjunkturabhängigen Wirtschaft wurde – in England bereits Ende des 18. Jahrhundert, in den deutschen Staaten insbesondere in der Zeit des Vormärz – der Begriff „Pauperismus" prägend. In den auf Einhegung, Verwaltung und Verdrängung zielenden Maßnahmen gegen diese Armut spiegeln sich bereits die psychosozialen Eckpfeiler des bürgerlichen Umgangs mit der Unterschicht. So führte die „wohltätige" Überantwortung von Bedürftigen an neu geschaffene, oft religiös dominierte Armenhäuser dazu, dass ihre gerade erworbenen bürgerlichen Freiheitsrechte an der Pforte jener Häuser wieder einkassiert wurden. Zugleich verschaffte diese rechtliche Sonderbehandlung den in Lohn stehenden Arbeitern eine erhöhte gesellschaftliche Respektabilität – idealer Nährboden für das wachsende Ressentiment der Arbeiterbewegung gegen die Unterschicht.[438] In Bezug auf das Bürgertum beschreibt Castel die Paradoxien der damals in Frankreich aufkommenden Praxis der Patronage, also der privat organisierten Übernahme der Vormundschaft für Arme durch wohlhabende Bürger. Sie folgte einem verbreiteten moralischen Appell: Kriminelle oder arbeitsfaule „Lumpen" seien Spiegel einer moralisch verkommenen Oberschicht. Letztere stehe also in der Pflicht, mit gutem Beispiel voranzugehen. Doch das Bevormundungsverhältnis schuf „eine Gemeinschaft in und durch Abhängigkeit."[439] Das Band zwischen Wohltäter und dem ihm Dank Schuldenden sei weniger ein moralisches als ein gesellschaftliches. Das ist das Grundproblem paternalistischer Lösungsansätze. Nicht nur in der Sozialpolitik – die Anmerkung sei erlaubt – auch im Feld der Kunst. So muss sich das in der Gegenwart zu neuer Popularität gelangte Narrativ vom wohltätigen Kunstsammler den Vorwurf gefallen lassen, neoaristokratische Prinzipien zu normalisieren.[440] Zurecht fragt Castel, ob sich hinter dem Prinzip der Patronage nicht Wohltätigkeit, sondern eine „reaktionäre Utopie" verberge, ein Versuch der Umkodierung des emanzipatorisch Neuen in bewährte feudale Herrschaftsstrukturen.[441]

Doch zurück zum Pauperismus, für den der Brockhaus, im 19. Jahrhundert *die* lexikalische Institution für das gebildete Milieu des Bürgertums, vielsagende Worte fand: „Der Pauperismus ist da vorhanden, wo eine zahlreiche Volksklasse sich durch die angestrengteste Arbeit höchstens das notdürftigste Auskommen verdienen kann, auch dessen nicht sicher ist, in der Regel schon von der Geburt an und auf Lebenszeit solcher Lage geopfert ist, keine Aussichten der Änderung hat, darüber immer tiefer in Stumpfsinn und Rohheit versinkt, den Seuchen, der Branntweinpest und viehischen Lastern aller Art, den Armen-, Arbeits- und Zuchthäusern fortwährend eine immer steigende Zahl von Rekruten liefert und dabei immer noch sich in reißender Schnelligkeit ergänzt und vermehrt.“[442] In zeitgenössischen Beschreibungen wie diesen, die einerseits die Drastik der Verarmung ganzer Bevölkerungsteile vor Augen führen, klingt neben moralischem Entsetzen auch jener wohlige Schauer an, den schon die in den Niederlanden populären Genre- oder Sittenbilder des 17. Jahrhunderts bedienten, wo sie die Zügellosigkeit der Landbevölkerung überzeichneten. Bilder von Vagabunden, trunkenen Bauern und Bettlern oder allegorische Wirtshausszenen mit Raufereien und sexuellen Übergriffen gehörten deshalb zum festen Repertoire von Malern wie Adriaen Brouwer und Cornelis Bega und zeitgenössischen Vertretern des Genreporträts wie Frans Hals und Judith Leyster (Abb. 45). Das wirtschaftlich erstarkte Bürgertum der Niederlande war bemüht, sich im tugendhaften Selbstverständnis nicht nur von der Dekadenz des Adels abzugrenzen, sondern ebenso feierlich über „Stumpfsinn und Rohheit“ der Unterschicht zu triumphieren. Den gewonnenen ästhetischen Abstand markierten die Stilmittel der Ironie und der Groteske.[443] Sie verfestigten sich zu probaten Mitteln der Verballhornung, auf die ja bis heute zurückgegriffen wird, wo sich ein überfordertes Bürgertum vor den unwürdigen Lebensbedingungen der untersten Gesellschaftsschichten gruselt. Wie im Fall der Verniedlichung wurde die ideologische Schwächung der unteren Klassen dabei dankend in Kauf genommen.[444] Gleichwohl ging die niederländische Malerei bereits über die bloße Illustration sozialer Ressentiments hinaus. Helmut Draxler zeigt in einer umfangreichen Studie, wie sehr sich in ihren Bildern bereits ein „Sensorium für soziale Differenzen“ schärfte, das sehr viel analytischer ans Werk ging als weithin angenommen.[445] Ihre besondere Qualität lag demnach in einem wachsenden Feinsinn für die Relationen zwischen Elementen des Gesellschaftlichen und einer individuellen Charakterisierung, die Menschen aus den unteren Klassen nun auch malerisch zugestanden wurde. Das Soziale war nicht länger eine Sache schematischer Ordnungen, es wurde situativ – und damit lebendig.

Damit steht die niederländische Malerei dieser Zeit für beides: Für den Beginn einer autonomen Auseinandersetzung der Kunst mit dem, was sie als Wirklichkeit in Szene setzt – und für die Indienstnahme ihrer Darstellungen, ihre Reduktion auf den derben Witz, den kategorisierenden Blick, die moralische Selbsterhebung. Die Bereitschaft zu künstlerischer Ambivalenz, die sich aus der bildlichen Analyse sozialer Verhältnisse bei gleichzeitiger humanistischer Hinwendung zum Individuum ergab, konkurrierte mit dem bürgerlichen Anliegen, Distanz zu wahren zu den verwahrlosten Rändern der Gesellschaft. Selbst Kant stellte einem „bürgerlichen Ganzen“, welches die Nation bilde, deutlich jenen Teil der Bevölkerung entgegen, der sich durch Verrohung zivilisatorisch disqualifiziere: Dieser „Teil, der sich von diesen Gesetzen ausnimmt (die wilde Menge in diesem Volk), heißt Pöbel (vulgus), dessen gesetzwidrige Vereinigung das Rottieren (agere per turbas) ist; ein Verhalten, welches ihn von der Qualität eines Staatsbürgers ausschließt.“[446] Vor allem in der Zusammenrottung, dann also, wenn die Menschen als gesellschaftliche Größe erkennbar werden und sich nicht ohne weiteres mehr im Einzelschicksal bemitleiden oder durch die Figur des Narren verniedlichen lassen, wird die Unterschicht dem Bürger unheimlich. Dann erscheint sie als mahnendes Sittenbild, als gesetzlose Bedrohung aller emanzipatorischen Anstrengung und ihrer kulturellen Verstetigung – durch Verwahrlosung, Exzess und Zügellosigkeit, durch verbale und physische Rohheit, die über Figuren wie den raufenden Kesselflicker im 18. und 19.

Jahrhundert bis hin zur popkulturellen Stilisierung vermeintlicher „Gesetze der Straße" in den heutigen Erzählroutinen des Gangsterrap zum stabilen kulturellen Topos reifte. Dass Gewalt in solchen Zusammenhängen in der Regel positiv konnotiert, wenn nicht sogar mit Stolz vorgetragen wird, hängt nicht zuletzt mit der milieuspezifischen Kultivierung eines vermeintlich männlichen Körperempfindens zusammen, besser: einer taktischen Verrohung des Körperempfindens, das bürgerlich geächtete Tätigkeiten auf Baustellen oder in Bergminen aber auch das Sammeln von Müll und Lumpen als echte „Männerarbeit" umdeutet.[447] Immerhin wird heute die analoge Kultivierung einer vermeintlich weiblichen Aufopferungsbereitschaft im Zusammenhang mit unterbezahlten Dienstleistungstätigkeiten insbesondere im Bereich sozialer Fürsorge dank feministischer Initiative auch klassenübergreifend problematisiert, ohne dass die daraus resultierende Ungleichheit bereits verschwunden wäre.

Für die sich im 19. Jahrhundert formierende Arbeiterbewegung, in deren Folge zumindest für die niedere „Männerarbeit" ökonomische und rechtliche Verbesserungen errungen wurden, ergab sich aus dem mit solchen Umdeutungen verbunden Gruppenstolz und entsprechenden Gegenstigmatisierungen jedoch eine doppelte Frontstellung: gegen Bourgeoisie auf der einen und gegen unorganisierte Müllsammler und Straßenhändler auf der anderen Seite. Dieses „Lumpenproletariat" disqualifizierte Marx recht unverblümt als „passive Verfaulung der untersten Schichten der alten Gesellschaft", das schon aufgrund seiner Lebenslage immer willig wäre, „sich zu reaktionären Umtrieben erkaufen zu lassen."[448] Auch im Allgemeinen Deutschen Arbeiterverein um Ferdinand Lassalle pflegte man die zweifache Abgrenzung: einerseits gegenüber den „Geldsäcken", die „bacchantische Champagner-Orgien feierten", andererseits gegen die „wilde sansculottische Wut" der Unterschicht.[449] Deren in der Regel ungeplanten, oft gewaltsamen und sich durch konkretes Unrechtsempfinden entzündeten Proteste galten der Arbeiterbewegung als reaktionär, weil sie nicht auf eine umfassende Umwälzung der Verhältnisse hinwirkten, wo sie lediglich bessere Preise für Brot und Getreide einklagten. Vor diesem Hintergrund erklären sich die doppelten Standards Lassalles, der im Zusammenhang des Breslauer Unterschichtenaufstands 1844 den „Mutwillen fenstereinwerfender Gassenbuben" beklagte, während er zugleich lobend den „blutigen Ernst" des ihm vorausgehenden schlesischen Weberaufstands pries.[450]

Nicht zufällig fiel die proletarische Abgrenzung gegen eine vermeintlich arbeitsscheue und reaktionäre Unterschicht mit den identitätsstiftenden Erfolgen der Arbeiterbewegung zusammen. Solche Identitätsbildung resultiert vornehmlich aus der Negation anderer Identitätsentwürfe – je einseitiger diese überzeichnet werden, umso erstrebenswerter erscheint das eigene Identitätsangebot. Für den Soziologen Sebastian J. Moser spricht aus dem proletarischen Abgrenzungsbedürfnis nach unten ein uneingestandener Minderwertigkeitskomplex, verbunden mit der Sehnsucht, „ein höheres soziales Niveau zu erreichen."[451] Ebendas war das Versprechen des erstarkenden Proletariats, das durch das Verständnis der gemeinsamen Lage innerhalb der Produktionsverhältnisse und den gemeinsamen Kampf für die eigenen Interessen nach Marx nun eine „Klasse für sich selbst" begründet.[452] Damit erhob es sich über eine in unverbundene Einzelinteressen aufgesplitterte, politisch und moralisch zweifelhafte Unterschicht.

Umgekehrt vereinheitlichte das Identitätsangebot der Arbeiterbewegung auch die Diskursvielfalt um jenen „buntscheckigen Haufen der Arbeiter von allen Professionen, Altern, Geschlechtern", als den Marx ihn vor dessen Konstitution als klassenbewusstes Proletariat beschreibt.[453] Die Vielfalt der vorausgehenden Situation schildert der Literaturwissenschaftler Patrick Eiden-Offe: „Wer im Vormärz über gesellschaftliche Belange schreiben will, kann dies philosophisch oder literarisch tun, er kann sich der im Entstehen begriffenen und akademisch noch kaum institutionalisierten Soziologie oder Volkskunde anschließen, er kann als Wissenschaftler oder militanter Aktivist dann aber auch wieder eine Novelle oder ein ‚soziales Gedicht' verfassen, um seine Erkenntnisse und Absichten zu artikulieren."[454] Das proletarische Personal der Literatur, die Rollen, die Berufe, die Sprachen und Bilder, die sich in den urbanen Räumen der fortschreitenden Industrialisierung erst formierten, waren literarisch kaum erkundet. Alles Stereotypische ging ihnen ab. Die „multiverse" Hinwendung zu den proletarischen Lebenswelten in der bürgerlichen Literatur dieser Zeit bezeichnet Eiden-Offe als eine „Poesie der Klasse", die sich deutlich absetzte von der späteren Prosa für ein festgefügtes „Kollektiv einer national bestimmten, männlich-erwachsenen, weißen Arbeiterklasse".[455] „Es ist unbestreitbar", zitiert er als Gewährsmann und Zeitgenossen den Autor Berthold Auerbach, „dass noch zu keiner Zeit die Zustände des sogenannten niederen Volkes so vielfach sich in die Betrachtung der Hochgestellten drängte[n], wie in unseren Tagen."[456] Noch schien diese Betrachtung frei von vorgeformten Interessen, weit entfernt von der eingeschliffenen Stilisierung des Mangels im Rahmen des Klassenkampfes oder der ästhetischen Idealisierung proletarischer Lebensweisen im sozialistischen Realismus, die in ihrer moralischen Reinheit nicht zuletzt auch den Triumph über die Falschheit der „Geldsäcke" und der „Lumpen" zelebrierte. Dabei erging es dem Proletariat nicht anders als dem Bürgertum: Sowie sich erste emanzipatorische Errungenschaften für einen Teil seiner Mitglieder konsolidieren, entsteht das Bedürfnis, sie qua Distinktion zu kulturalisieren und damit gegen milieufremde Ansprüche zu immunisieren – selbst wenn es die Vollendung der Emanzipation im Ganzen kostet. Von der beschriebenen Dynamik zwischen Emanzipation und Exklusion war auch die Arbeiterbewegung nicht frei.[457]

Vergleichbar mit der Literatur regte sich auch in der Kunst des frühen 19. Jahrhunderts ein vielfältiges Interesse an den Lebensumständen der Arbeiter und den „Paupern" der Unterschicht, das über Grotesken oder drastische Appelle an die bürgerliche Sittsamkeit hinausging. Die Kunsthistorikerin Linda Nochlin führt hier eine Lithografie von Théodore Géricault von 1821 ins Feld, die dieser auf einer Reise ins industrialisierte London angefertigt hatte.[458] Sie zeigt einen Bettler, der vor dem Fenster einer Bäckerei auf den Boden gesunken ist (Abb. 32). Vor ihm hockt aufmerksam und aufgerichtet sein Hund, während rechts von ihm eine Gasse einzusehen ist, in der Müllsammler ihrer Arbeit nachgehen. Die schlaffe Haltung des Bettlers, so Nochlin, stehe in bewusstem Kontrast zur vulgären und habgierigen Erscheinung zweier Personen, Mann und Frau, die im Fenster der Bäckerei zu erkennen sind. Die Straßenszene im Bildhintergrund integriert zeitgenössische Urbanität und neue Wirtschaftsordnung mit fast beiläufig wirkender Selbstverständlichkeit. Und der Hund, schreibt Nochlin, „eindeutig ein Köter, ist das einzige Lebewesen, das sich um seinen Herren kümmert, diesen Rest an Menschlichkeit, entsorgt auf den Straßen Londons."[459] Die Komplexität der Anordnung scheint beispielhaft für die damaligen Möglichkeiten einer ästhetischen Auseinandersetzung mit Proletariat und Unterschicht, die der von Eiden-Offe beschriebenen literarischen Offenheit zumindest nahekommt. Nochlin hebt sie denn auch würdigend von der fahlen Sentimentalität anderer Leidensdarstellungen ab – ausdrücklich von den einige Jahre zuvor entstandenen Tintenzeichnungen Francisco de Goyas, die ebenfalls Obdachlose und Bettler zum Gegenstand haben. Unter eine dieser Zeichnungen – sie zeigt einen Bettelnden mit weit aufgerissenen Augen und ausgestreckter Hand – notierte er die lapidare Bemerkung „por no trabajar", was man mit „weil ohne Arbeit" aber auch „um nicht zu arbeiten" übersetzen könnte (Abb. 31). Im Gegensatz zu Géricault, so Nochlin, habe de Goya auf jede Kontextualisierung der unwürdigen Verhältnisse verzichtet, habe die Virtuosität seiner Pinselführung vielmehr genutzt, um den Ausdruck der Figuren an den Rand der Groteske zu treiben. Anders als bei seinen berühmten Druckgrafiken von Kriegsopfern hatte der Künstler für die Situation von Bettlern offenbar wenig Empathie und Kontext übrig.

Zum Gegenstand der Kunst wurde die Unterschicht auch in den späteren Genrebildern des 19. Jahrhunderts, im deutschen Sprachraum spöttisch als „Armeleutemalerei" bezeichnet. Sie blieb im Ganzen eher ein Randphänomen; in den mehrere hundert Bilder umfassenden Salons der Münchener Kunstakademie blieb der Prozentsatz der ihr zugerechneten Bilder stets unter einem Prozent. Seit 1869 zählte sie indes kontinuierlich zum ausgestellten Repertoire.[460] Doch Maler wie Carl Spitzweg oder Ludwig Knaus bedienten überwiegend die bürgerliche Vorliebe für gefällige „Räuberromantik" oder Darstellungen drollig idealisierten Landlebens. Erst der deutlich kompromisslosere Realismus eines Gustave Courbet stellte dem eine neue Härte in der Anschauung sozialen Elends entgegen. Er integrierte dieses Elend sogar in allegorische Großgemälde wie *Das Atelier des Künstlers* (1855), das neben Freunden, Intellektuellen wie Charles Baudelaire und anonymen Stellvertretern der wohlhabenden Gesellschaft, auch die Figur einer einsamen Bettlerin mit Säugling direkt neben der zentralen Staffelei zeigt. Die Ärmsten der Gesellschaft wurden auch zum Gegenstand eigener Bilder. Courbet malte Bettler, Vagabunden und bitterarme Arbeiter, wie die berühmt gewordenen *Steinklopfer* von 1849 (Abb. 39). Aus mehreren Briefen geht hervor, dass dem im Zweiten Weltkrieg verschollenen Gemälde eine unmittelbare Begegnung voraus ging: „[...] ich stoppte und sah zwei Männer, die auf der Straße Steine klopften. Selten stößt man auf einen so vollständigen Ausdruck von Elend, so kam mir noch vor Ort die Idee zu einem Bild.", schrieb Courbet an den befreundeten Kunstkritiker Francis Wey.[461] Die Detailfülle, mit der er die Szene schildert, scheint der plastischen Beschreibung seines Gemäldes vorzugreifen. Einen jüngeren Mann mit staubigem Haar und zerfleddertem Hemd platzierte er darin in der linken Bildhälfte an einem Straßenrand. Der Mann balanciert einen Korb mit zerschlagenen Steinen auf seinem rechten Knie. „Ein lederner Riemen", ergänzt Courbet, „hält zusammen, was von seiner Hose übrig ist, und seine schmutzigen Lederschuhe zeigen klaffende Löcher auf jeder Seite."[462] Rechts daneben kniet ein älterer Mann mit ähnlich zerklüfteter Kleidung, das Gesicht verdunkelt vom Schatten eines labbrigen Strohhuts, während er mit einem schmalen Hammer zum Schlag ausholt. Es ist die kompromisslose Härte solcher Details, die Courbets partiell ins skizzenhaft wechselnde Malweise eher betont als vertuscht. „Nichts von dem habe ich mir ausgedacht", versichert er im Brief an einen anderen Freund, dem er dieselbe Szene beschreibt.[463] Er habe diese Leute jeden Tag bei seinem Spaziergang angetroffen. „Ach", schreibt Courbet, „in dieser Klasse endet ein Mensch ebenso wie er geboren wurde."[464] Ein nüchternes Resümee, das sich eben nicht ideologisch, sondern aus der konkreten Anschauung der Wirklichkeit entwickelte, im Versuch diese in ihrer vollen Ambivalenz malerisch zu transzendieren. Im Gegensatz dazu wurde einem anderen Vertreter des französischen Realismus, Jean-François Millet, vorgeworfen, seine Darstellungen der ärmlichen Landbevölkerung – wie in der ikonisch gewordenen Malerei *Die Ährenleserinnen* (1857) – besäßen einen allzu moralisierenden Impetus (Abb. 40). Charles Baudelaire äußerte sich regelrecht angewidert über Millets Landarbeiter: „Sie erscheinen besserwisserisch mit ihrer zur Schau getragenen schicksalsergebenen Abgestumpftheit, und das macht mir Lust, sie dafür zu hassen. Diese Ausgestoßenen maßen sich eine melancholische Überheblichkeit an. Millet sollte sie einfach nur als simple Bauern malen ohne jegliche moralische Botschaft."[465]

Baudelaire hätte denn auch an einem sozialen Tendenzbild wie *Die schlesischen Weber* (1844) keine Freude gehabt (Abb. 41). Sein Urheber, Carl Wilhelm Hübner, ein Maler der Düsseldorfer Schule, war zur selben Zeit im Rheinland aktiv. Aufsehen erregte seine Malerei auch nicht, wie es bei Courbet der Fall war, aufgrund einer ästhetischen Konventionen zuwiderlaufenden Malweise, sondern weil hier im Gegenteil das bühnenhafte Pathos gängiger Historienbilder für die Darstellung zeitgenössischer politischer Ereignisse mit proletarischem Personal beansprucht wurde.[466] Das Gemälde zeigt auf seiner rechten Seite eine Gruppe von Webern, die offenbar aufgrund magerer Entlohnung teils enttäuscht, teils wütend miteinander debattieren. Links im Bild steht ein Fabrikant, dessen Raumhälfte schmuckvoll mit Teppichen und wertvollen Möbeln ausgestattet ist. Er prüft die Qualität des Stoffes mit den Händen und hat, offenbar unzufrieden mit dem Produkt, einen Ballen mit Leinen zu Boden geworfen. Eine Weberin in der Bildmitte sinkt wie in Reaktion darauf geschwächt zu Boden. Der sie stützende Mann wendet sich mit entsetzter Mine und Einhalt gebietender Geste an den Fabrikanten. Damit trug das Bild der Forderung einer bürgerlich-liberalen Kunstkritik nach Gegenwartsbezug Rechnung, erklärt der Kunsthistoriker Joachim Rees. Wobei es sich einerseits auf die Allgemeingültigkeit garantierende Typik und andererseits auf ein durch die Presse vermitteltes Vorverständnis verlassen konnte.[467] „Berichte über den verzweifelten Kampf der schlesischen Weber gegen existenzgefährdende Lohnkürzungen der Fabrikanten hatten die liberale Öffentlichkeit für die soziale Not in der fernen preußischen Provinz sensibilisiert, noch bevor es im Juni 1844 zu offenen Gewalttätigkeiten im Riesengebirge kam […]", schreibt Rees.[468] Auch wenn es damit eine Ausnahme blieb, entsprach das Bild dem frühsozialistischen Anspruch, die Malerei müsse wie die Literatur „Kritik enthalten" und „sich bei der Zersetzung beteiligen", wie es der zeitgenössische Kritiker Karl Grün verlangte.[469] *Die schlesischen Weber* habe „wirksamer für den Sozialismus agitiert als hundert Flugschriften", zeigte sich auch Friedrich Engels begeistert, es habe wohl „so manches Gemüt für soziale Ideen empfänglich gemacht."[470] Selbstbewusst und geradezu bürgerlich werden die proletarischen Weber darin in Szene gesetzt – kämpferisch aber schon das Versprechen auf ein „höheres soziales Niveau" verkörpernd. Damit ließe sich zwischen Courbets Realismus und Hübners bühnenhafter

Ausdrucksästhetik durchaus jene Linie ziehen, mit der Eiden-Offe zwischen einer buntscheckigen „Poesie der Klasse“ und der konventionalisierten Literatur im Geiste einer sich formierenden Arbeiterbewegung unterscheidet.

Auch die noch junge Fotografie reifte an der Schwelle zum 20. Jahrhundert zum Mittel politischer Agitation – und setzte Arbeiter und „Lumpen“ entsprechend ins Bild. Noch nicht anerkannt als Medium der bildenden Kunst war sie bald fester Bestandteil der gedruckten Presse, teilweise auch eigenständiges Propagandamedium. So nutzte man im wenig alphabetisierten Russland der 1910er-Jahre öffentliche Schaukästen mit Fotografien, um politische Botschaften und entsprechende Weltbilder zu verbreiten.[471] Die Rolle der Protagonisten aus den unteren Schichten änderte sich dabei je nachdem, welches strategische Interesse ihre Darstellung motivierte. Rudolf Stumberger unterscheidet in seiner Studie zur sozialdokumentarischen Fotografie vier historische, ihren jeweiligen Kontext prägende Abbildungsmodi: Da wäre zunächst der einer „kämpfenden Klasse“, den man in vielerlei Hinsicht auch auf Hübners Malerei der schlesischen Weber übertragen könnte. Arbeiter erscheinen dabei als aufrechte Akteure des Klassenkampfs; entsprechende Verbreitung fand der Modus in den Fotografien sozialistischer Printmedien wie der *Arbeiter-Illustrierte-Zeitung* (AIZ). Auffällig wird in diesem Zusammenhang die unterschiedliche Funktion privater und öffentlicher Motive. Als Demonstranten auf der Straße oder bei Protesten in den Fabriken erscheinen die Arbeiter als selbstbewusstes, handelndes Kollektiv. Dagegen erfüllt der private Raum überwiegend die Funktion, beengte und unwürdige Wohnverhältnisse zu bebildern, und weist den jeweiligen Bildakteuren eine entsprechend beklagenswerte Rolle zu.

Der Abbildungsmodus der „propagierten Klasse“ bezeichnet die in der neu gegründeten Sowjetunion vorherrschende Gattung. Sie klammerte den privaten Bereich weitgehend aus und zeigte die Arbeiter vor allem als wohl organisierte Akteure der Öffentlichkeit. Produktive Tätigkeiten in der Fabrik oder in der Landwirtschaft rückten in den Mittelpunkt heroisierender Aufnahmen.[472] Als „problematische Klasse“ dargestellt klassifiziert Stumberger den Modus der Fotografien von Lewis Hine oder Dorothea Lange, die während der Weltwirtschaftskrise in den USA fotografierten. Das verarmte Proletariat wird darin zuvorderst als Opfer der grassierenden Arbeitslosigkeit in Szene gesetzt. Im Gegensatz zur sowjetischen Heroisierung ist auffällig, dass die Grenze zur Unterschicht hier fließend, wenn nicht völlig eingeebnet wird. Kontrastierend streicht man die Tugendhaftigkeit einzelner Akteure heraus, repräsentiert vor allem durch traditionell geordnete Familienbilder (die sich aufopfernde Mutter, der hart arbeitende Mann, unschuldige Kinder), die zur Solidarität mit den Dargestellten gemahnen. In Deutschland wären die Fotografien von Walter Ballhause beispielhaft für diese Kategorie. Ballhause war ein sozialdemokratischer Fotoamateur, der im Gegensatz zu Lange auch oft ohne das Wissen der Abgebildeten fotografierte. Infolgedessen erscheint ein beinamputierter Bettler bei ihm in der typischen Draufsicht des Fußgängers (Abb. 33). Das wirkt deutlich unmittelbarer als die choreographierten Aufnahmen von Lange.

Als kriminelles oder verwahrlostes Milieu treten die Protagonisten zuletzt im Abbildungsmodus der „gefährlichen Klasse“ in Erscheinung. Sie fand im Rahmen reißerischer

Fotoreportagen über die „Machenschaften" der „Unterwelt" in Zeitungen und Zeitschriften Verbreitung. Im Gegensatz zum bürgerlichen Ideal des distanzierten Großstadtmenschen, mit einem ebenso geschützten wie geordneten Privatleben, war das Familienleben der Bildakteure durch das Wohnen auf engstem Raum ein halboffenes. So war es in den Armenvierteln der Städte durchaus üblich, dass sich Schlafgänger zur Familie gesellten. Schnell galten solche Verhältnisse den bürgerlichen Lesern als ein Hort der Unmoral, in dem Krankheiten und Kriminalität unkontrolliert gediehen. Fotografen wie Hermann Drawe, der 1908 in der gleichnamigen Reportage *Durch die Wiener Quartiere des Elends und Verbrechens* führte, oder den US-Amerikaner Jacob Riis nennt Stumberger hier als Beispiele. Ihre Herangehensweise rückte im Dienst des Boulevards bewusst jene Aspekte in den Fokus, die Unbehagen, Angst und Grusel auszulösen vermochten. Häufig nutzte man die gerade aufkommende Technik des Blitzlichts, um Tagelöhner und Obdachlose „auch symbolisch aus dem Dunkel der gesellschaftlichen Verhältnisse [zu zerren]".[473] Die überfallartige Methode „flash and run", die Jacob Riis bekannt machen sollte, ließ für ungeübte Augen den Moment des Fotografierens weitgehend unsichtbar werden – auch schaut keiner von Riis Protagonisten direkt in die Kamera.[474] Es entstanden vermeintlich neutrale Bilder des Elends, deren schamlose Nähe vor allem auf eine Besorgnis erregende Fremdheit zielte. Bis heute bildet sie die narrative Blaupause für rechtes Ressentiment und daran sich anlehnende politische Propaganda.

Elendsbilder in Arbeiterbewegung und Nationalsozialismus

In der Kunst des beginnenden 20. Jahrhunderts wurde mit drastischen Darstellungen der Unterschicht in erster Linie Sozialkritik von links betrieben. Verwahrlosung und Zügellosigkeit besaßen dabei appellierende Funktion, jedoch nicht moralisch, wie zuweilen im niederländischen Sittenbild, sondern politisch intendiert. Künstlern wie Käthe Kollwitz oder Heinrich Zille, die damals in Berlin tätig waren, ging es nicht darum, an den bürgerlichen Anstand zu gemahnen. Ihre Radierungen, Malereien und Zeichnungen standen längst im Zeichen einer fundamentalen Kritik am Kapitalismus, der solche Verhältnisse produzierte. Gleichwohl stehen ihre Darstellungen der unteren Gesellschaftsschichten in größtmöglichem Kontrast zu den fast bürgerlich anmutenden Webern in Hübners Gemälde. Das entsprach dem politischen Zeitgeist und einer erstarkten sozialistischen Bewegung, die das Bürgertum auch kulturell diskreditierte, um statt seiner eine eigenständige Arbeiterkultur als emanzipatorische Bewegung stark zu machen. Obwohl beide selbst aus bürgerlichen oder kleinbürgerlichen Verhältnissen stammten, identifizierten sich die genannten Künstler mehr oder weniger stark mit diesem Zukunftsversprechen von unten. Ob als ausgesprochene Sozialistin, wie Kollwitz, oder wie Zille, als sozial engagierter Künstler, der sich von Parteipolitik fernhielt. Damit entfiel das etablierte Bürgertum nun vorerst auch als Adressat und Abnehmer: „Habe nur Arbeitermotive, die sich niemand in die Stube hängt, ick däts och nich.", schrieb Zille an einen Künstlerkollegen.[475] Seine Zeichnungen verbreiteten sich zunächst über Zeitschriften, die den sozialkritischen Teil des Bürgertums und das sozialistisch organisierte Proletariat bedienten. Dabei wurden sie in der Regel erst durch ihre gleichermaßen derben wie ironischen Bildunterschriften zu beißenden Satiren.

Im Gegensatz zu Kollwitz zeigte Zille auch großes Interesse an den lustvollen und berauschten Momenten des ärmlichen Berliner Großstadtlebens. In Kollwitz Radierungen und Kohlezeichnungen sprechen, wo es um die Unterschicht geht, zuvorderst Kummer und Schmerz aus den ausgezehrten Körpern ihrer Bildprotagonisten (Abb. 36). Vielmehr als Zille setzte sie auf eine unmittelbar mitleiderregende Haltung und Mimik, ausgeführt mit strenger zeichnerischer Akkuratesse. Der appellierende Charakter ihrer *Bilder vom Elend*, so der Titel einer Bildfolge, ergibt sich auch aus der Konzentration auf extreme Notsituationen. Kunsthistorikerin Maria Leucht weist in diesem Zusammenhang darauf hin, dass bereits der Begriff „Elend" die bürgerliche Außenperspektive der Künstlerin erkennen lässt.[476] Schließlich verweise der etymologische Ursprung des Wortes im Gegensatz zu „Armut" eher auf etwas Befremdendes und Ausgegrenztes. Tatsächlich lernte Kollwitz ihre Modelle in der Regel über die Arztpraxis ihres Mannes kennen – Zille hielt sich selbst auf jenen Rummelplätzen und in jenen Kneipen auf, die er zum Schauplatz seiner Zeichnungen machte. Bezeichnenderweise blieben die Orte der seinerzeit verbreiteten industriellen Heimarbeit dabei ausgespart, sie waren den Frauen der verarmten Bevölkerungsschichten vorbehalten. Der Blick für diese Frauen erscheint bei Kollwitz deutlich geschärfter, wobei sie zuweilen einer tendenziösen Polarisierung Vorschub leistete, durch die, so Leucht, die „männliche Armut selbst verschuldet, die weibliche dagegen als Folgeerscheinung wirkt."[477] Allerdings kritisierte die Künstlerin selbst in einem Tagebucheintrag, der das „typische Unglück in Arbeiterfamilien" beschrieb, jene Frauen, die über die Alkoholsucht oder die Arbeitslosigkeit ihrer Ehemänner jammerten, aber lediglich sähen, was aus ihren Männern geworden, aber nicht wie sie es geworden seien.[478]

Gegenüber jenen Künstlern, die im Dienst des sowjetischen Proletkults bereits unmittelbar in die politische Umgestaltung der dortigen Gesellschaft eingebunden waren, galt das künstlerische Interesse des Berliner Realismus, dem auch Künstler wie Hans Baluschek, Otto Dix, George Grosz und John Heartfield zuzurechnen sind, überwiegend dem Übel der bestehenden Verhältnisse. Der Proletkult war indessen auf die Zukunft ausgerichtet und hatte sich zum Ziel gesetzt, eine vom bürgerlichen Kunstverständnis völlig losgelöste, gleichwohl ästhetisch erhabene Kultur zu entwerfen. Im Rahmen der Berliner Arbeiterkunstausstellung *Wedding*, an der 1926 neben Zille und Kollwitz auch Grosz und Heartfield teilnahmen, kam es zur offenen Kontroverse mit deutschen Verfechtern des Proletkults. Über deren Argument, die Malerei müsse das höchste Maß an Kraft, Würde und Freiheit ins Bild setzen statt „Verzweiflung, Krankheit, Destille, Schwoof", erboste sich Heartfield: „Wir sind der Ansicht, dass selbst die kühnsten, wahrhaftigsten, logischsten Farbgedanken nicht imstande sein werden, auch nur ein Dutzend Arbeiter gegen die Herrschaft des Kapitals in Bewegung zu setzen oder auch nur ein Gewehr zum Abfeuern bringen. Und etwas anderes kann ja nicht der Zweck revolutionärer Kunst sein."[479] Selbst das Elend der auch in der sich formierenden Sowjetunion durchaus noch existierenden Unterschicht spielte im dortigen Proletkult keine Rolle. Erst recht nicht, nachdem sämtliche Versuche, eine eigenständige avantgardistische Ästhetik in der „Diktatur des Proletariats" zu etablieren qua staatlich verordnetem Sozialistischen Realismus abgewickelt wurden. Ab 1933 hatte die Kunst der Sowjetunion offiziell den Ansprüchen der Verständlichkeit („Dostupnost"), der nationalen Verwurzelung („Narodnost“) und der unhintergehbaren Loyalität gegenüber der Partei („Partijnost“) zu genügen.[480]

Obwohl Heartfield sich in der Kontroverse klar zu agitatorischen Absichten bekannte, war dies nur eine Facette der Berliner Realisten. So sehr sie in der Regel mit sozialistischen Ideen sympathisierten, erschien ihr künstlerisches Interesse insbesondere in Bezug auf die Unterschicht vielgestaltig und aufgefächert. Drastische Darstellungen sozialer Abgründe waren verbreitet, variierten aber in künstlerischer Form und inhaltlichem Fokus. Der Realismus eines Otto Dix wird eher durch ein künstlerisches Interesse für die gesellschaftliche Realität seiner Zeit beglaubigt, würde aber als Charakterisierung seiner Malweise in die Irre führen. Das Gemälde *Der Streichholzhändler* (1920) wirkt beinahe wie eine groteske Reprise auf Géricaults Zeichnung eines Londoner Bettlers von 1821 (Abb. 34 und Abb. 32). Im Fall von Dix ist es ein blinder und beinamputierter Kriegsversehrter, der auf einem Bürgersteig gegen eine Hauswand lehnt. Seine beiläufige Einbindung in den zeitgeschichtlichen Kontext, die Nochlin bei Géricault so lobend hervorhebt, geschieht hier nicht über szenische Darstellungen im Bildhintergrund – das verhindert schon die Enge des gewählten Ausschnitts, an dessen Rändern Beine und Schuhe von Passanten in stark verzerrter Perspektive vor dem Anblick des Straßenhändlers regelrecht zu fliehen scheinen. Der Künstler hat alltägliche Materialien – Geldscheine in der Holzkiste des Straßenhändlers, Zeitungsfetzen zwischen den Pflastersteinen – collagenhaft in das Ölbild eingearbeitet. Sie sind es, die den zeitgeschichtlichen Kontext anreißen, und das im Wortsinn. In Géricaults Zeichnung war der kleine Hund noch derjenige, dessen loyale Aufmerksamkeit die letzte Würde seines Herrchens verteidigte; bei Dix demonstriert ein vorbeiziehender Dackel nurmehr den Verlust derselben. Er uriniert gegen die hölzernen Beinstummel des Streichholzhändlers als handele es sich um einen Baum oder eine Straßenlaterne. „Streichhölzer, echte Schwedenhölzer“, ruft dieser vom Boden hinauf in eine Welt, die ihm davonläuft. In weißer Ölfarbe hat Dix die Worte direkt aufs Bild geschrieben. Die Überzeichnung von Gliedmaßen und Gesichtszügen, die comichaft reduzierte Malweise und ihre perspektivische Inkonsistenz erzeugen beim Betrachter eine Distanz, in der sich etwas von der gesellschaftlichen Kälte spiegelt, ohne die solche Verhältnisse gar nicht denkbar sind. Aber das Bild gewinnt auch eine Absurdität darüber hinaus, eine künstlerische Absurdität, in der mehr Lust steckt als Klage.

Der Kunstkritiker Paul Ferdinand Schmidt verteidigte 1924 solche Darstellungen der Unterschicht, die vielen ihrer Betrachter kalt und zynisch erschienen: „Man kann sich nicht so grenzenlos an die Dinge verlieren ohne eine Liebe, die verborgen sein mag unter der Abscheu vor der Gegenwart, die aber stark genug ist, um eines Tages, wenn der Schutt fortgeräumt sein wird, den Aufbau einer neuen Welt aus der Wahrheit beginnen.“[481] Tatsächlich wurde die Kunst des Berliner Realismus nach dem Zweiten Weltkrieg von all jenen eingemeindet, die sich nun im Besitz dieser Wahrheit glaubten. Selbst die Anhänger des Sozialistischen Realismus, der bald auch den Künstlern der Deutschen Demokratischen Republik verordnet wurde, bezogen sich auf ihn, wobei selten der Hinweis fehlte, dass seine Kunst wahlweise nur Randerscheinung oder Wegbereiter der eigentlich revolutionären Kunst gewesen sei. Über *Die Eltern des*

Künstlers I (1921) von Dix, das erste von zwei Porträts seiner proletarischen Eltern, schrieb etwa der marxistische Kunstkritiker Richard Hiepe 1973, den Dargestellten fehlten noch die Züge von „Selbstbewusstsein und Unzerstörbarkeit“, die man nun in den Arbeiterbildern des Sozialistischen Realismus finde (Abb. 35). Immerhin hätte eine solche „Kunst im Widerstand“ aber die notwendige Brücke geschlagen „zum neuen Anfang nach der Niederlage des Faschismus“. Entsprechend sei auch das Doppelporträt von Dix einzuordnen: „Das Milieu und die von der Arbeit bis zum Fatalismus niedergedrückte Haltung spiegeln noch eine ältere Tradition der Arbeiterdarstellung. [...] Der alte Industriearbeiter und seine Frau stehen exemplarisch für hunderttausende Opfer der Ausbeutung, die so, mit solchen verarbeiteten Pratzen, solchem Warten auf nichts, auf solchen Sofas saßen.“[482]

Auch im Fall des Berliner Realismus folgte auf eine relative Vielfalt der Darstellungsweisen die baldige Stereotypisierung von Bildakteuren vor dem Hintergrund sich verengender politischer Diskurse. Arbeiter und Bauern wurden sowohl im Einflussbereich der Sowjetunion als auch im nationalsozialistischen Deutschland zu unhinterfragten Heroen propagandistischer Malerei. Im Sozialismus unter Hervorhebung der zukunftsweisenden, industriellen Produktivkraft von Arbeiterkollektiven; im deutschen Faschismus stilisierte man vor allem die Bauernfamilie zur „naturgebundenen“ Urzelle völkischer Gemeinschaft, bevor die Verklärung des „Wehrstands“ die nationalsozialistische Bilderwelt dominieren sollte. Selbst bei den seinerzeit üblichen Gemeinschaftsbildern, in denen unterschiedliche soziale Schichten ihren Auftritt hatten, schmolz alle gesellschaftliche Differenziertheit auf eine vermeintlich naturgesetzliche, völkische Ordnung des Lebens zusammen.[483] Deutlich radikaler als im Kunstverständnis sowjetischer Prägung wurden die ungeschönten Darstellungen der unteren Klassen aus den 1920er-Jahren im Nationalsozialismus zu fratzenhaften Zeugnissen einer zu überwindenden Gesellschaft, in diesem Fall: eines wahnhaft mit dem Judentum assoziierten Kapitalismus und seiner „kulturbolschewistischen“ Künstlerschaft. Der *Arbeiterjunge* (1920) von Dix gehörte bereits im April 1933 zur ersten antimodernen „Schandausstellung“ in der Kunsthalle Mannheim, wie beinahe alle Künstler des Berliner Realismus in Deutschland bald als Vertreter einer „entarteten Kunst“ gebrandmarkt und verfolgt wurden.[484] Die Unterschicht tauchte in der genormten Bildwelt des Nationalsozialismus nurmehr als menschenfeindliche Karikatur sogenannter „Asozialer“ auf, die den organisierten Massenmord an Obdachlosen, Alkoholikern, Prostituierten, „Arbeitsscheuen“ sowie „Zigeunern und nach Zigeunerart umherziehenden Personen“ legitimieren sollten.

Große Teile des Proletariats, die in den bitteren Lebensverhältnissen dieser Menschen eben noch das eigene Elend erkannten, gierten nun mit völkisch-verbrämtem Dummstolz nach dessen Abspaltung von der eigenen sozialen Identität. Nicht anders war es um weite Teile des deutschen Bürgertums bestellt, deren eben noch höflich überspielte Verachtung gegenüber jenen „Nomaden und Gauklern“, die selbst im Elend noch ausdrücken, „wonach alle süchtig sind“, nämlich „den Frieden, die Heimat, die Freiheit“, bald jede Hemmung verlor. „Die Vertriebenen erwecken zwanghaft die Lust zu vertreiben.“, schreiben Adorno und Horkheimer über jenen Antisemitismus, der demselben Trieb so lustvoll frönt, den er sich einredet, im selben Zuge auszurotten.[485] Eine perfide

Annullierung bürgerlicher Triebbeschränkungen: „Die völkischen Phantasien jüdischer Verbrechen, der Kindermorde und sadistischen Exzesse, der Volksvergiftung und internationalen Verschwörung definieren genau den antisemitischen Wunschtraum und bleiben hinter seiner Verwirklichung zurück."[486] Im Antisemitismus verschmilzt ein aggressiver Reinheitswahn, der seine eigene obsessive Angstlust, die eigenen Einbildungen von der naturhaften Durchtriebenheit des Asozialen verhehlt, mit einer paranoiden Identifikation alles Modernen, Abstrakten, Uneindeutigen und Nichtidentischen mit einer verschwörerischen, wurzellosen Macht. Was ihm an der Ambivalenz der Moderne unerträglich wird, projiziert der Antisemit auf dasjenige, was er für jüdisch hält.[487]

Nach den zivilisatorischen Verwüstungen des deutschen Faschismus teilte sich die politische Landkarte Europas endgültig in einen autoritären Staatssozialismus im Osten und einen kapitalistisch geprägten Westen, der sich, wo er dem Faschismus abschwor, kulturell wieder auf sein bürgerlich-liberales Erbe berief. Arbeiterdarstellungen im Sozialismus der osteuropäischen Länder insistierten auf staatliche Instruktion hin auf „Selbstbewusstsein und Unzerstörbarkeit" ihrer Protagonisten, während sich das emanzipatorische Projekt der Arbeiterbewegung längst innerlich auszuhöhlen begann. Auch wenn es den meisten sozialistischen Staaten zunächst gelang, die drastischen Elendszustände des 19. Jahrhunderts zu überwinden und auf eine weitgehende Angleichung der ökonomischen Lebensverhältnisse hinzuwirken – die institutionell verankerte staatliche Paranoia etablierte eine tiefgreifende kulturelle und politische Unfreiheit, die jeden Rest künstlerischer Autonomie in private Hinterzimmer verwies. Das galt erst recht für Darstellungen von asozialen Verhältnissen, die offiziell als überwunden galten.

In Westdeutschland verabschiedeten sich die kritischen Sozialphilosophen der Frankfurter Schule von der marxistischen Hoffnung auf das Proletariat als alleiniger Trägerschicht sozialer Progression. Horkheimer ahnte schon früh, dass der Großteil der sozial aufgestiegenen Arbeiter vielmehr versuchen würde, „sich mit allen Mitteln, selbst unter Preisgabe der einfachen Treue, auf ihren Posten zu erhalten; die Angst, ihre Stellung zu verlieren, wird nach und nach der einzige Erklärungsgrund ihrer Handlungen."[488] Die Umwandlung des Klassenkampfes in Formen der Klassenanpassung im von ihm prognostizierten „Staatskapitalismus" – ein bürokratisch organisierter globalisierter Kapitalismus, dominiert von monopolistischen Unternehmen – griff in gewisser Weise der von Lepsius analysierten institutionellen Moderation von Konflikten vor.[489] Noch weniger Illusionen machte sich Horkheimer in Bezug auf jene Deklassierten, welche sogar die Solidarität der Arbeiter verlören, sobald sie dauerhaft von Arbeitslosigkeit erfasst würden. Diese Unterschicht bilde allenfalls noch eine Art amorpher Klasse, „die geradezu nach Organisierung von oben schreit."[490] Der Soziologe Peter Bescherer erkennt darin die Fortschreibung der marx'schen These von der emanzipatorischen Unbrauchbarkeit des sogenannten Lumpenproletariats.[491] Sowohl Horkheimer als auch Adorno würden den Verlust stabiler Lebensverhältnisse, zum Beispiel durch Arbeitslosigkeit, mit einer Unfähigkeit zur politischen Organisation gleichsetzen.

Die Verkennung der Unterschicht als ernstzunehmende politische Kraft, so Bescherer weiter, sei auch in Adornos musiksoziologischen Schriften zur Jazzmusik spürbar. Schließlich ist sie nach Adorno eine Musik „der virtuellen Arbeitslosen", die gewissermaßen ihre eigene Unterdrückung affirmierten: Die Willfährigkeit der Jazzfreiheit gegenüber der Konvention sei nur Ausdruck marktkompatibler Leichtverständlichkeit – Gegenrhythmus, Improvisation, Nonkonformismus und Authentizität seien nur scheinbar autonom.[492] Ihre vorgebliche musikalische Entwicklung bestünde lediglich darin, „immer das Gleiche als immer Neues zu präsentieren, und die jeweils lancierten Stile sind kaum mehr als plumpe Versuche, durch wechselndes Make-up der abgestandenen Sache frischen Anreiz zu verleihen."[493] Natürlich kann man im Misstrauen Adornos gegenüber dem Jazz (dem Vorläufer der heutigen Popmusik) leichthin das Ressentiment eines Bildungsbürgers gegen die Kultur des Pöbels erkennen – und einen Treppenwitz der Geschichte in dem Umstand, dass keine zweite Musik neben der Klassischen heute so sehr die konservative Seite bildungsbürgerlicher Distinktion repräsentiert. Und natürlich ist es im Rückblick nur schwer begreiflich, wie sehr Adorno Komplexität und künstlerisches Entwicklungspotenzial dieser Musik unterschätzt. Doch gerade wenn man seine Diagnose auf die spätere Popmusik ausweitet, erscheint es mir in gewisser Weise prophetisch, wie die von Adorno beklagte Indienstnahme von Authentizität und Unmittelbarkeit, die Konformisierung der rebellischen Geste und die so ermöglichte lustvolle Unterwerfung heute mit der bürgerlichen Exponierung singularisierter Lebensstile im Zeichen eines „Neuen Geists des Kapitalismus" korrespondieren.[494] Auch die historische Verbürgerlichung des Jazz wäre ohne die ihr eigene Dialektik nur einseitig erzählt. Adorno und Horkheimer erwarteten jedenfalls weder aus den Reihen der Arbeiterklasse – erst recht nicht aus der Unterschicht – noch aus dem Bürgertum, dessen eigener Opportunismus spätestens mit dem Faschismus jede Unschuld verloren hatte, eine erneuernde emanzipatorische Kraft: „Die einen erkennen zwar die bestehende Gesellschaft als schlecht, aber es fehlen ihnen die Kenntnisse, um die Revolution praktisch und theoretisch vorzubereiten. Die anderen könnten vielleicht diese Kenntnisse produzieren, aber sie ermangeln der fundamentalen Erfahrung von der dringenden Notwendigkeit der Änderung."[495] Die verbliebene Resthoffnung lag für die Frankfurter Sozialphilosophen in den Inseln kritischer Subjektivität und autonomer Ästhetik.

Demgegenüber hebt Bescherer die Perspektive Walter Benjamins hervor, der tatsächlich Verbindungslinien zwischen der künstlerischen Boheme des Bürgertums und dem sozial deklassierten Lumpenproletariat zog.[496] „Für Ideologie und geistige Verfassung der europäischen Intelligenz im Zeitalter des Hochkapitalismus", schrieb Benjamin 1929, „ist das gespannte, unausgesetzte Interesse für die Welt des Lumpenproletariats und besonders für ihre geschlechtlichen Brennpunkte – die Hure, den Apachen – höchst bezeichnend."[497]. Die Boheme richte sich nicht nur in ihren politischen Sympathien, sondern auch in ihren intimen Lebensformen an eben dieser Welt aus; Benjamin nennt das ein unterschwelliges „Kommunizieren der Intelligenz mit der Hefe des Proletariats".[498] Hintergrund dieser Annäherung sei die weitreichende Prekarisierung vieler Künstler und Literaten, nachdem sich die Bourgeoisie den „Luxus einer ‚klassenlosen' Intelligenz" offenbar nicht mehr leisten könne. Ein weiterer Grund seien jene Klassenkriege, die von der Intelligenz nicht mehr geistige Initiative, sondern „klassenmäßige Zuverlässigkeit" verlange. Damit aber wäre der vorherige „humanistische Anarchismus" unrettbar verloren – es bilde sich die „Fata Morgana eines neuen Emanzipiertseins, einer Freiheit zwischen den Klassen, will sagen, der des Lumpenproletariats."[499] Bescherer bezeichnet diese aus der Not geborene Position der Boheme als eine zwischen Einschluss und Ausschluss: Man beanspruche das von der bürgerlichen Gesellschaft in Aussicht gestellte gute Leben, um zugleich ihre zwanghaften und repressiven Elemente offensiv abzulehnen.[500]

Doch auch Benjamin bezweifelte, dass sich daraus eine nachhaltige Annäherung an Unterschicht oder Arbeiterklasse ergäbe: „Der Intellektuelle nimmt die Mimikry der proletarischen Existenz an, ohne darum im mindesten der Arbeiterklasse verbunden zu sein."[501] Demnach hat, was Benjamin beschreibt, mehr Ähnlichkeit mit der eingangs beschriebenen „Poesie der Klasse" in der Literatur des Vormärz, mehr mit einem offenen künstlerischen Interesse für die Lebensverhältnisse der unteren Schichten als mit konkreter sozialer Identität und politischer Solidarität. Die von ihm beschriebene Mimikry ist auch von jener Milieunähe abzugrenzen, die Künstler erlebten, welche tatsächlich jede soziale Sicherheit und kulturelle Distanz verloren hatten. Die Hamburger Malerin Elfriede Lohse-Wächtler beispielsweise erlebte die psychologische Destabilisierung infolge extremer finanzieller Notlagen am eigenen Leib. Sie bemühte sich wiederholt um Unterstützung bei Wohltätigkeitsstellen, schlief in Bahnhofshallen und soll zwischenzeitlich als Prostituierte gearbeitet haben.[502] Die herbe, unsentimentale Art, mit der sie das Treiben in ärmlichen Kneipen und Rotlichtetablissements in ihren Bildern einfängt, ist keines Voyeurismus verdächtig und sie stellen sich auch selbst nicht unmittelbar in den Dienst politischer oder moralischer Gesellschaftskritik (Abb. 37). Im Gegensatz zu Künstlern wie Dix, Kollwitz oder Zille scheint Lohse-Wächtler vornehmlich an der Einzigartigkeit der von ihr porträtierten Personen interessiert, weniger an dem, was sie gesellschaftlich repräsentieren.[503] Das relativiert die gesellschaftliche Dimension ihrer Bilder nicht im Geringsten, eher ist das Gegenteil der Fall: Wie bei Courbet gründet ihre Eindringlichkeit in der vermeintlichen oder tatsächlichen Abwesenheit jedes politstrategischen Interesses. Die künstlerische Tätigkeit von Lohse-Wächtler endete 1935, nach ihrer offiziellen Entmündigung aufgrund „unheilbarer Geisteskrankheit" und gewaltsam vorgenommener Zwangssterilisation, abrupt. Fünf Jahre später wurde sie im Rahmen der nationalsozialistischen „Vernichtung lebensunwerten Lebens" in einer „Heilanstalt" in Pirna ermordet.

Künstler, die aus der eigenen Biografie, der eigenen Leiderfahrung ein politisches Argument machen, waren damals noch die Ausnahme. Zu einer dieser Ausnahmen, die hier nicht vergessen werden soll, gehörte in den 1920er-Jahren ein Zusammenschluss von arbeits- und obdachlosen Künstlern, die „Bruderschaft der Vagabunden". Emphatisch warben ihre Gründer Gregor Gog und Hans Tombrock in einem Flugblatt um weitere Mitstreiter: „Ihr Könner in Lumpen, vom Leben Gepeinigte, von den Mitmenschen verstoßene Brüder! Zeigt durch eure Werke, dass ihr gebrannt seid vom Geiste! Ihr kennt das Leben in den tiefsten Abgründen, an der Grenze, erlebt es dort, wo es am Wahrsten ist, [...] wo Moral, Sitte und Tugend zu einer einzigen großen Blasphemie wird!"[504] Soweit sich von dem Wenigen, was von ihrer Kunst erhalten blieb, extrapolieren lässt, fertigten die Vagabunden in der Mehrzahl einfach gehaltene Zeichnungen mit expressionistischem Strich, auf denen sie ihre eigenen Lebensverhältnisse thematisierten (Abb. 38). Das Interesse von Seiten des Publikums war durchaus bemerkenswert, zwischen den Jahren 1929 und 1933 wurde die Gruppe zu 30 Ausstellungen eingeladen.[505] Doch auch dieser Teil der deutschen Kunstgeschichte endete jäh mit der Machtübernahme der Nationalsozialisten.

Wohlfahrtsstaat, Partizipation und Ignoranz

Nach dem Krieg stellten ein rascher wirtschaftlicher Aufschwung im Westen und die sozialistische Angleichung der Gehälter im Osten auf unterschiedliche Art eine Verbürgerlichung der unteren Klassen in Aussicht. Im Osten allerdings dezidiert nicht als Verbürgerlichung verstanden, sondern als das vermeintliche Zu-sich-Kommen der Arbeiterklasse, dem viele Errungenschaften des bürgerlichen Liberalismus suspekt waren. Für Westdeutschland prophezeite der Soziologe Helmut Schelsky schon in den 1950er-Jahren eine „nivellierte Mittelstandsgesellschaft", also einen langfristigen Abbau von Klassengegensätzen „in einer verhältnismäßig einheitlichen Gesellschaftsschicht, die ebenso wenig proletarisch wie bürgerlich ist".[506] Das war reichlich optimistisch und blieb auch für die nachfolgenden Dekaden unzutreffend. Immerhin führte die zunehmende Kollektivierung von Gesundheits-, Bildungs- und Fürsorgewesen im sozialdemokratischen Wohlfahrtsstaat zu einem gesteigerten Bewusstsein für die gegenseitige Abhängigkeit aller Bevölkerungsteile im eigenen Land. Ein Paradox dieses Erfolges bestand in einer wachsenden emotionalen Distanz gegenüber Menschen, die aus dem sozialen Raster fielen: „Solange es keine kollektiven Zwangsregelungen gab, hatte fremde Not direkt das Mitleid oder die Großmut des Zeugen angesprochen, der seinen Impulsen folgen oder sie unterdrücken konnte. Als die Fürsorge jedoch auf Kollektive überging, verlor das Elend seinen unmittelbaren Appellcharakter und galt zunehmend als ein Problem spezieller Institutionen, die es zu unterstützen galt."[507] Anders gesagt: Die ärmlichen Lebensverhältnisse der unteren Gesellschaftsschichten konnten leichter als zuvor als Angelegenheit staatlicher Fürsorge von sich gewiesen werden, wenn sie nicht unmittelbar das eigene Umfeld betrafen. So blieben asoziale Lebensverhältnisse, die in Westeuropa zwar insgesamt vermindert, aber bei weitem nicht verschwunden waren, in der Nachkriegskunst ein ausgesprochenes Randthema.

Der Desillusionierung Adornos und Horkheimers zum Trotz, erlebte der klassische Marxismus in der Studentenbewegung der 1960er- und -70er-Jahre Jahre eine Renaissance. In diesem Zuge wurde die werktätige Arbeiterklasse noch einmal Gegenstand künstlerischer und kunsttheoretischer Auseinandersetzung. Die Studentenbewegung war zwar selbst überwiegend bürgerlich, ihrem eigenen Verständnis nach jedoch Avantgarde des Proletariats, zu dessen Befreiung auch die Kunst ihren Beitrag zu liefern habe. „Bevor eine demokratische Kultur auf breiter Basis geschaffen wird, müssen die kulturell Tätigen die Interessen derer, die die Werte in unserer Gesellschaft schaffen, erkennen und in der praktischen Zusammenarbeit erfahren."[508], heißt es im Vorwort der Publikation zu einer der ersten Ausstellungen der Westberliner Neuen Gesellschaft für bildende Kunst, die den didaktischen Titel *Funktionen bildender Kunst in unserer Gesellschaft* trug. Paradigmatisch für den damaligen Diskurs ist nicht nur die marxistische Fixierung auf in Lohn und Brot stehende Arbeiter, auch der überzeugte und appellierende Duktus des Zitats. Ein Gemälde von Jörg Immendorff aus dem Jahre 1973 überträgt ihn unmittelbar auf die Leinwand. Der fragende Titel *Wo stehst du mit deiner Kunst, Kollege?* ist gleich ins Bild gemalt, das sich ansonsten in drei vertikale Bereiche unterteilt (Abb. 42). Links sitzt ein Maler im dunklen Innenraum vor der Leinwand, neben ihm, wie als Skizze an die Wand gehängt, eine Liste mit einschlägigen Kunstbewegungen der Zeit („Pop-Art, Neuer Realismus, Concept-Art, Landart etc."). In der Mitte des Bildes reißt ein Mann mit energischem Blick und großer Geste eine Tür nach draußen auf und weist mit seiner linken Hand ins Freie. Dort, im rechten Bilddrittel, zieht eine Demonstration am Atelier vorbei. Man erkennt die rote Fahne der Kommunistischen Partei Deutschlands (KPD) und ein Transparent, das zum gemeinsamen Kampf der Arbeiter aufruft. Als Kulturarbeiter, so die unverhohlene Aufforderung des Bildes, sollten sich Künstler mit eben diesem Kampf solidarisieren. Wie bei vielen seiner Generation erschien jedoch das Engagement für maoistische und antiimperialistische Gruppen im Rückblick eher wie eine Jugendsünde Immendorfs, die einer anschließenden, eher konventionellen Biografie ein wenig Farbe verlieh. Nicht selten spiegelte sich die Selbstgerechtigkeit, mit der so manche Teilnehmer der Studentenbewegung die eigene Koketterie mit totalitären Weltanschauungen retrospektiv idealisierte, im bürgerlichen Opportunismus ihrer späteren Karrieren.

Ende der 1970er-Jahre machte auf der anderen Seite des Atlantiks Mierle Laderman Ukeles aus dem sprichwörtlichen Handschlag zwischen Künstlern und Arbeitern eine mehrmonatige Performance, bei der sie jedem einzelnen Mitarbeiter der New Yorker Stadtreinigung für dessen Dienst an der Gesellschaft persönlich Dank aussprach (Abb. 44). Dabei eröffnete ihr symbolischer Schulterschluss mit dem proletarischen Milieu noch eine weitere Ebene: Als Mutter und Hausfrau sah sie sich nämlich in einer vergleichbaren Situation gesellschaftlicher Geringschätzung von Versorgungs- und Reinigungsarbeiten. In einem zeittypischen modernistischen Akt hatte Ukeles die eigene Sorgearbeit schon 1969 zur Kunst erklärt (*Maintenance Art Manifesto*, 1969). Ihre spätere Aktion mit den New Yorker Reinigungskräften (*Touch Sanitation*, 1979–1980) stand dann bereits im Zeichen auch in Europa aufkommender partizipativer Kunstpraxen und öffentlichen Interventionen. Bis heute haben diese sich als eigenes Genre der Gegenwartskunst institutionell etabliert, wobei sie tendenziell von der Strategie symbolischer Gesten abrücken und stattdessen vermehrt auf reale, regional begrenzte, politische Effekte zielen.[509] Nicht zufällig war es bei Ukeles wie schon beim frühen Immendorf die Arbeiterklasse, welche sich als Sujet in einen übergreifenden politischen Diskurs einfügte. Im Fall von Immendorf wurde sie direkt als revolutionäres Subjekt des kommunistischen Klassenkampfs adressiert; Ukeles Aktion argumentierte innerhalb eines bürgerlichen Diskurses für die schlichte Erweiterung der „sozialen Anerkennungsordnung" (Axel Honneth). Darin erscheint sie als Vorreiter einer Gegenwartskunst, die sich in großen Teilen dem gleichen Zweck verschrieben hat: symbolische Gesten gegen die Diskriminierung bestimmter Bevölkerungsgruppen innerhalb der bürgerlichen Gesellschaft. Demgegenüber war – und ist – die Unterschicht kein Gegenstand eingespielter politischer Narrative, seien sie nun revolutionär oder bürgerlich-didaktisch. Ab Mitte des 20. Jahrhunderts war sie als künstlerisches Sujet weitgehend marginalisiert. Denn ganz ohne Anschluss an entsprechende politische Diskurse liefen Darstellungen asozialer Verhältnisse leicht Gefahr, im Betroffenheitskitsch zu versanden.

„Meine Arbeit handelt von Menschen, die in stiller Verzweiflung leben. Ich zeige die Ratlosigkeit, die Müdigkeit, das Altern, die Frustration. Diese Menschen können mit dem heutigen Wettbewerb nicht mehr mithalten.“[510] So beschrieb der US-amerikanische Bildhauer Duane Hanson seine realistischen Skulpturen aus Glasfaser und Polyesterharz. Sie sind derart detailgenau nachgebildet, dass sie echten Personen zum Verwechseln ähnlich sehen. In den 1970er- und -80er-Jahren erfreuten sie sich großer Beliebtheit und gelangten vielfach in europäische Sammlungen. Darunter auch drei völlig derangierte Obdachlose (*Bowery Derelicts*, 1969/70), die heute zur Sammlung Ludwig gehören. Im Vergleich mit ihnen wirkt die später produzierte *Homeless Person* geradezu harmlos. Als lebensgroße Figur nimmt sie auf einer Holzkiste im Ausstellungsraum Platz. Der Mann trägt eine lockig-blonde Frisur und einen Schnauzbart aus Echthaar, auch Jeanshose, abgetragene Turnschuhe und Arbeitshemd sind nicht nachgebildet, sondern Originalmaterial. Den Blick gesenkt, erschöpft vom Warten, offenbart ein Pappschild zwischen den Beinen des Mannes sein Anliegen: „Will work for food“. Kritik gegenüber Hansons Skulpturen entzündete sich häufig an dem zur Perfektion getriebenen Realismus seiner Figuren, die darüber hinaus kaum Spielraum für künstlerische Gesten lassen. Möglicherweise war es auch eine soziale Ambivalenz gegenüber diesen Figuren, eine voyeuristische Verunsicherung, die diese Skepsis hervorrief. Hanson bediente diesen Voyeurismus ganz bewusst: „Eigentlich lieben Menschen es, andere Menschen anzuschauen, aber sie fühlen sich schuldig, wenn sie es tun. An meine Figuren können sie herantreten und auf jede Falte starren, auf ihre Haare, ihre Hautfarbe – etwas, dass sie normalerweise niemals wagen würden.“[511] Dagegen bleibt unklar, ob ihm gleichermaßen bewusst war, dass seine Skulpturen dieses Schamgefühl, das sie einerseits relativieren, aber auch nicht völlig verschwinden lassen, durch die Wahl des Personals – eben oft Mitglieder der Arbeiterklasse und wiederholt auch Obdachlose – durchaus auch steigern. Die Skulptur *Self Portrait with Model* (1979) setzt den erfolgreichen Künstler selbst als nachdenklichen Beobachter an einen Tisch gegenüber einer übergewichtigen Frau um die 60 (Abb. 43). In ihrer rechten Hand hält sie einen Eisbecher, mit der linken blättert sie in einer Klatschzeitschrift. Die Frau, offensichtlich als typische Vertreterin ungebildeter Hausfrauen in Szene gesetzt, scheint den Blick des Künstlers nicht zu bemerken, während diesem die soziale Unangemessenheit seines Starrens entgeht. Der Betrachter darf sich indessen sicher fühlen, so er selbst starrt, und in aller Ruhe dem eigenen Unwohlsein nachhängen.

Ähnlich bühnenhaft wirkt auch, was Bildhauer Edward Kienholz in dieser Zeit in Szene setzte. Sein skulpturaler Realismus war allerdings so weit ins düster Groteske gewendet, dass man die Installationen eher in die Tradition von Grosz und Dix stellen müsste. Ging es auch oft um Gewaltverhältnisse und kulturelle Enge, waren es in der Regel Motive aus der kleinbürgerlichen Mittelklasse der USA, die der Künstler ab 1972 gemeinsam mit seiner Frau Nancy Kienholz in raumgreifende, oft abgründig wirkende Environments übersetzte. Doch es gab auch solche, deren Personal man intuitiv mit der Unterschicht assoziiert. So im Fall von *The Beanery* (1965), dem rund 14 qm umfassenden Nachbau einer alten Kneipe aus Los Angeles, der heute im Stedelijk Museum Amsterdam steht (Abb. 46). Kienholz arbeitete multimedial, verband und verklebte Fundstücke von Flohmärkten mit Lack, Farbe und Firnis zu begehbaren Szenerien, die mit duftspendenden

Chemikalien und Tonspuren auf ein umfassendes Sinnerlebnis ausgerichtet waren. Die lackierten Gipsfiguren, die sich nun in der kleinen Kaschemme versammeln und eins mit ihr zu werden scheinen, tragen entstellende Uhrwerke im Gesicht, so als wollten sie darauf verweisen, dass sie nur hier sind, um die Zeit totzuschlagen. Unter einem Verkaufsautomaten für Zeitungen vor dem Verschlag, der die Installation umfasst, hängt die Anzeige für eine Lotterie, die in großen Lettern den Gewinn von „social security" bewirbt. Das einzige realistisch nachempfundene Gesicht der Szene ist das des Barkeepers, Mr. Barney, der etwas entrückt auf die Theke starrt. In die Mitte des Flaschenregals hinter ihm wurde ein kleines Holzschild geschraubt: „Fagots – Stay out!". Diese Kneipe ist Sammelpunkt für Verstoßene, denen selbst nichts anderes einfällt als zu verstoßen. Die überall im Raum sich abzeichnenden, glänzenden Spuren von tropfendem Lack, der von der Schwerkraft in den Abgrund gezogen wird, verstärken den Eindruck des Besuchers, durch einen Sumpf zu waten.

Kienholz' Installation ist typisch für den multimedialen Ausbruch der Nachkriegskunst aus dem Korsett klassischen Mediengenres. Eher untypisch ist sein düsterer Realismus für die damalige Zeit. Deren Zeichen standen auf Abstraktion und das in ganz unterschiedlicher Form: durch bloße Reduktion, also die Freistellung einzelner Details – eine Suppendose, eine Fettecke, ein Deckenventilator –, die sich so mit neuer Bedeutung aufladen konnten; durch die forcierte Negation von Mimikry im Minimalismus und im Informel; durch den Fokus auf das künstlerische Konzept, deren visuelle Ebene sich auf alltägliche Formen des Niederschreibens, des Archivierens oder Dokumentierens verlagerte. Wo man sich nicht unmittelbar, wie in den Beispielen von Immendorf und Ukeles, mit politischen Projekten gemein machte, gab es einen gewissen Überdruss am Elend der Realität – Hanson und Kienholz waren erfolgreiche Ausnahmen. Der Überdruss hing auch mit der Einsicht in die Grenzen einer realistischen Ästhetik zusammen, welche der Komplexität politischer Verhältnisse immer weniger Rechnung zu tragen schien. „Die Lage wird dadurch so kompliziert, dass weniger denn je eine einfache ‚Wiedergabe der Realität' etwas über die Realität aussagt.", beschreibt Bertholt Brecht das ästhetische Dilemma. „Eine Fotografie der Kruppwerke oder der A.E.G. ergibt beinahe nichts über diese Institute. Die eigentliche Realität ist in die Funktionale gerutscht. Die Verdinglichung der menschlichen Beziehungen, also etwa die Fabrik, gibt die letzteren nicht mehr heraus."[512] Das provozierte zu neuen ästhetischen Ansätzen der Verfremdung und Formalisierung.

Künstler wie KP Brehmer umgingen die Problematik des mimetischen Realismus, indem sie sich von medialen oder wissenschaftlichen Bildformen inspirieren ließen. Im Werkkomplex *Seele und Gefühl eines Arbeiters* (1978–1981), zu dem mehrere Zeichnungen und zwei Transparente gehören, greift er eine Studie des Industriepsychologen Rexford B. Herseys auf, ergänzt sie mit eigenen Beobachtungen und übersetzt sie in partiturenhafte Aufzeichnungen (Abb. 47).[513] Die Transparente zeigen eine Tabelle, deren Spalten den Arbeitstagen mehrerer Wochen zugeordnet sind, während die Zeilen individuelle Stimmungen notieren: von sehr glücklich bis ängstlich reicht die Skala. Wenn man so will, erhielt so auch die Kollektivierung der sozialen Frage und ihre distanzierte Verwaltung im Wohlfahrtsstaat Eingang in die Formensprache der Kunst. Die Kritik an sozialen

Verhältnissen zielt nicht länger auf Mitleid oder Empörung, sondern auf rationalisierte Aspekte der Evaluation und Organisation. In den USA, deren Kunst für die diskursiven Entwicklungen in Europa vielfach wegweisend werden sollte, verfolgte Martha Rosler einen ähnlich formalisierenden Ansatz, und das unmittelbar in Bezug auf Erscheinungsformen des Asozialen. Damit initiierte die Künstlerin ganz gezielt eine Debatte innerhalb der Fotografie, in der die bisherigen Ansätze der Dokumentarfotografie unter dem Aspekt der Repräsentation problematisiert wurden. In einem Aufsatz von 1981 kritisierte sie, dass die fotografische Darstellung jener, die nicht die Möglichkeit hätten, sich selbst zu repräsentieren, zwangsläufig die bestehenden Machtverhältnisse reproduzierten, insbesondere, wenn diesen Darstellungen der progressive politische Zusammenhang fehle. „Opferfotografie" sei das Resultat jener dokumentarischen Bilder, die oft mit besten Absichten den Abgebildeten abermals die Rolle der Ausgegrenzten zuweisen würden.[514] Mit *The Bowery in two inadequate descriptive systems* (1974–1975) lieferte Rosler selbst einen künstlerischen Gegenentwurf. Die Serie umfasst 45 schwarzweiße Barytabzüge, paarweise präsentiert hinter schwarzen Passepartouts (Abb. 48). Bowery bezeichnet die Gegend um die gleichnamige Straße im Süden des New Yorker Stadtteils Manhattan, der bis in die 1980er-Jahre hinein berüchtigt war für seine hohe Kriminalitätsrate und ein Heer von Obdachlosen, die in leerstehenden Gebäuden Unterschlupf fanden. Die Barytabzüge bestehen zur einen Hälfte aus menschenleeren Fotografien von heruntergekommenen Hauseingängen, verstaubten Schaufenstern, verunreinigten Grünstreifen und liegengelassenen Schnapsflaschen. Sie implizieren einen Spaziergang durch die Umgebung mit umherschweifendem Blick, da und dort auf die Spuren von Armut und Verwahrlosung fokussierend. Die übrigen Barytabzüge zeigen Wortsammlungen in schwarzer, serifenloser Schrift vor weißem Hintergrund. Neben der Fotografie von einem vermüllten Gehweg und angrenzendem Maschendrahtzaun, hinter dem ein Parkplatz für Lastwagen zu erkennen ist, platziert Rosler ein Blatt mit den englischen Begriffen „drunk", „derelict" und „bum", auf deutsch in etwa „Betrunkener", „Obdachloser" und „Penner". „Adjektive und Substantive bauen sich in metaphorische Systeme ein – Bilder von Nahrung, nautische Bilder, Bilder industrieller Prozesse, Militarismus, spöttische Vergleiche mit dem Leben von Tieren, Fremdheit, Archaismen und Verweise auf weitere Universen des Diskurses – angewendet auf einen bestimmten Seinszustand, auf eine Art Subkultur und auf die Menschen darin."[515] Rosler, die ihre Serie hier selbst kommentiert, hatte eine sehr genaue Vorstellung davon, wie sie zu lesen ist. Ihre Bilder seien visuelle Metonymien, die gerade kein authentisches Abbild der Realität suggerierten. Indem die Künstlerin also Bilder, Begriffe und Vorstellungen als solche freistellte, intendierte sie, die intuitiven Verbindungslinien zwischen ihnen zu verunsichern. Ganz im Sinne des damals in Künstlerkreisen rezipierten Poststrukturalismus hat sich der politische Aspekt ihres Beitrags auf die Ebene von Sprache und Repräsentation verlagert. Das ist in KB Brehmers *Seele und Gefühl eines Arbeiters* noch anders. Dessen Aneignung wissenschaftlicher Bildformen zielt nicht auf die Dekonstruktion von Repräsentation, sondern auf die zugrundeliegenden Verhältnisse, selbst wenn seine Tabellen durchaus auch als Kritik an einem behavioristischen Blick auf diese Verhältnisse zu lesen sind. Linda Nochlin stellt in einer späteren Analyse von Roslers Serie die berechtigte Frage, ob es wirklich eine Lösung sei, völlig auf die Dokumentation von Menschen zu verzichten, und einem intellektuellen Kunstpublikum stattdessen raffinierte Abstraktionen von Armut zu präsentieren: „Predigt Rosler nicht gewissermaßen zu den Bekehrten, einer kleinen, hoch gebildeten Gruppe, die die jüngste Geschichte der Fotografie, des Kunstmarktes und der politischen Theorie kennt?“[516]

Die Fotografie entwickelte sich in der zweiten Hälfte des 20. Jahrhunderts zum festen Bestandteil der bildenden Kunst, ihre Bilder wurden Gegenstand musealer Sammlungen und kunsttheoretischer Debatten. Mit seiner beiläufig wirkenden Ästhetik steht *The Bowery in two inadequate descriptive systems* auch jenseits seiner repräsentationskritischen Intention durchaus stellvertretend für damalige Ansätze künstlerischer Fotografie. Um sich von der üblichen Dokumentar- und Gebrauchsfotografie abzuheben, nahm ein Großteil der damals diskutierten Bilder einen vermeintlich interesselosen Standpunkt ein.[517] Die Abwesenheit eines ausgewiesenen dokumentarischen Anliegens verbürgte gewissermaßen die dahinterstehende künstlerische Intention der Bilder. Mit ihren dezidiert formulierten Anliegen hob sich Rosler also wieder deutlich vom fotografischen Zeitgeist ab. Nach Sturmberger ergab sich mit dem Ausbau des Sozialstaats, der weitgehend stabilen wirtschaftlichen Situation mit hoher Beschäftigungsrate und der erfolgreichen Bildungsoffensive ein Gravitationsfeld, das es der Kunst ermöglichte, sich Alltagsphänomenen oder vermeintlich unbedeutenden kunstinhärenten Inhalten zuzuwenden.[518] Wie an anderer Stelle beschrieben, nahm auch diese Entwicklung, ob sie sich nun im Sinne der Pop-Art zunächst als demokratisierende verstand oder im Sinne konzeptueller Ansätze als Entfaltung künstlerischer Autonomie, manch dialektische Wendung.[519] Und wie schon erwähnt, nahm das künstlerische Interesse an asozialen Lebensumständen gegenüber der Vorkriegszeit rapide ab. Der ärmliche Lebensstil der Boheme des 19. Jahrhunderts war zum Klischee geronnen und bot keinen ernstzunehmenden Anlass für symbolische Annäherungen. Solche schimmerten allenfalls noch da und dort durch das verwendete Material, durch ärmliche oder verrottende Beigaben in den Beiträgen von Joseph Beuys oder denen der italienischen Arte Povera. Solche Spuren verwiesen aber nicht unmittelbar auf eine künstlerische Auseinandersetzung mit Klassenunterschieden, auch wenn beide in je eigener Weise ein fundamentales Interesse an sozialem Wandel formulierten.[520] Vergleichbar mit der Pop-Art – nur deutlich pathetischer und zuweilen esoterischer in der Sprache – ging es ihnen um eine generelle Transzendierung der Grenzen zwischen Kunst und Leben. So lässt sich auch dieser Ansatz im historischen Vorlauf zur allgegenwärtig gewordenen Verwertung des menschlichen Begehrens nach Kreativität und Singularität heute kritisch sehen.[521]

Neoliberalismus und Neue Unterklasse

Zwar wird nach jeder größeren gesellschaftlichen Krise routinemäßig das Ende des neoliberalen Zeitalters ausgerufen, doch insbesondere im Hinblick auf die Inkaufnahme wachsender Armut und sozialer Ungleichheit muss man mit der gleichen Routine konstatieren: Wir sind noch immer mittendrin. In Deutschland stieg die Armut selbst in der wirtschaftlich überaus erfolgreichen Dekade vor der Pandemie 2020.[522] Gegenüber den ersten Nachkriegsjahrzehnten hat der Neoliberalismus die Situation am unteren Ende des Spektrums gesellschaftlicher Teilhabe seit den 1980er-Jahren nachhaltig verschärft. Hier lohnt ein weiterer Blick ins 19. Jahrhundert, in dem es eine ähnliche Verkettung gesellschaftlicher Umbrüche gab. Vier zentrale Entwicklungen beschleunigten seinerzeit die Ausbreitung des Pauperismus über weite Teile Europas: Bereits in der zweiten Hälfte des 18. Jahrhunderts wurden in Deutschland Reformen der Agrarwirtschaft eingeleitet, die die Privatisierung von gemeinschaftlichem Besitz wie Allmenden oder Waldflächen vorsahen, was insbesondere das Auskommen des besitzlosen Teils der Bevölkerung prekarisierte. Daneben wurde die Liberalisierung der Wirtschaft vorangetrieben, die Preisbindung und das vormalige Ausfuhrverbot von Gütern zur Grundversorgung aufgegeben. Diese Ökonomie des Laissez-faire führte zu einer weitreichenden Entmoralisierung des Handels.[523] Zugleich erlebte Europa, ähnlich wie heute, einen Entwicklungsschub im Bereich von überregionaler Logistik und Kommunikation, was große Teile des Handels auf eine globale Dimension skalierte. Die Produktion wurde dorthin verlegt, wo die Arbeit am wenigsten kostete – verkauft wurde dorthin, wo man am meisten zu zahlen in der Lage war. Die neuen konkurrierenden Strukturen zerschlugen eine ganze Reihe kleinräumiger Wirtschaftsbeziehungen. Zuletzt untergrub der groß angelegte Gebrauch industrieller Technologien und die Erschließung neuer Rohstoffe in europäischen Kolonien die alte Ordnung des Handwerks. Beispielsweise war die neu aufkommende Tabakverarbeitung in Europa nicht mehr zunftgebunden und beschäftigte bald reihenweise ehemalige Handwerksmeister.[524]

Liest man diese Entwicklungen zusammen, ergibt sich eine Art Blaupause für die neoliberalen Umbrüche der zurückliegenden Jahrzehnte. Auch hier wirken vier wesentliche Faktoren zusammen: 1. die Privatisierungswelle von sozialem Wohnraum, Infrastruktur, Post und Telekommunikation sowie Teilen der Gesundheitsvorsorge, 2. die Deregulierung von Handel und Finanzwirtschaft, 3. der Ausbau der Handelskonkurrenz durch Globalisierung und 4. die massiven Umwälzungen durch digitale Technologien, die große Teile der Berufswelt neu strukturierten und damit vielfach gewerkschaftlich erstrittene Ordnungen annullierten. All das sorgt bis heute für eine wachsende Abstiegsangst, die in den oberen Schichten die angesprochenen Mechanismen sozialer Schließung motiviert.[525] Umso schwerwiegender sind die Folgen für Menschen am unteren Ende der vertikalen Herrschaftsachse. Der Soziologe Robert Castel sprach bereits im Jahr 2000 von einer „neuen sozialen Frage", die aus dieser Dynamik erwachse, und benannte drei ihrer Hauptaspekte: Die Destabilisierung sicherer Verhältnisse in der Mittelklasse, das Sich-Einrichten in der Prekarität jener Bevölkerungsteile, die sich mit unsicheren Beschäftigungsverhältnissen und wiederkehrender Arbeitslosigkeit abfinden, und schließlich ein sich verstetigender Platzmangel innerhalb der Sozialstruktur.[526] Mit Letzterem ist der Mangel an Berufen und sozialen Rollen gemeint, die mit Nützlichkeit und allgemeiner Anerkennung einhergehen. „Es sieht ganz so aus, als ob unsere Gesellschaft in ihrem Schoß überrascht das Profil einer Bevölkerungsgruppe wiederentdeckte, das man für verschwunden geglaubt hatte. ‚Nichtsnutze', die sich darin aufhalten, ohne wirklich dazuzugehören. Ihnen kommt", konstatiert Castel, „die Position von *Überzähligen* zu, die in einer Art gesellschaftlichem no man's land herumtreiben, die nicht integriert und zweifelsohne auch nicht integrierbar sind […]."[527] Zumindest, fügt er hinzu, wenn man Integration als Zugehörigkeit zu einer Gesellschaft verstehe, die aus voneinander abhängigen Teilen bestünde – also das Dasein der jeweils Anderen nicht lediglich duldet oder achselzuckend zur Kenntnis nimmt. Innerhalb des gesellschaftlichen Koordinatensystems, in deren Mitte sich die Zone der Integration befindet, sind diese Überzähligen nach Castel über eine prekäre Zone der Verwundbarkeit hinweg am äußersten Rand angelangt: in der Zone der Exklusion.[528]

Dass ökonomische Armut aber nicht notwendigerweise Ursache für einen spezifischen gesellschaftlichen Status ist, darauf verweist 2005 Serge Paugam mit einer groß angelegten soziologischen Analyse unterschiedlicher Formen von Armut. Vielmehr sei es entscheidend, welches Bewusstsein von Armut vor Ort vorherrschend sei und als solches auf das subjektive Empfinden der Betroffenen zurückwirke. Nicht jeder, der ökonomisch arm ist, sei dadurch bereits ausgegrenzt. Wie Marx, der den Begriff einführte, geht Paugam von einer obligatorischen Anzahl von „Überzähligen" aus, die mit den Wirtschaftszyklen des Kapitalismus jeweils wachse oder schrumpfe.[529] Nur gäbe es in Regionen, in denen Armut ein weit verbreitetes und anhaltendes Phänomen ist, auch eine Form von „integrierter Armut". Wo arme Menschen keine Minderheit bildeten, würden sie auch nicht als solche stigmatisiert.[530] In den wirtschaftsstarken Ländern Europas pendele die Situation jedoch zwischen zwei Formen von Armut, die ungleich häufiger mit Stigmatisierungen einhergingen: Typisch für prosperierende Industriegesellschaften sei die „marginalisierte Armut", in der die Armen nur eine kleine, abgrenzbare Randgruppe bildeten, die der Wohlfahrtsstaat identifizieren und versorgen kann. „Die Armut von einem Problem der Mehrheit in ein Problem der Minderheit zu verwandeln, war die große Herausforderung all jener modernen Gesellschaften, die kurz nach dem zweiten Weltkrieg ein Programm sozialer Sicherung auflegten und vom Wirtschaftswachstum profitieren konnten [...]".[531] Dagegen verweise die „disqualifizierende Armut", die mit dem Neoliberalismus aufkam, nicht länger auf eine klar umrissene Formation von Menschen, sondern auf einen Prozess, „von dem nun zunehmend auch solche Bevölkerungsgruppen erfasst werden, die bis dahin bestens integriert waren."[532] Diese Form sei typisch für postindustrielle Gesellschaften mit steigender Arbeitslosigkeit und prekären Beschäftigungsverhältnissen.

Ähnlich relativ wie die Definition ökonomischer Armut ist auch der Mangel an Bildung, der ein weiteres entscheidendes Merkmal der unteren, von gesellschaftlicher Teilhabe weitgehend ausgeschlossenen Milieus und oft mitverantwortlich für die Herausbildung asozialer Verhältnisse ist. Mangel an Bildung schließt nicht nur von zentralen Meriten der bürgerlichen Gesellschaft aus – eine davon wäre die Kunst; er verursacht sehr viel weitreichendere gesellschaftliche Verwerfungen und wird vergleichsweise leicht weitergegeben.[533] Jutta Allmendinger und Stephan Leibfried unterscheiden aktuell vier Arten von Bildungsarmut: In manchen Ländern umfasse die Kompetenzverteilung das gesamte Spektrum von „absoluter Bildungsarmut" bis zu „absolutem Bildungsreichtum", etwa in Deutschland oder der Schweiz. In Spanien gäbe es demgegenüber weder „absolute Bildungsarmut" noch „absoluten Reichtum". Andere Länder wie Mexiko oder Brasilien würden gar keinen „absoluten Bildungsreichtum" kennen oder wiederum gar keine „absolute Bildungsarmut", wie Frankreich oder Finnland.[534] Aus solchen Relationen lassen sich erste Rückschlüsse für die Gefahr von Stigmatisierungen innerhalb einer bestimmten Region ziehen. Allerdings sollte dies nicht dazu führen, dass Ungleichheit im Ganzen relativiert wird. Armut mag dort weniger gesellschaftliches Stigma sein, wo sie weit verbreitet ist, jedoch geraten mit dem alleinigen Fokus auf Diskriminierung leicht die weitreichenden Folgen „imperialer Lebensweisen" in den Gesellschaften Europas aus dem Blick.[535] Der hiesige Konsum basiert schließlich in weiten Teilen auf externalisierten Produktionsbedingungen und daraus hervorgehenden Lebensverhältnissen, die am Ende wenig Unterschied machen zum Elend im Europa des 19. Jahrhunderts. Für den Politikwissenschaftler Christoph Butterwegge setzt sich damit genau das fort, womit Marx und Engels ins Gericht gingen, nämlich eine „zu ihrer Zeit in dem Maße noch kaum vorstellbare Bereicherung einer kleinen Schicht von Kapitaleigentümern bzw. Großaktionären durch brutale Ausbeutung und Verelendung einer riesigen Schar wehrloser Industriearbeiter."[536] Gleichwohl gibt es auch hierzulande einen Grad an Verelendung, der die simplifizierende Verallgemeinerung des vermeintlichen Privilegs im „globalen Norden" zu leben, konterkariert.

Mit der Armutsforschung von Paugam und Castel entfaltete sich in den 1990er-Jahren ein von Frankreich ausgehender soziologischer Diskurs um den Begriff „Exklusion", der um die Jahrtausendwende auch in Deutschland die Debatte prägte.[537] Exklusion markierte einen qualitativen Unterschied gegenüber den hergebrachten Theorien der Ungleichheit, weil er weniger systemtheoretisch argumentierte, also nicht primär politisch auf soziale Anerkennungskämpfe oder ökonomische Interessenoppositionen abhob. Das war insofern plausibel als sich aller sozialen Probleme zum Trotz kein organisierter Widerstand erhob, sich keine politische Bewegung etablieren konnte, die aus ihrer wachsenden sozialen Prekarität eine nachhaltige Gruppenidentität herzustellen vermochte.[538] Die globalisierungskritische Bewegung blieb, vergleichbar mit den heutigen Protesten für eine radikalere Klimapolitik oder der Studentenbewegung der 1960er-Jahre, weitgehend auf das akademische Milieu beschränkt. Auch den Gewerkschaften gelang es nicht, jenseits spezifischer Arbeitskämpfe größere gesellschaftliche Bündnisse zu schließen. So wich die überlieferte Vorstellung kämpfender oder aufbegehrender Klassen der von Ausgeschlossenen, die ihre eigene soziale Situation vereinzelt und prekarisiert erfahren.

Darüber hinaus führte in Deutschland zu Beginn der 2000er-Jahre eine Debatte um eine vermeintlich sich abkapselnde „Neue Unterschicht" zu distanzierenden Affekten bürgerlicher und kleinbürgerlicher Milieus. Neue Fernsehformate, Rap-Musiker und Komiker bedienten den Topos einer verwahrlosten Unterschichtskultur in einer Weise, die der sensationslüsternen Seite niederländischer Sittenbilder des 17. Jahrhunderts in nichts nachstand. Ihr Erfolg lässt sich auf die erwähnten neoliberalen Umbrüche selbst zurückführen, die in Form wachsender Statusangst bis in die oberen Gesellschaftsschichten vordrangen, wo man die Zurschaustellung asozialer Zerrüttungsprozesse mit wohligem Schauer zur Kenntnis nahm. Zugleich erhöhte die neoliberale Politik den sozialen Rechtfertigungsdruck – umso willkommener waren Gelegenheiten, den eigenen bürgerlichen Status gegenüber der Unterschicht geschmacklich und moralisch abzusichern. Der Historiker Paul Nolte beklagte 2004 den spezifischen Lebensstil der Unterschicht, sprach von einem „klassenspezifischen Konsumdreieck aus Tabak, Alkohol und Lottospiel", das allein mit materiellen Notlagen nicht ausreichend begründet sei.[539] Schließlich sei marginalisierendes Dauerfernsehen nicht billiger als die Lektüre von Büchern. Leichthin ist hier das bekannte bürgerliche Ressentiment zu erkennen, das den Pöbel seiner Pöbelhaftigkeit bezichtigt und wie selbstverständlich davon ausgeht, man sei in der Debatte unter sich. „In bürgerlichen Kreisen [...] begegnet man zum Beispiel regelmäßig der Annahme, man habe schon immer ‚dazugehört'", beschreibt Didier Eribon diese Art der Borniertheit. „Ähnlich wie Heterosexuelle, die von Homosexuellen stets so sprechen, als könne ihr Gesprächspartner auf keinen Fall zu dieser stigmatisierten, belächelten oder herabgesetzten Spezies gehören [...] Sie merken nicht, welche Übergriffigkeit in dieser Annahme steckt (und das gilt auch dann noch, wenn der mühsam ins Bürgertum Aufgestiegene stolz ist, ‚als Bürgerkind durchzugehen')."[540] Allerdings attestierte Nolte auch dem Bürgertum eine Mitverantwortung, wo es bereitwillig dazu beitrage, unzivilisierte Kulturstandards zur „kulturellen lingua franca" zu machen: „Dieter Bohlen muss man kennen, was immer man von Adorno und der Renaissancekunst weiß – früher war es umgekehrt."[541] Darin liegt nicht nur konservativer Kulturpessimismus; Nolte verweist auf entscheidende popkulturelle Rezeptionsunterschiede zwischen Unterschicht und Bürgertum, die Letzterem heute denselben Statusvorteil sichern wie einst der klassische bildungsbürgerliche Habitus. Es besitze schließlich nicht jeder die Ressourcen, sich ironisch zum darbenden Kulturangebot zu verhalten und „zwischen den verschiedenen Stilebenen zu wechseln, wie der Zapper zwischen RTL 2 und Arte, zwischen Aldi und Edel-Italiener."[542] Für Nolte stand fest, dass der Sozialstaat es sich zu leicht gemacht und die Bedürftigen mit der materiellen Grundversorgung gewissermaßen alleingelassen habe – „fürsorgliche Vernachlässigung" nannte er das.[543] Sein Lösungsansatz bestand in einer neuen „bürgerlichen Leitkultur", die den marginalisierenden Parallelkulturen wieder zum Vorbild würde und kulturelle Standards vermittele. Was sich seinerzeit jedoch unter dem Begriff einer „Neuen Bürgerlichkeit" in Szene setzte, ist rückblickend eher im Rahmen jener konsolidierenden Prozesse zu verbuchen, die als prestigeträchtige Mittel sozialer Selbstaufwertung fungieren, während sie den emanzipatorischen Anspruch des Bürgertums weit hinter sich lassen.[544] Die selbstbewusste Präsentation sozialer Überlegenheit durch verfeinerten Geschmack, Konsum und Kunstsinn in den Anfängen der Berliner Republik waren vielmehr Anzeichen verschärfter Distinktionskämpfe, wobei deren betont demonstrativer Charakter oft noch die Praxis der soliden Haushaltsführung in den unteren Mittelschichten gefährdete.[545] Das Kleinbürgertum versuchte mit aller Macht und wenig Erfolg an den selbstverständlich zur Schau gestellten Wohlstand der oberen Schichten anzuschließen. Selbst ohne die modischen Zuspitzungen einer „Neuen Bürgerlichkeit" besitzt bürgerliche Kultur für Menschen *unterhalb* dieses Kleinbürgertums seit den 1990er-Jahren kein plausibles Aufstiegsversprechen mehr – dafür mangelt es schlicht an sozialer Mobilität. Diesen zentralen Unterschied zum Wohlfahrtsstaat der 1960er-Jahre unterschlug Nolte. So blieb auch der von ihm geforderte bürgerliche Aufbruch aus, stattdessen begann 2002 der Umbau der deutschen Sozialhilfe unter der Prämisse institutionalisierter Disziplinierung.

Deutschland ist nicht das einzige Land, in dem sich um die Jahrtausendwende eine neue Form der Stigmatisierung der unteren Schichten etablierte. Für Großbritannien, das den neoliberalen Umbau seines Sozialstaats bereits in den 1980er-Jahren vollzog, spricht der Journalist Owen Jones von einer anhaltenden „Dämonisierung" der Kultur der Arbeiter. In tendenziösen Zeitungsberichten, karikierenden Fernsehformaten und auf hasserfüllten Websites würden diese durchgehend als „nichtsnutzig, vulgär, sozialleistungsabhängig und verkommen“ dargestellt und zu „Prolls“ (Chavs), herabgewürdigt.[546] Diesem neuen Ausmaß der Stigmatisierung von Unterprivilegierten sei die ideologische Metamorphose oder systematische Zerschlagung ihrer Fürsprecher vorausgegangen – die einstige Idealisierung der Arbeiterklasse durch Gewerkschaften, Labour-Party, Intellektuelle und Kulturschaffende habe sich mit der marktradikalen Politik Margaret Thatchers ins Gegenteil verkehrt. Die Sozialfigur des Arbeiters eigne sich seither kaum noch zur positiven Selbstbeschreibung und einer damit verbundenen Solidarisierung untereinander.[547] Die Dämonisierung der Arbeiter, so Jones, sei insofern auch das „Triumphgeheul der Reichen, die von unten nicht mehr bedroht sind [...]“.[548]

Doch jenseits solchen Triumphgeheuls und wachsender Ressentiments existieren sehr wohl Kulturen innerhalb der Unterschicht, zu deren Idealisierung es wenig Anlass gibt. Kulturen, deren Konturen sich beschreiben und deren Zustandekommen sich soziologisch ergründen lassen. „Es ist etwas anderes, ob man mit der Unterschicht die Vorstellung [...] einer nicht mehr erreichbaren Bevölkerung verbindet oder ob man damit zum Ausdruck bringen will, dass es innerhalb unserer Gesellschaft manifeste Unterschiede in der sozialen Geltung gibt. Im ersten Fall dient der Begriff der Unterschicht der Stigmatisierung von Menschen, die sich als widerspenstig erweisen oder die Regeln verletzen, im zweiten dem Verständnis von Lebensformen, die nicht dem eigenen Maßstab entsprechen.“[549] So verteidigt der Soziologe Heinz Bude, der den Diskurs um das Phänomen der Exklusion in den 2000er-Jahren mit vorantrieb, seine Analysen zur Unterschichtskultur in Deutschland. Diese Kultur besitze drei wesentliche Kristallisationspunkte, die sich in bestimmten Regeln der Lebensklugheit, der Heiratspolitik, der Freizeitgestaltung, der Statuszumessung und der Abgrenzungssensibilität äußern. Der erste betreffe die Kriterien bei der Abschätzung des Status einer Person. Innerhalb der Unterschicht seien dafür weniger dessen beruflichen Leistungen entscheidend, sondern zum Beispiel die Frage, ob jemand „Schwierigkeiten mache“ oder nicht.[550] Der zweite Kristallisationspunkt sei ein vermeintlich männlicher Habitus der Härte, der sich in entsprechenden Tätowierungen, in der Zurückweisung von Sentimentalität, der Gleichgültigkeit gegenüber Kompromissen und in der Vorstellung von der Frau als Eroberungsobjekt äußere.[551] Der britische Autor Darren McGarvey beschreibt in einer autobiographischen Milieubeschreibung die Entwicklung dieser emotionalen Härte, die für männliche Kinder und Jugendliche unter ständig drohender Sanktionierung für jedes Anzeichen von Schwäche oder Feinsinn manifest wird. Allein der Gebrauch eines simplen Wortes wie „schön“ blieb für den jungen McGarvey nicht ohne Folgen. „Neue Wörter und Ideen erschreckten sie [seine männlichen Mitschüler], provozierten unberechenbare Reaktionen, je nachdem, wo man selbst stand und wie groß die Gruppe war. Ich wusste intuitiv, dass die Verwendung des Wortes ein Risiko bedeutete. Deshalb schwächte ich es mit einem derberen Wort ab, um den Schlag zu mildern.“[552] Der blieb trotzdem nicht aus und dient dem Autor als Beispiel für jene unzähligen Belanglosigkeiten, die in diesem Umfeld zu willkommenen Anlässen von physischer Gewalt und Feindseligkeit werden. Sie sorgen nicht nur für einen permanenten sozialen Stress, sondern auch für ein allgemeines Klima, in dem Homophobie, Xenophobie und Sexismus Teil einer gewaltförmigen Alltagskultur werden. Bude bringt solche Formen demonstrativer

Männlichkeit auch mit dem Aufwachsen der Beteiligten in weiblich dominierten Haushalten in Verbindung, in denen Männer fehlen, nur sporadisch anwesend sind oder einfach wenig zu den Alltagsgeschäften der Familien beitragen.[553] In der Unterschicht könne deshalb auch von einem „verdeckten Matriarchat“ gesprochen werden, das in der Regel aus einem Netzwerk von oft miteinander verwandten Frauen bestehe, die das Geld verwalteten und mit jenen Schwierigkeiten umgingen, vor denen die Männer in einen unsteten Lebenswandel flüchten. Der dritte Kristallisationspunkt, den Bude als Kennzeichen der hiesigen Unterschichtskultur aufführt, besteht in eben jener Flucht, also der in jahrmarkthafte Unterhaltung, im Flirt mit der Gefahr und der generellen Idealisierung einer bestimmten Form von Cleverness. Die daraus resultierende Ambivalenz zwischen rebellierendem Unabhängigkeitsdrang und regressiven Abhängigkeitswünschen markiere den zentralen schichtspezifischen Unterschied zwischen den Werten der bürgerlichen Dominanzkultur und denen der Unterschicht: „Wo jene auf Leistung fixiert ist, hat diese die Vermeidung von Schwierigkeiten im Auge, wo jene auf Kommunikation und Kompromiss aus ist, pflegt diese einen Stil der furchtlosen Härte, wo jene Bildung erstrebt, setzt diese auf Cleverness, wo jene Erbauung will, sucht diese Erregung, wo jene an Selbstverwirklichung glaubt, überlässt sich diese dem Schicksal, wo jene sich zur Autonomie zwingt, überantwortet diese sich der Autorität.“[554] Beide Kulturen, so ungleich ihre soziale Geltung auch ist, haben heute ihren festen Platz im westeuropäischen Gesellschaftsgefüge. Exklusion, so sieht es Bude, ist zunächst einmal unabhängig von Schichten. Sie ist für ihn also nicht das zentrale Charakteristikum der Unterschicht. In der Unterschicht lasse sich der soziale Ausschluss sogar länger aufschieben als andernorts, da sie sich in ihren Praktiken und Wertvorstellungen besser auf die Bedingungen des Mangels und die Situation der Benachteiligung einstelle. Auch wenn Exklusion vergleichbar existenzielle Zustände bei den Betroffenen hervorruft, könne sie sich in völlig ungleichen sozialen Lagen ereignen. Für Castel ergibt sich aus dieser schichtübergreifenden Weitläufigkeit des Exklusionsbegriffs eine problematische analytische Unschärfe – und ein diskursives Dilemma.[555] Mit dem Begriff würden schließlich Zustände der Enteignung beschrieben, ohne dass man die dahin führenden Prozesse zu berücksichtigen bräuchte. Genau dies sei in den letzten Jahrzehnten passiert, weshalb man zwei Diskurse im Zusammenhang betrachten müsste: „Der eine rehabilitiert das Unternehmen, lobt die Verdienste des Wettbewerbs und der Effizienz um jeden Preis. Der andere beschäftigt sich mit dem Schicksal der ‚Ausgeschlossenen‘ und unterstreicht die Notwendigkeit, sie mit Nachsicht zu behandeln. Einerseits feiert man den Markt mit seinem eigenen System von Zwängen, andererseits versucht man sich um Situationen äußerster Not zu kümmern, die sich aus diesem gnadenlosen Funktionieren ergeben.“[556] Das beschreibt die diskursive Bewusstseinsspaltung in den ersten Jahren des 21. Jahrhunderts ziemlich treffend. Kritisiert wurde der Begriff der Exklusion auch mit dem Argument, dass es einen totalen Ausschluss innerhalb der Gesellschaft gar nicht geben könne, schließlich sei niemand gänzlich unsichtbar oder gänzlich irrelevant für die Übrigen.[557] Andere Autoren zweifelten, ob die Ausgeschlossenen tatsächlich ohne jede Funktion für den Rest der Gesellschaft seien. Spielten sie den ungleichen Verhältnissen nicht immer schon insofern in die Hände, dass sie den Integrierten vorführen, was ihnen im Fall von Loyalitätsverweigerung oder grundlegenden Lebensveränderungen drohe?[558]

Neben „Exklusion“ entwickelte sich in den 2000er-Jahren „Prekariat“ zum vieldiskutierten Schlagwort. Dem engeren Verständnis nach, wäre „Prekariat“ eigentlich gleichbedeutend mit der neuen Unterschicht. Das Phänomen der Prekarisierung, also der Verunsicherung zum Beispiel durch befristete Arbeitsverträge oder geringe Renten, bezeichnet jedoch in erster Linie Vorformen sozialer Exklusion. Und wie der Ausschluss ist das Phänomen der Prekarisierung schichtübergreifend. So spricht man heute zum Beispiel von einem akademischen Prekariat in Bezug auf den personellen Mittelbau an Hochschulen, der durch neoliberale Reformen seit den 1990er-Jahren immer weniger entfristete Anstellungsverhältnisse erhält. Wie beim Exklusionsbegriff existieren auch für Prekariat und Prekarisierung ganz unterschiedliche theoretische Zugänge und Interpretationen – von der Hegemonietheorie, über den Kognitiven Kapitalismus des Postoperaismus bis zu den Gouvernementalitätsstudien.[559] Prekarisierung lässt sich diesem erweiterten Verständnis nach also auch in sozialen, psychologischen, politischen und machttheoretischen Vorgängen beobachten. Ähnlich wie heute im Diskurs um die Intersektionalität laufen solche vermeintlich ganzheitlichen Ansätze jedoch ihrerseits Gefahr, konkrete Problemlagen in der theoretisierenden Demonstration von Multiperspektivität zu verunklaren. Sie eröffnen dann weder einen schlüssigen normativen Horizont noch daraus folgende Handlungsspielräume. Dass die Prekarisierung bestimmte Soziallagen eher und bedeutend härter trifft als andere, gerät dadurch leicht aus dem Blick. Gleiches gilt für den oftmals ausschlaggebenden Unterschied, ob sie bestimmender Faktor für einzelne Lebensphasen einer Person oder längst ein Dauerzustand ist.[560] So sind „Exklusion“ und „Prekariat“ am Ende nicht weniger relativ als „Armut“, weshalb ich in meinen Überlegungen stets von einem bestimmten Standpunkt ausgehe: dem der bürgerlichen Gegenwartskunst, von der ausgeschlossen bleiben muss, wem es an Freiheit, Bildung und den dafür notwendigen Ressourcen mangelt. Gewiss betrifft auch das Menschen aus ganz unterschiedlichen Milieus, am umfassendsten jedoch jene, die am untersten Ende sozialer Hierarchien in asozialen Verhältnissen leben, in einer Zone der Exklusion – relativ zur bürgerlichen Gesellschaft.

In dieser Hinsicht ist es dem Begriff „Exklusion“ sowie den mit und um ihn geführten Debatten zu verdanken, dass neben Gewinnern und Verlierern gesellschaftlicher Entwicklungen zumindest vorübergehend eine weitere soziale Konstitution ins Bewusstsein trat: die Konstitution derjenigen, die das Spiel gar nicht verlieren können, weil sie nicht berechtigt oder kompetent sind, überhaupt daran teilzunehmen. Der Soziologe Claus Offe formuliert es so: „Nicht die Verlierer sind marginalisiert (paradox könnte man sagen: Wenn man bloß Verlierer ist – in institutionalisierten Verteilungskämpfen, in formalen Bildungs- und Gesundheitseinrichtungen, auf Märkten und in Wahlen –, dann hat man schon gewonnen, weil man über die Statusrechte eines legitimen Teilnehmers verfügt). Marginalisiert sind die von der Teilnahme Ausgeschlossenen: Nicht-Versicherte, Schulabbrecher, ‚the unemployable‘, Ausländer ohne Aufenthaltserlaubnis (‚Illegale‘), physisch und psychisch Behinderte und chronisch Leistungsgeminderte, Drogenabhängige. Ihnen mangelt die Verkehrsberechtigung bzw. die basale Zahlungs- und Teilnahmefähigkeit für Teile oder die Gesamtheit des bürgerlichen Lebens.“[561] Eine solche umfassende Desintegration ganzer Gesellschaftsschichten ist, was ich, wo er sich dem Bürgertum offenbart, als dessen Abgrund bezeichne. Es ist ein tiefer, entblößender Riss im gesellschaftlichen Selbstverständnis, eine Armut, die stört, weil „sie Ausdruck von Ungleichheit ist, die wenn nicht inakzeptabel, so doch kaum tolerierbar ist in einer reichen und demokratischen Gesellschaft, in der man eine wirkliche und nicht nur eine formale Gleichheit des bürgerlichen Individuums anstrebt.“[562] Wo er es realisiert, degradiert dieses Ausmaß sozialer Exklusion den selbstbestimmten Bürger zum Profiteur, zum bloßen Gewinner eines Spiels mit unfairen Voraussetzungen. Vor diesem Hintergrund und nicht zuletzt, weil sich die bürgerliche Gesellschaft kaum noch als jene zivilisatorische Kraft begreift, die immer mehr Menschen zu Freiheit und Selbstbestimmung befähigt, etablieren sich unterschiedliche Strategien der Verdrängung. Auf der einen Seite die einer wirtschafts- oder vielmehr neoliberalen Fraktion, die schlichtweg die sozialen Voraussetzungen von Freiheit und Selbstbestimmung leugnet, auf der anderen Seite die Strategie jener, die das Emanzipationsprojekt tribalisieren, es auf fest umrissene, unterprivilegierte Gemeinschaften reduzieren, während sie verallgemeinernde Begriffe und universalistische Ansätze verdächtigen, nurmehr Winkelzüge konträr definierter, privilegierter Gemeinschaften zu sein. Auch diese identitätspolitische Strategie, die innerhalb des Bürgertums politisch linke wie rechte Ausprägungen kennt, verdrängt in aller Regel den eigenen Profit gegenüber jenen, die ihren Kategorien entgehen. Denn die Unterschicht ist keine Community und erst recht kein Volk.

Weil bürgerlich geprägt, bilden sich solche Strategien auch in den hegemonialen Diskursen der Gegenwartskunst ab – die neoliberale eher im Bereich des Marktes, die identitätspolitische in ihrer linken Variante vor allem im Bereich der öffentlichen Kunstinstitutionen. Unterschicht und asoziale Lebensverhältnisse erscheinen als Gegenstand künstlerischer Auseinandersetzung weiträumig marginalisiert. Die Kunst, die ich auf meinen Streifzügen für dieses Buch in Augenschein nehme, ist also kein Beispiel für einen breiteren Diskurs, es sind weitgehend singuläre Erscheinungen. Dagegen ist in der soziologischen Literatur, nach dem Abflauen der Debatten um Prekariat, Exklusion und neuer Unterschicht, seit einigen Jahren häufiger von einer neuen Unterklasse die Rede. Dass man nun wieder den Begriff „Klasse“ bevorzugt, mag auf den im Angelsächsischen dominanten Begriff „underclass“ zurückgehen. „Unterklasse“ betont aber zugleich die Stabilität polarisierter Klassenverhältnisse gegenüber dieser nivellierenden Vorstellungen der Nachkriegsära, wie der „Mittelstandsgesellschaft“ Helmut Schelskys oder der „Risikogesellschaft“ von Ulrich Beck.[563] Und im Unterschied zur vorangehenden Diskussion um Prekarisierung und Exklusion entfalten Soziologen wie Andreas Reckwitz ihre Darstellungen von Unterklasse als eine Art Inversion von parallel ins Auge gefassten Entwicklungen aufseiten des Bürgertums.[564] Wobei auch Castel schon mit dem, was er „Negativen Individualismus“ nannte, eine soziale Verkehrung bürgerlicher Wertideen beschrieb. Die positive Ausformung einer für alle Bürger ausgerufenen Freiheit trifft auf ihre negative Gussform, sobald man die Vorteile des Individualismus bei denjenigen sucht, „denen die Freiheit vor allem in Gestalt eines Mangels an Bindungen und die Autonomie nur in Form eines Mangels an Unterstützung begegnet.“[565] Ganz ähnlich bei Reckwitz: „Ausgehend von der neuen Mittelklasse und ihrem Selbstverständnis, *den* avancierten Lebensstil der Gesellschaft der Singularitäten zu vertreten, den auch die Institutionen (in der Politik, im Bildungswesen, der Medizin etc.) auf breiter Front stützen, wird die neue Unterklasse zum Gegenstand einer negativen Kulturalisierung.“[566]

Diese umfasse neben ihrer geringen Ausstattung mit kulturellem Kapital vor allem eine „begrenzte Möglichkeit, das eigene Leben (in legitimer Weise) ethisch-ästhetisch zu kulturalisieren, sowie die Entwertung [ihres] gesamten Lebensstils als defizitär."[567] Prominente Austragungsorte dieser Entwertung seien Ernährung, Körper und Bildung. Entsprechende kulturelle Ausprägungen der Unterklasse erscheinen nicht einmal dort mit bürgerlichen Wertideen satisfaktionsfähig, wo sie Einzug in die Popkultur finden. Schon 1990, im beginnenden neoliberalen Zeitalter, bemerkte der Soziologe Klaus Eder, dass es nun vor allem Meinungen zu Politik und Moral, zu Kunst und Technik seien, „die an die Stelle der klassischen Indikatoren der sozialen Nähe und Ferne zur Hochkultur treten."[568] Und auch dabei lässt sich heute innerhalb des Bürgertums wieder zwischen einem neoliberalen, auf singuläre Selbstverwirklichung und Hedonismus zielenden, und einem linksliberalen, zunehmend identitätspolitisch geprägten Ansatz differenzieren. Letzterem gelingt die soziale Schließung gegenüber der Unterklasse vor allem durch latente Hinweise auf ein spezifisches Wissen und ein moralisches Wertesystem. Derart qualifiziert sich der Einzelne „kulturell und gesellschaftlich ein besserer Mensch zu sein", während er zwanglos seine Kenntnisse über Bücher, Nachrichten und die Kennzeichen einer umweltfreundlichen Lebensführung demonstriert.[569]

Die französischen Soziologen Boltanski und Esquerre beschreiben, wie im zweiten Exkurs ausgeführt, die Klassenstruktur der Gegenwartsgesellschaft am Beispiel einer zunehmenden Ökonomisierung kultureller Narrative und damit verbundener Praktiken und Kulturgüter.[570] Auch für sie ergeben sich die Konturen der neuen Unterklasse primär aus deren Mangel an kulturellem Kapital. Die vorrangigen Güter der von ihnen beschriebenen Luxusindustrie konstruieren durchweg Bezüge auf eine bereits überlieferte, geschichtlich verifizierte Kultur, die infolge bürgerlicher Auswahlprozesse in gesellschaftlichen Institutionen (Museen, Universitäten etc.) aufgewertet würden.[571] Die Unterklasse, deren Vergangenheit nicht Gegenstand der allgemeinen Geschichtsschreibung oder späterer Aufwertungsbemühungen wurde, hat entsprechend wenig Aussicht darauf, aus kulturellen Narrativen, Gegenständen oder Praktiken Profit zu schlagen. Die ihr Zugerechneten eignen sich allenfalls als prekär Beschäftigte innerhalb der von Boltanski und Esquerre sogenannten „Bereicherungsökonomie". Die in ihr zum Tragen kommende Klassenstruktur lässt sich mit dem Binnenverhältnis eines Kunstvereins erklären. Sammler und Förderer im Vorstand der Institution bilden die Oberklasse, die Rentiers, deren Vermögen häufig auf ererbtem Familienbesitz zurückgehen. Zu diesen Vermögenseignern stehen wiederum Kulturarbeiter, wie ausstellende Künstler oder Kuratoren, in einem patrimonialen Abhängigkeitsverhältnis. Am unteren Ende der Hierarchie stehen die Reinigungskräfte, die selbst überhaupt keinen Bezug zu jenem kulturellen Kapital herstellen können, dem ein Kunstverein seinen Mehrwert abtrotzt. Ihren gegenwärtigen Status vergleichen Boltanski und Esquerre denn auch mit der Sozialfigur des Dienstboten aus der vorindustriellen Wirtschaft.[572]

Auch dem Soziologen Oliver Nachtwey geht es heute wieder um das Verhältnis zwischen Klassen, wenn er den neoaristokratischen Tendenzen einer gesellschaftlichen Polarisierung nachspürt. „Die Oberklasse", schreibt er, „lebt in einer ständischen Welt, in der man sozial abgeschottet ist. Die Mittelklasse koproduziert sich durch die zunehmende Praxis sozialer Schließungen und kultureller Distinktionen."[573] Am unteren Ende forme eine Melange aus sozialstaatlicher Kontrolle und Disziplinierung, prekären Jobs und Sozialleistungen die neue Unterklasse. Diese Unterklasse werde in ihrer prekären Lage fixiert, weil sie ohne realistische Aussicht auf sozialen Aufstieg bleibt. Obwohl die drohende Massenarbeitslosigkeit, die die neoliberale Politik der 1990er-Jahre befeuerte, zumindest in Deutschland überwunden sei, hätten sich die Klassenstrukturen des Neoliberalismus verfestigt. Die Existenz einer Unterklasse wird allgemein akzeptiert – gesellschaftlicher Widerstand ist kaum mehr zu erwarten: Die Mittelklasse reagiert verängstigt auf den zunehmenden Anpassungsdruck, und die fragmentierten Strukturen innerhalb der Unterklasse machen eine Organisation gemeinsamer Interessen weiterhin unwahrscheinlich. Dafür spricht auch die innere Beständigkeit anderer Dimensionen von Ungleichheit, für die in den oberen Klassen längst annähernde Gleichberechtigung erstritten wurde. Die Funktion des Geschlechterverhältnisses im Rahmen sozialer Schließung hatte ich bereits erwähnt; ablesbar wird sie nun auch in dem Umstand, dass die Ungleichheit *zwischen* den Frauen nie größer war als heute: „Während man weiter oben in der sozialen Hierarchie eine verstärkte Chancengleichheit und eine Verringerung der horizontalen Disparitäten von Frauen und Männern wie auch Migranten beobachten kann, kumulieren sich am anderen Ende der Stufenleiter verschiedene Dimensionen von Klassendisparitäten. [...] Eine Managerin hat eine völlig andere Chance auf Gleichbehandlung als eine weibliche migrantische Reinigungskraft."[574]

Dadurch jedoch, dass die Argumente derjenigen, die sich innerhalb des bürgerlichen Spektrums gegen Benachteiligung engagieren, heute überwiegend identitätspolitisch gerastert sind, können sich die Indikatoren von sozialem Fortschritt weithin unbemerkt auf die bürgerliche Lebenswelt reduzieren. Für sie bemisst sich Fortschritt etwa daran, wie viele Frauen oder Angehörige ethnischer Minderheiten in den Vorstandsetagen der großen börsennotierten Unternehmen sitzen und ob sie dort ebenso übermäßig verdienen, wie ihre Kollegen. Das hilft Teilen einer aufstrebenden Mittelklasse, hat aber wenig Auswirkungen auf die Verhältnisse am unteren Ende der sozialen Hierarchie, wo Klasse, Geschlecht und Ethnie „zu einem Konglomerat von Unterdrückungs- und Ausbeutungsmechanismen" fusionieren.[575] Ein Trickle-down-Effekt, durch den bürgerliche Quotenregelungen und Diversitätsprogramme letztlich auch die Verhältnisse in den unteren Klassen ändern würden, bleibt so unwahrscheinlich wie der ökonomische Trickle-down-Effekt des Neoliberalismus, der für die Unterklasse seit jeher ein leeres Versprechen war. Umgekehrt gehört es gar nicht erst zur identitätspolitischen Agenda, dass beispielsweise Männer mit heller Hautfarbe, die in Akademikerhaushalten aufgewachsen sind, in einer gesellschaftlich repräsentativen Anzahl auch unter Reinigungskräften anzutreffen wären. Das zeigt, wie sehr es selbst im liberalen Bürgertum mittlerweile zum unausgesprochenen Konsens gehört, dass eine Unterklasse tolerabel ist, in der Menschen mit geringer Bildung und wenig Einkommen die Tätigkeiten übernehmen, für die einem die eigene Zeit zu kostbar erscheint. Der nachvollziehbare und in Teilen notwendige strategische Essenzialismus marginalisierter Gruppen verkümmert in seiner bürgerlich-institutionalisierten Vulgärform zu einer gewohnheitsmäßigen Reduktion von sozialer Ungleichheit auf Fragen nach Identität, nach ethnischer Herkunft und sexueller

Orientierung. Im Schatten dieser Entwicklung gedeiht eine unterschwellige Akzeptanz von asozialen Verhältnissen in den untersten Soziallagen. Die Relativierung der Klassenfrage im identitätspolitischen Diskurs erscheint selbst wie eine Anpassungsleistung an den Neoliberalismus. Während die neoliberale Fraktion des Bürgertums soziale Ungleichheit immer schon als etwas Naturgegebenes in Kauf genommen hat, erleichtert sie endlich auch jenen, die sich als progressiv verstehen, sich in diesen Verhältnissen einzurichten. Sie spielt der Verdrängung ihres eigenen bürgerlichen Abgrunds in die Hände, weil sie den Blick nach unten verunklart. Ein Angebot, das auch das Milieu der Gegenwartskunst nicht ablehnen wollte.

Regenwetter und lange Autofahrten sind ein perfektes Doppel. Zumindest wenn man in Ermangelung einer Fahrlizenz auf die Position des Beifahrers festgelegt ist, so wie ich. Die prasselnde Unschärfe, die der Regen auf der Frontscheibe verteilt, sorgt für das wohlige Gefühl, eingekapselt zu sein, während der Wagen in die Ferne rollt. Das gilt weniger für Andrzej Steinbach, der sich auf der Fahrerseite konzentrieren muss. Er ist Künstler, ein Kollege, wir kennen uns seit dem Studium. Jetzt haben wir gut neun Stunden Autofahrt vor uns, es geht von Brüssel zurück nach Berlin. Ich bin für diesen Zeitraum der Sektion „Unterhaltung" zugeteilt. Bevor wir in einen der städtischen Verkehrstunnel abtauchen, werfen wir einen letzten Blick auf den Eingang der Galerie Le Bailli, einer etwas in die Jahre gekommenen Einkaufspassage an der Avenue Louise. Gestern hatten wir darin eine leerstehende Ladenfläche besichtigt, und waren uns bald sicher, ihn gefunden zu haben, den künftigen Briefing Room. Dass Andrzej und ich mit derselben Galerie zusammenarbeiten, erwies sich nun einmal mehr als glückliche Fügung. Denn die Galerie unterstützt unser Vorhaben, mitten in Brüssel einen eigenen Kunstraum zu eröffnen – finanziell, aber auch mit konkretem Engagement, etwa bei der Suche nach geeigneten Räumlichkeiten. Zunächst hatte uns eine ehemalige Wechselstube in einem beschaulichen Altbauviertel im Zentrum überzeugt. Der Laden in der Einkaufspassage kam unerwartet als Option hinzu und eigentlich hatte niemand große Lust, ihn gestern noch anzusehen. Es kam anders, und nun verlassen wir Brüssel mit neuen Plänen und neuen Bildern im Kopf.

Die Passage machte in den 1960er-Jahren, in denen sie ihrem Baustil nach errichtet worden sein muss, sicher richtig etwas her. Mittlerweile, und das vermutlich auch schon seit Jahrzehnten, zieht sie keine nennenswerte Laufkundschaft mehr an. Viele Ladenflächen stehen leer, andere, wie ein Geschäft für Modelleisenbahnen, öffnen nur für wenige Tage in der Woche. Obwohl unmittelbar an der Ecke zur belebten Rue du Bailli gelegen, wirkt die Passage verlassen und schummrig. Doch weil wir dem Charme nicht widerstehen können, der sich darin aus zahlreichen zeithistorischen Überlagerungen und einem unorchestrierten Geschmacksnebeneinander ergibt, wähnen wir uns gedanklich schon in der zweifelhaften Rolle jener kreativen Klasse, die man gerne als Avantgarde der Gentrifizierung engagiert, damit sie Immobilienwerte aufmöbelt und ganze Stadtteile mit kleinen Galerien, Cafés und Ateliers für die obere Mittelschicht bezugsfähig macht.[576] Die Realität schien zum Glück weniger drastisch, weil die Immobilienpreise der Umgebung schon jetzt nicht günstig waren, und die Ladenfläche offenbar seit Jahren leer steht. Gleichwohl ist das Umfeld der Passage ein völlig anderes als das Viertel der ehemaligen Wechselstube mit seinen postkartentauglichen Plätzen und gut frequentierten Bio-Cafés. Neben betrunkenen Studenten, die in den Bars der Rue de Bailli feiern, gehören dazu die Prostituierten, die nach Sonnenuntergang an der Avenue Louise auf Kundschaft warten, und eine Gruppe von Obdachlosen, die sich, nach Aussage einer Nachbarin allabendlich, im Eingang der Passage versammeln und in ihre Schlafsäcke mümmeln. Sie ließen mich nochmal an die Ausstellung denken, die wir uns am gestrigen Mittag angesehen hatten.

Im Etablissement d'en face, einem Projektraum in der Nähe des Parc de Bruxelles, machte Sara Deraedt ein neues Angebot.[577] Beginnend im oberen Ausstellungsraum, der von einer durchgehenden Glaswand versperrt wurde (*Wall*, 2020). Wollte man auf die andere Seite, musste man durch die beiden Kellerräume gehen. In ihnen befanden sich wiederum vier Bleistiftzeichnungen mit einer Größe von jeweils etwa 18 × 25 cm (*Avenue E. Ducpétiaux 106 – Saint Gilles*, 2019). In akribisch ausgeführtem Realismus zeigten sie Teile der Frontseite eines Gefängnisgebäudes. Es hat wohl, wie uns die Aufsicht erklärte, einige Bekanntheit in Belgien. Nicht nur weil es im 19. Jahrhundert als Musterbau galt und mit seiner an den Tudorstil angelehnten Architektur ein bisschen an eine schottische Burg erinnert, sondern weil es Kulisse für einige spektakuläre Ausbrüche war. Die kleinen Zeichnungen hingen einzeln und mit großem Abstand zueinander. Außerdem befand sich ein kleiner Klapptisch im vorderen der beiden Kellerräume. Unterlegt mit Alufolie standen darauf vier leere Mayonnaise-Gläser, die einen Porzellanteller mit Wasser hielten. In einer Blechdose in der Mitte der Gläser brannte ein Teelicht und erwärmte das Wasser im Teller (*Stove*, 2020). Mehr als diese drei Elemente – Stövchen, Zeichnungen und Glaswand – hielt die Ausstellung nicht bereit. Ausdrücklich hatte Deraedt auch auf einen erklärenden Text verzichtet, so dass wir, als ich im Auto auf die Ausstellung zu sprechen komme, ganz verschiedenen Bedeutungsspuren nachgehen.

S: „Klar, das Stövchen könnte auch eine improvisierte Campingküche von Jugendlichen auf einem Musikfestival sein, aber ich assoziiere es eher mit Obdachlosigkeit. Wenn man auf der Straße nach Möglichkeiten sucht, eine Suppe zu erhitzen."[578]
A: „Aber ein Obdachloser hätte doch keinen Tisch! Dazu die penibel ausgewaschenen Mayonnaise-Gläser … die signalisieren mir eigentlich, dass es sich um eine modellhafte Konstruktion handelt, nicht um etwas, das die Wirklichkeit nachempfinden will."
S: „Aber die Konstruktion soll offensichtlich einen provisorischen, ärmlichen Charakter vermitteln …"
A: „Für mich geben die Zeichnungen vom Gefängnis den Kontext vor. Dadurch bin ich eher beim Thema Flucht. Die Wand im oberen Raum ist ja eine Mauer, die sich nur durch den Keller überwinden lässt, so als müsste man einen Fluchttunnel graben. Deshalb ist die improvisierte Kochstelle für mich ein Ort, an dem man gefangen ist: im Gefängnis selbst oder in einem Fluchttunnel."
S: „Aber auch dort hat man weder Klapptisch noch ausgespülte Gläser, und in einem Fluchttunnel eigentlich auch keine Zeit, sich eine Mahlzeit aufzuwärmen."
A: „Deshalb ist das vermutlich poetisch zu verstehen. Also mit dem Gefängnis oder dem Zustand des Gefangenseins als konkreten Ausgangspunkt, aber ansonsten bewusst lückenhaft, abstrakt. Die Glasscheibe ist ja auch kein echtes Gefängnisgitter."
S: „Der Raum mit der Scheibe hat etwas von einem Zoogehege. Vielleicht muss man sich der Sache ja architektonisch nähern: Das gezeichnete Gefängnis soll ein Prototyp gewesen sein für nachfolgende Gefängnisbauten. Die Transparenz der Glasscheibe könnte dann auf moderne Architektur und damit vielleicht auf eine Ideologie der Transparenz verweisen, die alles Private einsehen und kapitalisieren will. Aber was würde dann das Stövchen aufrufen? So eine Art prekäre Widerstandszelle im Keller dieser Ideologie?

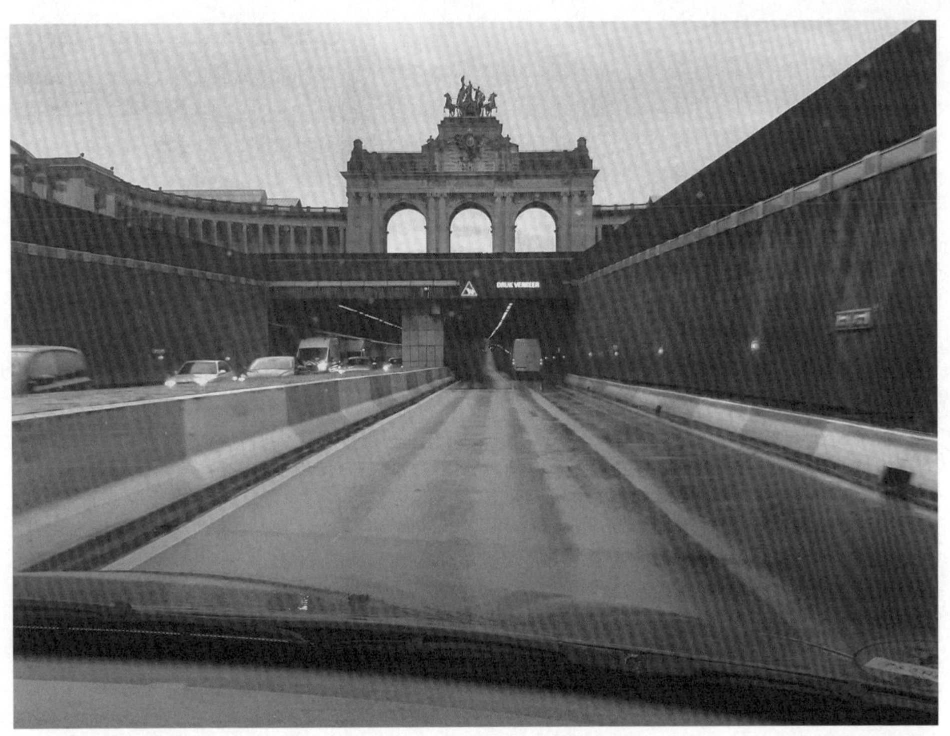

Glück des Beifahrers: Autofahrt von Brüssel nach Berlin

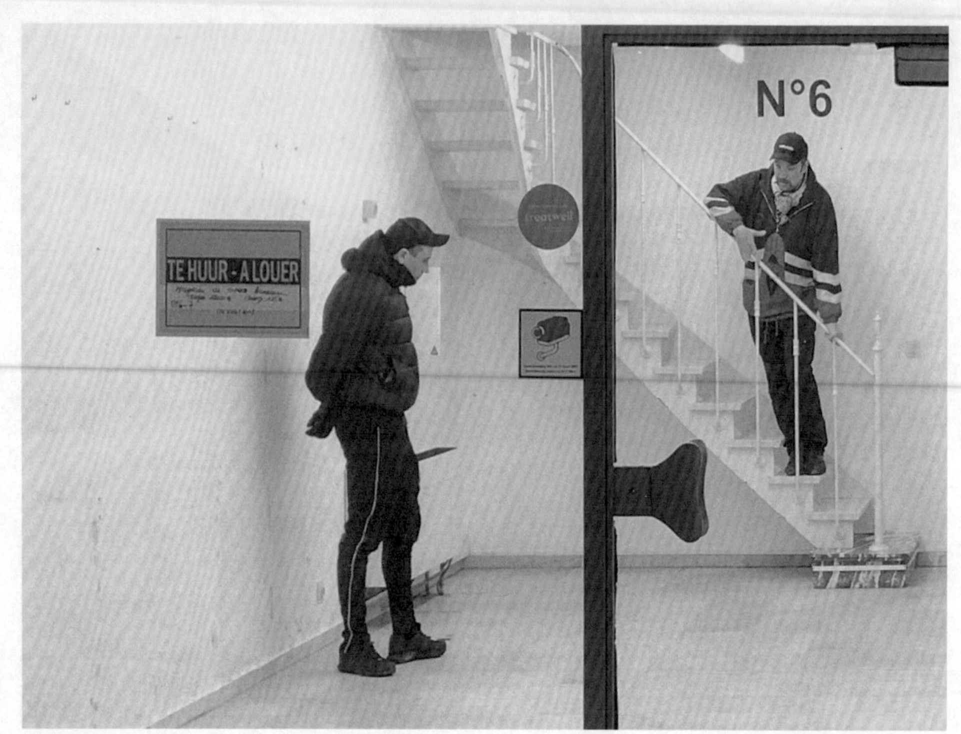

Andrzej Steinbach und Steffen Zillig in der Einkaufspassage Galerie Le Bailli

A: „Ich hab im Netz neulich ein Gespräch von Alexander Kluge mit Georges Didi-Huberman angeschaut. Didi-Huberman stellt darin eine interessante These auf. Er sagt, die für die Zukunft entscheidenden Innovationen würden nicht im Silicon Valley passieren, sondern im Flüchtlingslager von Idomeni, an Europas Außengrenze.[579] Wir sollten dorthin schauen, wo Leute sich in der größten Not zusammenfinden und erfinderisch werden. Dort würden die Strategien der Zukunft entworfen."

Das klang verdächtig nach einer Neuauflage jener Debatte zwischen Foucault und Deleuze, an dem sich Spivaks berühmte Kritik entzündete, die beiden französischen Intellektuellen würden, mehr oder weniger exemplarisch für die westliche Philosophie, die Randständigen in idealisierender Weise bevormunden.[580] Wirklichkeit sei das, was sich in Gefängnissen und Fabriken ereigne, hatte Deleuze, durchaus den damaligen politisierten Zeitgeist treffend, behauptet. Spivak aber sah nur zwei privilegierte Intellektuelle, die sich zu Wortführern der Randständigen aufschwangen, und diese vereinnahmten, während sie selbst überhaupt nicht zu Wort kommen. Spivaks Argument trug maßgeblich zu jener Sensibilität für die eigene Sprecherposition bei, deren vulgäre Ausläufer heute nicht selten hinter die postmoderne Kritik an der Authentizität zurückfallen. Dass sich so viele Künstler nurmehr in Themenfeldern bewegen, die sie qua Familiengeschichte oder Gruppenzugehörigkeit beglaubigen können, ist Ausdruck dieser Entwicklung. Machte sich am Ende auch Deraedt eines illegitimen Fürsprechens verdächtig, wenn sie ästhetisch mit einer Prekarität kokettierte, unter der sie gar nicht selbst litt? Nein, allein die Modellartigkeit ihres Stövchens macht klar: Hier gibt es gar keinen Anspruch auf Authentizität, nicht mal darauf, überhaupt irgendeine Wirklichkeit darzustellen. Als ästhetisches Konstrukt scheint es lediglich allgemein auf Aspekte des Provisorischen abzuheben. Andrzej selbst verfolgt in seinen Fotoserien eine ähnliche Strategie: Szenen, Rollen und Gesten, die seine Kamera festhält, sind ganz offensichtlich inszeniert, sind immer mehr Modell als Dokument. Zeigt er eine Person in Bauarbeiterkluft, ist erkennbar nachrangig, ob sie tatsächlich als Bauarbeiter tätig ist (*Gesellschaft beginnt mit drei*, 2017). In Andrzejs Fotografien ist alles von Grund auf stellvertretend – stellvertretend für Gedanken, nicht für eine bestimmte Wirklichkeit.

Bei dem, was von mir so in Ausstellungen landet, wird die Sache komplizierter. Zwar könnte man mich ebenfalls als einen Modellbauer beschreiben, der in seinen Collagen alternative Welten konstruiert. Doch eben weil es sich um Collagen handelt, werden die Bestandteile dieser Szenarien in der Regel aus Bestehendem herausgelöst, manipuliert und neu zusammengeschoben. Es gibt also konkretes Ausgangsmaterial – alte Comichefte, Amateurvideos, Fernsehbilder, Filmaterial aus dem Internet – und das stammt aus entsprechend konkreten kulturellen und sozialen Kontexten. So steht also nicht selten die Frage im Raum, ob ich ein Dieb bin, und wenn ja, wen ich beklaue. Wenn ich für eine Videocollage die Weiten von Youtube durchforste und, sagen wir, eine Wutrede von Kanye West, mit dem wilden Monolog einer Drag-Queen und dem emotionalen Appell einer mutmaßlichen Trump-Wählerin zu einer dritten, eigenen Geschichte zusammensetze, dann schrillen bei einigen bereits die Alarmglocken, noch bevor sie überhaupt zur Frage der künstlerischen

Qualität vordringen (*Only Originals*, 2018). Zumindest durfte ich die Diskussion darüber, ob es zum Beispiel als weißer Künstler angemessen wäre, einen Popstar mit schwarzer Hautfarbe zur Hauptfigur zu machen, mehr als einmal führen. Auch dass die vermeintliche Trump-Wählerin einem anderen Milieu entstammt als die hiesigen Kunstbetrachter, ist wiederkehrender Quell von Unbehagen. Zwar hat sie, anders als die Randständigen, um die es Spivak ging, augenscheinlich ein Gesicht, eine eigene Stimme und eine eigene Öffentlichkeit im Internet, aber natürlich hat auch sie im Rahmen meiner Bearbeitung keinerlei Kontrolle mehr über den Kontext, in den ich das von ihr Gesagte setze. Und zweifellos habe ich als Künstler eine Lebensrealität angezapft, mit der ich allenfalls über digitale Kanäle in Verbindung stehe. Es ist eben nicht mein Leben, aus dem ich schöpfe, es ist mein Blick auf jene Bilder, die über mein Display huschen und die abertausenden unterschiedlichen Kontexten entstammen.

Es scheint längst nicht mehr selbstverständlich, dass Kunst so etwas wie Authentizität auch dort ausschließt, wo sie mit ihrem Eindruck spielt. Aber wie beklemmend ist die Vorstellung, Kunst und Leben seien gar nicht mehr zu unterscheiden? Unabhängig davon, dass für mich die Praxis der Collage außer Frage steht (und die besteht seit jeher aus Aneignung und Neuarrangement), erscheint mir eine Argumentation, die darauf hinausliefe, dass Künstler nurmehr als „Betroffene" mit ihrer „eigenen" Stimme oder der ihrer vermeintlichen Kaste sprechen sollten, einzuschnüren, was an Kunst überhaupt erst zum ästhetischen Denken oder Anders-Denken provoziert. Ich meine das Vermischen, das Verfremden, die Möglichkeiten, das Bestehende seltsam wirken und die Verhältnisse wacklig erscheinen zu lassen, während sich der Rezipierende selbst fremd wird. Nicht anders bei Kunst, die auf unterprivilegierte Milieus oder asoziale Verhältnisse Bezug nimmt. Zumindest ragen unter den Beiträgen, mit denen ich mich hier eingehender auseinandergesetzt habe, solche heraus, die gerade nicht alles richtig machen wollen oder zumindest beim Versuch, es richtig zu machen, auf interessante Weise scheitern. Gleichzeitig erhärtet sich mein Verdacht, dass auch das interessanteste Unbehagen im Zusammenhang mit künstlerischen Bezugnahmen auf jene Unterprivilegierten, die selbst nicht Teil von Rezeption und symbolischer Ausbeute sein können, häufig taktischen Vermeidungsstrategien zum Opfer fällt. Nur: Solange die Verhältnisse problematisch sind, wird es keine unproblematische Kunst geben, die diese Verhältnisse adressiert. Es kann nicht ohne Ambivalenz zugehen, wo ein Beitrag ästhetische Attraktivität entfaltet, obwohl sein Gegenstand für sich genommen unerträglich ist. Ich ertappe mich, wie ich sogleich bereit war, Didi-Huberman Ignoranz zu unterstellen. Aber klar, natürlich kann man von Randständigen lernen, von Flüchtlingen in Idomeni ebenso wie von Obdachlosen an der Avenue Louise – und stets wird man dabei Gefahr laufen, sie zu patronisieren oder zu romantisieren. Ich vermute, es ist die eigene Machtlosigkeit gegenüber der zugrunde liegenden sozialen Spaltung, die man, wie ich gerade, damit aufwiegen will, dass man einem Künstler oder einem Intellektuellen Fehlverhalten nachweist. Kurzerhand hat man das Problem damit auf ein Feld verlagert, das Handlungsfähigkeit verspricht und die ganze Fragwürdigkeit der eigenen Position zumindest für den Moment zu kompensieren scheint.[581] Aber müsste man nicht immer und zuvorderst ästhetischen

Verdachtsmomenten nachgehen, wo man den Eindruck bekommt, die Kunst wäre unterkomplex in Bezug auf ihren Gegenstand?

S: „Über die Installationen von Henrike Naumann haben wir ja schon häufiger gesprochen. Beim letzten Mal, nach ihrer Ausstellung bei KOW, warst du nicht mehr völlig überzeugt. Was hatte dich da gestört? Ich weiß, ein Vergleich mit Deraedt wäre weit hergeholt, weil ihre Herangehensweisen völlig unterschiedliche sind. Aber zumindest was dieses Stövchen betrifft, sehe ich eine Parallele: Beide nehmen durch Zusammenstellungen von Alltagsobjekten auf eine Lebenswelt außerhalb von derjenigen Bezug, in denen ihre Kunst dann rezipiert wird. In beiden Fällen handelt es sich um unterprivilegierte Milieus mit geringem gesellschaftlichen Status. Also bei Deraedt gibt es im Fall des Stövchens zumindest vage Andeutungen, die ein Leben auf der Straße oder auf der Flucht assoziieren. Bei Naumann sind die Referenzen meist eindeutig, weil fast alles bei ihr irgendwie mit proletarischem Leben im Ostdeutschland der 1990er-Jahren in Verbindung steht."

Die Installationen von Naumann sehen auf den ersten Blick aus wie das Angebot eines Einrichtungshauses – eines, das vor rund 25 Jahren eingemottet wurde. Ihr Grundgerüst bildet speziell ausgesuchtes Mobiliar vom Flohmarkt oder Ebay-Kleinanzeigen, das mit anderen Objekten, manchmal auch mit Audiospuren oder Filmsequenzen kombiniert wird. Die Möbelgruppen und viele der darauf und darum arrangierten Vasen, Tischlampen, Kleider- und CD-Ständer gehören zu einem ganz spezifischen Alltagsdesign der 1990er-Jahre, das, so formuliert es der Kunstkritiker Kolja Reichert, „wir eigentlich gern vergessen hätten und in [dem] das utopische, verrückte postmoderne Design der Memphis-Gruppe durch vielfache Missverständnisse gefiltert, erschlafft und ausgeblichen, als Untotes weiterlebt."[582] Ein Beispiel dafür wäre die dreiteilige Wohnzimmeranrichte aus billigem Furnierholz mit zeittypisch in Schwarz gehaltenen Versatzstücken, die Naumann zum *Traueraltar Deutsche Einheit* (2018) umgewidmet hat (Abb. 49). Aufgebaut ist die Skulptur wie ein Triptychon mit zwei gleichgroßen Teilen links und rechts, auf denen hochwertig anmutende Vasen stehen, dazu rechts zwei Tuben eines Duschgels namens Action und links eine verpackte Handseife der Marke Lux. Vor dem mittleren, die Seiten etwas überragenden Schrank lehnen zwei Trauerkränze aus lila-weiß gescheckten Plüsch. Das Mittelstück wird außerdem von einer Metallkette umringt, zur Vorderseite hin von einem schwarzen Herz zusammengehalten. Darüber, in einem Schaukasten, der sich mit einer in den Raum ragenden Ablage vom Rest des Möbels abhebt, liegt ein Karton mit dem Logo der deutschen Modemarke Joop auf rosafarbenem Kunstfell. Im obersten Regal triumphiert ein weißer Ledersessel in Miniatur, der an einen Thron erinnert. Eine Art halbrunder Ziergiebel des Möbels bekrönt die gesamte Komposition. Links und rechts wird die Mitte noch von je einem Baseballschläger und einem metallenen Kerzenständer gerahmt, der entfernt die damalige Mode von Tribal-Mustern anklingen lässt. Ich sah die Skulptur kürzlich in einer Ausstellung in Hannover, in der Naumann schwerpunktartig Relikte der Expo 2000 verbaute. Andrzej hatte den *Traueraltar Deutsche Einheit* in der angesprochenen Ausstellung ihrer Berliner Galerie gesehen.[583] Wie in Hannover wimmelte es dort nur so von Möbeln, die die Künstlerin sogar seitlich die Wände hoch platzieren ließ.

Vor diesen beiden Einzelausstellungen hatten wir im Vorjahr gemeinsam eine Schau in einem Berliner Kunstraum besucht, bei der Naumann ihre Möbel-Installationen mit Bildern ihres 1997 gestorbenen Großvaters kombinierte, der in der DDR als Berufsmaler im Stil des Sozialistischen Realismus tätig war.[584] Karl Heinz Jakob schuf hauptsächlich Porträts und proletarische Figurengruppen. In der Auswahl der Ausstellung erschienen die Porträts allesamt ernst und nüchtern, die Figurengruppen – spielende Kinder oder musizierende Erwachsene – durchaus warmherzig, aber ohne jedes Drama. Man kann also nicht sagen, dass die Darstellungen heroisierend wirken, harmonisierend vielleicht, wohltemperiert. Auf einem Rastplatz suchen Andrzej und ich nochmal im Netz nach Ansichten der drei genannten Ausstellungen.

A: „Die Ausstellung mit ihrem Großvater mochte ich, da gab es diese eigenartigen historischen Überblendungen. Durch die Gemälde saßen plötzlich Figuren in den Möbeln, die ganz andere Stimmungen mitbrachten, einen ganz anderen zeitlichen Horizont. Damit wurde das alles mehr zu einer Behauptung, der Anspruch auf Authentizität trat etwas in den Hintergrund."

S: „Hat Naumann diesen Anspruch überhaupt?"

A: „Man muss das der Künstlerin selbst nicht anlasten, aber die Rezeption zielt schon sehr darauf ab. Da wird ja anhand ihrer Arbeiten immer eine bestimmte Zeit und eine bestimmte soziale Schicht seziert."

S: „Es ist ein spezieller Geschmack oder, aus bürgerlicher Sicht, eine bestimmte Geschmacklosigkeit, die mit ausgestellt und dann zum Gegenstand der Debatte wird."

A: „Das meine ich. Liegt ja auch Nahe: In Vielem treffen diese Arbeiten einen Nerv. Mein Problem ist wohl, dass ich das historische Umfeld viel zu gut kenne. Naumann und ich sind beinahe derselbe Jahrgang und Chemnitz, wo ich herkomme, liegt nur rund 30 Kilometer von ihrer Heimat Zwickau entfernt. Ich bin als Kind und Jugendlicher also zwischen all diesen Möbeln aufgewachsen, mit denen sie jetzt arbeitet. Aber darum fallen mir natürlich sofort Ungenauigkeiten ins Auge. So eine Vase? Die hätte sich doch niemand ins Zimmer gestellt! Solche Dinge …"

S: „Und das war in der Ausstellung mit ihrem Großvater anders, weil sie auch historisch mehrere Layer hatte?"

A: „Das könnte es sein. Es gibt auch andere Arbeiten von Naumann, die anachronistisch sind – oder zum Beispiel postmodernes Billigmobiliar mit neonazistischer Subkultur-Ästhetik vermischen. Aber auch die bleiben meistens einsilbig. Neonazis waren in der Gegend weit verbreitet, keine Frage, aber dieser naheliegende Zusammenhang macht es mir als Betrachter viel zu einfach. So läuft dann alles immer auf irgendeine markige Punchline hinaus und fertig. Die Kombination mit den Malereien des Großvaters ist ja im Grunde auch simpel, aber inhaltlich weniger leicht zu greifen. Die narrativen Fährten verästeln sich viel mehr."

S: „Ist vielleicht die starke Identitätsproduktion in den Installationen dasjenige, was dich stört? Damit wird doch schon irgendwie Authentizität versprochen: Hier bekommt man den *echten* ostdeutschen Proleten, samt Gruselgeschmack und Rechtsradikalismus. Für mich als Westdeutschen ist das ja ein hübsches Exotik-Paket. Ich finde hier im Netz gerade viele Bilder, in denen Naumann sich selbst zwischen ihren Möbelskulpturen fotografieren lässt. Der Stil ihrer Kleidung fügt sich da schon auffallend gut in die

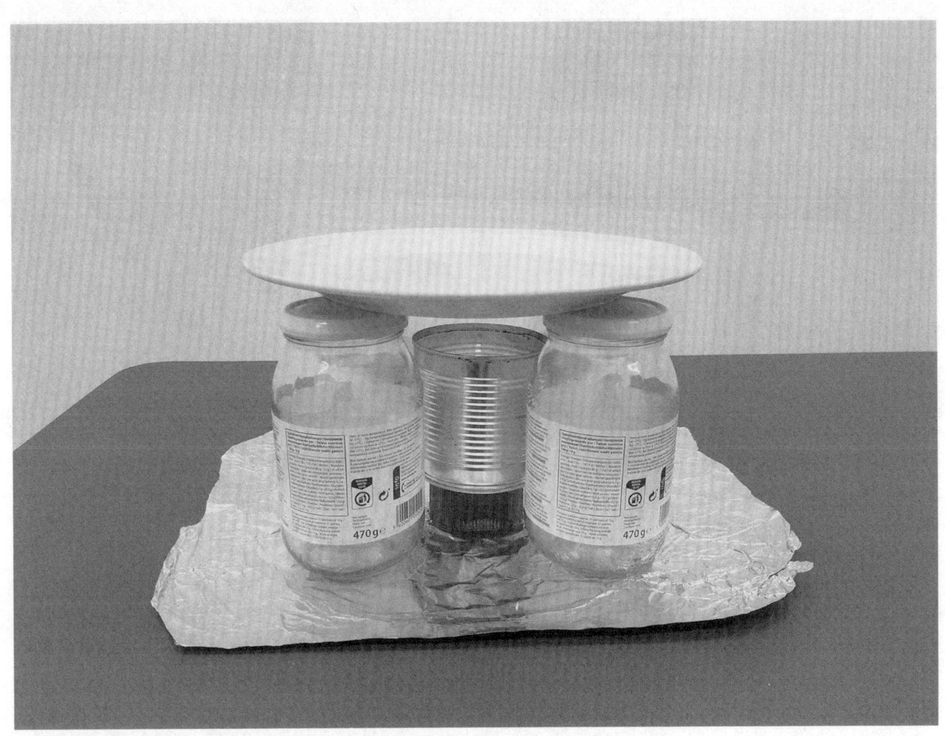

Poesie der Klasse: *Stove* von Sara Deraedt

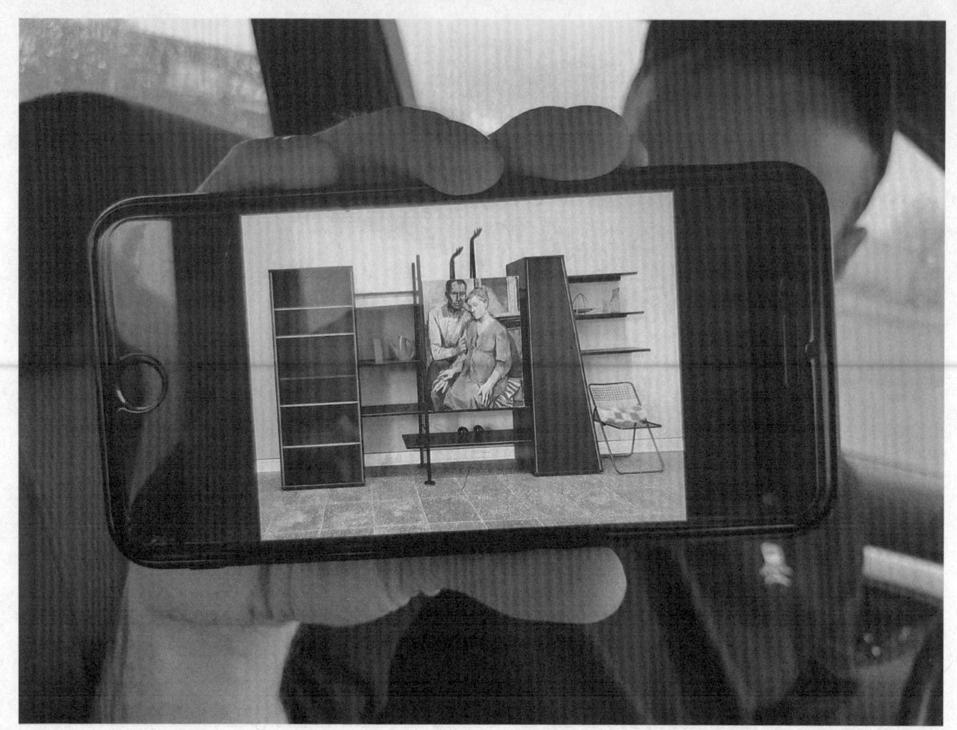

Detail der Ausstellung *DDR Noir: Schichtwechsel* von Henrike Naumann

Kulisse. Ich nehme an, die Aufnahmen waren nicht mal ihre eigene Idee, aber auch sie legen eine biografische Aufschlüsselung nahe. Ebenso Titel wie *Ostalgia* oder *DDR Noir* … Die klingen ja fast so, als würden sie eine touristische Attraktion bewerben."
A: „Für sich genommen ist das ja alles interessant. Also auch für mich als jemand, der darin ganz viel eigene Geschichte wiedererkennt. Diese Möbel, jetzt mal ohne diese Neonazi-Elemente, stehen für das große Versprechen des Westens. Man muss sich das mal vorstellen: Die Leute haben damals ihr komplettes Mobiliar weggeschmissen. Die sind in die billigen Möbelhäuser und haben sich da die Idee von einem neuen Leben zusammengekauft. Danach hatte man dann bunte Wohnzimmer, aber keine Arbeit mehr und keine Funktion."
S: „Genau wie die Möbel. Die sind so verspielt, so als wollten sie alles andere sein, aber keine Möbel. Als würden sie sich gegen jede irgendwie damit verbundene Funktion auflehnen. Der ganze Zierrat schreit: Wir wollen nur spielen!"
A: „Ja, das ist irre und an vielen Stellen von Naumann richtig gut in Szene gesetzt. Aber alle einzelnen Komponenten weisen halt in eine Richtung. Das bekommt so was Manisches, wie die Sammelleidenschaft eines Fans. Das Camp-Prinzip: Man affirmiert solange bis der ganze schlechte Geschmack durchkartografiert ist, also ready für die Nuancierungen, mit denen man guten Geschmack beweisen kann."
S: „Normal, oder? Die Skijacke, die ich trage, ist auch aus den 90er-Jahren. Ich weiß nicht mal, für was die vor 30 Jahren stand. Vielleicht für eine neureiche Münchner Schickeria, die zum Koksen in die Berge fährt. Irgendwas unseriöses auf jeden Fall. Jetzt kaufe ich die für 40 Euro im Second-Hand-Laden und kann aus ihren kulturellen Fragmenten irgendwas Neues basteln. In uns allen stecken doch kleine Umwertungsmaschinen, kleine Camp-Versteher, die aus dem Schrott von gestern Kapital schlagen. Denn Punkt trifft Naumann. Hast du die Ausstellung von Hito Steyerl im Neuen Berliner Kunstverein gesehen?"

Eine der beiden Beiträge, die Steyerl in dieser Ausstellung präsentierte, hieß *Mission Accomplished: Belanciege* (2019), eine Videoinstallation, in deren Zentrum ein dreistufiges Gradin stand, das sich aus ineinander verschränkten, halbrunden blauen Kastenelementen zusammensetzte.[585] Der Raum war abgedunkelt, und es standen sonst nur einige spärlich beleuchtete Mikrofonständer im Raum, an denen Knochenattrappen klemmten oder Tragetaschen von IKEA baumelten (Abb. 50). In dem kleinen Gradin, das ganz in blau gehalten war und Architekturelemente des EU-Parlaments in Straßburg aufgriff, standen drei Flachbildschirme nebeneinander auf Ständern montiert. Sie waren hochkant angebracht und zeigten drei Sprecher als Ganzfiguren: in der Mitte Hito Steyerl, dazu links Giorgi Gago Gagoshidze und rechts Miloš Trakilović, zwei ehemalige Studenten von Steyerl, die er an der Universität der Künste in Berlin unterrichtet hat. Ursprünglich hielten die drei an dieser Stelle eine Präsentation, die live über die Website des Kunstvereins übertragen wurde. Es war ein Vortrag im Stil der bekannten TED-Konferenzen, in der Experten verschiedener Disziplinen ihre Erkenntnisse für ein breites Publikum aufbereiten. Im Gegensatz zu diesen standen die drei Künstler nun relativ steif hinter Notenständern und lasen ihre Textpassagen vom Blatt. Begleitet wurde das Ganze von dramaturgisch eingesetzter Hintergrundmusik und passgenau eingeblendeten Videoschnipseln, so dass schon während des

Vortrags eine komplex arrangierte Gesamtposition entstand. Danach wurde eine Aufzeichnung der Präsentation als 3-Kanal-Video auf die Monitore übertragen, wo sich die gut 50 Vortragsminuten für die Dauer der Ausstellung wiederholten. Andrzej hatte sie leider verpasst.

S: „Die Geschichte, die die drei erzählen, ist nicht leicht zusammenzufassen, weil sie sehr unterschiedliche Ereignisse und Entwicklungen zu einer großen Zeitdiagnose verschraubt. Und das alles ziemlich rasant. In einer sehr einnehmenden Mischung aus suggestiven Bildern, einem aufklärerischen Impetus und diesem leicht verschwörerischen Unterton, der ein bisschen an Adam Curtis erinnert. Ich musste jedenfalls höllisch aufpassen, keinen Aspekt zu verpassen. Die Story beginnt mit dem Berliner Mauerfall, mit der Zeitenwende in Osteuropa. Zu den Bildern gibt es so eine Elektro-Flöten-Version von *Wind of Change*, ähnlich nervtötend wie das Original. Es ist keine Wende zum Guten, das wird schnell klar. Die These, die die drei dann ausbreiten, ist in etwa die: Die Fashion-Industrie hat sich viel von ihrer aktuellen Dreistigkeit bei den Nachwende-Oligarchen Osteuropas abgeschaut. Deren Neo-Nationalismus war nichts anderes als kulturell verpackter, ökonomischer Raubbau. Und der folgte einem Prinzip, das über die Fashion-Industrie bis in die Medienstrategien des politischen Populismus vorgedrungen ist."
A: „Okay …"
S: „Also ein Ausgangspunkt sind die Enthüllungen von Christopher Wylie um die Verwendung privater Nutzerdaten von Facebook durch Cambridge Analytica. Die hatten ja ganz konkrete und wahrscheinlich entscheidende Effekte zum Beispiel auf den Wahlerfolg von Donald Trump. Das Video erklärt, wie Unternehmen heute Markenpolitik mit psychologischen Profilen aus getrackten Nutzerdaten betreiben. Wie sie damit gezielt Einfluss nehmen auf die Erregungskurven im digitalen Informationsfluss. Dabei spielt das jeweilige Verhältnis zur Mode überraschenderweise eine wichtige Rolle. Das konkrete modische Prinzip, dem die Künstler nachspüren, die „Balenciaga-Methode", wird aus einer einfachen Optimierungsrechnung abgeleitet. Sie fragen: Was ist die maximale Fläche, die man mit 100 Einheiten Zaun beanspruchen kann? Antwort: Man zäunt ein Rechteck ein und erklärt alles außerhalb dieses Bereichs zum neuen Innen."

Um etwas Zeit für mein Erinnerungsvermögen rauszuschlagen, kritzle ich ein Rechteck auf einen Zettel und schraffiere den drumherum liegenden Bereich.

S: „Ein Beispiel für diese Landnahme ist die blaue Tragetasche von IKEA. Du kennst diesen Designer, der Vetements gegründet hat?
A: „Der jetzt bei Balenciaga ist?"
S: „Genau, Demna Gvasalia. Er kommt ursprünglich aus Georgien. Unter seiner Leitung erschien vor ein paar Jahren eine über 2000 Euro teure Balenciaga-Version der IKEA-Tasche, die im Original vielleicht drei Euro kostet. Es ist ähnlich wie mit dieser Jacke von DHL-Paketboten, die Vetements mal kopiert hatte. Das sind Aneignungen billiger Massenprodukte, hochgepitcht auf eine Preisklasse, die den Kreis ihrer Besitzer extrem beschränken. Das Entscheidende dabei ist, dass keine bestimmte Qualität, kein spezifisches Design und keine besondere Art der Produktion damit

verbunden ist. Das ganze Design-Prinzip reduziert sich also auf die feudalistische Herrschaftsgeste der Aneignung. Und die, das ist eine ihrer Argumente, funktioniert mit schlechtem Geschmack nur umso besser. Schock und Normalisierung ergeben eine Aufmerksamkeitsökonomie in Endlosschleife. Steyerl, Trakilović und Gagoshidze vergleichen das mit einem Computerspiel, das sogar in der letzten Modenschau von Balenciaga zitiert wurde: *Mr. Bones' Wild Ride* heißt es. Es ist die Modifikation einer Achterbahnfahrt, bei der eine einzige Runde tagelang dauert, bis am Ende ein Skelett denen, die aussteigen wollen, höhnisch erklärt: ‚The ride never ends.' Also auf die historische Ebene übertragen: Nicht enden wollende Kämpfe um kulturelle und nationale Identität erfassten in den 90ern die ehemaligen Ostblockstaaten. Nur dadurch wurde es möglich, im Hintergrund diese massive Privatisierung öffentlicher Güter zu betreiben, die Verfilzung der öffentlichen Strukturen. Und jetzt beobachten wir seit einigen Jahren Modedesigner, Datenanalysten, Markenspezialisten, Populisten und Kapitaleigner bei einem ähnlichen Manöver. Nutzer sozialer Medien werden in ein aggressives Spiel der Identitätsbildung getrieben. Das funktioniert wie Meme-Baits: laufendes Framing und Reframing. Das Spiel ist endlos und niemand gewinnt, außer die, die sich qua Kapital den exklusiven Zugriff auf sämtliche Bedeutungsträger sichern."
A: „Kein Wunder, dass sie 50 Minuten brauchen, um das alles zu erzählen."
S: „Sie schlagen sogar noch ein Gegenprogramm vor, eine Art Rebellion gegen das spaltende Identitätsspiel. Anhand einer Markenfälschung, einem Paar Schuhe aus einem Shop in Sarajevo, entwerfen sie eine Strategie der Wiederaneignung. Sie behaupten: Diese Schuhe sind in Wirklichkeit die Originale und der falsch geschriebene Markenname, Belanciege, ist Ausdruck davon, wie sich die Proletarier ihre Schuhe zurückholen. Eine Art Adbusters-Strategie unter verschärften Bedingungen."
A: „Verstanden. Und wo ist der Link zu Naumann?"
S: „Einerseits das Problem der Identitätsproduktion, dieses Ossi-Kabinett. Aber vor allem die Frage der Aufwertung und der Aneignung einer ganz speziellen Trash-Ästhetik. Ist das jetzt ein empowernder Akt, weil Naumann vermutlich wie du in genau solchen Wohnzimmern aufgewachsen ist? Oder ist es, also in dem modischen Gesamtpakt, eher das Ausrufen der nächsten geschmacklichen Schockwelle? Die Balenciaga-Methode?"
A: „Naumann würde dem ganz sicher widersprechen – und das Problem ist ja auch eher ein Grundsätzliches. Weil kulturelle Aufwertung ja die Geschäftsgrundlage jeder Kunst ist. Wenn mein Onkel in Chemnitz seine Wohnzimmergarnitur verkauft, bekommt er nur einen Bruchteil von dem, was Naumann für die gleiche Garnitur bekäme, wenn sie es mit ihrem Echtheitszertifikat ausstattet. Aber kann man ihr das zum Vorwurf machen? Ich kann gar nicht sagen, warum genau mich diese Unstimmigkeiten bei Naumann nerven, während ich die bei Deraedt sogar eher als Qualität empfinde – als inhaltliche Lücken und Leerstellen, die etwas öffnen. Es wäre total kontraproduktiv, wenn Deraedt die alle auflösen würde oder so wie Steyerl ganze Kulturtheorien dazu vortragen würde. Vielleicht ist ja der Unterschied zu Naumann der, dass sie eigentlich alle Aspekte, also inhaltliche und ästhetische, sparsam runtergefahren hat. Würde Naumann etwas minimalistischer mit ihrem Material umgehen, wenn ihre Titel vielleicht nicht ganz so wummsig wären … vielleicht wäre ich dann weniger misstrauisch."

S: „Also zumindest das Prinzip von wuchernder Ästhetik müsste ich hier schon aus eigenem Interesse verteidigen. Stimmt ja auch: Man kann mit Fülle arbeiten, mit Gewusel, mit Überwältigung und Überforderung, ohne dass es plump wird. Zugegeben, Immersion war in den letzten Jahren ein ziemlicher Hype. Anne Imhof, Raphaela Vogel, Ryan Trecartin… Aber davor gab es auch Jahre, in denen der postkonzeptualistische Standard aus irgendwelchen minimalistisch heruntergedimmten Arrangements bestand. Die Ära „Ohne Titel", in der alles fragil und vorsichtig aussehen musste. Wie nervig war das? Am Ende bleibt nicht die ästhetische Frage von Minimalismus versus Verschwendung, denke ich, sondern die nach produktiven Brechungen. Deswegen konnten dich am Ende ja auch die Naumann-Installationen mit den Bildern ihres Großvaters überzeugen. Weil sie Brechungen hatten, Unbekannte."

Es dämmert bereits und wir durchqueren Deutschlands geographische Mitte. Ich frage Andrzej zu seiner proletarischen Herkunft, ein Thema, auf das wir in Gesprächen häufiger zurückkommen. Wie bildet sich der eigene Geschmackskanon? Und wann realisiert man, dass man mit so einer Geschichte in der Kunstwelt eher ein Sonderfall ist? Interessanterweise bemerken wir es beide vor allem dort, wo es um Inhalte des alten bildungsbürgerlichen, heute oft so verdächtig wirkenden Kanons geht, um Selbstverständlichkeiten, die nicht für jeden selbstverständlich sind. Das Gespräch kommt auf eine gemeinsame Freundin, die sich vor Kurzem lautstark über eine Filminstallation aufgeregt hatte, weil darin an zentraler Stelle Musik von Johann Sebastian Bach verwendet wurde. Für sie roch das nach bräsigem Bildungsdünkel.

A: „Klar, sie ist mit Bach aufgewachsen. Und heute unterstreicht man sein Bescheidwissen halt dadurch, dass man zu klassischen Bildungsinhalten Distanz einnimmt. Dazu darfst du kein ungebrochenes oder affirmatives Verhältnis mehr haben – im Gegensatz zum Camp, wo ja genau das dann gefeiert wird. Naumann wird an keiner Stelle fehlende Distanz vorgeworfen, jedenfalls nicht, dass ich wüsste. Warum auch, der Kunstraum versichert diese Distanz ja schon. Da ist man immer weit weg vom Proleten. Nur wenn jemand in seiner Installation eine Kantate von Bach abspielen lässt – also ganz unironisch – dann steht sofort der Pathos-Verdacht im Raum. Und wir beide stehen da und gehören zu den wenigen, die das überhaupt nicht abgedroschen finden. Also im Gegenteil: Bach! Ja, bitte!"
S: „Die Distanz ist ja irgendwie auch nachvollziehbar. Da hat keiner Lust, seine privilegierte Herkunft auszustellen, da hat keiner Lust, Bürgertum im konservativen Sinn zu spielen. Deshalb ist es ja auch ein so ganz anderes Publikum als in der Oper oder in der Philharmonie …"
A: „Aber es bleibt auffällig: Wenn du Ästhetiken aus einer unterprivilegierten Klasse zitierst, sind die in der Kunst immer per se interessant. Aber Bach? Hatten wir schon! Geh nach Hause, üben! Klassische Bildung muss man sehr gezielt einsetzen, das geht nur mit Vorwissen. Die kannst du nicht einfach affirmativ in den Raum stellen wie ein proletarisches Möbelstück. Und daran merkst du: Sie wird als Normalität vorausgesetzt. So als wäre jeder mit Bach aufgewachsen …"
S: „Und wie lustig, dass man Demgegenüber, was das Ökonomische angeht, weiterhin völlig ungebrochen affirmieren kann. Erben darf man ungeniert. Ist ja nicht so,

als dass sie Immobilienbesitz als ähnlich abgedroschen empfinden würden, wie eine Kantate von Bach. Progressiv ist man immer nur kulturell. Dann stellst du dir halt eine Wohnzimmergarnitur von Naumann ins Penthouse. Oder etwas anderes, das zeigt, wie weit du über deinen eigenen Horizont hinausschauen kannst. Klar, ich würde es genauso machen. Von den Eltern erbt man, aber legt Wert darauf, sich kulturell von ihnen abzuheben. ‚Wir haben 2020! Hallo vielleicht?' Da hat man neben Bach auch Pop und Trash im Repertoire. So demonstriert man Weltläufigkeit!"
A: „Umgekehrt bekommen Kulturen aus unterprivilegierten Kontexten dann häufig so einen Unantastbarkeits-Nimbus, egal wie sexistisch, antisemitisch oder gewalttätig sie im Inneren sind. Man begehrt und schützt ihre ‚Exotik', sogar noch im Moment ihrer ästhetischen Aneignung. Berlin ist gerade voll davon! Aber so wie es anderen mit Bach geht, geht es mir eben umgekehrt mit den Möbeln von Naumann. Es ist zu nah an meinem Alltag, das kann keinen ästhetischen Reiz entwickeln. Für mich wirkt *das* halt abgedroschen."
S: „Ja klar, es ist etwas anderes, ob man ‚schlechten' Geschmack als Alltag erlebt, in den man unfreiwillig hineinwächst, oder als einen erfrischenden Zwischenstopp auf seiner kulturellen Entdeckungsreise. Und umgekehrt erleben wir Bach vielleicht als eine erfrischende Entdeckung – also Bach jetzt einfach mal synonym für den ganzen klassischen Bildungskanon. Ich vermute, das ist mit ein Grund dafür, dass mich diese ganze Betulichkeit gerade so abfuckt. Also dass mir jetzt jedes Museum im kumpelhaften Kinderkanal-Erkläronkel-Duktus erzählen muss, wie ‚kritisch' sie nun all das sehen, was sie da über die Jahrhunderte gesammelt haben. Ich brauche aber keine Sozialpädagogen als Reiseführer. Ich will ja selbst auf Entdeckungsreise gehen. Ich meine, wenn es allen gehören soll, dann rückt es raus, stellt es aus, macht meinetwegen freien Eintritt, aber macht kein betreutes Denken daraus. Ich will nicht ‚abgeholt' werden. Wofür habe ich denn laufen, lesen und sehen gelernt? Irgendwie werde ich den Verdacht nicht los, dass all diese Betulichkeit auch ein Mittel ist, die Freiheit für sich zu behalten."[586]
A: „Was meinst du?"
S: „Der bürgerliche Habitus zeigt sich heute vor allem in der Fähigkeit, kulturelle Vielfalt und Offenheit zu antizipieren – sie also in angemessener Weise in den eigenen Lifestyle zu integrieren. Das ist ja erst mal eine absolut positive Entwicklung. Aber natürlich bleibt es eine Form von kultureller Verwertung; es ändert erstmal gar nichts an der ungleichen Verteilung von Distinktionsgewinnen. Wer teilnehmen will, braucht Kompetenz darin, auf Ambivalenz nicht mit Angst oder Aggression, sondern mit Neugier und Interesse zu begegnen. Was das angeht, sind wir beide längst Teil dieses Bürgertums. Also ich meine eh nicht, dass diese Offenheit eine exklusiv bürgerliche Superpower wäre, auch klar. Aber es ist doch eine Tatsache – du weißt das aus eigenem Erleben – dass in vielen unterprivilegierten Milieus an eine solche Offenheit überhaupt nicht zu denken ist. Warte, ich will dir noch ein Video von Tracey Emin zeigen, vielleicht kennst du das."

Ich wische durch die Galerie meines Handys. Andrzej hält noch einmal an einem Rastplatz. Die Videoarbeit *Why I Never Became a Dancer* (1995) dauert keine sieben Minuten, ich habe sie vor Kurzem in einer Ausstellung abfilmen können. Es ist mehr eine Notiz, weshalb die Aufnahme ruckelt und ich ihre schlechte Tonqualität hier und da mit eigenen Erklärungen kompensiere. Das Video beginnt mit Super-8-Aufnahmen aus Margate, einer Kleinstadt im Südosten Englands. Aufnahmen von Strandbars, Imbissbuden, Möwen, die sich um Abfälle streiten – aus dem Off erzählt Emin „ihre" Geschichte: Sie habe die Schule immer gehasst und bricht sie mit 13 Jahren ab. Stattdessen hing sie in Cafés herum, beobachtete die Promenade, lag am Strand, sie hatte eine fantastische Zeit. Dann entdeckte sie Sex. Etwas, das einfach war und völlig umsonst. Sie hatte viele Bekanntschaften mit Älteren und Sex an allen möglichen Orten. Bald begann sie die Motivation der Männer zu hinterfragen, die mit einem jungen Mädchen wie ihr Sex haben, und verlor die Lust. Ihr neuer Kick war das Tanzen. Sie träumte davon, Preise zu gewinnen und es nach London zur Disco-Dance-Championship zu schaffen. Beim Lokalfinale in Margate fühlte sie sich auf der Gewinnerseite, als die Menschen zu klatschen beginnen – bis sie die Männer rufen hörte: ‚Schlampe! Schlampe! Schlampe!' Sie brach zusammen und schwor sich, die Stadt zu verlassen. Sie verflucht die Männer und zählt ihre Vornamen auf: ‚Andy, Tony, Richard … Das ist für euch!', sagt sie, bevor die Musik einsetzt, ein Klassiker der Energy-Music: *You Make Me Feel (Mighty Real)* von 1978. Mutmaßlich genau der Song, zu dem sie damals beim Wettbewerb in Margate tanzte. Dann sieht man Emin in kurzer Jeanshose und orangefarbenem Shirt – es ist die Mode der 1990er-Jahre (Abb. 51).

S: „Man könnte denken, es sei ein Tanzstudio, in dem sie da tanzt, aber es gibt keine Spiegel und die Musik kommt von einem tragbaren Kassettenrekorder. Für mich sieht das aus wie ein Ausstellungsraum. 1995 ist Emin längst als Künstlerin erfolgreich. Als eine, die von Anfang an ihre eigene Biographie als künstlerische Ressource nutzt. Dieser Tanz ist für mich der Triumph über die Widrigkeiten ihrer Herkunft. Aber – deswegen kam ich auf das Video – er zelebriert auch eine ganz bestimmte Freiheit. Ich würde sagen, es ist die Befreiung aus einer proletarischen Enge, also dem offenen Sexismus, der Engstirnigkeit, der Gewalt und dem Stumpfsinn der Kleinstadt, wo Poesie keinen sozialen Resonanzraum hat. Der Raum, in dem sie tanzt, ist der Raum der Kunst."
A: „Aber dieser Raum muss nicht zwangsläufig bürgerlich sein."
S: „Klar. Aber historisch war er das. Und ich denke, er ist es immer noch. Nur ist er natürlich nicht mehr von dem Bürgertum besetzt, das man mit dem Begriff assoziiert, also mit dieser konservativen Krawatten-Klientel. Trotzdem wird der Kunstraum doch im Allgemeinen von Menschen besucht, die ein bestimmtes Bildungsniveau haben, die Vielfalt schätzen und ästhetische Herausforderungen, die mit Unsicherheit umgehen können und mit Kritik.[587] Zumindest dem Anspruch nach, der sich in der Realität nicht immer einlöst – siehe Kinderkanal-Erklärtexte für Erwachsene. Aber es gibt schon noch dieses Versprechen einer generellen Beweglichkeit, oder? Das Versprechen von kultureller Offenheit im Unterschied zu starrem Essentialismus."
A: „Sehr idealistisch gedacht …"
S: „Absolut … Der Film von Emin hat etwas extrem Kitschiges, aber ich kann dem etwas abgewinnen. Meine eigene Geschichte ist eine komplett andere, aber den Trotz hinter ihrem Pathos, den kenne ich. Was ich meine, ist, dass der Ausstellungsraum nicht nur dieser verdächtige Ort ist, an dem bürgerlicher Wertsicherung betrieben wird,

sondern dass in seiner Offenheit auch Befreiung stecken kann. Immer noch. Und das wird oft abgetan, vor allem von Leuten, für die diese Offenheit sozusagen eine ererbte Selbstverständlichkeit ist. Es ist aber nicht für alle die gleiche Entscheidung, an eine Kunsthochschule zu gehen, um Künstler zu werden – das ist, was Emin erzählt. Das ist kitschig, ja, aber auch eine Brechung der im Kunstfeld vorherrschenden Coolness, mit der sich alle nur gegenseitig darin bestätigen, wie normal das alles für sie ist."
A: „Fair."
S: „Das ist jetzt aber kein Plädoyer für biografische Perspektiven. Bitte nicht. Wie langweilig wäre es, bestimmte Themen oder Referenzen für Künstler zu reservieren, die qua unterprivilegierter Herkunft Anspruch darauf erheben dürfen. Nimm dieses Video von Dijkstra, wo sie die Jugendlichen beim Tanzen filmt …"

Rineke Dijkstra ist Fotografin und vor allem für schlichte, oft wuchtig vergrößerte Porträts bekannt. *The Buzz Club, Liverpool, UK / Mystery World, Zaandam, NL* (1996–1997) war ihr erstes Video, für das sie in Liverpool und im niederländischen Zaandam Besucher der titelgebenden Technoclubs filmte (Abb. 52). Während des Clubbetriebs stellte sie die tanzenden Jugendlichen einzeln oder zu zweit vor eine weiße Leinwand – ausgeschnitten aus der konkreten Szenerie, die der Betrachter gar nicht erst zu sehen bekommt. Er bekommt eine Zwei-Kanal-Projektion mit wechselnden Protagonisten vor neutralem Hintergrund – 26 Minuten im Loop. Die Teenager tanzen mit trockener Miene zu wummernden Beats, aber nur wenige scheinen dabei wirklich entspannt zu sein. Der Rest will nicht auffallen – im Schlaglicht der Scheinwerfer, will lässig erscheinen, während die vielen kleinen Verlegenheitsgesten zum eigentlichen Ereignis werden. Hier wird auch ein Zustand ausgeleuchtet: irgendwo am Ende der Kindheit und dem Beginn des Erwachsenenlebens. Man raucht, nippt nervös an seinem Bier oder lächelt unsicher in die Kamera.

S: „Es ist ein einfaches Beispiel dafür, wie man als Künstler die Distanz des eigenen Blicks mitausstellen kann. Dijkstra ist Mitte 30, als sie die Aufnahmen macht. Die Kleidung, die Art wie sie sich schminken … Natürlich kann ich es nicht mit Sicherheit sagen, aber für mein Empfinden kommen die Jugendlichen eher aus proletarischem Milieu. Was man auf jeden Fall sagen kann: Dijkstra hat hier nicht ihre Freunde porträtiert. Sie scheint mit der ganzen Szene zu fremdeln und sie setzt dieses Fremdeln als Distanz ins Bild. Ein quälender Abstand, beschworen durch die weiße Leinwand und den gnadenlosen Blick der Kamera. Dijkstra weiß, dass sie nervös sind.[588] Und die Teenager wissen, dass sie ausgestellt werden. Als würden sie gerade lernen, dass ein Großteil des sozialen Lebens darin besteht, ausgestellt zu sein."
A: „Ich fand es körperlich unangenehm, als ich die Arbeit gesehen habe. Es ist hart, Menschen zu beobachten, die sich selbst nicht wohlfühlen."
S: „Ich habe das Video vor ein paar Jahren in Frankfurt gesehen, und ich erinnere mich, dass da ständig Besucher waren, die es als Angebot zur allgemeinen Belustigung missverstanden.[589] Vielleicht ist es eine natürliche Reaktion, über alles zu lachen, was Unsicherheit ausstrahlt oder aussieht wie eigenartiges Benehmen. Es hatte jedenfalls eine Brutalität, die weit weg ist von der Freiheit, die ich gerade mit dem Kunstraum assoziiert habe – Reality Check."

A: „Hätte Dijkstra dem denn irgendwie entgegenwirken sollen?"
S: „Auf keinen Fall! Die Unsicherheit ist doch gerade das, was es interessant macht. Würde Dijkstra ihre Protagonisten in Schutz nehmen, bliebe das alles blass. Und umso wichtiger, dass sie selbst gar nicht in Erscheinung tritt. Ich habe keine Ahnung, aus welchem Milieu sie kommt, oder ob sie irgendeinen persönlichen Bezug zu dieser Art von Techno hat. Es ist ja auch egal – das ist mein Punkt – denn sie schafft mit wenigen kleinen Operationen ein kaltes Gegenüber für die Jugendlichen, eine Konfrontation, die mit jeder Selbstverständlichkeit bricht. Ohne das gäbe es diesen Abstand gar nicht, der ja auch ein sozialer Abstand sein kann – der zwischen Betrachter und Abgebildeten."
A: „Das Privileg der eigenen Souveränität."
S: „Du kennst die frühen Filme von Laurel Nakadate?"
A: „Wo sie die älteren Männer für sich tanzen lässt?"
S: „... und selbst für diese Männer tanzt, genau. Da ist auch diese unangenehme Spannung im Raum, aber da flippt die Machtposition die ganze Zeit zwischen ihr und den Männern hin und her. Anders als bei Dijkstra weiß man am Ende gar nicht mehr, wer gerade wen beobachtet."

Man kann das tatsächlich für die meisten Videos sagen, die Nakadate in den 2000er-Jahren produzierte. Viele basieren auf Begegnungen mit fremden Männern, die Nakadate, so wird es zumindest berichtet, auf der Straße oder auf Rastplätzen ansprach.[590] Die Künstlerin war um die 30 Jahre alt, die Männer in ihren Sechzigern, meist übergewichtig, alleinstehend (Abb. 53). Nakadate ließ sich zu ihnen nach Hause einladen, um die Aufnahmen zu machen. Im Fall von *I want to be the one to walk into the sun* (2006) entkleidet sie sich dort bis auf die Unterwäsche, verlangt aber Gleiches auch von den Männern, die um einiges unbeholfener erscheinen. Die Szenen in den Wohnungen wechseln sich mit Außenaufnahmen, in denen Nakadate auf Rastplätzen für LKWs umherläuft oder lasziv auf einer für den Süden der USA so typischen hölzernen Veranda tanzt.

Beg for your life (2006) dauert rund 15 Minuten und beginnt mit dem Geständnis eines Mannes, der neben seiner Küchenspüle steht und davon erzählt, wie ihm das erste Mal das Herz gebrochen wurde, damals um 1970. Was man von der Küche sieht, macht einen verlebten Eindruck. Seine Arme hängen schlaff herunter, während er die Augen schließt, um sich aufs Sprechen zu konzentrieren. Die nächste Szene zeigt Nakadate mit einem größeren, bärtigen Mann auf einem Bett sitzend. Sie spielen offensichtlich eine Szene nach: „Ich sollte besser meine Eltern anrufen, damit sie mich abholen.", sagt Nakadate, während der Fremde sie überredet zu bleiben. Er würde sie auch gut behandeln. Als sie dennoch gehen will, ringt er sie nieder und täuscht vor, sie ins Gesicht zu schlagen. Nachdem Nakadate vorgibt das Bewusstsein zu verlieren, beugt sich der Mann über sie: „Jetzt gehörst du mir!", sagt er, „Ich liebe dich!"[591]

In der nächsten Szene sitzt Nakadate mit einem anderen Mann an einem Tisch, auf dem sich eine Pfütze mit Cola ausgebreitet hat. Er isst Süßigkeiten und nippt an einem Pappbecher. Seine Bewegungen wirken ungelenk, der Blick ausweichend, verunsichert. Wie in den meisten Szenen wird auch diese von liebestrunkener Popmusik untermalt – hier *When I See You Smile* von Bad English. Nakadate trägt zwei geflochtene Zöpfe und ein Top mit dünnen Trägern. Sie pult Mentos-Bonbons aus ihrer Verpackung und lässt sie in zwei Cola-Flaschen plumpsen. Fontänen schießen hinauf und ergießen sich über den Tisch. Für einen Moment schaut der Mann verschüchtert auf, isst dann aber doch schnell weiter. Er wirkt völlig unfähig, auf dieses Ereignis zu reagieren, während aufdrehende Musik und Zeitlupen-Modus den orgiastischen Moment zelebrieren.

Eine andere Filmszene zeigt einen korpulenten älteren Mann, den Nakadate wohl angewiesen hat, sie in erotischen Posen zu fotografieren. Er ist offensichtlich kein professioneller Fotograf, aber er dirigiert die Künstlerin, die bereitwillig jene stereotyp-erotischen Posen einnimmt, mit denen man junge Frauenkörper zu begehrten und willigen Sexobjekten stilisiert. Anschließend liegt Nakadate in weißem Kleidchen auf einem Bett, während zwei Kaninchen neben ihr balzen und kopulieren. In mehreren nachfolgenden Szenen hält die Künstlerin eine Pistole in der Hand, während abwechselnd unterschiedliche Männer vor ihr knien und um ihr Leben betteln – alles dadurch gebrochen, dass keiner von ihnen auch nur annähernd schauspielerisch zu überzeugen weiß (Abb. 54). Maschinenhaft monoton oder kichernd oder verlegen bitten sie Nakadate, ihr Leben zu verschonen. In der finalen Sequenz lässt sich die Künstlerin dann von einem Rentner mit Schiebermütze erschießen. Beide stehen auf einer Aussichtsplattform vor dem Mount Rushmore. Der ältere Mann betätigt einen Spielzeugrevolver, wonach sie neben ihm zu Boden sinkt, seine Hand umklammernd. Sie trägt ein Bikinioberteil und Hotpants, auf Herzhöhe hat sie sich mit Lippenstift Blutflecken auf die Haut gemalt. Der Mann schaut verlegen, wirkt überrumpelt von der Dramatik, mit der Nakadate ihr Sterben in die Länge zieht.

S: „Anders als bei Emins Geschichte ist die Rollenverteilung hier viel ambivalenter. Nakadate und die Männer sind gleichermaßen Opfer und Täter, sie scheinen wie eingeklemmt in sozialen Rollen und Verhältnissen. Nakadate spielt ja auch mit einer ganz klassischen Angst: Geh nicht mit Fremden! Da schwingt immer ein wenig Sorge um sie mit, wenn man sie allein in den Wohnungen fremder Männer sieht. Sie mimt das zierliche Mädchen, das diesen alten Herren schutzlos ausgeliefert ist, dazu skriptet sie Situationen, die deren schablonierten Fantasien entsprechen mögen: Ein junger Teenager tanzt in meiner Küche oder posiert in meinem Schlafzimmer … einerseits führt sie eine Kulturmaschine vor, die aus jungen Mädchen kleine Lolitas macht. Aber sie zeigt auch die Männer als Opfer schiefer Sehnsüchte, die so offensichtlich jenseits ihrer Realität liegen. Man sieht ihre einsamen Wohnungen, ihre unattraktiven Körper, manchmal hören wir ihre traurigen Geschichten. Alte weiße Männer am unteren Ende der Nahrungskette. Sie können ihr Glück kaum fassen, das die junge Nakadate in ihre Wohnungen bringt – und sind gerade dadurch völlig überfordert, fast hilflos."
A: „Also ich glaube nicht, dass Nakadate sich da schutzlos ausgeliefert hat. Sie riskiert aber etwas anderes: Sie betritt die Wohnungen vermutlich mit ganz bestimmten Vorstellungen und Spielanweisungen, aber sie öffnet sich auch für die Situationen, die sich dadurch ergeben. Auf mich wirkt das jedenfalls so. Sie setzt ihre Kunst also einer

Offenheit aus, zumindest dort, wo sie das Skript verlässt und sich auf die Wirklichkeit ihrer ‚Schauspieler' einlässt. Die Männer wirken überhaupt nicht bedrohlich. Es ist eher auffällig, wie menschlich sie erscheinen."
S: „Und wieder durch ihre Unsicherheit, oder? Wie bei den Tänzern in Dijkstras Video. Verletzlichkeit macht menschlich."
A: „Ja, die Qualität von Nakadates Videos liegt vor allem darin, dass sie selbst an vielen Stellen peinlich und überfordert wirken. Alles ist total lo-fi und dramaturgisch unausgereift. Ihre Ästhetik macht sich selbst verletzlich."

Es sollten noch drei Jahre und eine Pandemie ins Land gehen, bevor wir den Mietvertrag für den kleinen Laden in der Galerie Le Bailli unterschreiben konnten. Wenn man einen Kunstraum eröffnet, hat man sämtliche Grundsatzfragen auf dem Tisch: Was? Wozu? Und für wen eigentlich? Man durchlebt das ganze institutionelle Dilemma in klein. Natürlich möchte man eine möglichst breite und diverse Öffentlichkeit ansprechen – aber nicht um jeden Preis. Unvermeidlich setzt man Wissen voraus, setzt einen spezifischen Geschmack voraus, in dem man den eigenen ausstellt, von der Kunst angefangen bis in die Details des öffentlichen Auftritts. In Brüssel verzichten wir zum Beispiel auf den Einsatz sozialer Medien, haben sogar ein Deckenlicht installiert, das durch eine spezielle Taktung seiner Frequenz den Einsatz von Handykameras stört. Man bildet sich ein, in solchen Entscheidungen käme eine bestimmte Haltung zum Ausdruck, weil „Haltung" politischer klingt als „Geschmack". Aber es gibt kein Entkommen aus der Logik der Distinktion, nicht mal in der Kunst, wo man ihre Grenzen so gezielt ausreizt und verändert. Schließlich ist auch die Praxis, den eigenen Geschmack künstlerisch herauszufordern, eine, die auf ein bestimmtes soziales und kulturelles Setting und damit ein entsprechendes Geschmackswissen zurückgreift.

Im Fall der Gegenwartskunst profitiert dieses Setting von einer bürgerlichen Emanzipationsgeschichte, aus der heraus sich bestimmte Anforderungen etablieren konnten und – zumindest ideell – in die sie umgebende Diskursordnung eingelassen blieben: Kunst soll in relativer Autonomie und mit dem gehörigen Ernst betrieben werden, sie soll auf Originalität hin ausgerichtet sein, auf die permanente Herausforderung durch das Neue.[592] Aus dieser hehren Positionierung gegen das Bestehende erwächst ihre eigentümliche Freiheit, das kritische Potenzial ästhetischer Negativität. Aber eben auch ein repräsentatives Potenzial, nämlich das zur Repräsentation bürgerlicher Ideologie. Und die droht konstant, die eben gewonnene Freiheit zu kanalisieren und in soziales Kapital zu überführen. Dass sich Kunst so hervorragend dazu eignet, bestimmte Personen oder Personengruppen mit Eigenschaften wie Neugier, Innovationsfreude, Unabhängigkeit, mit Sensibilität oder kritischem Bewusstsein zu assoziieren, verdankt sich der Prämisse ihrer allgemeinen Zugänglichkeit.[593] Die „Liebe zur Kunst" (Pierre Bourdieu) kann nur deshalb zum Ausweis quasi-natürlicher Eigenschaften werden, weil sie prinzipiell jedem offen steht.

Die Offenheit künstlerischer Autonomie beschert also selbst die Möglichkeit, soziale Ungleichheiten zu verdecken oder kulturell zu legitimieren. Und so, wie die relative Autonomie der Kunst ideengeschichtlich auf die relative Freiheit des bürgerlichen Subjekts bezogen ist, spiegelt sich in der künstlerischen Repräsentation ein Problem der liberalen Demokratie.[594] In dieser müsste eigentlich jede politische Artikulation davon ausgehen, „dass es keine natürliche Identität der Menge gibt", die sie zu repräsentieren vorgibt. „Kein Individuum, keine Klasse, keine gesellschaftliche Gruppe kann dem politischen Namen der Menge seine letzte Bestimmtheit geben."[595] Denn mit der demokratisch vorausgesetzten Freiheit des Individuums hat sich eben auch die Vorstellung einer klassenunabhängigen Gleichheit etabliert und institutionalisiert. „Indem aber die liberale These die Einheit des Menschen als prinzipiell bereits verwirklicht ansetzt, hilft sie zur Apologie des Bestehenden."[596] So ist die formelle Gleichheit beides: Schutzschirm und Feigenblatt der Freiheit. Wo sie jedem zugestanden wird, kann die bürgerlichen Klasse ihre eigenen Möglichkeiten leicht als allgemeine missverstehen, und sich den zivilisatorischen Fortschritt dann als verdienten Lohn ihrer geschmacklichen und moralischen Eigenleistung anrechnen.

Da passt das Asoziale nicht ins Bild. Es wird zum umgekehrten Anzeiger bürgerlicher Privilegierung, weil es ein Außerhalb jenes sozialen Refugiums offenbart, das relative Freiheit gewährt. Natürlich bleibt die Freiheit auch innerhalb dieses Refugiums zunächst nur Möglichkeit. Es gibt keinen Automatismus zwischen dem Zugriff auf die Mittel und dem, was man als gelebte Freiheit bezeichnen könnte. Wie vielen selbst derjenigen, die sich vom Bürgertum noch durch das Präfix „Groß-" abheben dürfen, ist die Einfalt anzusehen, mit der sie von ihrer Freiheit Gebrauch machen – nicht zuletzt in künstlerischen Dingen. Wenn aber selbst jene, die mehr als genügend Möglichkeiten haben, keine Lust an der ästhetischen Verfeinerung, an der damit verbundenen Herausforderung und Auseinandersetzung entwickeln, werden Geschmacksfragen – und mit ihnen die Kunst – tatsächlich auf ihre distinktiven Funktionen reduziert. Soweit, dass man zuweilen den Eindruck gewinnt, dass all die institutionellen Bemühungen der letzten Jahre, die kulturellen Zugangsbedingungen möglichst niedrigschwellig anzusetzen, weniger dazu führen, Menschen aus den unteren Klassen zu „echten" Kunstliebhabern zu machen, sondern lediglich den Preis drücken, den die oberen Klassen bezahlen, um sich ihre „Liebe zur Kunst" beglaubigen zu lassen. *Mission Accomplished: Belanciege* von Hito Steyerl hat die oligarchische Vulgärform dieser Entwicklung in eindringlicher Klarheit ausbuchstabiert.[597] Der Wechselkurs des kulturellen gegenüber dem ökonomischen Kapital sinkt, während der Geschmack der übermäßig Begüterten sich bisweilen nur durch das dafür ausgegebene Geld noch von den Gegenwartsversionen jenes Geschmacks unterscheidet, der einst als „volkstümlich" und später als „populär" bezeichnet wurde.

Man kann diese Entwicklung zur Kenntnis nehmen, ohne den Aufbruch der Grenzen zwischen „hoher" und einer vermeintlich „niederen" Kunst zu diskreditieren, wie er im 20. Jahrhundert nicht zuletzt von den Künstlern selbst vorangetrieben wurde. Mit ihm wurde befreit, was im ästhetischen Dünkel der sozialen Eliten zu ersticken drohte. Als Künstler, der heute auf die Bildsprachen von alten Abenteuercomics und populären Videoplattformen zurückgreift, bin ich dankbarer Nutznießer dieser Befreiung. Das Problem der Gegenwart ist vielmehr eine neue Form der „klassenmäßigen Zuverlässigkeit" (Walter Benjamin) mit der sich die Kunst nun abermals die Luft abschnürt. Wieder dadurch, dass sie zuverlässig bürgerliche Repräsentationsbedürfnisse bedient. Sie mag gerade weniger kanonische Bildung voraussetzen, sie mag auch weniger „Freiheitsbilder" in die Welt tragen, die doch nur die Freiheit des eigenen Milieus vorführen – jetzt ist es zuvorderst die Moral, mit der sie dieses Milieu ästhetisch ins Recht setzt; jetzt darf ein niedrigschwelliges Kunstangebot bezeugen, dass jeder mitmachen darf, während man doch nur die „Apologie des Bestehenden" mit preisgünstigen „Moralbildern" garniert. Noch einmal aus der *Dialektik der Aufklärung*: „Die Reinheit der bürgerlichen Kunst, die sich als Reich der Freiheit im Gegensatz zur materiellen Praxis hypostasierte, war von Anbeginn mit dem Ausschluss der Unterklasse erkauft, deren Sache, der richtigen Allgemeinheit, die Kunst gerade durch die Freiheit von den Zwecken der falschen Allgemeinheit die Treue hält."[598] Offensichtlich bedarf es den Ausschluss der Unterklasse umso mehr, wo die Kunst der „richtigen Allgemeinheit" die Treue verweigert und sich den Zwecken bloßer Gesellschaftsspiele andient. Da ist es gleich, ob sie individuelle Freiheit oder Demokratie, Diversität und moralische Sensibilität repräsentieren muss. Sie büßt ein, was sie an relativer Autonomie vor der Vereinnahmung bewahrt: ihren Antrieb zur Selbstüberforderung, mit der sie sich ihre Negativität gegenüber der Gesellschaft überhaupt erst erfindet. Die „Reinheit der bürgerlichen Kunst" zeigt sich heute in der Reinheit ihrer Diskurse, die jede ästhetische Ambiguität im Umgang mit der Unterschicht unter Verdacht stellt. Die zuverlässige Kunst weiß mit dem Asozialen schon deshalb wenig anzufangen, weil es all ihre schönen Moralgeschichten verdürbe.

Meine Ausgangsfrage war, ob sich in der Gegenwartskunst trotzdem Beiträge finden, die diese Reinheit stören, ohne – durch Selbstgerechtigkeit, durch Kitsch, Redundanz oder Ressentiment – den Ausflüchten der „falschen Allgemeinheit" auf den Leim zu gehen. Die gute Nachricht: Es gibt sie. Sind es auch nicht allzu viele, konnte ich dennoch nicht das ganze Spektrum abbilden, ihre ganze Vielfalt einfangen und sämtliche Aspekte beleuchten. Doch schon die wenige Kunst, mit der ich mich auseinandergesetzt habe, offenbart eine Fülle ästhetischer Ansätze, durch die der Abgrund des Asozialen dem geneigten Rezipienten auf die Pelle rückt. Von bloßen Andeutungen, die völlig im Ungewissen lassen, woher sie kommen und wohin sie wollen, wie in *Stove*, der minimalistischen Installation von Sara Deraedt – bis zum überbordenden Großprojekt, wie der *Robert-Walser-Skulptur* von Thomas Hirschhorn, die weniger andeutete als lautstark behauptete, die aber immer, wo man nach der Ethik fragte, mit ästhetischen Entscheidungen antwortete, und wo man ihre Ästhetik zu fassen versuchte, ethische Begründungen vortrug. Sie tat das jedoch – und das ist entscheidend – in einer Weise, die mich als Rezipienten selbst in Widersprüche verwickelte. Da wurde niemand ins Recht gesetzt: die Kunst nicht, der Künstler nicht, der Rezipient so wenig wie sein Milieu.

In ihrer Rezeption als Kunst bewegten sämtliche Beiträge – auch jene, die anderes intendieren – sich im Rahmen dessen, was ich als bürgerliches Selbstgespräch beschrieben habe.[599] Allerdings wäre eine Ästhetik des Asozialen auch nicht in der unmittelbaren menschlichen Begegnung zu suchen; diese bleibt sozialen, also ethischen Ansprüchen verpflichtet oder sie wird skrupellos. Dagegen erwies sich die Skrupellosigkeit, die man Renzo Martens *Enjoy Poverty* oder Boris Mikhailovs *Case History* immer wieder unterstellt, bei näherer Betrachtung, als ein je eigenständiger Ausdruck künstlerischer Nicht-Gleichgültigkeit. Einer Nicht-Gleichgültigkeit, um diesen Begriff von Levinas hier noch einmal zu variieren, die im Möglichkeitsraum einer ästhetisch vorweggenommenen Freiheit ebendiese Freiheit in Anspruch nimmt, um auf ihr utopisches Potenzial zu insistierten, die aber zugleich und mit ganz unterschiedlichen künstlerischen Manövern, ein Bewusstsein dafür provoziert, welcher Wirklichkeit sie abgetrotzt wird. Nicht durch Feelgood-Angebote oder ethische Appelle, sondern durch ästhetische Ambiguität, die all jene in Probleme verwickelt und ins Denken zwingt, die sich darauf einlassen. Diese Kunst ist selbst „asozial" in dem Sinn, dass sie zum Bestehenden auf Abstand bleibt, während sie ihre Betrachter an dessen Abgrund heranführt. „Das Asoziale der Kunst ist bestimmte Negation der bestimmten Gesellschaft.", heißt es treffend bei Adorno.[600]

Es ist nicht die Schuldigkeit solcher Kunst, dass ihr dies nur im Rahmen eines bürgerlichen Selbstgesprächs gelingt. Sie kann auch schwerlich für Gespräche zur Verantwortung gezogen werden, wie ich sie in Mikhailovs Ausstellung in Baden-Baden belauschen konnte, deren Beteiligten jede Bereitschaft abging, auch nur die Nähe zum Asozialen auszuhalten, zu der sie der künstlerische Abstand einlädt.[601] Es wäre die verdammte Verpflichtung aller am bürgerlichen Gespräch Beteiligten, also aller, die bereits einen Fitzel bürgerlicher Freiheit in Anspruch nehmen, diese Freiheit beim Schopfe zu packen, lebendig zu machen und für mehr und mehr, nämlich für alle Menschen die Voraussetzungen für sie zu schaffen.

Die Ursachen für asoziale Verhältnisse, die mehr als alles andere den Beweis dafür erbringen, dass eine freie Gesellschaft längst nicht existiert, sind zahlreich. Ich kann hier keine politischen Ratschläge erteilen, was zu ihrer Beseitigung beitrüge. Dass aber der politische Anspruch auf ihre Beseitigung in allen ernstzunehmenden Fraktionen demokratischer Willensbildung erlahmt, ist ebenso offensichtlich wie erschreckend. Die weitgehende Abwesenheit des Asozialen in der Gegenwartskunst ist Ausdruck dessen und gerade nicht, wie man fälschlich annimmt, wachsende Rücksicht auf diejenigen, die unter solchen Verhältnissen zu leiden haben. Nochmal: Nicht die Bilder, die sich die Kunst von ihnen macht, sind das Problem, es sind die Verhältnisse selbst. Vor diesem Hintergrund ist die Kunst als einer jener Spielräume bürgerlicher Freiheit zu verteidigen, der, so kapitalistisch deformiert er auch sein mag, zumindest eine Idee davon lässt, worum in progressiven gesellschaftlichen Transformationskämpfen in viel stärkerem Maß gerungen werden muss. Das bedeutet auch, sie gegen die Auffassung zu verwahren, sie sei identisch mit dem, was sie „aussagt", oder mehr noch: identisch mit den Interessen oder Identitätsmodellen ihrer Produzenten. Im besten Fall erlaubt ihre relative Autonomie doch gerade die angstfreie Erfahrung des Uneindeutigen, des Nichtidentischen. Dazu dient ihr strategischer Universalismus, nicht der Repräsentation bürgerlicher Partikularinteressen, zu der er so oft herangezogen wird.[602]

Aber wie immer, wo in so weihevollem Ton von „der Kunst" die Rede ist, ist das Versprechen größer als die Wirklichkeit. Das gehört zu der angesprochenen Selbstüberforderung, die natürlich nur dann Sinn ergibt, wenn sie Lust macht auf den Widerspruch durch und die Reibung an der Realität. Mein Anliegen war es, den essayistischen Teil dieses Buches möglichst entlang meiner eigenen Lust daran zu erzählen. Da die Zeit tatsächlich danach schreit, das Eine zu bekämpfen, das Andere zu verteidigen und das Nächste zu entwickeln, kann alles zusammen nur mit Lust gelingen. Mir ist bewusst, dass aktuell nur wenig darauf hindeutet, die Kunstwelt könnte ein Ort sein, der diese Lust willkommen heißt. Aber auf das Wenige wird es ankommen. Vielleicht hilft es ja in einem ersten Schritt – so haben wir es uns zumindest in Brüssel zur Maxime gemacht – die falschen Leute zu langweilen, während man die richtigen in Aufregung versetzt und auch auf kleiner Bühne versucht, das Wesentliche nicht aus den Augen zu verlieren. Denn so, wie es ist, darf es nicht bleiben.

1 *Klasse Gesellschaft*, kuratiert von Sandra Pisot, vom 26.11.2021 bis 27.03.2022 in der Hamburger Kunsthalle, Pressetext unter: hamburger-kunsthalle.de/ausstellungen/klasse-gesellschaft (zuletzt abgerufen am 01.02.2022).
2 Ebd.
3 *Illiberal Arts*, kuratiert von Anselm Franke und Kerstin Stakemeier, vom 11.09. bis 21.11.2021 im Berliner Haus der Kulturen der Welt, Begleitheft unter: archiv.hkw.de/media/de/texte/pdf/2021_1/programm_2021/illiberal_arts_begleitheft.pdf (zuletzt abgerufen am 01.02.2022).
4 Zur Verwendung des Begriffs vgl. S. 52f.
5 Freud, S.: *Das Unheimliche – Aufsätze zur Literatur*, Frankfurt am Main 1963, S. 75.
6 Vgl. S. 39f.
7 Mayer, J.: *Was geschah mit der institutionellen Kritik?*, in: Weibel, P. (Hrsg.): *Kontext Kunst – The Art Of The 90's*, Köln 1994, S. 239ff.
8 Eribon, D.: *Rückkehr nach Reims*, Berlin 2016, S. 234.
9 Nancy Fraser beschreibt diese Entwicklung am Beispiel der USA, aber sie lässt sich leichthin auf hiesige Verhältnisse übertragen. Vgl. Fraser, N.: *Vom Regen des progressiven Neoliberalismus in die Traufe des reaktionären Populismus*, in: Geiselberger, H. (Hrsg.): *Die große Regression – Eine internationale Debatte über die geistige Situation der Zeit*, Berlin 2017, S. 80f.
10 Vgl. Scholz, L.: *Arbeiterkinderliteratur*, in: *Texte zur Kunst 115*, 9/2019, S. 121ff.
11 *Not Working – künstlerische Produktion und soziale Klasse*, kuratiert von Maurin Dietrich und Gloria Hasnay, vom 12.9. bis 1.11.2020 im Kunstverein München. *Klassenverhältnisse – Phantoms of Perception*, kuratiert von Benjamin Fellman, Tobias Peper und Bettina Steinbrügge, vom 27.10.2018 bis 27.01.2019 im Kunstverein Hamburg. *Klassensprachen*, kuratiert von Eva Birkenstock, Jenny Nachtigall und Kerstin Stakemeier, vom 11.11.2017 bis 4.2.2018 im Kunstverein für die Rheinlande und Westfalen.
12 Klopotek, F.: *Klassensprecher*, in: *Konkret*, 4/2020, S. 33ff.
13 Der Fairness halber sei angemerkt, dass sich mit der Kampagne auch Anliegen klassischer Umverteilungspolitik wie die Wiedereinführung der Vermögenssteuer, ein Ende der Zwei-Klassen-Medizin oder die Erhöhung des Mindestlohns beinhaltete. Davon umsetzen sollte die spätere Regierung Scholz allerdings nur Letztgenanntes.
14 Michaels, W. B.: *Der Trubel um Diversität*, Berlin 2021, S. 20f.
15 Ebd.
16 Pollatschek, N.: *Ich protestiere*, in: *Süddeutsche Zeitung*, 22.10.2022, S. 15.
17 Honneth, A.: *Die Pointe der Anerkennung*, in: ders. & Fraser, N.: *Umverteilung oder Anerkennung – Eine politisch-philosophische Kontroverse*, Frankfurt am Main 2003, S. 295.
18 Zur affirmativen Argumentation, die Gegenwartskunst habe ihre Autonomie längst preisgegeben vgl. Rauterberg, H.: *Die Kunst und das gute Leben*, Berlin 2015; Ullrich, W.: *Die Kunst nach dem Ende ihrer Autonomie*, Berlin 2022.
19 Adorno, T.W.: *Ästhetische Theorie*, Frankfurt am Main 1970, S. 9.
20 Kant, I.: *Werke in zwölf Bänden*, Bd. 9, *Idee zu einer allgemeinen Geschichte in weltbürgerlicher Absicht*, Frankfurt am Main 1970, S. 37ff.
21 Jullien, F.: *Es gibt keine kulturelle Identität*, Berlin 2017, S. 29.
22 Vgl. Getachew, A.: *Die Welt nach den Imperien – Aufstieg und Niedergang der postkolonialen Selbstbestimmung*, Berlin 2022.
23 Harney, S. & Moten, F.: *Die Undercommons – Flüchtige Planung und schwarzes Studium*, Wien 2016, S. 21.
24 Ebd.
25 Baumann, Z.: *Retrotopia*, Berlin 2017, S. 21, Hervorhebungen im Original.
26 Eribon 2016, S. 168.
27 Zitiert nach Lindner, R.: *Unterschicht – eine Gespensterdebatte*, in: ders. & Musner, L. (Hrsg.): *Unterschicht – Kulturwissenschaftliche Erkundungen der „Armen" in Geschichte und Gegenwart*, Freiburg im Breisgau 2008, S. 15.
28 Ebd.
29 Lessenich, S.: *Du sollst dir ein Bildnis machen – Zur sozialen Konstruktion von „Armut" in der Wohlstandsgesellschaft*, in: Eißner & Scholz-Hänsel 2011, S. 34.
30 Jullien 2017, S. 17.
31 Baumann, Z.: *Wieder allein – Ethik am Ende der Gewissheit*, Hamburg 2019, S. 42.
32 Vgl. S. 111f.
33 Smith, R.: *Crawling for Peace in a Not-Quite Salt Mine*, in: *The New York Times*, 10.03.2011, unter: nytimes.com/2011/03/11/arts/design/terence-koh-nothingtoodoo-at-mary-boone-review.html (zuletzt abgerufen am 17.09.2019), Übersetzung S.Z.
34 Vgl. S. 129f.
35 Biesenbach, K.: *Auf der Suche nach Terence Koh*, in: *Monopol Magazin*, 20.07.2018, unter: monopol-magazin.de/finding-terence-koh (zuletzt abgerufen am 17.09.2019).
36 Pressetext zur Ausstellung *Terence Koh: Bee Chapel* in der Galerie Andrew Edlin (21.05. bis 29.07.2016), unter: edlingallery.com/exhibitions/terence-koh-bee-chapel/press-release (zuletzt abgerufen am 17.09.2019), Übersetzung S.Z.
37 Terence Koh im Gespräch mit S.Z., 29.08.2019 in Hamburg.
38 Vahland, K.: *Über die politische Intention der Erdbeere – Interview mit Carolyn Christov-Bakargiev*, in: *Süddeutsche Zeitung*, 8.6.2012, unter: sueddeutsche.de/kultur/documenta-leiterin-carolyn-christov-bakargiev-ueber-die-politische-intention-der-erdbeere-1.1370514 (zuletzt abgerufen am 17.09.2019).
39 Celant, G.: *Ars povera*, in: Bätzner, N. (Hrsg.): *Arte Povera – Manifeste, Statements, Kritiken*, Dresden 1995, S. 88.
40 Vgl. En. 37.
41 Pressetext zur öffentlichen Installation *Bee Chapel HafenCity* in Hamburg vom 01. bis 30.08.2019, unter: kunstundkulturhafencity.de/de/event/bee-chapel-hc (zuletzt abgerufen am 17.09.2019); Der Bambus im Hintergrund ist Teil eines Pflanzenprojekts der Künstlerin Tita Giese, die ihn hier im Jahr 2000 neben Palmen und Austernpilzen ansiedeln lies.
42 Pressetext zur Ausstellung *Terence Koh* in der Kunsthalle Zürich vom 26.08. bis 29.10.2006, unter: kunsthallezurich.ch/de/terence-koh (zuletzt abgerufen am 17.09.2019).
43 Vgl. S. 49f.
44 „Als Vorbild und Ziel bedeutet [die Natur] den Widergeist, die Lüge und Bestialität, erst als erkannte wird sie zum Drang des Daseins nach seinem Frieden, zu jenem Bewusstsein, das von Beginn an den unbeirrbaren Widerstand gegen Führer und Kollektiv begeistet hat"; Horkheimer, M. & Adorno, T.W.:

Dialektik der Aufklärung – Philosophische Fragmente, Frankfurt am Main 1988, S. 271.
45 Kant, I.: *Werke in zwölf Bänden*, Bd. 10, *Kritik der Urteilskraft*, Frankfurt am Main 1968 I, S. 185.
46 Bourdieu, P.: *Die feinen Unterschiede – Kritik der gesellschaftlichen Urteilskraft*, Frankfurt am Main 1982, S. 585.
47 Vgl. S. 176..
48 Vgl. S. 61f.
49 Sontag, S.: *Das Leiden anderer betrachten*, Frankfurt am Main 2005, S. 133.
50 Ebd. S. 136, Hervorhebung im Original.
51 Adorno, T.W.: *Negative Dialektik*, Frankfurt am Main 1966, S. 356.
52 Menke, C: *Die Kraft der Kunst*, Berlin 2013, S. 12.
53 *Roter Sand und ein gefundenes Glück*, vom 23.09.2006 bis 28.01.2007 im Museum für Moderne Kunst Frankfurt.
54 Vgl. S. 50.
55 Ammann, J.-C.: *Laudatio zur Verleihung des Kunstpreises der Adolf-Luther-Stiftung am 30.10.1994*, unter: adolf-luther-stiftung.com/sammlung/andreas-slominski/ (zuletzt abgerufen am 26.02.2020).
56 Ebd.
57 Enwezor, O.: *Die Black Box*, in: ders. (Hrsg.): *Documenta11_Plattform5 – Ausstellungskatalog*, Ostfildern 2002, S. 45.
58 Roth, D.: *Romuald Hazoumè – Mister Kanister und die orale Postmoderne*, München 2013, S. 149.
59 Vgl. S. 183.
60 Roth 2013, S. 147.
61 Nilofar Mehrin im Gespräch mit S.Z., 29.08.2019 in Frankfurt am Main.
62 Zitiert nach Müller, M.: *Henri Matisse*, München 2016.
63 Vgl. Anm. 37.
64 Vgl. Warnke, M.: *Hofkünstler – Zur Vorgeschichte des modernen Künstlers*, Ostfildern 1991.
65 Honneth, A.: *Die Pointe der Anerkennung*, in: ders. & Fraser, N.: *Umverteilung oder Anerkennung – Eine politisch-philosophische Kontroverse*, Frankfurt am Main 2003, S. 299.
66 Grasskamp, W.: *Museumsgründer und Museumsstürmer – Zur Sozialgeschichte des Kunstmuseums*, München 1981, S. 26f.; Zu Begriff und Genese der bürgerlichen Öffentlichkeit vgl. Habermas, J.: *Strukturwandel der Öffentlichkeit*, Neuwied und Berlin 1962, S. 11ff. und S. 24ff.
67 Hettling, M.: *Bürgerliche Kultur – Bürgerlichkeit als kulturelles System*, in: Lundgreen, P. (Hrsg.): *Sozial- und Kulturgeschichte des Bürgertums*, Göttingen 2000, S. 320.; Schäfer, M.: *Die Geschichte des Bürgertums*, Köln 2009, S. 105.
68 Moser, V.: *Bildende Kunst als soziales Feld*, Bielefeld 2013, S. 277.
69 Habermas 1962, S. 48.
70 Habermas 1962, S. 47.
71 Knigge, A.: *Über den Umgang mit Menschen*, Leipzig 1989 (Original: Hannover 1788), S. 26.
72 Ebd., S. 24.
73 Ebd., Hervorhebungen im Original.
74 Ebd., Hervorhebungen im Original.
75 Manow, P.: *Demokratisierung der Demokratie*, in: *Merkur – Deutsche Zeitschrift für europäisches Denken 847*, 12/2019, S. 5.
76 Hettling 2000, S. 330; Kösser, U.: *Zwischen Unabhängigkeit und Selbstbestimmung – Begriffsgeschichtliche Befunde zur Autonomie der Kunst*, in: Karstein, U. & Zahner, N. T.: *Autonomie der Kunst? – Zur Aktualität eines gesellschaftlichen Leitbildes*, Wiesbaden 2017, S. 69 f.
77 Zur Unterscheidung von liberalen und illiberalen Demokratien bzw. liberalen und illiberalen Autokratien vgl. Zakaria, F.: *The Rise of Illiberal Democracy*, in: *Foreign Affairs*, Ausgabe 76, 6/1996, S. 22ff.
78 Habermas 1962, S. 67.
79 Ebd., S. 68.
80 Kant, I.: *Werke in zwölf Bänden*, Bd. 10, *Kritik der Urteilskraft*, Frankfurt am Main 1968 I, S. 115.
81 Ebd., S. 124.
82 Ebd., S. 101, Hervorhebung S.Z.
83 Ebd., S. 229.
84 Ebd., S. 193.
85 Ebd., S. 190, Hervorhebung im Original.
86 Nipperdey, T.: *Wie das Bürgertum die Moderne fand*, Stuttgart 1998, S. 15.
87 Ebd., S. 24.
88 Bourdieu, P. & Darbel, A.: *Die Liebe zur Kunst – Europäische Kunstmuseen und ihre Besucher*, Konstanz 2006, S. 89.
89 Bourdieu, P.: *Die Regeln der Kunst. Genese und Struktur des literarischen Feldes*, Frankfurt am Main 1999, S. 495.
90 Bourdieu unterscheidet nochmal zwischen dem Geschmack des Kleinbürgertums, der „die minderbewerteten Werke der legitimen Künste" sowie die „die legitimsten Werke der minderbewerteten Künste" umfasse, und dem populären Geschmack der unteren Klassen, der „fern jedes künstlerischen Anspruchs" sei. Bourdieu, P.: *Die feinen Unterschiede – Kritik der gesellschaftlichen Urteilskraft*, Frankfurt am Main 1982, S. 36ff.; Zahner, N.T.: *Die neuen Regeln der Kunst. Andy Warhol und der Umbau des Kunstbetriebs im 20. Jahrhundert*, Frankfurt am Main 2006, S. 25ff.
91 Habermas 1962, S. 48.
92 Ebd.
93 Schumacher, F.: *Bourdieus Kunstsoziologie*, Konstanz 2011, S. 177.
94 Wehler, H.-U.: *Die Zielutopie der Bürgerlichen Gesellschaft und die Zivilgesellschaft heute*, in: Lundgreen 2000, S. 87.
95 Hinz, B.: *Zur Dialektik des bürgerlichen Autonomie-Begriffs*, in: ders.; Apitzsch, U., Bredekamp, H., Fredel, J., Müller, M. & Verspohl, F.-J. (Hrsg.): *Autonomie der Kunst – Zur Genese und Kritik einer bürgerlichen Kategorie*, Frankfurt am Main 1972, S. 175.
96 Brunkhorst, H.: *Entkopplung von Wahrheit und Demokratie – Autoritärer Liberalismus im globalen Strukturwandel der Öffentlichkeit*, in: *WestEnd – Neue Zeitschrift für Sozialforschung*, 2/2019, S. 49.
97 Reitz, T.: *Bürgerlichkeit als Haltung – Zur Politik des privaten Weltverhältnisses*, München 2003, S. 12
98 Ebd., Hervorhebung S.Z.
99 Ebd.
100 Deleuze, G.: *Was ist ein Dispositiv?*, in: Ewald, F. & Waldenfels, B. (Hrsg.): *Michel Foucaults Denken*, Frankfurt am Main 1991, S. 153.
101 Vgl. Bauer, F.J.: *Das „lange" 19. Jahrhundert (1789–1917)*, Stuttgart 2004.
102 Zitko, H.: *Kunstwelt – Mediale und systemische Konstellationen*, Hamburg 2012, S. 93.
103 Ebd.
104 Ebd.
105 Nipperdey 1998, S. 17.
106 Zitko 2012, S. 86
107 Zitiert nach Savoy, B.: *Zum Öffentlichkeitscharakter*

deutscher Museen im 18. Jahrhundert, in: dies. (Hrsg.): *Tempel der Kunst – Die Entstehung des öffentlichen Museums in Deutschland 1701–1815*, Mainz 2006, S. 15.
108 Nipperdey 1998, S. 33.
109 Ebd., S. 17.
110 Schulz, A.: *Lebenswelt und Kultur des Bürgertums im 19. und 20. Jahrhundert*, München 2005, S. 1.
111 Bauer 2004, S. 22f.
112 Ebd., S. 23.
113 Ruppert, W.: *Der moderne Künstler – Zur Sozialgeschichte der kreativen Individualität in der kulturellen Moderne im 19. und frühen 20. Jahrhundert*, Frankfurt am Main 1998, S. 144.
114 Nipperdey 1998, S. 34.
115 Bourdieu 1999, S. 96.
116 Ebd.
117 Ruppert 1998, S. 291.
118 Nipperdey 1998, S. 30.
119 Zahner 2006, S. 38.
120 Gehlen, A.: *Zeit-Bilder. Zur Soziologie und Ästhetik moderner Malerei*, Frankfurt am Main 1960, S. 222f.; Zur Diskussion einer Kunst als stabilisierendes Kompensationsmodell gegenüber einer Kunst als destabilisierende, über sich hinausweisende Potenzialität vgl. Menke, C.: *Die Souveränität der Kunst – Ästhetische Erfahrung nach Adorno und Derrida*, Frankfurt am Main 1991, S. 189ff.
121 Lorch, C.: *Wir können Rettungsinseln sein!, Interview mit Susanne Gaensheimer und Julia Stoschek*, in: *Süddeutsche Zeitung*, 18.01.2021, S. 9.
122 Hettling 2000, S. 324.
123 Jung, W.: *Von der Mimesis zur Simulation. Einführung in die Geschichte der Ästhetik*, Hamburg 1995, S. 71.
124 Ruppert 1998, S. 299.
125 Lepsius, M.R.: *Interessen, Ideen und Institutionen*, Opladen 1990, S. 168.
126 Vgl. Nipperdey 1998, S. 8.
127 Lepsius 1990, S. 163.
128 Foucault, M.: *Die Ordnung des Diskurses*, Frankfurt am Main 1977, S. 35.
129 Hauser, A.: *Soziologie der Kunst*, München 1974, S. 597.
130 Kristeva, J.: *Fremde sind wir uns selbst*, Frankfurt am Main 1990, S. 184ff.
131 Adorno, T.W.: *Ästhetische Theorie*, Frankfurt am Main 1970, S. 10; Bourdieu spricht zum Beispiel in Bezug auf die Boheme des zweiten französischen Kaiserreichs von einer nie dagewesenen Empörung und Auflehnung gegen die Bourgeoisie. Bourdieu 1999, S. 84, Anm. 1.
132 Ebd., S. 334.
133 Hettling 2000, S. 330f.
134 Bourdieu 1999, S. 198.
135 Danto, A. C.: *Kunst nach dem Ende der Kunst*, München 1996, S. 55.
136 Adorno 1970, S. 353.
137 Groys, B.: *The Cold War between the Medium and the Message – Western Modernism vs. Socialist Realism*, in: *E-Flux Journal 104*, 11/2019, unter: e-flux.com/journal/104/ (zuletzt abgerufen am 31.12.2019).
138 Kant 1968 I, S. 143.
139 Menke 1991, S. 10.
140 Adorno, T.W.: *Negative Dialektik*, Frankfurt am Main 1966, S. 160.
141 Danko, D.: *Kunstsoziologie*, Bielefeld 2012, S. 101f.
142 Rancière, J.: *Die Aufteilung des Sinnlichen – Die Politik der Kunst und ihre Paradoxien*, Berlin 2006, S. 79.
143 Latour, B.: *Eine neue Soziologie für eine neue Gesellschaft. Einführung in die Akteur-Netzwerk-Theorie*, Frankfurt am Main 2007, S. 406.
144 Adorno 1970, S. 335.
145 Menke, C.: *Die Kraft der Kunst*, Berlin 2013, S. 14.
146 Adorno 1970, S. 19.
147 Ebd.
148 Ebd., S. 252.
149 Adorno 1970, S. 335.
150 Rebentisch, J.: *Ästhetik der Installation*, Frankfurt am Main 2003, S. 274.
151 Lehmann, H.: *Gehaltsästhetik – Eine Kunstphilosophie*, Paderborn 2016, S. 206.
152 Adorno 1970, S. 336.
153 Ebd.
154 Paetzold, H.: *Neomarxistische Ästhetik II: Adorno, Marcuse*, Düsseldorf 1974, S. 12.
155 Für die erste Variante vgl. Ullrich, W.: *Siegerkunst – Neuer Adel, teure Kunst*, Berlin 2016; für die zweite Variante vgl. Rauterberg, H.: *Die Kunst und das gute Leben – Über die Ethik der Ästhetik*, Berlin 2015.
156 Vgl. Ayaß, W.: *„Asoziale" im Nationalsozialismus*, Stuttgart 1995.
157 Vgl. Nonnenmacher, F. & Imholz, S.: *Niemand war zu Recht im KZ*, Vortrag vom 13.03.2022, unter: youtu.be/k8ooZzMLMEE (zuletzt abgerufen am 03.06.2023).
158 Storost, U.: *„Asozial" – zur Genese eines Nazibegriffs*, Deutschlandfunk vom 02.07.2015, unter: deutschlandfunk.de/stigmatisierung-asozial-zur-genese-eines-nazi-begriffs-100.html (zuletzt abgerufen am 03.06.2023)
159 Vgl. Westphal, M.: *Die Normativität agonaler Politik – Konfliktregulierung und Institutionengestaltung in der pluralistischen Demokratie*, Baden-Baden 2018, S. 90ff.
160 Adorno verweist auf dieses Paradoxon im Kontext seines berühmten Diktums „Es gibt kein richtiges Leben im falschen." Am Beispiel des Wohnens zeigt er, dass jede bürgerliche Idee von Freiheit zur Ideologie gerinnt, sobald sie nur ausgesprochen ist. Zugleich verwirft er die Gegenthese einer Abkehr ihrer kulturellen Konkretion, weil auch sie als Destruktion und lieblose Nichtachtung für die Dinge sich gegen den Menschen kehrt. Adorno, T.W.: *Minima Moralia – Reflexionen aus dem beschädigten Leben*, Frankfurt am Main 1951, S. 59.
161 Spivak, G.C.: *Can the Subaltern Speak? – Postkolonialität und subalterne Artikulation*, Wien 2008, S. 106.
162 Spivak 2008, S. 21ff.
163 Steyerl, H.: *Die Gegenwart der Subalternen*, in: Spivak, G. C.: *Can the Subaltern Speak? – Postkolonialität und subalterne Artikulation*, Wien 2008, S. 11.
164 Bourdieu 1999, S. 344.; Bourdieu, P.: *Das literarische Feld*, in: Pinto, L. & Schultheis (Hrsg.): *Streifzüge durch das literarische Feld*, Konstanz 1997, S. 38.; Für Rebentisch qualifiziert sogar erst die kritische Auseinandersetzung mit der eigenen Zeit überhaupt für die Bezeichnung Gegenwartskunst. „Der volle normative Sinn des Begriffs Gegenwartskunst besteht darin, dass sie ihre historische Gegenwart gegenwärtig machen soll." Rebentisch, J.: *Theorien der Gegenwartskunst*, Hamburg 2014, S. 13.
165 Rebentisch 2003, S. 283.
166 Ebd., S. 288.

167 Bartl, A.: *Andere Subjekte – Dokumentarische Medienkunst und die Politik der Rezeption*, Bielefeld 2012, S. 210.
168 Ebd., S. 213, Hervorhebung im Original.
169 Ebd., S. 211, Hervorhebung im Original; Zur Kritik der Konzeption von radikaler Demokratie bei Laclau und Mouffe und seinem problematischen Verhältnis zu einem gemeinsamen politischen Reformprojekt vgl. Hirsch, M.: *Die zwei Seiten der Entpolitisierung – Zur politischen Theorie der Gegenwart*, Stuttgart 2007, S. 159ff.
170 Spivak, G. C.: *The Post-Colonial Critic – Interviews, Strategies, Dialogues*, London 1990, S. 11.
171 Spivak selbst problematisiert das Konzept eines strategischen Essentialismus, nachdem es ihrer Meinung nach fälschlich in der Mission eines akademisierten Essentialismus aufgegangen sei. Spivak, G. C.: *Outside in the Teaching Machine*, New York 1993, S. 4ff.
172 Verwoert, J.: *Die Neunziger – Wie es wirklich war [?]*, in: Dziewior, Y. (Hrsg.): *Zusammenhänge herstellen*, Köln 2003, S. 114.; Rebentisch 2003, S. 288.
173 Sartre, J.-P.: *Kritik der dialektischen Vernunft*, Bd. 1, Reinbek 1967, S. 369ff.
174 Vgl. Spivak, G.C.: *In Other Worlds – Essays in Cultural Politics*, London 1988, S. 186.
175 Bronner, K. & Paulus, S.: *Intersektionalität – Geschichte, Theorie und Praxis*, Opladen 2018, S. 39ff.
176 Kemper, A. & Weinbach, H.: *Klassismus – Eine Einführung*, Münster 2017, S 13f.
177 Honneth 2003, S. 294.
178 Ebd., S. 299.
179 Moser 2013, S. 329.
180 Kastner, J.: *Die Linke und die Kunst*, Münster 2019, S. 266ff.
181 Groys, B.: *Kunst im Zeitalter der Demokratie*, in: Curgier, B. (Hrsg.): *Public Affairs. Von Beuys bis Zittel – Das Öffentliche in der Kunst*, Zürich 2002, S. 9.
182 Bourdieu 1982, S. 755.
183 Fraser, A.: *Texte, Skripte, Transkripte*, Köln 2013, S. 140.
184 Ebd.
185 Ebd.
186 Kristeva 1990, S. 186.
187 *Boris Mikhailov – Before Sleep / After Drinking* vom 13.03. bis zum 01.09.2019 im C/O Berlin.
188 Sontag 2005, S. 142.
189 Schwarte, L.: *Politik des Ausstellens*, Hamburg 2019, S. 11.
190 *Boris Mikhailov – The Space Between Us* vom 19.11.2019 bis zum 09.02.2020 in der Kunsthalle Baden-Baden.
191 Bonnell, V.E.: *Iconography of Power – Soviet Political Posters under Lenin and Stalin*, Oakland 1997, S. 101.
192 Ebd., S. 105.
193 Kellein, T.: *Kasimir Malewitsch – Das Spätwerk*, Bielefeld 2000, S. 98.
194 Vgl. Groys, B.: *The Cold War between the Medium and the Message – Western Modernism vs. Socialist Realism*, in: *E-Flux Journal 104*, 11/2019, unter: e-flux.com/journal/104/ (zuletzt abgerufen am 31.12.2019).
195 Vgl. S. 111f.
196 Mikhailov, B.: *Case History*, Zürich 1999, S. 36, Hervorhebungen im Original, Übersetzung S.Z.
197 Ziegler, U.E.: *Fotografische Werke*, Köln 1999, S. 82.
198 Witt, E.: *The Life and Art of Wolfgang Tillmans*, in: *The New Yorker*, 9/2018, Übersetzung S.Z.
199 Ebd., Übersetzung S.Z.
200 Jobey, L.: *Wolfgang Tillmans – The Lightness of Being*, in: *The Guardian*, 26.06.2010, unter: theguardian.com/artanddesign/2010/jun/26/wolfgang-tillmans-serpentine-photographs-exhibition (zuletzt abgerufen am 03.05.2020), Übersetzung S.Z.
201 Ebd.
202 Vgl. Foucault, M.: *Wahnsinn und Gesellschaft – Eine Geschichte des Wahns im Zeitalter der Vernunft*, Frankfurt am Main 1973.
203 Vgl. S. 115.
204 Foucault 1973, S. 10.
205 Vgl. En. 198.
206 Vgl. S. 191.
207 Schube, I.: *Bilder machen – Das Theater der Körper in den Arbeiten Boris Mikhailovs*, in: Urs Stahel (Hrsg.): *Boris Mikhailov – Eine Retrospektive*, Zürich 2003, S. 161.
208 Fomina, N.: *Sündhafte Märtyrer – Moralstiftendes Böses – Ekelerregende Schönheit*, in: Eißner, F. & Scholz-Hänsel (Hrsg.): *Armut in der Kunst der Moderne*, Marburg 2011, S. 65f.
209 Vgl. S. 55.
210 Vgl. S. 120f.
211 Vgl. Tate, G. (Hrsg.): *Everything But the Burden – What White People Are Taking from Black Culture*, New York 2003.
212 Vgl. S. 115.
213 Scheller, J.: *Der Freischwimmer*, in: *Die Zeit*, 8/2017, unter: zeit.de/2017/08/wolfgang-tillmans-london-tate-modern-retrospektive (zuletzt abgerufen am 03.05.2020).
214 Lütticken, S.: *Wer macht die Nazis?*, in: *InterCity 1*, 2017, S. 4.
215 Vgl. Dama, F.: *Beauty in Moments of Vulnerability*, in: *Widewalls Magazine* vom 06.03.2017, unter: widewalls.ch/wolfgang-tillmans-tate-modern-review/ (zuletzt abgerufen am 05.01.2020), Übersetzung S.Z.
216 Groys, B.: *Erotik des Unvollkommenen*, in: Schube, I. (Hrsg.): *Boris Mikhailov – Bücher*, Köln 2013, S. 191.
217 Ebd., S. 192.
218 Ebd.
219 Vgl. S. 39f.
220 Vgl. S. 168f.
221 Vgl. S. 54ff.
222 Reitz 2003, S. 7.
223 Vgl. S. 168.
224 Reitz 2003, S. 15.
225 Vgl. S. 120f.
226 Kim, E: *Book Review – Ballad of Sexual Dependency*, 05.05.2018, unter: youtu.be/ojsc6d8YMuk (zuletzt abgerufen am 03.05.2020); Crombie, A.: *Richard Billinghams Ray's a Laugh*, 19.09.2012, unter: youtu.be/3_T_AKPfVdI (zuletzt abgerufen am 03.05.2020).
227 Goldin, N.: *Die Ballade von der sexuellen Abhängigkeit*, Frankfurt am Main 1986, S. 7.
228 Ebd.
229 Ebd, S. 6.
230 Ebd., Hervorhebung im Original.
231 Reeves, E.: *Nan Goldin speaking about The Ballad of Sexual Dependency*, 29.10.2017, ab Minute 3:00, unter: youtu.be/iDSvD0yhjWQ (zuletzt abgerufen am 10.01.2020), Übersetzung S.Z.
232 Vgl. S. 175.

233 Barthes, R.: *Die helle Kammer*, Frankfurt am Main 1989, S. 90, Hervorhebung im Original.
234 McGarvey, D.: *Armutssafari – Von der Wut der abgehängten Unterschicht*, München 2017, S. 41.
235 Ebd. S. 43.
236 Hess, E.: *Ich bin nun ein respektabler Bürger – Interview mit Richard Billingham*, in: *Tagesanzeiger*, 07.05.2019, unter: tagesanzeiger.ch/kultur/kino/ich-bin-nun-ein-respektabler-buerger/story/20241988 (zuletzt abgerufen am 11.01.2020).
237 Stumberger 2007, S. 23.
238 Mikhailov 1999, S. 4.
239 Ebd., Übersetzung S.Z.
240 Ebd., Übersetzung S.Z.
241 Solomon-Godeau, A.: Wer spricht so? Einige Fragen zur Dokumentarfotografie, in: Wolf, H.: *Diskurse der Fotografie – Fotokritik am Ende des fotografischen Zeitalters*, Frankfurt am Main 2003, S. 55.
242 Quart, A.: *Lauren Greenfield's Gilt Edge*, in: *The New York Review of Books*, 2018, unter: nybooks.com/daily/2018/01/02/lauren-greenfields-gilt-edge/ (zuletzt abgerufen am 04.11.2019).
243 Vgl. Skladmann, A.: *Little Adults*, Heidelberg 2011; Parr, M.: *Luxury*, London 2009.
244 Vgl. S. 186f.
245 Fraser, N.: *Vom Regen des progressiven Neoliberalismus in die Traufe des reaktionären Populismus*, in: Geiselberger, H. (Hrsg.): *Die große Regression – Eine internationale Debatte über die geistige Situation der Zeit*, Berlin 2017, S. 77ff.
246 Ruelfs, E.: Fette Beute – Reichtum zeigen, in: dies. & Schulze, S. (Hrsg.): *Fette Beute – Reichtum zeigen*, Bielefeld 2014, S. 11.
247 *Fette Beute – Reichtum zeigen* vom 17.10.2014 bis 8.02.2015 im Museum für Kunst und Gewerbe Hamburg.
248 Hecken, T.: *Triumph und Schwäche des demonstrativen Luxus*, in: Ruelfs, E. & Schulze, S. (Hrsg.): *Fette Beute – Reichtum zeigen*, Bielefeld 2014, S. 180ff.
249 Ebd., S. 183.
250 Buck Ellison im Gespräch mit S.Z., 05.09.2019 in Hamburg.
251 Vgl. S. 112f.
252 Vgl. En. 231.
253 Tate Youtube: *Wolfgang Tillmans – What Art Does in Me is Beyond Words*, 27.01.2017, unter: youtu.be/aYIXGdoTwWA (zuletzt abgerufen am 16.01.2020).
254 Ebd., Übersetzung S.Z.
255 Victor Pinchuk Foundation: *Juergen Teller: Doing QA and showing the exhibits around*, 11.02.2008, unter: youtu.be/c4CMVHNdIRM (zuletzt abgerufen am 16.01.2020), Übersetzung S.Z.
256 Vgl. S. 40f.
257 Verwoert, J.: *Klarsicht und Überschwang*, in: Berlinische Galerie (Hrsg.): *Boris Mikhailov – Time is out of Joint*, Berlin 2012, S. 30.
258 Mikhailov 1999, S. 9.
259 Ebd. S. 8, Übersetzung S.Z.
260 Vgl. Schätzung der Bundesarbeitsgemeinschaft Wohnungslosenhilfe e.V. für das Jahr 2018, unter: bagw.de/de/themen/zahl_der_wohnungslosen/index.html (zuletzt abgerufen am 21.11.2019).
261 C/O Berlin: *Boris Mikhailov – Before Sleep/After Drinking*, C/O Berlin, 02.04.2019, unter: youtu.be/CWhPvv_Q6I4 (zuletzt abgerufen am 17.01.2020).
262 Vgl. S. 55f.
263 Smith, J.K. & Smith, L.F.: *Spending Time in Art*, in: *Empirical Studies of the Arts 19*, 01.06.2001, unter: doi.org/10.2190%2F5MQM-59JH-X21R-JN5J (zuletzt abgerufen am 18.01.2020).
264 Vgl. S. 38f.
265 Schäfer 2009, S. 39.
266 Müller, H.-P.: *Lebenschancen und Lebensstile*, in: Steffen, S., Albert, G., Bienfait, A. & Stachura, M.: *Soziale Konstellation und historische Perspektive*, Wiesbaden 2008, S. 198.
267 Deleuze 1991, S. 160.
268 Marx, K. & Engels, F.: *Manifest der kommunistischen Partei*, in: Marx, K.: *Die Frühschriften*, Stuttgart 1971, S. 525f.
269 Marx, K. & Engels, F.: *Deutsche Ideologie*, in: dies.: *Marx-Engels-Werke*, Band 3, Berlin 1958, S. 54.
270 Butterwegge, C.: *Die zerrissene Republik – Wirtschaftliche, soziale und politische Ungleichheit in Deutschland*, Weinheim 2020, S. 39.
271 Müller 2008, S. 185.
272 Geiger, T.: *Die soziale Schichtung des deutschen Volkes*, Stuttgart 1932, S. 130.
273 Geiger, T.: *Theorie der sozialen Schichtung*, in: ders.: *Arbeiten zur Soziologie*, Neuwied 1962, S. 186.
274 Vgl. Schelsky, H.: *Die Bedeutung des Schichtungsbegriffes für die Analyse der gegenwärtigen deutschen Gesellschaft*, in: ders.: *Auf der Suche nach Wirklichkeit*, Köln 1965.
275 Dahrendorf, R.: *Gesellschaft und Demokratie in Deutschland*, München 1965, S. 95.
276 Vgl. Elias, N.: *Über den Prozess der Zivilisation – Soziogenetische und psychogenetische Untersuchungen Bd. I und II*, Frankfurt am Main 1976.
277 Dahrendorf, R.: *Pfade aus Utopia – Zur Theorie und Methode der Soziologie*, München 1974, S. 368.
278 Dahrendorf, R.: *Homo Sociologicus – Ein Versuch zur Geschichte, Bedeutung und Kritik der Kategorie der sozialen Rolle*, Opladen 1971, S. 102.
279 Elias, N. & Scotson, L.J.: *Etablierte und Außenseiter*, Frankfurt am Main 1993, S. 13.
280 Ebd., S. 18.
281 Ebd., S. 16.
282 Ebd., S. 21.
283 Bourdieu 1982, S. 277f.
284 Bourdieu, P.: *Sozialer Raum und „Klassen"*, Frankfurt am Main 1985, S. 11.
285 Bourdieu 1982, S. 182, Hervorhebungen im Original.
286 Vgl. Vester, M., von Oertzen, P., Geiling, H., Hermann, T. & Müller, D.: *Soziale Milieus im gesellschaftlichen Strukturwandel – Zwischen Integration und Ausgrenzung*, Frankfurt am Main 2001.
287 Streeck, W.: *Gekaufte Zeit – Die Krise des demokratischen Kapitalismus*, Berlin 2013, S. 54ff.
288 Bourdieu, P.: *Gegenfeuer – Wortmeldungen im Dienste des Widerstands gegen die neoliberale Invasion*, Konstanz 1998 II, S. 39ff.
289 Butterwegge 2020, S. 258.
290 Von Hayek, F.A.: *Liberalismus – Vorträge und Aufsätze*, Tübingen 1979, S. 33.
291 Eribon, D.: *Rückkehr nach Reims*, Berlin 2016, S. 120f.
292 Ptak, R.: *Grundlagen des Neoliberalismus*, in: ders. & Butterwege, C. & Lösch, B.: *Kritik des Neoliberalismus*, Wiesbaden 2008, S. 83f.
293 Vgl. Dahrendorf, R.: *Lebenschancen – Anläufe zur sozialen und politischen Theorie*, Frankfurt 1979; Parkin, F.: *Marxism and Class Theory. A Bourgeois Critique*, London 1979.
294 Boltanski, L. & Chiapello, E.: *Der neue Geist des Kapitalismus*, Konstanz 2006, S. 236.
295 Ebd., S. 227.
296 Vester et al. 2001, S. 123ff.

297 Vgl. Marshall, T.H.: *Bürgerrechte und soziale Klassen*, Frankfurt am Main 1992.
298 Elias 1976 Bd. II, S. 424.
299 Reckwitz, A.: *Die Gesellschaft der Singularitäten – Zum Strukturwandel der Moderne*, Berlin 2017, S. 302. Hervorhebung im Original.
300 National Council of Museums: *Museum Definition – Creating a new museum definition – the backbone of ICOM*, unter: icom.museum/en/standards-guidelines/museum-definition/ (zuletzt abgerufen am 07.04.2020)
301 Die Vielen e.V.: *Berliner Erklärung der Vielen*, unter: dievielen.de/erklaerungen/berlin (zuletzt abgerufen am 20.02.2019).
302 Bourdieu 1982, S. 91.
303 Horkheimer, M.: *Gesammelte Schriften*, Bd. II, Frankfurt am Main 1987, S. 319.
304 Bourdieu 1998 II, S. 51.
305 Boltanski & Chiapello 2006, S. 159.
306 Parzer, M.: *Leben mit Pop – Kulturelle Allesfresser im Netzwerkkapitalismus*, in: Neckel, S. (Hrsg.): *Kapitalistischer Realismus*, Frankfurt am Main 2010, S. 182.
307 Ebd.
308 Schäfer 2009, S. 39.
309 Hauser 1974, S. 583.
310 Ebd., S. 583.
311 Bourdieu & Darbel 2006, S. 163.
312 Ebd., S. 163f, Hervorhebung im Original.
313 Reckwitz 2017, S. 284.
314 Ebd., S. 277.
315 Ebd., S. 283.
316 Reitz 2003, S. 254.
317 Reckwitz 2017, S. 286.
318 Ebd., S. 287, Hervorhebung im Original.
319 Metz, M. & Seeßlen, G.: *Wir Kleinbürger 4.0 – Die neue Koalition und ihre Gesellschaft*, Berlin 2021, S. 46.
320 Ebd.
321 Vgl. S. 37.
322 Müller 2008, S. 200.
323 Ebd., S. 201.
324 Reckwitz, A.: *Die Erfindung der Kreativität – Zum Prozess gesellschaftlicher Ästhetisierung*, Berlin 2012, S. 54ff.
325 Reckwitz 2017, S. 300.
326 Ebd., S. 305.
327 Reckwitz 2012, S. 320.
328 Tatsächlich sind die Klassengegensätze nie verschwunden, auch wenn ihre Beschreibung in der Soziologie für eine Weile aus der Mode kam. Die Kontinuität von Klassenverhältnissen im 20. Jahrhundert legt u.a. Butterwegge dar und kritisiert dabei auch die Verwendung eines kulturalisierten Klassenbegriffs bei Reckwitz, die „an Beliebigkeit kaum zu überbieten" sei. Butterwegge 2020, S. 135ff.
329 Müller 2008, S. 194.
330 Ebd., S. 195.
331 Picketty, T.: *Ökonomie der Ungleichheit*, München 2016, S. 112ff.
332 Nachtwey, O.: *Die Abstiegsgesellschaft – Über das Aufbegehren in der regressiven Moderne*, Berlin 2016, S. 158.
333 Crouch, C.: *Postdemokratie*, Frankfurt am Main 2008, S. 13.
334 Ebd., S. 71ff.
335 Nachtwey, O.: *Entzivilisierung – Über regressive Tendenzen in den westlichen Gesellschaften*, in: Geiselberger, H. (Hrsg.): *Die große Regression – Eine internationale Debatte über die geistige Situation der Zeit*, Berlin 2017, S. 215ff.
336 Vgl. S. 50; Affirmierend zum möglichen Ende künstlerischer Autonomie äußert sich derzeit u.a. der Kunsthistoriker Wolfgang Ullrich. Vgl. Ullrich, W.: *Die Kunst nach dem Ende ihrer Autonomie*, Berlin 2022.
337 Vogl, J.: *Kapital und Ressentiments – Eine kurze Theorie der Gegenwart*, Berlin 2021, S. 157ff.
338 Vgl. Brunkhorst 2019, S. 58ff.
339 Habermas 1962, S. 242ff.
340 Ebd., S. 252.
341 Neckel, S.: *Refeudalisierung – Systematik und Aktualität der Habermas'schen Gesellschaftsanalyse*, in: *Leviathan – Berliner Zeitschrift für Sozialwissenschaft*, 1/2013, Berlin, S. 39ff.
342 Danko 2012, S. 44ff.
343 Kastelan, C., Tarnai, C. & Wuggenig, U.: *Das Kunstfeld – Akteure, Institutionen und Zentrum-Peripherie-Struktur*, in: Munder, H. & Wuggenig, U. (Hrsg.): *Das Kunstfeld – Eine Studie über Akteure und Institutionen der zeitgenössischen Kunst*, Zürich 2012, S. 87f.
344 Vgl. Bourdieu & Darbel 2006.
345 Kastelan et al. 2012, S. 106.
346 Ebd.
347 Zahner 2006, S. 287.
348 Ebd., S. 288.
349 Ebd.
350 Bourdieu 1998 II, S. 46f.
351 Graw, I.: *Der große Preis – Kunst zwischen Markt und Celebrity Kultur*, Köln 2008, S. 185.
352 Ebd., S. 172.
353 Bourdieu, P.: *Über das Fernsehen*, Frankfurt am Main 1998 I, S. 92ff.
354 Ebd., S. 94, Hervorhebungen im Original.
355 Zahner 2006, S. 241ff.
356 Zitiert nach Ullrich, W.: *Schisma 2027 – Zur näheren Zukunft der Kunstakademien*, in: Büttner, W. (Hrsg.): *Überlebensrate 4% – Aktuelle Frontberichte aus der Kunstakademie*, Hamburg 2018, S. 79.
357 Ebd., S. 80.
358 Kastelan et al. 2012, S. 95.
359 Kreckel, R.: *Politische Soziologie der sozialen Ungleichheit*, Frankfurt am Main 2004, S. 39ff.
360 Wuggenig, U.: *Esoterische und exoterische Kunstkritik*, in: Munder & Wuggenig 2012, S. 372.
361 Brunkhorst 2019, S. 49.
362 Steyerl 2008, S. 13.
363 Ebd.
364 Lessenich, S.: *Neben uns die Sintflut – Die Externalisierungsgesellschaft und ihr Preis*, Berlin 2016, S. 44ff.
365 Jullien, F.: *Es gibt keine kulturelle Identität*, Berlin 2017, S. 35ff.
366 Schultheis, F., Single, E., Köfeler R. & Mazzurana, T.: *The globalization of the art world and its limits*, in: dies.: *Art unlimited? – Dynamics and Paradoxes of a Globalizing Art World*, Bielefeld 2016, S. 19, Übersetzung S.Z.
367 Schultheis et al. 2016, S. 19, Übersetzung S.Z.
368 Boltanski, L. & Esquerre, A.: *Bereicherung – Eine Kritik der Ware*, Berlin 2018, S. 565ff.
369 Ebd., S. 618.
370 Steyerl, H.: *Politics of Art – Contemporary Art and the Transition to Post-Democracy*, in: *E-Flux Journal 21*, 10/2010, Übersetzung S.Z., unter: e-flux.com/journal/21/67696/politics-of-art-contemporary-art-and-the-transition-to-post-democracy/ (zuletzt abgerufen am 07.03.2019).
371 Ebd., Übersetzung S.Z.

372 Zum Begriff der „Imperialen Lebensweise" vgl. Brand, U. & Wissen, M.: *Imperiale Lebensweise. Zur Ausbeutung von Mensch und Natur im globalen Kapitalismus*, München 2017, S. 43ff.
373 Belting, H.: *Contemporary Art as Global Art*, in: ders. & Buddensieg, A. (Hrsg.): *The Global Art World – Audiences, Markets and Museums*, Ostfildern 2009, S. 40, Übersetzung S.Z.
374 Barbisan, L., Bremer, M. & Marguin, S.: *Kapitalisierungen des Marginalen – Editorial*, in: *Kritische Berichte – Zeitschrift für Kunst- und Kulturwissenschaften*, 3/2015, S. 4f.
375 Hirschhorn, T.: *Das Deleuze-Monument*, Vortrag vom 24.10.2003 im ZKM Karlsruhe, unter: zkm.de/de/media/audio/thomas-hirschhorn-das-deleuze-monument (zuletzt abgerufen am 27.02.2020).
376 Hirschhorn, T. & Sorg, R. (Hrsg.): *Robert Walser – Eine Ohrfeige und sonstiges*, Berlin 2019.
377 Thomas Hirschhorn im Gespräch mit S.Z., 30.08.2019 in Biel.
378 Ebd.
379 Vgl. S. 51.
380 Ventura, H.K.: *Politische Kunst Begriffe*, Wien 2002, S. 210.
381 Ebd. S. 212f.
382 Zinggl, W.: *Seit damals in den Siebzigern*, in: WochenKlausur (Hrsg.): *Künstler und Künstlerinnen zur Drogenproblematik – Eine konkrete Intervention*, Zürich 1994, S. 24.
383 Zinggl 1994, S. 27.
384 Vgl. Hirsch, M.: *Logik der Unterscheidung – Zehn Thesen zu Kunst und Politik*, Hamburg 2015.
385 Vgl. Joselit, D.: *Nach Kunst*, Berlin 2016.
386 Diers, M. & Hirschhorn, T.: *Das Atelier in meinem Kopf*, in: Ott, M. & Strauß, H. (Hrsg.): *Ästhetik und Politik – Neuaufteilung des Sinnlichen in der Kunst*, Hamburg 2009, S. 206.
387 Robert-Walser-Sculpture TV-Studio: *Marcus Steinweg*, 26.07.2019, unter: youtu.be/kauKwggSRwE (zuletzt abgerufen am 06.03.2020).
388 Robert-Walser-Sculpture TV-Studio: *Malick et Thomas*, 19.07.19, unter: youtu.be/Rf3Lca8R590 (zuletzt abgerufen am 06.03.2020).
389 Robert-Walser-Sculpture TV-Studio: *Alles ist gleich wichtig / Tout a la même importance II*, 08.08.2019, unter: youtu.be/VwCh7VeLdyc (zuletzt abgerufen am 06.03.2020).
390 Zitiert nach Gisi, L.M.: *Robert Walser Handbuch*, Stuttgart 2018, S. 254.
391 Bourriaud, N.: *Relational Aesthetics*, Dijon 2002, S. 16f.
392 Bishop, C.: *Antagonism and Relational Aesthetics*, in: *October 110*, 2004, S. 62.
393 Ebd.
394 *Línea de 250 cm tatuada sobre 6 personas remunderas, Espacio Aglutinador, La Habana, Cuba, Diciembre de 1999*, unter: santiago-sierra.com/996_1024.php (zuletzt abgerufen am 10.03.2020).
395 Imdahl, G.: *Ausbeute – Santiago Sierra und die Historizität der zeitgenössischen Kunst*, Hamburg 2019, S. 23.
396 Ebd., S. 15.
397 Ebd., S. 27ff.
398 Ebd., S. 40.
399 Ebd., S. 175.
400 Sheets, H.M.: *Looking at How Performers Are Paid for Performance Art*, in: *New York Times*, 30.06.2015, unter: nytimes.com/2015/07/31/arts/design/looking-at-how-performers-are-paid-for-performance-art.html (zuletzt abgerufen am 10.03.2020)
401 Zitiert aus *Episode 3 (Enjoy Poverty)*, 2008, Video, Gesamtlänge 87 Min., Zitat ab 5:30 Min., Übersetzung S.Z.
402 Zitiert aus *Episode 3 (Enjoy Poverty)*, 2008, Video, Gesamtlänge 87 Min., Zitat ab 1:11:10 Min., Übersetzung S.Z.
403 Ebd., Zitat ab 1:21:00 Min., Übersetzung S.Z.
404 Vgl. S. 54f.
405 Barbisan, L., Bremer, M. & Marguin, S.: *Kapitalisierungen des Marginalen – Editorial*, in: *Kritische Berichte – Zeitschrift für Kunst- und Kulturwissenschaften*, 3/2015, S. 6.
406 Reichert, K.: *Im Kopf nur Schokolade*, in: *Die Zeit*, 29.04.2015, S. 54.
407 Vgl. S. 180f.
408 Demos, T.J.: *Return to the Postcolony – Specters of Colonialism in Contemporary Art*, Berlin 2013, S. 101.
409 Preyer, S.: *Die Kluft zwischen diskursiver Behauptung und Umsetzung*, in: Bleuer, M. & Moser, A. (Hrsg.): *Ent/Grenzen – Künstlerische und kulturwissenschaftliche Perspektiven auf Grenzräume, Migration und Ungleichheit*, Bielefeld 2018, S. 169.
410 Vgl. S. 54f.
411 Blumenstein, E.: *Ulf Aminde*, in: *Made in Germany Zwei*, Nürnberg 2012, S. 24.
412 *Made in Germany Zwei – Internationale Kunst in Deutschland*, vom 17.05. bis 19.08.2012 in der Kestnergesellschaft Hannover.
413 Zitiert aus: *Frontalunterricht*, 2009, Video, Gesamtlänge 40 Min., Zitat ab 15:57 Min.
414 Ebd., Zitat ab 30:00 Min.
415 Ebd., Zitat ab 30:23 Min.
416 Ebd., Zitat ab 07:10 Min.
417 Vgl. S. 184f.
418 Zimmermann, M.: *Von der Darstellung des Anderen – Szenen eines Theaters der Spur*, Bielefeld 2017, S. 137f.
419 Ebd., S. 135, Hervorhebung im Original.
420 Vgl. S. 38.
421 Levinas, E.: *Zwischen uns – Versuche über das Denken an den Anderen*, München 1995, S. 85.
422 Stegmaier, W.: *Emmanuel Levinas zur Einführung*, Hamburg 2009, S. 101.
423 Adorno, T. W.: *Negative Dialektik*, Frankfurt am Main 1966, S. 164.
424 Levinas 1995, S. 85 f.
425 Vgl. S. 62.
426 Harböck, W.: *Stand, Individuum, Klasse – Identitätskonstruktionen des späten 19. und frühen 20. Jahrhunderts*, Münster 2006, S. 106.
427 Ebd., S. 107.
428 Castel, R.: *Die Metamorphosen der sozialen Frage – Eine Chronik der Lohnarbeit*, Konstanz 2000, S. 194.
429 Harböck 2006, S. 103.
430 Ebd., S. 101.
431 Stollberg-Rilinger, B.: *Die Aufklärung – Europa im 18. Jahrhundert*, Stuttgart 2017, S. 147.
432 Nipperdey 1998, S. 20.
433 Stollberg-Rilinger 2017, S. 148.
434 Federici, S.: *Caliban und die Hexe – Frauen, Körper und die ursprüngliche Akkumulation*, Berlin 2017, S. 79ff. & S. 95.
435 Heute betonen bürgerliche Paare dezidiert das Ideal von doppelter Haushaltsführung und Einkommen, während in unteren Milieus weiterhin geschlechtsspezifische Eigenheiten kultiviert werden. Vgl.

Koppetsch, C.: *Milieu und Geschlecht – Eine kontextspezifische Perspektive*, in: dies. & Weiß, A., Scharenberg, A. & Schmidke, O. (Hrsg.): *Klasse und Klassifikation – Die symbolische Dimension sozialer Ungleichheit*, Wiesbaden 2001, S. 113ff.

436 Herzig, A.: *Unterschichtenprotest in Deutschland 1790–1870*, Göttingen 1988, S. 5f.

437 Marshall 1992, S. 40ff.

438 Kronauer, M.: *Exklusion – Die Gefährdung des Sozialen im hoch entwickelten Kapitalismus*, Frankfurt am Main 2010, S. 81.

439 Castel 2000, S. 218.

440 Zillig, S.: *Das Bild des Sammlers – Vom Citoyen zur Celebrity*, in: *Texte zur Kunst 83*, 9/2011, S. 111f.

441 Castel 2000, S. 228.

442 Zitiert nach Abel, W.: *Massenarmut und Hungerkrisen im vorindustriellen Deutschland*, Hamburg/Berlin 1974, S. 304f.

443 Flum, C.: *Armeleutemalerei – Darstellungen der Armut im deutschsprachigen Raum 1830–1914*, Merzhausen 2013, S. 8f.

444 Nochlin, L.: *Misère – The Visual Representation of Misery in the 19th Century*, London 2018, S. 13.

445 Draxler, H.: *Die Wahrheit der Niederländischen Malerei – Eine Archäologie der Gegenwartskunst*, Paderborn 2021, S. 196.

446 Kant, I.: *Werke in zwölf Bänden*, Bd. 12, *Schriften zur Anthropologie, Geschichtsphilosophie, Politik und Pädagogik 2*, Frankfurt am Main 1968 II, S. 658f.

447 Moser, S.J.: *Pfandsammler – Erkundungen einer urbanen Sozialfigur*, Hamburg 2014, S. 187.

448 Marx 1971, S. 536f.

449 Zitiert nach Herzig 1988, S. 109 & S. 112.

450 Ebd., S. 112.

451 Moser 2014, S. 188.

452 Marx, K.: *Das Elend der Philosophie*, in: ders.: *Die Frühschriften*, Stuttgart 1971, S. 522.

453 Marx, K.: *Das Kapital – Kritik der politischen Ökonomie*, Berlin 1932, S. 249.

454 Eiden-Offe, P.: *Die Poesie der Klasse – Romantischer Antikapitalismus und die Erfindung des Proletariats*, Berlin 2017, S. 33.

455 Ebd., S. 35.

456 Ebd., S. 15.

457 Vgl. S. 26ff.

458 Nochlin 2018, S. 81ff.

459 Ebd., Übersetzung S.Z.

460 Flum 2013, S. 207.

461 Zitiert nach Nochlin 2018, S. 123, Übersetzung S.Z.

462 Ebd., Übersetzung S.Z.

463 Ebd., S. 124, Übersetzung S.Z.

464 Ebd. S. 123, Übersetzung S.Z.

465 Zitiert nach Stüben, B: *Sozialkritik mit Pinselstrich*, unter: deutschlandfunk.de/jean-francois-millet-sozialkritik-mit-pinselstrich-100.html (zuletzt abgerufen am 06.03.2023).

466 Flum 2013, S. 135.

467 Rees, R.: *Der Ort der Handlung ist Deutschland*, in: Germer, S. & Zimmermann M. F. (Hrsg.): *Bilder der Macht/Macht der Bilder – Zeitgeschichte in Darstellungen des 19. Jahrhunderts*, S. 298ff.

468 Ebd.

469 Zitiert nach ebd.

470 Engels, F.: *Rascher Fortschritt des Kommunismus in Deutschland*, in: ders. & Marx, K.: *Werke*, Berlin 1962, S. 510f.

471 Stumberger, R.: *Klassen-Bilder I – Sozialdokumentarische Fotografie 1900–1945*, Konstanz 2007, S. 100.

472 Ebd., S. 174ff.

473 Stumberger 2007, S. 41.

474 Solomon-Godeau, A.: *Wer spricht so? Einige Fragen zur Dokumentarfotografie*, in: Wolf, H.: *Diskurse der Fotografie – Fotokritik am Ende des fotografischen Zeitalters*, Frankfurt am Main 2003, S. 63.

475 Zitiert nach Leucht, M.: *(Nicht-)Verortung der Armut – Zwei Perspektiven der Großstadtarmut*, in: Eißner, F. & Schulz-Hänsel, M. (Hrsg.): *Armut in der Kunst der Moderne*, Marburg 2011, S. 40.

476 Ebd., S. 43.

477 Ebd., S. 48.

478 Ebd., S. 45.

479 Zitiert nach Hoffmann, T.: *Was ist proletarische Kunst? Berliner Realismus zwischen Proletkult und heroischem Realismus*, in: ders. (Hrsg.): *Berliner Realismus – Von Käthe Kollwitz bis Otto Dix*, Köln 2018, S. 124.

480 Röhrl, B.: *World History of Realism in Visual Arts 1830–1990*, Hildesheim 2013, S. 257.

481 Zitiert nach Hiepe, R.: *Die Kunst der neuen Klasse*, Gütersloh 1973, S. 100.

482 Ebd., S. 105.

483 Kraut, G. & H.-P. Schwarz: *„Vom Geiste der Gemeinschaft" – Zur Ikonographie ständestaatlicher Vorstellungen im deutschen Faschismus*, in: Hinz, B. Mittig, H.-E., Schäche, W., Schönberger, A. (Hrsg.): *Die Dekoration der Gewalt – Kunst und Medien im Faschismus*, Gießen 1979, S. 76.

484 Listl, M.: *Die Mannheimer Moderne-Sammlung – Diffamiert, beschlagnahmt und über die ganze Welt verstreut*, in: Ders. & Lorenz, U. (Hrsg.): *(Wieder-) Entdecken – Die Kunsthalle 1933 bis 1945 und die Folgen*, S. 26 & S. 45.

485 Horkheimer, M. & Adorno, T. W.: *Dialektik der Aufklärung – Philosophische Fragmente*, Frankfurt am Main 1987, S. 192.

486 Ebd. S. 195.

487 Salzborn, S.: *Was ist moderner Antisemitismus?*, unter: bpb.de/themen/antisemitismus/dossier-antisemitismus/307644/was-ist-moderner-antisemitismus/ (zuletzt abgerufen am 12.11.2022).

488 Horkheimer 1987, S. 376.

489 Vgl. S. 47.

490 Horkheimer 1987, S. 315.

491 Bescherer, P: *Vom Lumpenproletariat zur Unterschicht – Produktivistische Theorie und politische Praxis*, Frankfurt am Main 2013, S. 97ff.

492 Adorno, T.W.: *Gesammelte Schriften Bd. XIX*, Frankfurt am Main 1984, S. 386 & S. 388f.

493 Adorno 1984, S. 383.

494 Vgl. S. 115.

495 Horkheimer 1987, S. 378.

496 Bescherer 2013, S. 156.

497 Benjamin, W.: *Gesammelte Schriften Bd. I/2*, Frankfurt am Main 1978, S. 174.

498 Ebd.

499 Ebd., S. 175.

500 Bescherer 2013, S. 156.

501 Benjamin 1978, S. 175.

502 Quermann, C.: *Elfriede Lohse-Wächtler – „Ein einzigartiges, fast schon nicht mehr weiblich anmutendes Talent"*, in: Luckhardt, U. (Hrsg.): *Künstlerinnen der Avantgarde zwischen 1890 und 1933 Bd. II*, Hamburg 2006, S. 67ff.

503 Ebd., S. 70.

504 Zitiert nach: Noltenius, R.: *Die Künstlergruppe der „Bruderschaft der Vagabunden" (1929–33)*, in: Zupancic, A. (Hrsg.): *Armutszeugnisse – Die Darstellung der Armut in der Kunst des 20. Jahrhunderts*, Berlin 1995, S. 125.

505 Ebd.
506 Schelsky 1965, S. 332.
507 De Swaan, A.: *Der sorgende Staat – Wohlfahrt, Gesundheit und Bildung in Europa und den USA der Neuzeit*, Frankfurt am Main 1993, S. 20.
508 Betz, K., Hofmann, M., Kaiser, J., Mensch, B. & Ruckerhaberle, D.: *Theorie und Praxis demokratischer Kulturarbeit*, Berlin 1975, S. 5.
509 Wenzel, A.-L.: *Grenzüberschreitungen in der Gegenwartskunst – Ästhetische und philosophische Positionen*, Bielefeld 2011, S. 171ff.
510 Zitiert nach Sturmberger, R.: *Klassen-Bilder II – Sozialdokumentarische Fotografie 1945–2000*, Konstanz 2010, S. 131.
511 Zitiert nach Ausstellungsbegleittext der City Gallery Wellington, unter: citygallery.org.nz/exhibitions/duane-hanson-real-people/ (zuletzt abgerufen am 24.11.2022), Übersetzung S.Z.
512 Brecht, B.: *Schriften zur Literatur und Kunst*, Bd. I, Frankfurt am Main 1967, S. 171f.
513 Kraus, E., Koep, D., Roettig, P. & Ansen, S. (Hrsg.): *KP Bremer – Kunst ≠ Propaganda*, London 2019, S. 182.
514 Rosler, M.: *Drinnen, Drumherum und nachträgliche Gedanken (zur Dokumentarfotografie)*, in: Breitwieser, S. (Hrsg.): *Martha Rosler – Positionen in der Lebenswelt*, Köln 1999, S. 105ff.
515 Zitiert nach Edwards, S.: *Martha Rosler – The Bowery in two inadequate descriptive systems*, London 2012, S. 56, Übersetzung S.Z.
516 Nochlin 2018, S. 114, Übersetzung S.Z.
517 Sturmberger 2010, S. 144.
518 Ebd., 146.
519 Vgl. S. 127ff.
520 Vgl. Beuys, J.: *Aufruf zur Alternative*, in: *Frankfurter Rundschau*, 23. Dezember 1978, Nr. 288, S. 11.
521 Vgl. S. 120f.
522 Für Deutschland vgl. Spannagel, D. & Zucco, A.: *Armut grenzt aus – WSI-Verteilungsbericht 2022*, WSI Report Nr. 79, unter: wsi.de/fpdf/HBS-008464/p_wsi_report_79_2022.pdf (zuletzt abgerufen am 25.11.2022).
523 Herzig 1988, S. 8ff.
524 Stollberg-Rilinger 2017, S. 88.
525 Vgl. S. 124f.
526 Castel 2000, S. 357ff.
527 Ebd., S. 359, Hervorhebung im Original.
528 Ebd., S. 360f.
529 Paugam, S.: *Die elementaren Formen der Armut*, Hamburg 2008, S. 274.
530 Ebd., S. 123ff.
531 Ebd., S. 278.
532 Ebd., S. 280.
533 Allmendinger, J. & Leibfried, S.: *Bildungsarmut*, in: *Aus Politik und Zeitgeschichte*, 21 – 22/2003, S. 12.
534 Ebd., S. 15f.
535 Brand & Wissen 2017, S. 106ff.
536 Butterwegge 2020, S. 140.
537 Kronauer 2010, S. 44ff.
538 Ebd., S. 51.
539 Nolte, P.: *Generation Reform – Jenseits der blockierten Republik*, München 2004, S. 65.
540 Eribon 2016, S. 166f.
541 Nolte 2004, S. 63.
542 Ebd., S. 62.
543 Ebd., S. 68.
544 Zillig 2011, S. 95ff.
545 Nachtwey 2016, S. 167.
546 Jones, O.: *Prolls – Die Dämonisierung der Arbeiterklasse*, Mainz 2012, S. 141.
547 Nachtwey 2016, S. 168.
548 Jones 2012, S. 299.
549 Bude, H.: *Die Ausgeschlossenen – Das Ende vom Traum einer gerechten Gesellschaft*, München 2008, S. 120.
550 Ebd., S. 121.
551 Ebd., S. 122.
552 McGarvey, D.: *Armutssafari – Von der Wut der abgehängten Unterschicht*, München 2017, S. 48.
553 Bude 2008, S. 122.
554 Ebd., S. 126.
555 Castel, R.: *Die Fallstricke des Exklusionsbegriffs*, in: Bude, H. & Willisch, A.: *Exklusion – die Debatte über die „Überflüssigen"*, Frankfurt am Main 2008, S. 69ff.
556 Ebd., S. 73.
557 Nassehi, A.: *Exklusion als soziologischer oder sozialpolitischer Begriff?*, in: Bude & Willisch 2008, S. 123.
558 Butterwegge 2020, S. 124.
559 Marchart, O.: *Die Prekarisierungsgesellschaft – Politik und Ökonomie im Zeichen der Prekarisierung*, Bielefeld 2013, S. 9ff.
560 Bescherer 2013, S. 184f.
561 Offe, C.: *Moderne „Barbarei": der Naturzustand im Kleinformat?*, in: Miller, M. & Soeffner, H.-G. (Hrsg.): *Modernität und Barbarei – Soziologische Zeitdiagnose am Ende des 20. Jahrhunderts*, Frankfurt am Main 1996, S. 274f.
562 Paugam 2008, S. 270.
563 Butterwegge 2020, S. 195.
564 Vgl. S. 116.
565 Castel 2000, S. 405.
566 Reckwitz 2017, S. 350, Hervorhebung im Original.
567 Ebd.
568 Eder, K.: *Gleichheitsdiskurs und soziale Ungleichheit – Zur Frage nach den kulturellen Grundlagen sozialer Ungleichheit in der modernen Klassengesellschaft*, in: Haferkamp, H. (Hrsg.): *Sozialstruktur und Kultur*, Frankfurt am Main 1990, S. 185.
569 Currid-Halkett, E.: *Fair gehandelt? – Wie unser Konsumverhalten die Gesellschaft spaltet*, München 2021, S. 90f.
570 Vgl. S. 133f.
571 Boltanski & Esquerre 2018, S. 570.
572 Ebd.
573 Nachtwey 2016, S. 169f.
574 Ebd., S. 176f.
575 Ebd.
576 Vgl. TuG, S. 133.
577 *Sara Deraedt* vom 08.02. bis zum 22.03.2020 im Etablissement d'en face in Brüssel.
578 Diese und alle weitere Interviewpassagen: Andrzej Steinbach im Gespräch mit S.Z., 13.02.2019 zwischen Brüssel und Berlin.
579 Didi-Huberman, G. & Kluge, A.: *Nachleben des Politischen*, in: *10 vor 11*, 04.07.2016, unter: dctp.tv/filme/nachleben-des-politischen-10vor11-04072016 (zuletzt abgerufen am 28.03.2020).
580 Vgl. S. 55.
581 Hirsch 2015, S. 23f.
582 Reichert, K.: *Machen schlechte Möbel rechtsradikal?*, in: *FAZ.net*, 20.09.2018, unter: faz.net/aktuell/feuilleton/kunst/kunst-und-rechtsradikalismus-15790012.html (zuletzt abgerufen am 30.03.2020).
583 *2000 – Mensch. Natur. Twipsy.* vom 13.07. bis zum 25.08.2019 im Kunstverein Hannover und *Ostalgie*

vom 02.02. bis zum 28.04.2019 in der Galerie KOW in Berlin.

584 *DDR Noir: Schichtwechsel* vom 09.11.2018 bis zum 06.01.2019 in der Galerie im Turm in Berlin.

585 *Hito Steyerl* vom 23.11.2019 bis zum 26.01.2020 im Neuen Berliner Kunstverein.

586 Vgl. S. 180.

587 Vgl. S. 117.

588 Gaensheimer, S. & Gorschlüter, P.: *Rineke Dijkstra – The Krazy House*, Frankfurt am Main 2013, S. 42.

589 *Rineke Dijkstra – The Krazy House* vom 23.02. bis zum 26.05.2013 im Museum für Moderne Kunst Frankfurt.

590 Maak, N.: *Im Leben der Anderen*, in: *FAZ.net*, 04.09.2011, unter: faz.net/aktuell/rhein-main/kultur/laurel-nakadate-macht-verfuehrung-und-einsamkeit-11502466.html (zuletzt abgerufen am 05.04.2020).

591 Zitiert aus *Beg for your life*, 2006, Video, Gesamtlänge 13:06 Min., Zitate ab 1:00 Min, Übersetzung S.Z.

592 Vgl. S. 43ff.

593 Vgl. S. 40f.

594 Vgl. S. 38f. & S. 42.

595 Trautmann, F.: *Das Imaginäre der Demokratie – Politische Befreiung und das Rätsel der freiwilligen Knechtschaft*, Konstanz 2020, S. 397–397.

596 Horkheimer, M. & Adorno, T. W., 1987, S. 177–178.

597 Vgl. S. 203ff.

598 Horkheimer, M. & Adorno, T. W., 1987, S. 143.

599 Vgl. S. 54.

600 Adorno 1970, S. 335.

601 Vgl. S. 105.

602 Vgl. S. 57ff.

1 Andreas Slominski: Ohne Titel, 1991, Herrenfahrrad, verschiedene Materialien, 115 × 175 × 85 cm

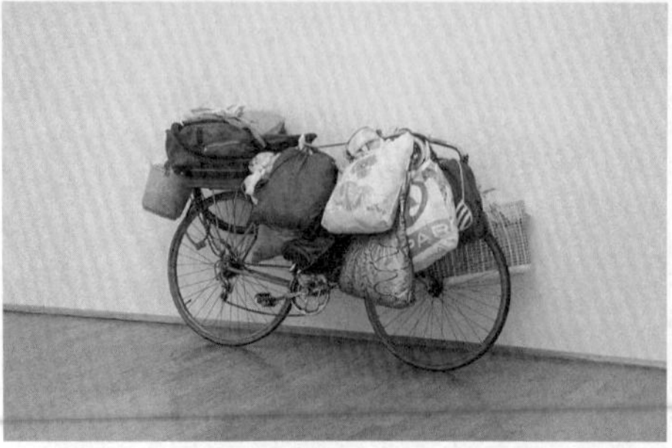

2 Romuald Hazoumè: *Roulette Béninoise*, 2005, Motorrad, verschiedene Materialien und Fotografien, 100 × 203 × 67 cm und ca. 40 × 40 × 40 cm

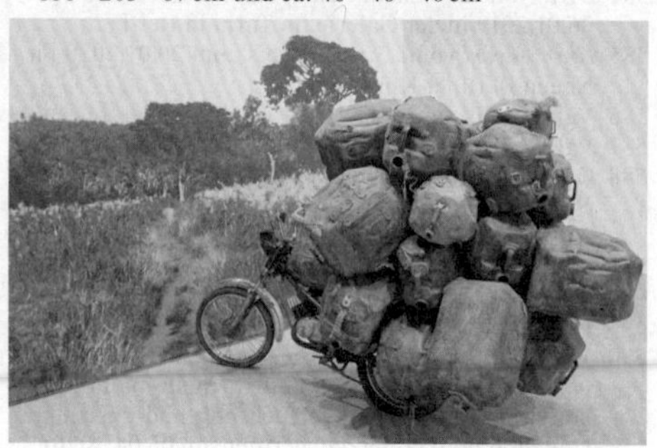

3 Emil Doerstling: *Kant und seine Tischgenossen*, 1892/1893, Reproduktion nach im 2. Weltkrieg zerstörtem Gemälde

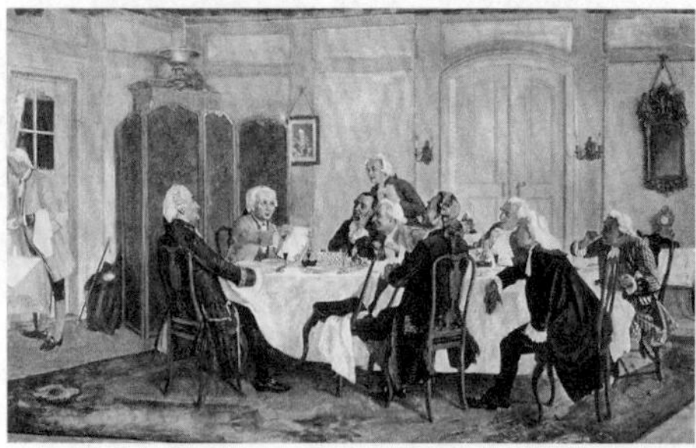

4 Roundtable-Gespräch der Kunstzeitschrift *Texte zur Kunst* mit Popmusiker Dirk von Lowtzow, Künstlerin Paulina Ołowska, Herausgeberin und Professorin für Kunsttheorie Isabelle Graw, Kurator Adam Szymcyk und Kunstprofessor Stephen Prina, 2008

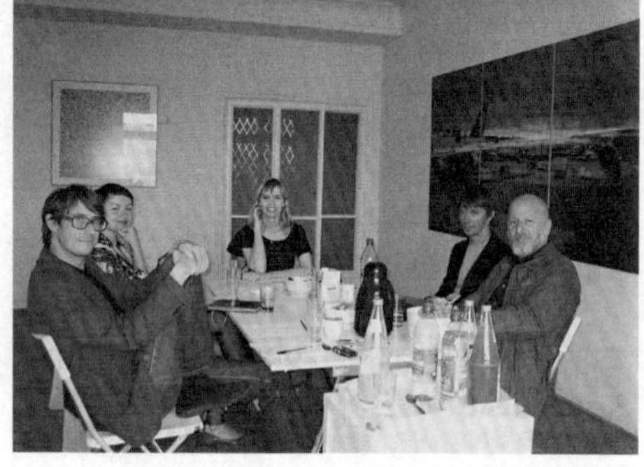

5 Historistischer Gründungsbau der Hamburger Kunsthalle von 1879, Fotografie vor 1886

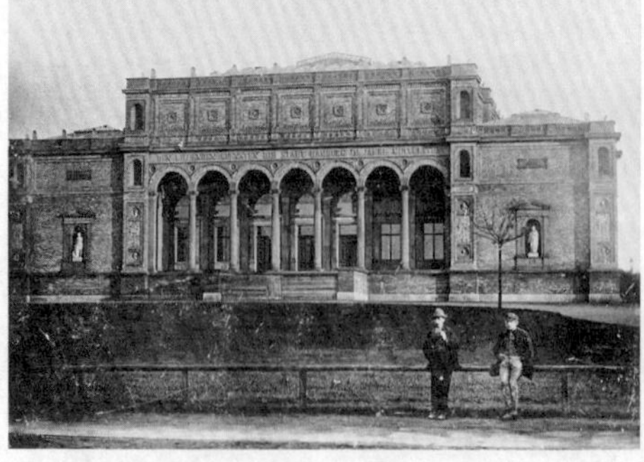

6 Pressefoto zum 150-jährigen Bestehen des Hauptgebäudes der Hamburger Kunsthalle mit Jubiläumsmotto „Für uns alle“ auf bunten Stofftaschen, 2019

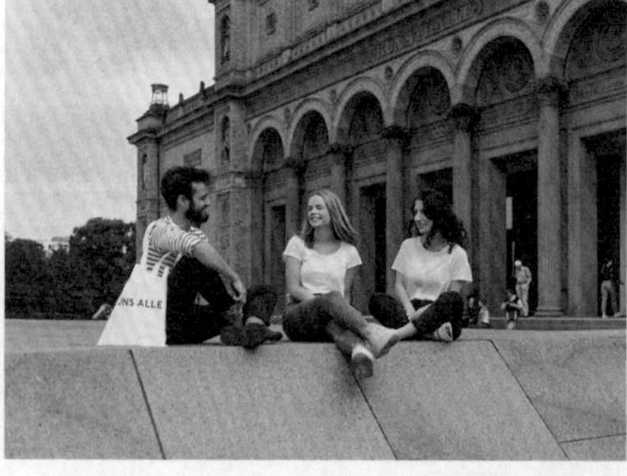

7 Boris Mikhailov: *Case History*, 1999, Fotografie aus Buch, S. 15

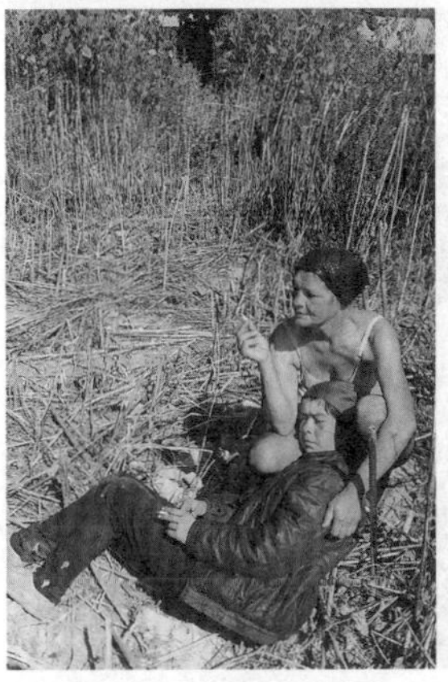

8 Vera Korableva: Plakat mit der Aufschrift: „Komm, Genosse, zu unserer Farm!“, 1930

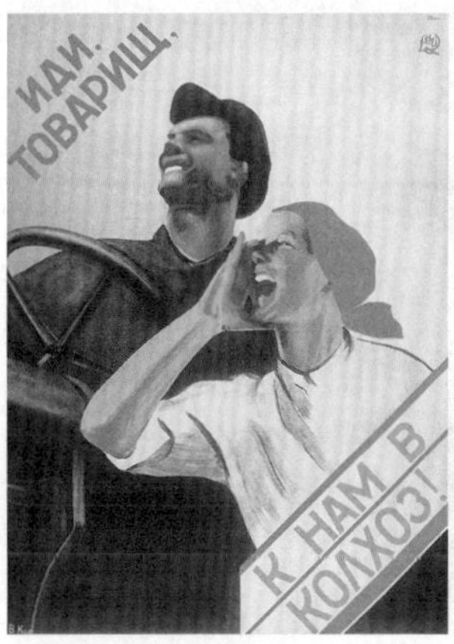

9 Boris Mikhailov: *Case History*, 1999, Fotografie aus Buch, S. 26

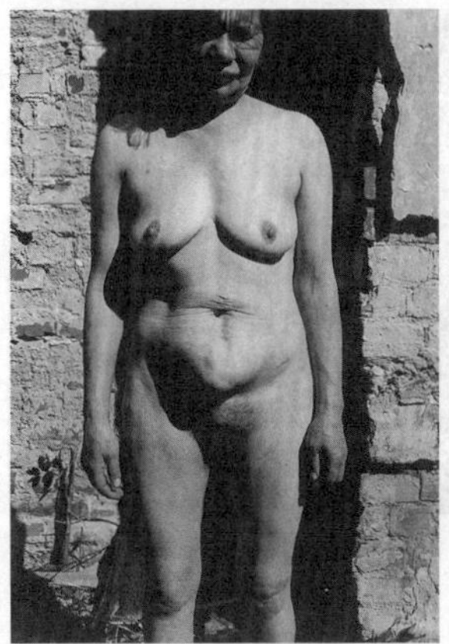

10 Kasimir Malewitsch: *Arbeiterin*, 1933, Öl auf Leinwand, 70 × 58 cm

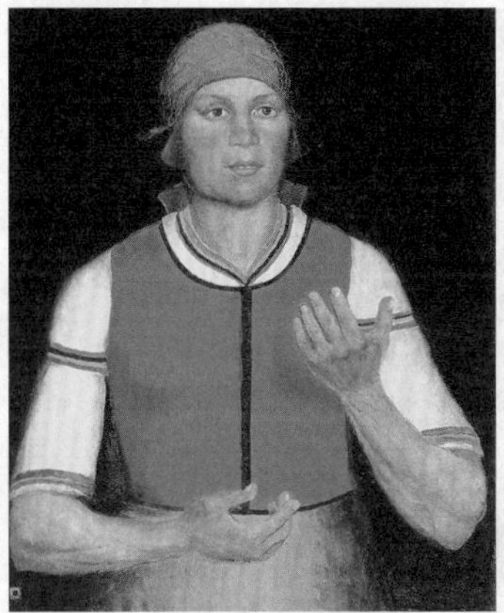

11 Boris Mikhailov: *Case History*, 1999, Fotografie aus Buch, S. 41

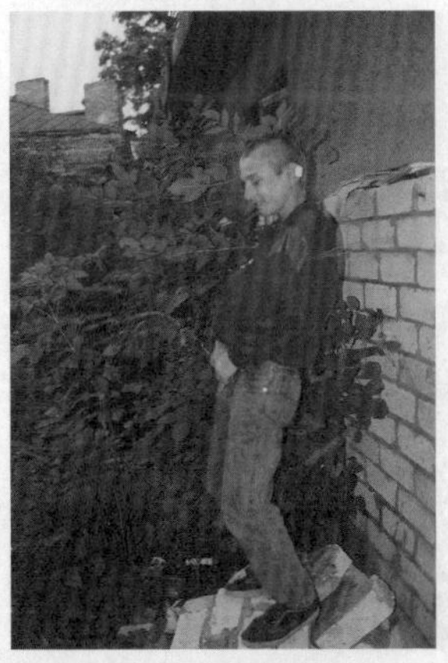

12 Wolfgang Tillmans: *Man Pissing on Chair*, 1997, C-Print, 61 × 51 cm

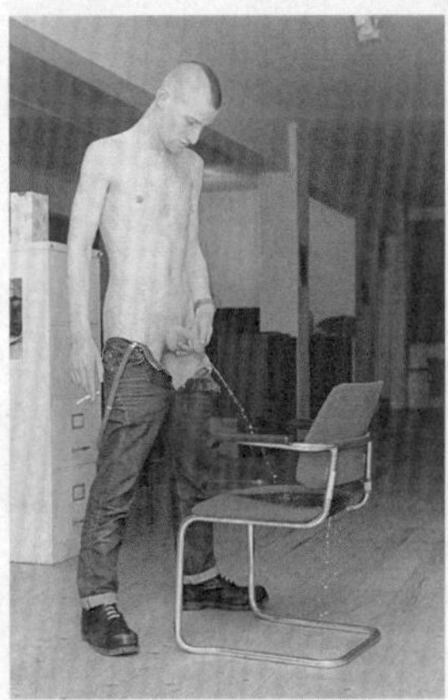

13 Boris Mikhailov: *Case History*, 1999, Fotografie aus Buch, S. 193

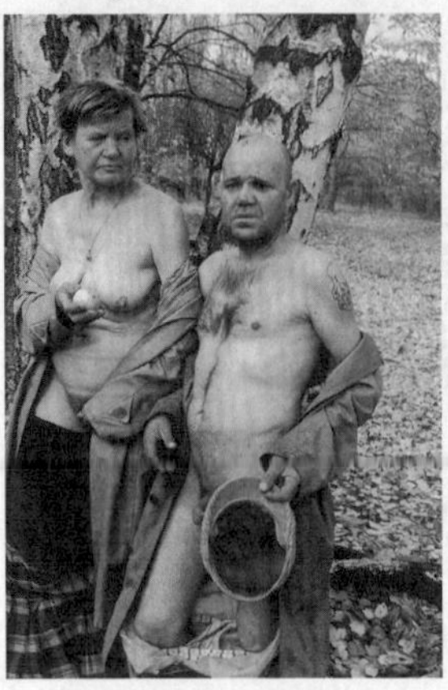

14 Wolfgang Tillmans: *Lutz and Alex sitting in the trees,* 1992, C-Print, 61 × 51 cm

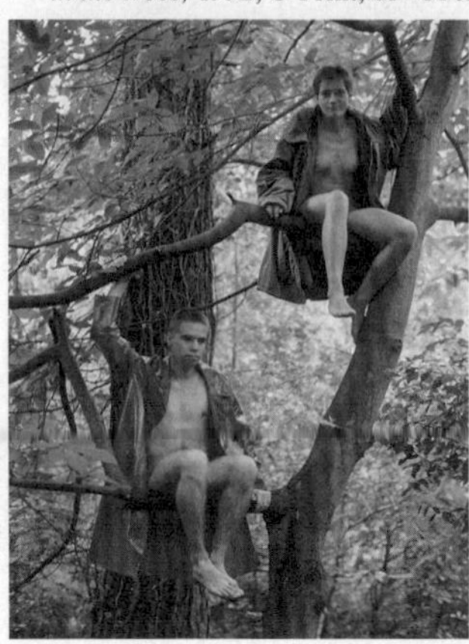

15 Boris Mikhailov: *Case History*, 1999, Fotografie aus Buch, S. 96

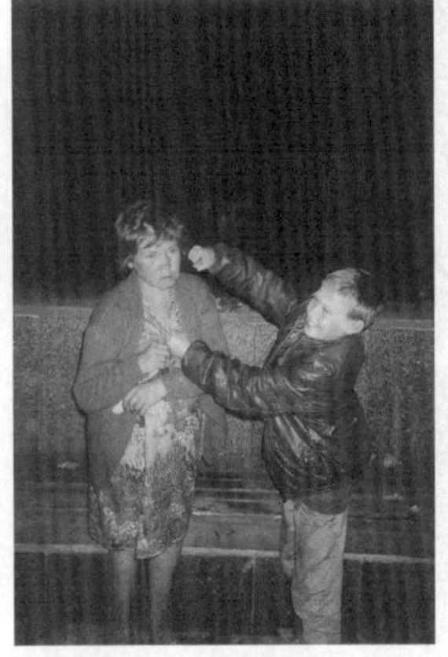

16 Nan Goldin: *The Ballad of Sexual Dependency,* 1985, Fotografie aus Dia-Installation

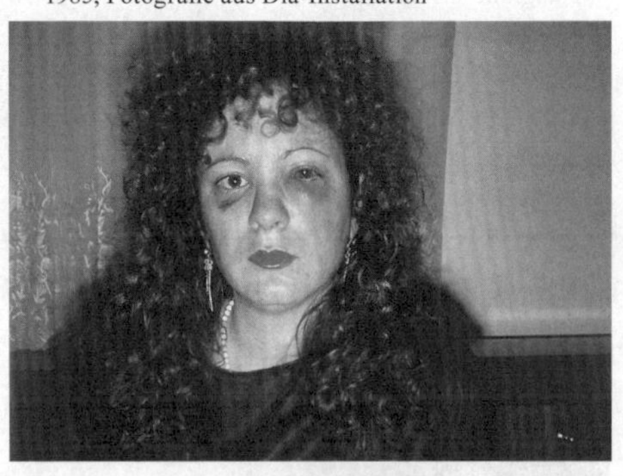

17 Richard Billingham: *Ray's a Laugh,* 1996, Fotografie aus Buch

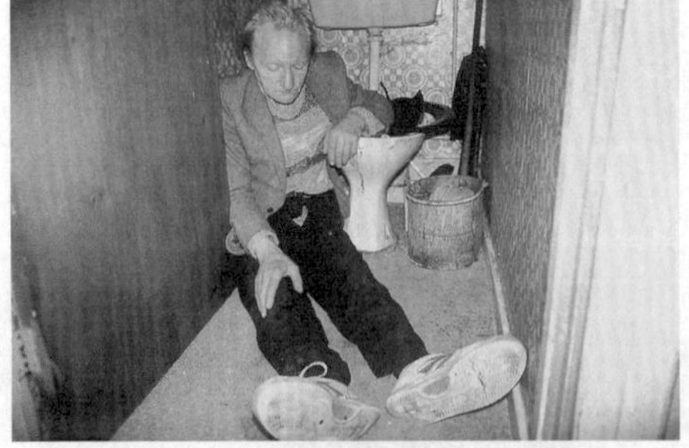

18 Boris Mikhailov: *Case History*, 1999, Fotografie aus Buch, S. 122

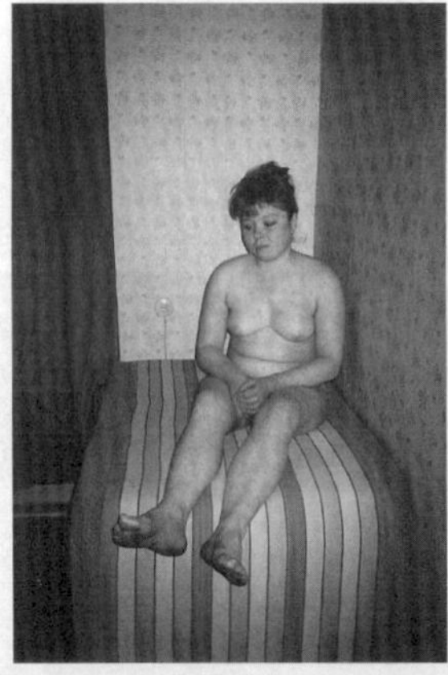

19 Lauren Greenfield: *Generation Wealth,* 2017, Fotografie aus Buch

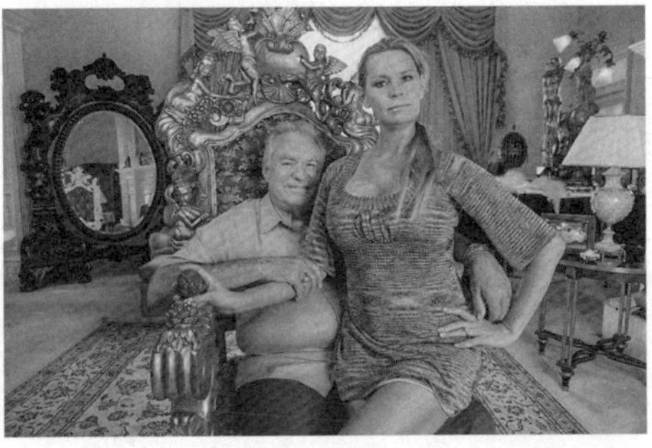

20 Thomas Struth: *The Richter Family 1, Köln 2002*, C-Print, 135 × 193 cm

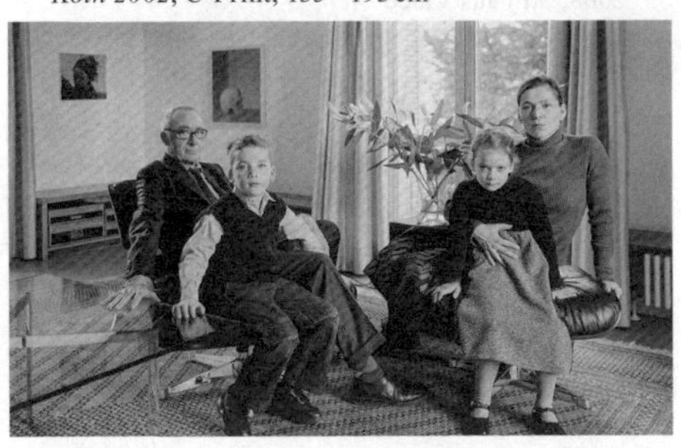

21 Thomas Hirschhorn: *Robert Walser-Sculpture,* 2019, Kunstprojekt im öffentlichen Raum

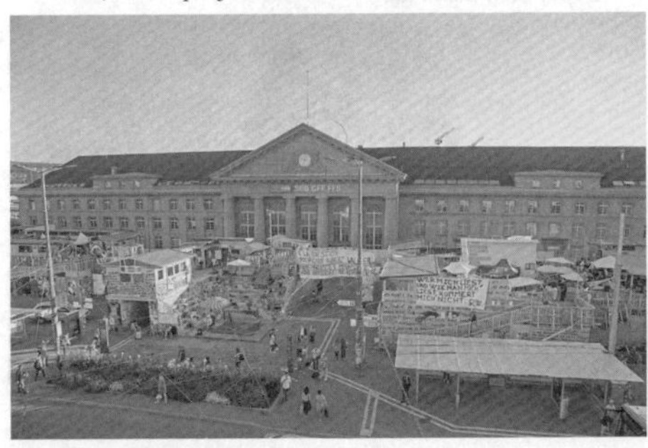

22 Santiago Sierra: *250 cm lange Linie, tätowiert auf 6 bezahlte Personen,* 1999, Still aus Video zur Performance

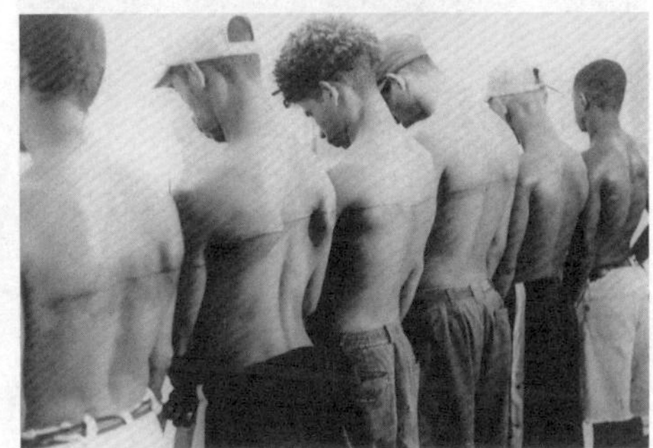

23 *Malick et Thomas – 19.07.2019*, 2019, Still aus Video des Robert Walser-Sculpture TV-Studios

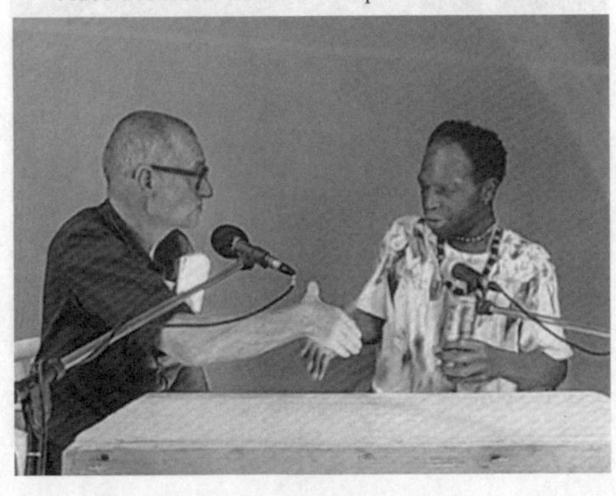

24 Santiago Sierra: *250 cm lange Linie, tätowiert auf 6 bezahlte Personen,* 1999, Still aus Video zur Performance

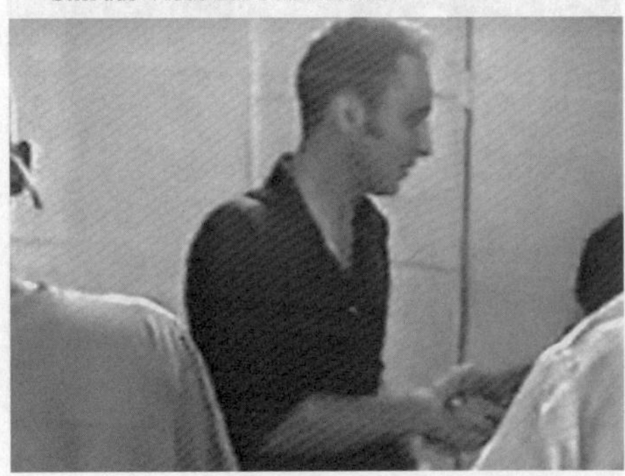

25 Renzo Martens: *Episode III (Enjoy Poverty),* 2008, Still aus Video

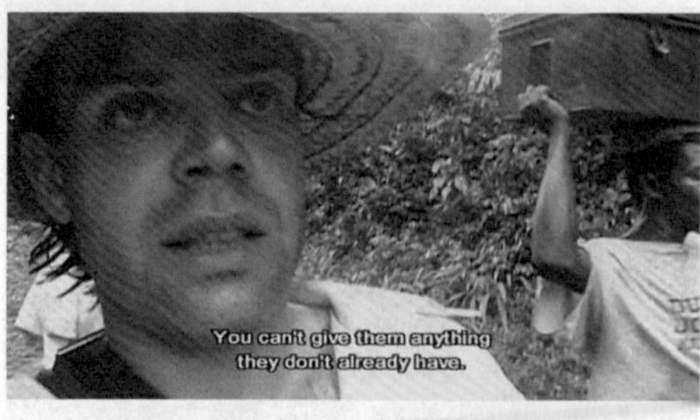

26 Renzo Martens: *Episode III (Enjoy Poverty),* 2008, Still aus Video

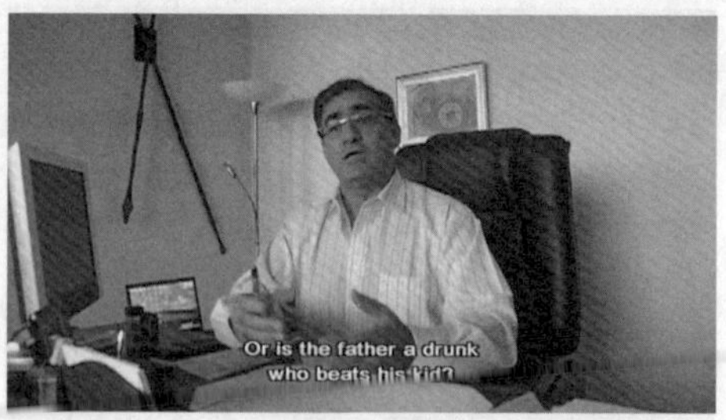

27 Renzo Martens: *Episode III (Enjoy Poverty),* 2008, Still aus Video

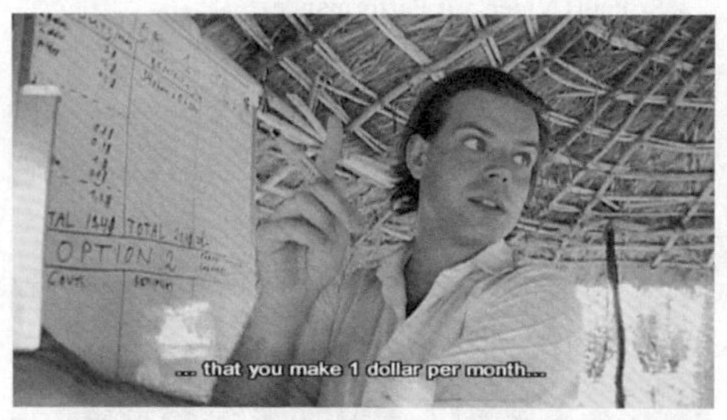

28 Renzo Martens: *Episode III (Enjoy Poverty),* 2008, Still aus Video

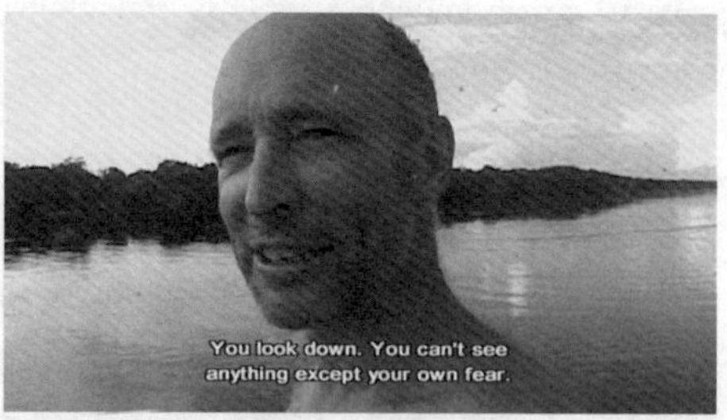

29 Ulf Aminde: *Frontalunterricht,* 2009, Still aus Video

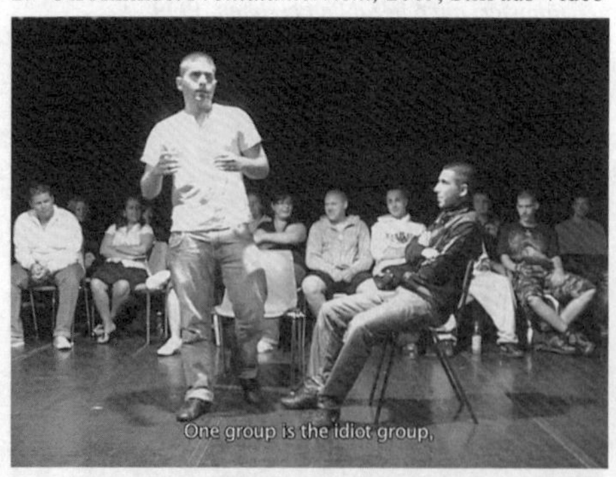

30 Ulf Aminde: *Frontalunterricht,* 2009, Still aus Video

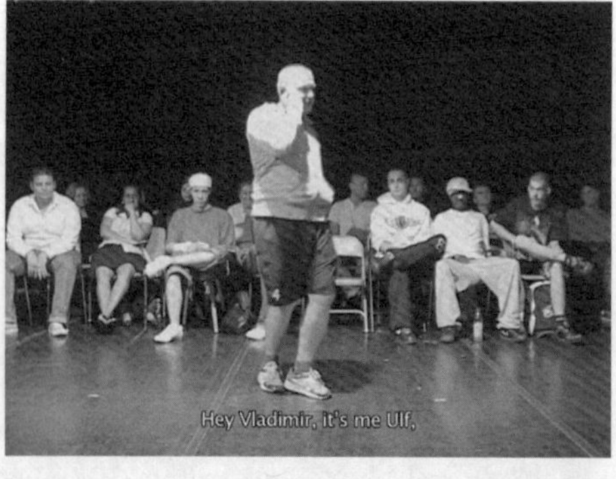

31 Francisco de Goya: *Por no trabajar* (Für's nicht arbeiten), 1808–1814, Wasserfarbe und Tinte auf Papier, 21 × 14 cm

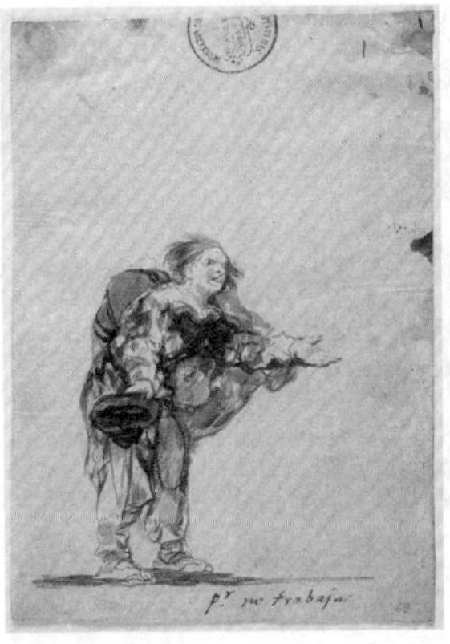

32 Théodore Géricault: *Alter Bettler*, 1821, Lithografie, 32 × 38 cm

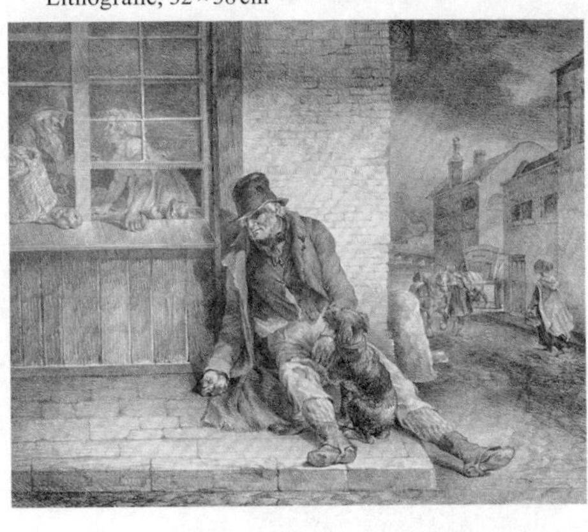

33 Walter Ballhause: *Arbeitsloser Kriegsinvalide*, Fotografie, um 1930–1933

34 Otto Dix: *Der Streichholzhändler,* 1920, Öl auf Leinwand und Papier, 142 × 166 cm

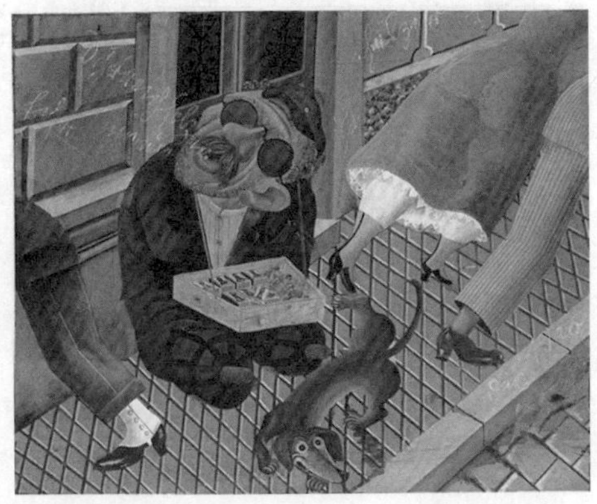

35 Otto Dix: *Die Eltern des Künstlers I*, 1921, Öl auf Leinwand, 99 × 113 cm

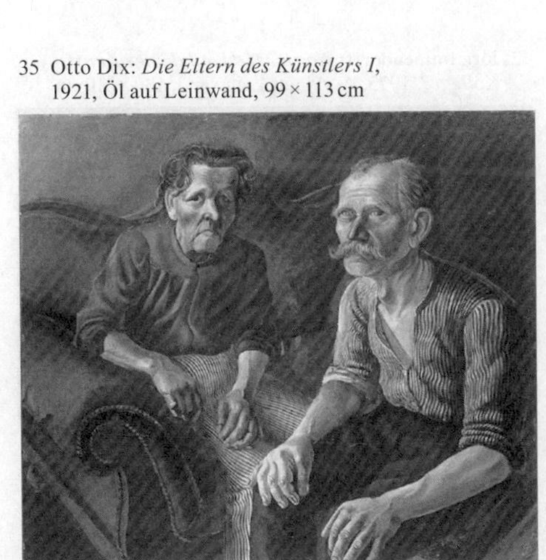

36 Käthe Kollwitz: *Zertretene (Arme Familie)*, 1900, Kaltnadelradierung und Aquatinta auf Papier, 31 × 25 cm

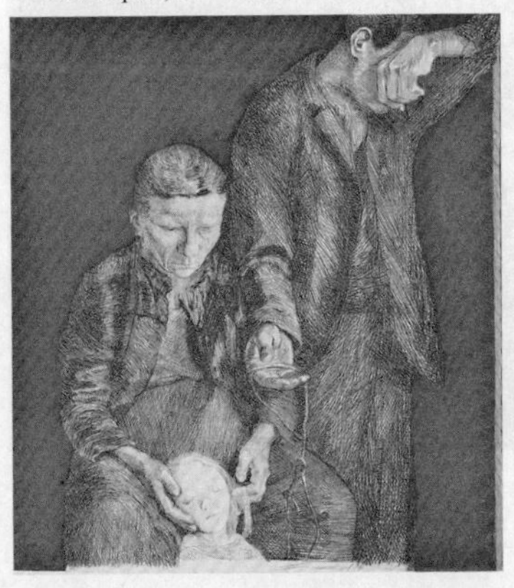

37 Elfriede Lohse-Wächtler: *Gewerbe*, 1930, Pastell auf Papier, 65 × 49 cm

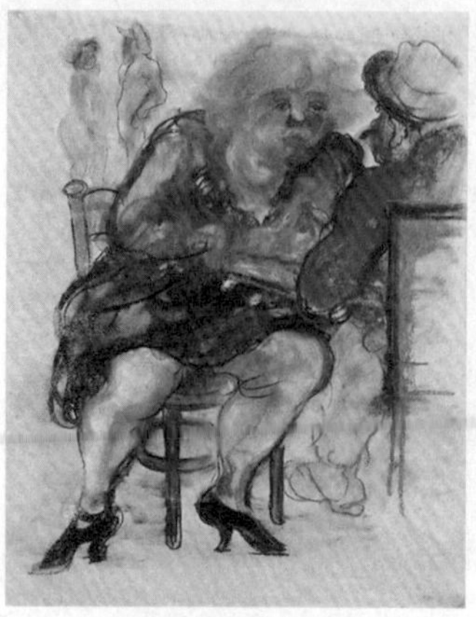

38 *Der Kunde – Zeit- und Streitschrift der Vagabunden*, 1928, Titelblatt der ersten Ausgabe

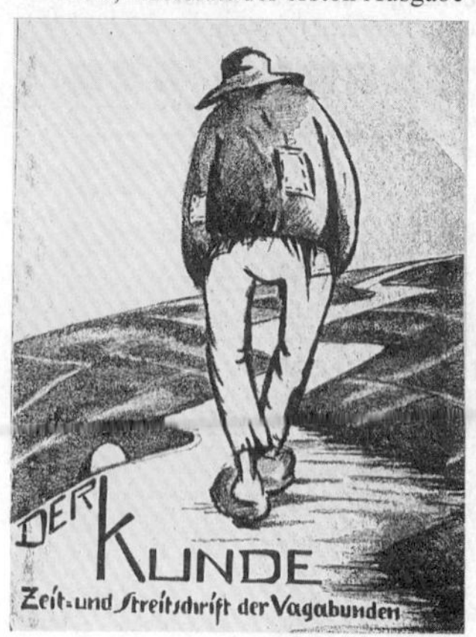

39 Gustave Courbet: *Die Steinklopfer*, 1849, Öl auf Leinwand, 165 × 257 cm

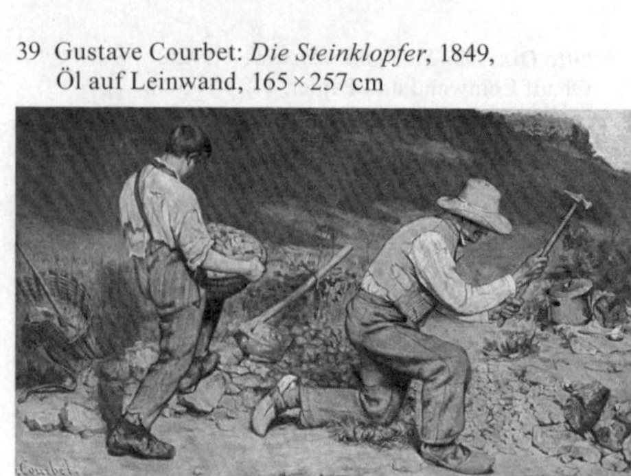

40 Jean-François Millet: *Die Ährenleserinnen*, 1857, Öl auf Leinwand, 84 cm × 110 cm

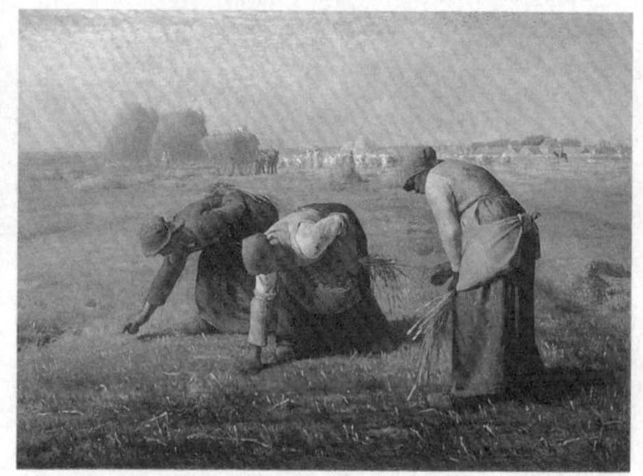

41 Carl Wilhelm Hübner: *Die schlesischen Weber*, 1846, Öl auf Leinwand, 39 × 52 cm

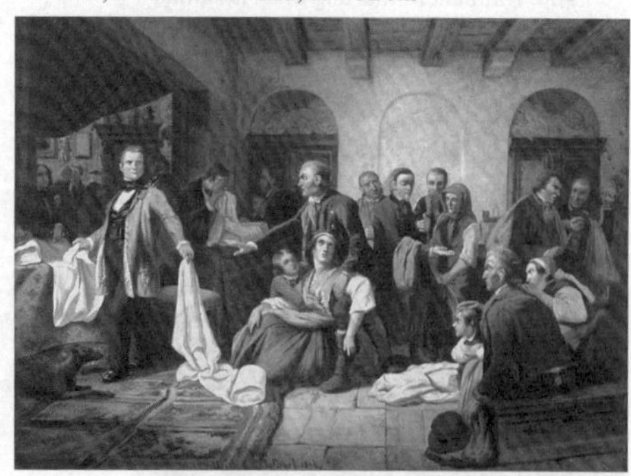

42 Jörg Immendorff: *Wo stehst du mit deiner Kunst, Kollege?*, 1973, Acryl auf Leinwand, 130 × 210 cm

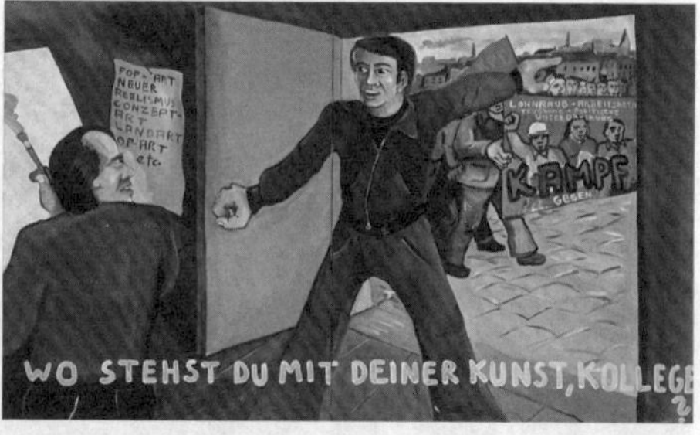

43 Duane Hanson: *Self-portrait with Model*, 1979, Öl auf Polyvinyl Chloride und weitere Materialien

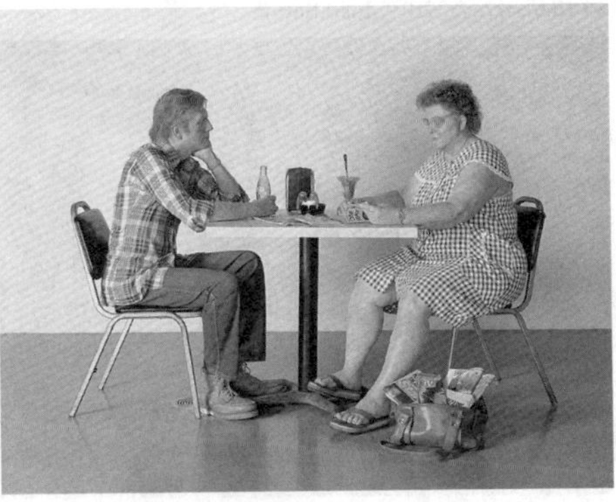

44 Mierle Laderman Ukeles: *Touch Sanitation*, 1979–1980, Fotografie des Handschlagrituals mit Arbeitern des New York City Department of Sanitation, 60 × 90 cm

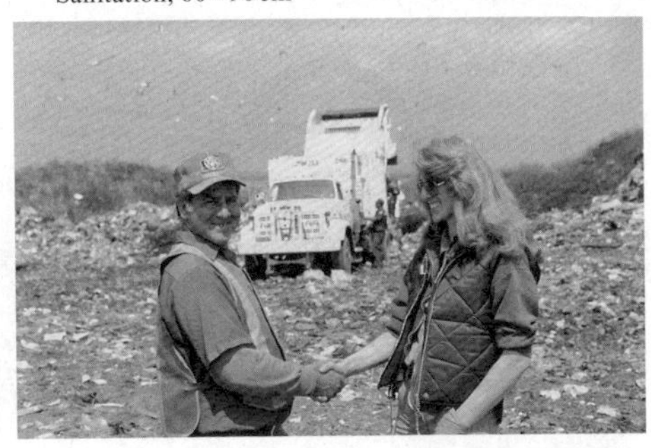

45 Adriaen Brouwer: *Wirtshausszene*, um 1635, Öl auf Eichenholz, 48 × 67 cm

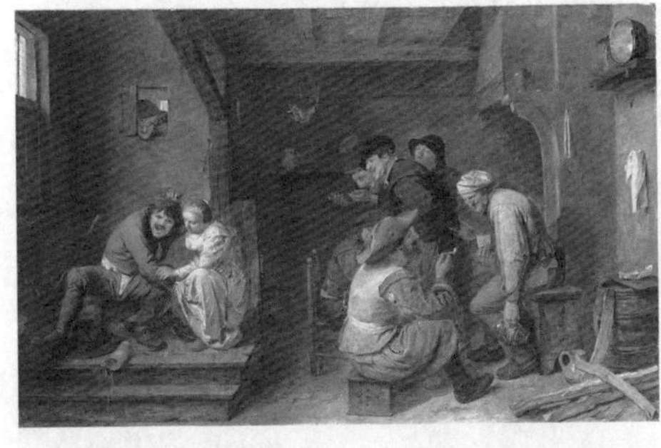

46 Edward Kienholz: *The Beanery*, 1965, Kunststoff, Ölfarbe, Firnis, Schellack, Tonbandgerät, duftspendende Chemikalien und weitere Materialien, 210 × 180 × 660 cm (Detail)

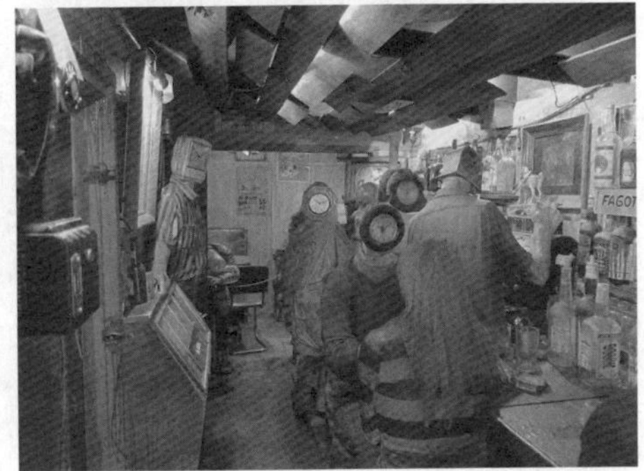

47 KP Brehmer: *Seele und Gefühl eines Arbeiters* (Whitechapel Version), 1978, Acryl auf Leinwand, 2-teiliges Transparent, je 111 × 604 cm

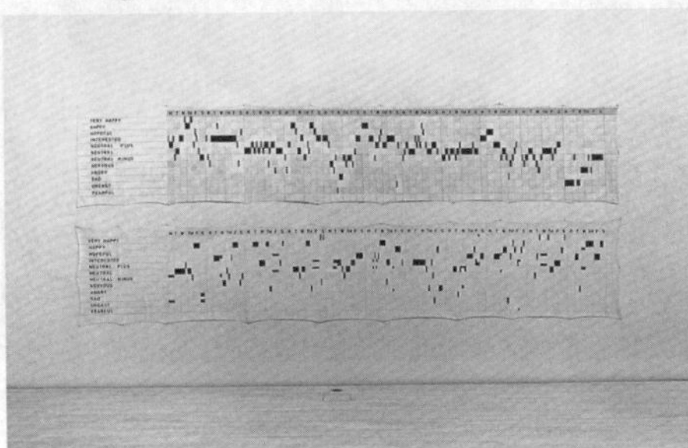

48 Martha Rosler: *The Bowery in two inadequate descriptive systems*, 1974–1975, Fotoinstallation, 45 Silbergelantineprints auf Karton, je 30 × 60 cm (Detail)

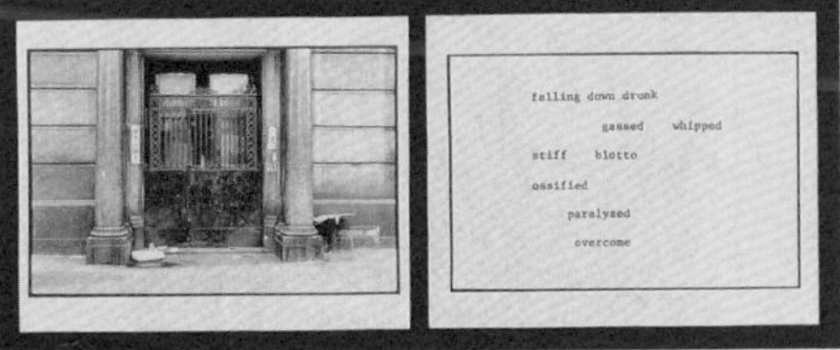

49 Henrike Naumann: *Traueraltar Deutsche Einheit*, 2018, verschiedene Materialien

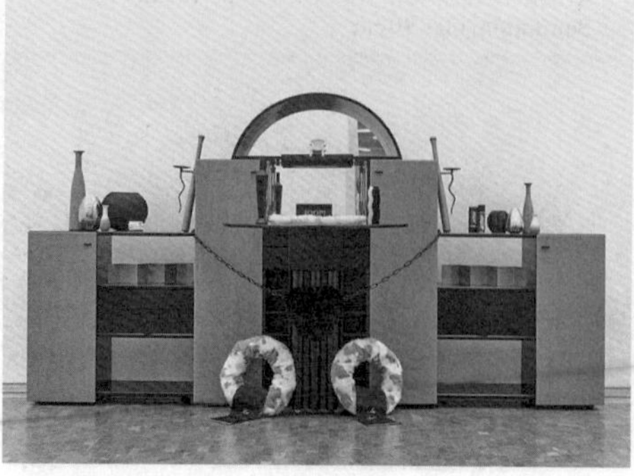

50 Hito Steyerl, Giorgi Gago Gagoshidze und Miloš Trakilović: *Mission Accomplished: Belanciege*, 2019, Installation

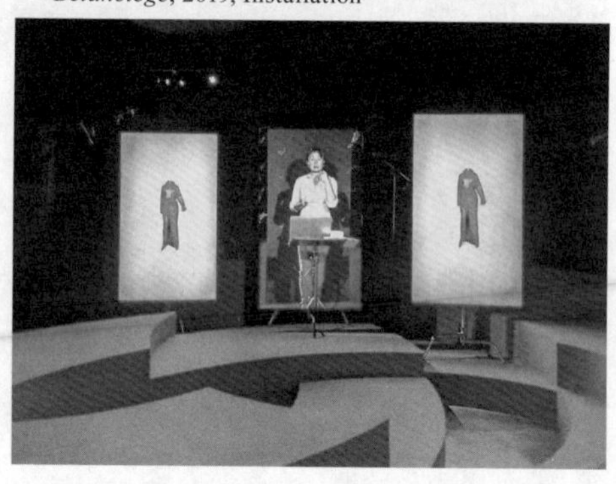

51 Tracey Emin: *Why I Never Became a Dancer*, 1995, Still aus Video

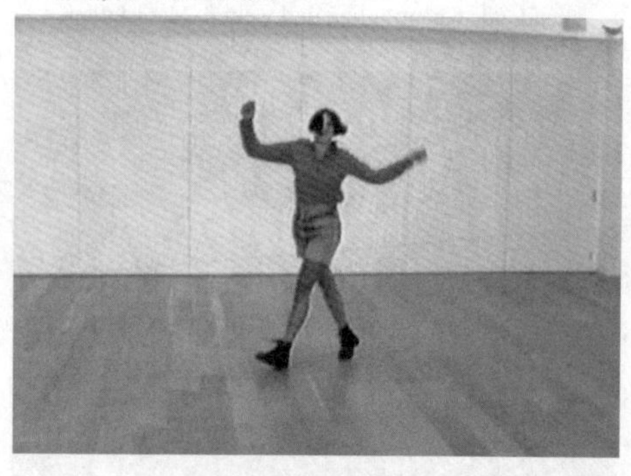

52 Rineke Dijkstra: *The Buzz Club, Liverpool, UK / Mystery World, Zaandam, NL*, 1996–1997, Still aus Video

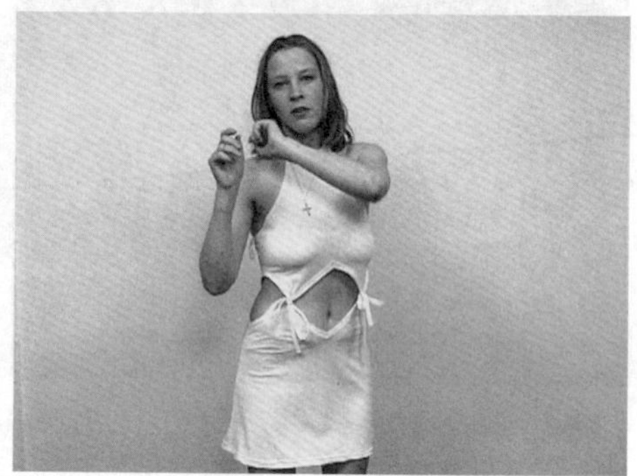

53 Laurel Nakadate: *I want to be the one to walk into the sun*, 2006, Still aus Video

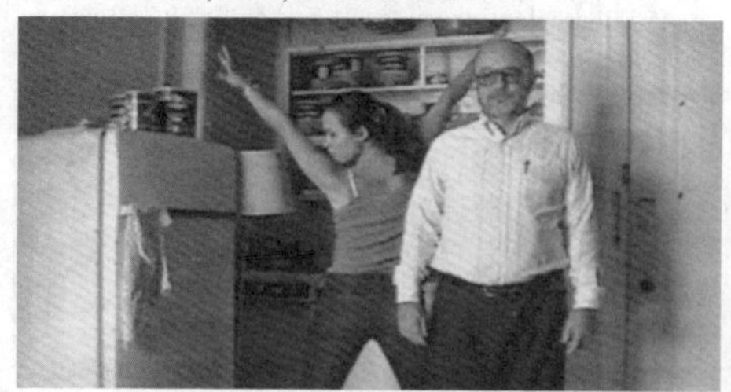

54 Laurel Nakadate: *Beg for your life*, 2006, Still aus Video

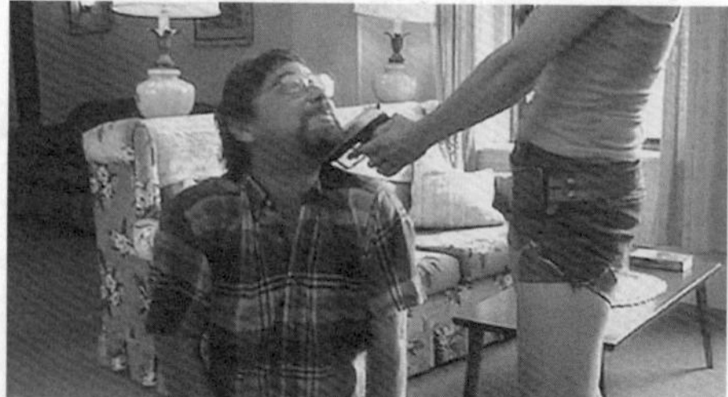

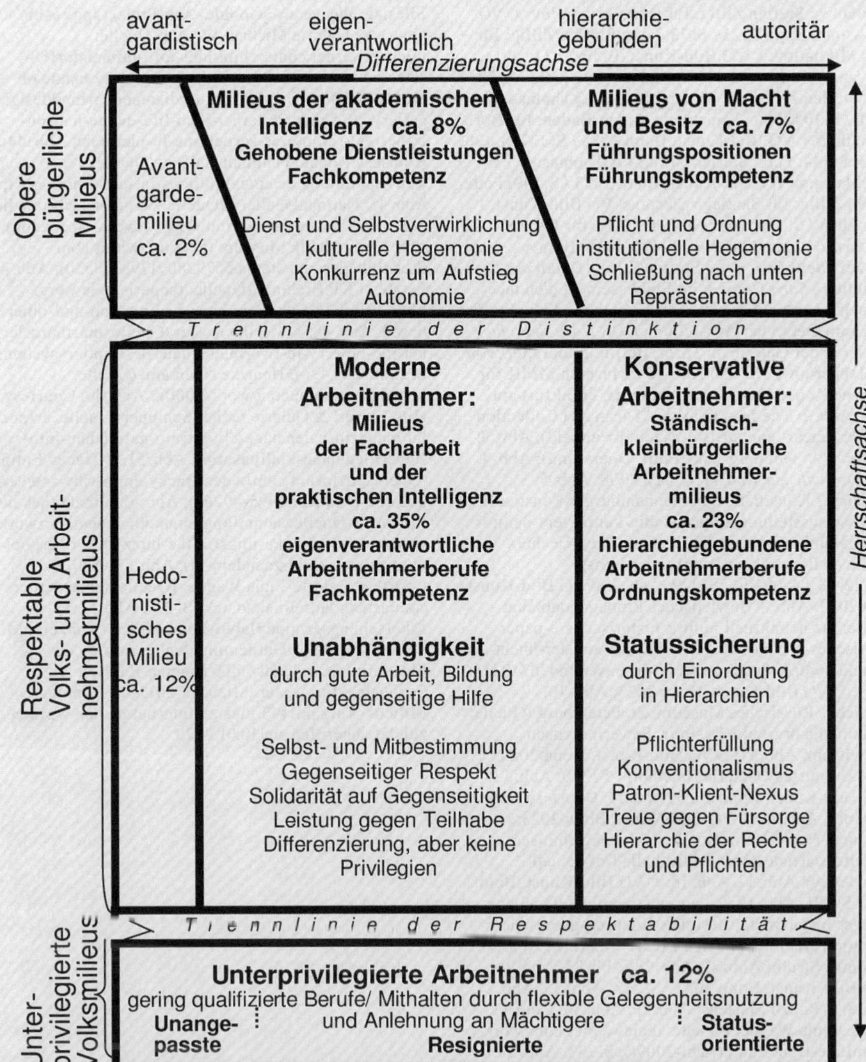

55 *Soziale Milieus und Handlungsgrundsätze der Alltagspraxis (Habitus) in Deutschland 2003*, aus: M. Vester: *Kurze Beschreibung der sozialen Milieus*, 2012, S. 5

Bildnachweise: S. 19: Foto: Elbe und Flut (Thomas Hampel) / S. 20, S. 25, S. 26, S. 31, S. 32, S. 84, S. 103, S. 195: Fotos: Steffen Zillig / S. 65, S. 66, S. 74, S. 83, S. 97: Fotos: Steffen Zillig; für Boris Mikhailov: © VG Bild-Kunst, Bonn 2023 / S. 73: Foto: Steffen Zillig; für Boris Mikhailov: © VG Bild-Kunst, Bonn 2023; für Wolfgang Tillmans: Courtesy Galerie Buchholz / S. 98: Foto: Steffen Zillig; für Thomas Struth: © Thomas Struth / S. 104: Foto: Kunsthalle Baden-Baden; für Boris Mikhailov: © VG Bild-Kunst, Bonn 2023 / S. 137, S. 138, S. 143, S. 144: Foto: Steffen Zillig; für Thomas Hirschhorn: © VG Bild-Kunst, Bonn 2023 / S. 149: Foto: Steffen Zillig; für Santiago Sierra: © VG Bild-Kunst, Bonn 2023 / S. 150: Foto: Steffen Zillig; für Renzo Martens: © Renzo Martens / S. 196: Foto: Heiner Conradi / Seite 201: Foto: Steffen Zillig (Detail der Ausstellung *Sara Deraedt* im Etablissement d'en face, Brüssel; Courtesy Essex Street) / Seite 202: Foto: Steffen Zillig (mit Detail der Ausstellung *DDR Noir: Schichtwechsel* in der Galerie im Turm, Berlin; fotografiert von Eric Tschernow) / S. 228: Abb. 1: © Museum MMK für Moderne Kunst; Foto: Axel Schneider, Frankfurt am Main; Abb. 2: The Jean Pigozzi African Art Collection (Quelle: caacart.com/artiste/hazoum-romuald); Abb. 3: (Quelle: wikipedia.org/wiki/Emil_Doerstling); Abb. 4: Foto aus *Texte zur Kunst* (Nr. 71), 2008; Abb. 5: Hamburger Kunsthalle (Quelle: hamburger-kunsthalle.de/presse/ausstellungen/bestaendig-kontrovers-neu); Abb. 6: Hamburger Kunsthalle; Foto: Kay Riechers (Quelle: gallerytalk.net/hamburger-kunstgriff-22-08-04-09-19) / S. 229: Abb. 7: © VG Bild-Kunst, Bonn 2023; Abb. 8: Sowjetisches Propagandaplakat (Quelle: faz.net/aktuell/politik/historisches-e-paper/historisches-e-paper-deutsche-bauern-auf-der-flucht-aus-russland-16402699/genosse-tritt-in-unser-16426740.htm); Abb. 9: © VG Bild-Kunst, Bonn 2023; Abb. 10: Staatliches Russisches Museum, St. Petersburg (Quelle: de.wikipedia.org/wiki/Kasimir_Sewerinowitsch_Malewitsch); Abb. 11: © VG Bild-Kunst, Bonn 2023; Abb. 12: Courtesy Galerie Buchholz / S. 230: Abb. 13: © VG Bild-Kunst, Bonn 2023; Abb. 14: Courtesy Galerie Buchholz; Abb. 15: © VG Bild-Kunst, Bonn 2023; Abb. 16: © Nan Goldin (Quelle: tabletmag.com/sections/arts-letters/articles/nan-goldin-ballad-of-sexual-dependency); Abb. 17, Abb. 18: © VG Bild-Kunst, Bonn 2023 / S. 231: Abb. 19: © Lauren Greenfield (Quelle: manager-magazin.de/lifestyle/stil/lauren-greenfield-generation-wealth-irre-reich-a-1147778.html); Abb. 20: © Thomas Struth; Abb. 21, Abb. 22, Abb. 23, Abb. 24: © VG Bild-Kunst, Bonn 2023 / S. 232: Abb. 25, Abb. 27, Abb. 28: © Renzo Martens; Abb. 29, Abb. 30: Courtesy Galerie Tanja Wagner (Quelle: tanjawagner.com/works/ulf-aminde-frontalunterricht-2009/); S. 233: Abb. 31: Museo del Prado (Quelle: museodelprado.es/en/the-collection/art-works); Abb. 32: British Museum (Quelle: commons.wikimedia.org/wiki/File:Pity_the_sorrows_of_a_poor_old_man!_..._(BM_1872,1012.3778).jpg); Abb. 33: Deutsches Historisches Museum (Quelle: dhm.de/archiv/magazine/fotografen/ballhause.html); Abb. 34: Staatsgalerie Stuttgart (Quelle: staatsgalerie.de/de/sammlung-digital/streichholzhaendler); Abb. 35: Kunstmuseum Basel (Quelle: kunstmuseumbasel.ch/de/programm/blog/2020/14); Abb. 36: National Gallery of Art (Quelle: nga.gov/collection/art-object-page.8226.html) / S. 234: Abb. 37: Privatsammlung (Quelle: kunstkopie.de/a/lohse-waechtler-2-1/gewerbe1930-2.html); Abb. 38: (Quelle: spiegel.de/fotostrecke/koenig-der-vagabunden-fotostrecke-171108.html); Abb. 39: (Quelle: wikimedia.org/wiki/File:Gustave_Courbet_018.jpg); Abb. 40: Musée d'Orsay (Quelle: kulturstiftung.de/saemann-gegen-traktorist); Abb. 41: Deutsches Historisches Museum (Quelle: commons.wikimedia.org/wiki/File:Carl_Wilhelm_Hübner_-_The_Silesian_Weavers_-_Google_Art_Project.jpg); Abb. 42: Courtesy Galerie Michael Werner (Quelle: michaelwerner.com/exhibitions/jorg-immendorff5/selected-works) / S. 235: Abb. 43: Courtesy Estate of Duane Hanson (Quelle: theguardian.com/artanddesign/gallery/2015/may/26/larger-than-life-duane-hanson-hyperreal-sculptures-serpentine-in-pictures); Abb. 44: Courtesy Ronald Feldman Gallery (Quelle: kunstsammlung.de/en/exhibitions/im-not-a-nice-girl); Abb. 45: National Gallery (Quelle: commons.wikimedia.org/wiki/File:Adriaen_Brouwer_-_Tavern_Scene.jpg); Abb. 46: Stedelijk Museum (Quelle: twitter.com/StedelijkMuseum/status/557928091398328320); Abb. 47: Estate of KP Brehmer (Quelle: theparisreview.org/blog/2016/02/05/workers-have-feelings-too-and-other-news); Abb. 48: © Martha Rosler (Quelle: martharosler.net/the-bowery-in-two-inadequate-descriptive-systems) / S. 236: Abb. 49: © Henrike Naumann (Quelle: henrikenaumann.com/work/2000) / Abb. 50: Courtesy Hito Steyerl & Galerie Esther Schipper (Quelle: artportal.hu/magazin/balenciaga-elv-a-trafo-galeriaban-hito-steyerl-legujabb-kiallitasarol); Abb. 51: © Tracey Emin (Quelle: artforum.com/video/tracey-emin-why-i-never-became-a-dancer-1995-49262); Abb. 52: Pinakothek der Moderne (Quelle: sammlung.pinakothek.de/de/artwork/yZnxwrD4Xg/rineke-dijkstra/the-buzz-club-liverpool-uk-mystery-world-zaandam-nl); Abb. 53, Abb. 54: Courtesy Galerie Tanja Wagner (Quelle: tanjawagner.com/artists/laurel-nakadate) / S. 237: Abb. 55: © Forschungsgruppe Habitus und Milieu (Konzept: M. Vester, Grafik: D. Gardemin; Quelle: rosalux.de/fileadmin/rls_uploads/pdfs/Themen/Klassen_und_Sozialstruktur/Vester_Michael_2012-04_Typologie_Milieus_kurz.pdf) / Links zu Internetquellen wurden zuletzt abgerufen am 10.01.2023.

Ich danke allen, die mich während der langwierigen und oft zähen Arbeit an diesem Buch unterstützt haben – ob durch einzelne Hinweise, Anmerkungen und kritische Einwände, durch vertiefende Gespräche, anhaltendes Interesse, finanzielle Zuwendungen oder schlicht durch Ermutigung und Nähe. Neben vielen Anderen waren das die Hans-Böckler-Stiftung, Hanna Böge, Wolfgang Budde und Corinna Zillig, Elena und Heiner Conradi, Hans-Christian Dany, Michael Diers, Joshua Groß, Hans-Jürgen Hafner, Jörg Heiser, Michael Hirsch, Claudia Hummel, Soyon Jung, Inga Kählke, Esther Kiener, Iris Killinger, Volker Koch, Jutta Koether, Nils und Anni Krause, Hans-Joachim Lenger (†), Hannes Loichinger, Julian Mader, Lea Marlen Balzer, Frauke Müller, Dominic Osterried, Max Prediger, Sophia Rösch, Manfred Rothenberger, Elke Antonia Schloter, Andrzej Steinbach, Petra Weigle, Marian Wild, Ute Zillig, das Kolloquium der Hochschule für bildenden Künste Hamburg und die Studenten des Instituts für Kunst im Kontext Berlin. Mein ganz besonderer Dank gilt der Lektorin des Buches, Katrin Köhler und meinem Sohn Avinoam.

Die dem Buch zugrundeliegende Dissertation mit dem Titel *Emanzipation und Exklusion – Zur Rolle der Unterschicht in der zeitgenössischen Kunst* wurde im Januar 2021 an der Hochschule für bildende Künste Hamburg verteidigt. Meine geduldigen Betreuer waren Prof. Dr. Michael Diers und Prof. Jutta Koether. Die Promotion wie auch der vorliegende Druck wurden durch die Hans-Böckler-Stiftung gefördert.

Auf meinen Wunsch hin hat der Verlag auf das Gendern der abgedruckten Texte verzichtet. Leider offeriert das Deutsche mit seiner Unterscheidung zwischen drei verschiedenen Genera nicht die besten Voraussetzungen für geschlechtsneutrale Formulierungen. Ich halte jedoch die sprachliche Perpetuierung von Geschlechterdifferenzen durch das Gendern, ganz abgesehen von den damit verbundenen Auswirkungen auf Lesbarkeit und soziale Distinktion, für kontraproduktiv in Bezug auf die Überwindung von Ungleichbehandlung. Deshalb vertraue ich, bis eine geeignete Alternative in Aussicht steht, der gebräuchlichen Sprachlogik des Genus und seinem Verständnis durch die Leser. Alle Menschen mit anderer Ansicht bitte ich um Nachsicht.

Der Autor

Steffen Zillig absolvierte eine Ausbildung zum Alten- und Krankenpfleger, bevor er an der Hochschule für bildende Künste in Hamburg studierte. Die Ausstellungen, an denen er sich seither mit Video- und Bildcollagen beteiligt, tragen Titel wie *Nie wieder Gegenwart* (Kunstverein Langenhagen), *Against Community* (Briefing Room, Brüssel), *Die Zukunft der SPD* (Kunstverein Nürnberg – Albrecht Dürer Gesellschaft), *Yesterday Paradise* (Kunstverein für die Rheinlande und Westfalen, Düsseldorf) oder *Kreativität abrüsten* (Galerie BRD, Hamburg). Daneben war er Redakteur für das Kunstmagazin *art* und schrieb Kritiken für verschiedene Zeitungen und Magazine. Von 2018 bis 2022 lehrte er als wissenschaftlicher Mitarbeiter an der Universität der Künste Berlin. Heute arbeitet er als Künstler, ist Herausgeber des Künstlermagazins *Intercity – Zeitschrift für Föderalismus und Polyamorie* und betreibt gemeinsam mit Andrzej Steinbach den Briefing Room in Brüssel.